Für Barbara und Werner,
ganz herzliche Grüße,

Regieren in Europa

Herausgegeben von
Prof. Dr. Beate Kohler-Koch
Prof. Dr. Berthold Rittberger

Band 15

Arndt Wonka

Die Europäische Kommission

Supranationale Bürokratie
oder Agent der Mitgliedstaaten?

Nomos

Die Deutsche Bibliothek verzeichnet diese Publikation in
der Deutschen Nationalbibliografie; detaillierte bibliografische
Daten sind im Internet über http://dnb.ddb.de abrufbar.

Zugl.: Mannheim, Univ., Diss., 2007

ISBN 978-3-8329-3517-7

1. Auflage 2008
© Nomos Verlagsgesellschaft, Baden-Baden 2008. Printed in Germany. Alle Rechte,
auch die des Nachdrucks von Auszügen, der fotomechanischen Wiedergabe und der
Übersetzung, vorbehalten. Gedruckt auf alterungsbeständigem Papier.

Danksagung

Die hier in leicht überarbeiteter Form vorgelegte Arbeit habe ich zwischen Oktober 2003 und November 2006 im Rahmen meiner Promotion am Mannheimer Zentrum für Europäische Sozialforschung (MZES) der Universität Mannheim verfasst. Professor Dr. Walter Müller und Professor Dr. Wolfgang C. Müller amtierten während dieser Zeit als Direktoren des MZES. Ihnen danke ich stellvertretend für den gesamten Vorstand für die finanzielle Förderung meiner Arbeit durch das MZES-Doktorandenprogramm und für die Möglichkeit, die hervorragende Forschungsinfrastruktur des MZES nutzen zu können. Professor Dr. Franz Urban Pappi betreute diese Arbeit als Erstgutachter und stand mir als Ratgeber immer zur Verfügung. Hierfür danke ich ihm herzlich. Professor Dr. Wolfgang C. Müller gilt mein Dank für seine Bereitschaft, als Zweitgutachter zu agieren. Danken möchte ich auch Frau Professorin Dr. Beate Kohler-Koch für die Leitung der Prüfungskommission.

Darüber hinaus bedanke ich mich bei Professor Dr. Dr. h.c. M. Rainer Lepsius für Transkriptionen aus einem eigenen Forschungsprojekt, die in Kapitel 5 Verwendung finden. Dr. Andreas Warntjen danke ich für das Überlassen elektronisch lesbarer Rohdaten zu allen von 1999 bis 2004 verabschiedeten EG-Gesetzesvorschlägen sowie für zahlreiche freundschaftliche und gewinnbringende Diskussionen.

Während der Arbeit an meiner Dissertation empfand ich es als wunderbare Bereicherung, von zahlreichen, außergewöhnlichen Kolleginnen und Kollegen umgeben gewesen zu sein. Deren Bereitschaft, unsere teilweise unterschiedlichen Forschungsinteressen, die Möglichkeiten unserer Disziplin und die aktuelle Politik zu diskutieren, boten ein Arbeitsumfeld, wie ich es mir besser nicht vorstellen kann. Ich danke deshalb Dirk De Bièvre, Andreas Dür, Jörg Dollmann, Barbara Finke, Thomas Gschwend, Christoph Humrich, Matthias Lehnert, Dirk Leuffen, Bernhard Miller, Berthold Rittberger, Andrea Römmele, Sigrid Rossteutscher, Frank Schimmelfennig, Ulrich Sieberer, Martin Schommer, Stefan Seidendorf und Janina Thiem für unzählige, anregende Diskussionen. Janina Thiem danke ich überdies für ihre Unterstützung während der Zeit im gemeinsamen Büro.

Besonders danken möchte ich Björn Lindberg und Bernhard Miller. Beide haben vor der Abgabe der Arbeit das gesamte Manuskript gelesen und kommentiert und mir in der Abschlussphase auch als Freunde Energie gegeben, um die letzten Schritte beim Verfassen des Manuskriptes zu gehen. Hanna Dürr danke ich für sprachliche Korrekturen und Verbesserungsvorschläge, die erheblich zur besseren Lesbarkeit des Manuskriptes beigetragen haben. Als Partnerin hat sie mir während der gesamten Promotionszeit den Rücken gestärkt, gerade auch in den persönlich anstrengenden Phasen des Unternehmens. Ihre Unterstützung war und ist von unschätzbarem Wert! Meine Eltern haben mir das Studium ermöglicht und mir immer vertraut, das Richtige zu tun. Aus Dank hierfür widme ich Ihnen dieses Buch.

Arndt Wonka   *Mannheim, im Februar 2008*

Inhaltsverzeichnis

Grafik- und Tabellenverzeichnis

Abkürzungsverzeichnis

AS	Agendasetzer
CD	Christdemokrat; christdemokratische Partei
CMOP	Commission Manual of Operating Procedures
EEA	Einheitliche Europäische Akte
EG	Europäische Gemeinschaft
EGKS	Europäische Gemeinschaft für Kohle und Stahl
EGV	Vertrag zur Gründung der Europäischen Gemeinschaft
EEIN	Einstimmiges Entscheidungsquorum
EMEH	(Absolut) mehrheitliche Entscheidungsquorum
EP	Europäisches Parlament
EU	Europäische Union
EUV	Vertrag über die Europäische Union
FAZ	Frankfurter Allgemeine Zeitung
FT	Financial Times
GASP	Gemeinsame Außen- und Sicherheitspolitik
GD	Generaldirektion der Europäischen Kommission
GO	Geschäftsordnung
Kon	Konservativer; konservative Partei
Lib	Liberaler; liberale Partei
PJZS	Polizeiliche und justizielle Zusammenarbeit in Strafsachen
Soz	Sozialdemokrat/Sozialist; sozialdemokratische, sozialistische Partei
SQ	Status Quo
Stabw	Standardabweichung
SZ	Süddeutsche Zeitung

1. Einleitung

In diesem Kapitel wird zunächst die Fragestellung erläutert, die in dieser Arbeit bearbeitet werden soll. In Kapitel 1.2. werden dann die zentralen theoretischen und analytischen Annahmen expliziert, die der Argumentation und dem Vorgehen in dieser Arbeit zugrunde liegen. Schließlich beschreibt Kapitel 1.3. den Aufbau des Buches und den Inhalt der einzelnen Kapitel.

1.1. Die Fragestellung

Die Europäische Union (EU) stellt heute eine bedeutende politische Größe sowohl für das alltägliche Leben der Bürger der EU-Mitgliedstaaten als auch für das tagtägliche Regieren der Politiker in den Mitgliedstaaten dar. Derzeit gehören der EU 27 Staaten an. Zusammen stellen diese Mitgliedstaaten eine Bevölkerung von fast 500 Millionen Menschen, deren Lebensbedingungen inzwischen maßgeblich von den im Rahmen der EU getroffenen Entscheidungen mitgestaltet wird: Europäische Gesetze regeln zentrale Bereiche des Wirtschaftsverkehrs in und zwischen den Mitgliedstaaten und darüber hinaus auch Bereiche des Umwelt- und Verbraucherschutzes, der Verkehrs- und Energiepolitik sowie der Justiz- und Sicherheitspolitik. Von Entscheidungen in diesen Bereichen sind die Bürger der EU-Mitgliedstaaten als Arbeitnehmer, Arbeitgeber oder Konsumenten direkt betroffen. Zuletzt wurde dieser Einfluss der EU auf die Lebensbedingungen der Bürger in den Mitgliedstaaten in den Auseinandersetzungen um die so genannte „Bolkestein-Richtlinie" zur Liberalisierung des Marktes für Dienstleistungen innerhalb der EU deutlich. Im Februar 2006 gingen circa 30000 Menschen auf die Strassen Brüssels, um ihre Ablehnung der Dienstleistungsrichtlinie zum Ausdruck zu bringen.

In den Entscheidungsprozessen, die zur Verabschiedung solcher Entscheidungen führen, spielt die Europäische Kommission eine zentrale Rolle. Diese verdankt sie nicht zuletzt ihrem Monopolrecht zur Formulierung von Gesetzesvorschlägen und zur Initiierung von Gesetzgebungsprozessen. Hierdurch ist sie in der Lage, politische Initiativen auf den Weg zu bringen und damit die tagtägliche, zwischen den großen Verhandlungen zur Neuformulierung der Europäischen Verträge stattfindende, politische Fortentwicklung der europäischen Integration entscheidend zu beeinflussen. Angesichts dieser Stellung überrascht es nicht, dass der Kommission in politikwissenschaftlichen Analysen legislativer Entscheidungsprozesse in der EU regelmäßig große Aufmerksamkeit geschenkt wird. Überraschend dagegen ist in diesem Zusammenhang, dass unser Verständnis davon, wie die Europäische Kommission ihre zentrale Rolle in der Gesetzgebung der Europäischen Gemeinschaft (EG)[1] ausübt, noch sehr begrenzt ist. Der in den 1950er Jahren von Ernst B. Haas formulierte Neo-Funktionalismus prägt dieses Verständnis noch weitgehend. Nach dieser Theorie verfolgt die Europäische Kommission losgelöst von den mitgliedstaatlichen Regierungen und mit der Unterstützung nationaler Eliten und transnationaler Interessengruppen das Ziel, den europäischen Integrationsprozess voranzutreiben (Haas 1968; Stone Sweet und Sandholtz 1997).

Mitverantwortlich für diese Perspektive sind auch die Vorstellungen Jean Monnets, dessen Name fast zwangsläufig im Zusammenhang mit der Europäischen Kommission fällt: Die aktuelle institutionelle Architektur und die Funktion der Europäischen Kommission im Rahmen der EU gehen auf die Hohe Behörde der Europäischen Gemeinschaft für Kohle und Stahl (EGKS) zurück. Die EGKS stellte die Kohle- und Stahlproduktion der Mitgliedstaaten unter eine gemeinsame Verwaltung – nicht zuletzt, um multilaterale Kontrolle über diese für die Waffenproduktion und damit für die Kriegsführung zentralen Ressourcen zu bekommen und somit weitere Kriege zwischen den europäischen Nationen zu verhindern (Monnet 1988: 367-377; 393-395; Duchêne 1994: 224). Zur effektiven Ausübung der multilateralen Kontrolle wurde der EGKS mit der Hohen Behörde eine Institution vorgestellt, die den politischen Einflüssen ihrer Mitgliedstaaten weitgehend entzogen sein, und deren Entscheidungen auf der Expertise spezialisierter Technokraten basieren sollte. Jean Monnet war als Berater des damaligen französischen Außenministers Robert Schumann, der die maßgebliche politische Verantwortung für die Realisierung der EGKS trug, entscheidender Ideengeber für die institutionelle Ausgestaltung der EGKS. Die Vorstellung, die Monnet von der Hohen Behörde hatte, wird durch die Aussage deutlich, die er während seiner Amtszeit als Präsident der Hohen Behörde (1952 bis 1954) gegenüber einem Kollegen machte: „If one day there are more than two hundred of us, we shall have failed" (Nugent 2001: 21-22). Das Monnetsche Idealbild von der Hohen Behörde, das dieser Aussage zugrunde liegt, wurde allerdings zügig von der politischen Realität eingeholt.

Die aus der Hohen Behörde hervorgegangene Europäische Kommission beschäftigt heute knapp 17000 Beamte in fester Anstellung. Berücksichtigt man auch die nicht dauerhaft angestellten Berater und Mitarbeiter kommt man auf knapp 31000 Personen, die für die Kommission arbeiten (Nugent 2001: 164). Neben diesem personellen Wachstum haben sich in den letzten 50 Jahren die Rahmenbedingungen, unter denen die Europäische Kommission agiert, erheblich verändert. Die EU umfasst heute 27 Mitgliedstaaten. Auch die Kompetenzen der Europäischen Gemein-

---

1   Die EU gliedert sich seit dem Inkrafttreten des Vertrages von Maastricht unter dem gemeinsamen Dach „EU" in drei Säulen: Die erste Säule bildet die EG, die zweite Säule bildet die Gemeinsame Sicherheits- und Außenpolitik (GASP) und die dritte Säule bildet die Polizeiliche und justizielle Zusammenarbeit in Strafsachen (PJZS). Gesetzgebungskompetenzen besitzen die EU-Institutionen lediglich in der ersten Säule der EG. Diese bildet den Gegenstand dieser Arbeit. Im Folgenden wird deshalb von EG-Gesetzgebung gesprochen. Wenn allgemein auf die europäische Politik Bezug genommen wird, wird hingegen das Kürzel „EU" verwendet.

schaft wurden seit den Zeiten Monnets schrittweise auf immer weitere Politikbereiche ausgedehnt (Börzel 2005). Über Zeit hat diese territoriale Ausdehnung und die in Form der Ausdehnung der Kompetenzen erfolgte sukzessive Vertiefung der europäischen Integration zu einem maßgeblichen Wandel der politischen Qualität der EU geführt. Dieser qualitative Wandel wird regelmäßig als Herausbildung eines europäischen Mehrebenensystems beschrieben, in dem Regierungen, politische Parteien, Interessengruppen und andere interessierte Akteure in einem sich über die regionale, nationale und europäische Ebene erstreckenden politischen Raum agieren (Grande 1996; Kohler-Koch 1996; Marks *et al.* 1996; Strøm *et al.* 2003a: 743-744).

Die qualitative Veränderung hin zu einem weitgehend integrierten europäischen Mehrebenensystem hat zur Folge, dass die europäische Politik zunehmend das politische Handeln in den Mitgliedstaaten mitbestimmt. Deutlich wird dies im Bereich der Gesetzgebung, wo EG-Gesetze heute in zahlreiche Politikbereiche intervenieren, die vormals allein der Rechtsetzungssouveränität der jeweiligen mitgliedstaatlichen Regierung unterstanden (Börzel 2005). Nicht zuletzt aufgrund der zunehmenden Bedeutung der EU-Politik für das Regieren in den Mitgliedstaaten ist davon auszugehen, dass politische Akteure auf der nationalen Ebene die EU und die auf EU-Ebene agierenden Akteure zunehmend in ihre strategischen Überlegungen zur Realisierung ihrer politischen Handlungsziele einbeziehen. So tragen beispielsweise institutionelle Veränderungen in nationalen Parlamenten der gesteigerten Bedeutung der EU Rechnung und bieten Abgeordneten in den Mitgliedstaaten formal-institutionelle Möglichkeiten, sich über die EU-Politik zu informieren und diese zu beeinflussen (Auel und Benz 2005, Bergman 1997, Holzhacker 2002). Empirische Ergebnisse der Interessengruppenforschung zeigen ebenfalls, dass sich nationale Interessengruppen dem politischen Gewicht der EU anpassen indem sie ihr strategisches Handlungsrepertoire von der nationalen auf die EU-Ebene erweitern (Beyers 2002; Eising 2004; Pappi und Henning 1999; Schmedes 2008; Wonka 2003).

In ihrer Perspektive auf die Europäische Kommission trägt diese Arbeit den in den vorangegangenen Absätzen skizzierten Veränderungen der politischen Qualität der EU und der hieraus resultierenden Bedeutung der EU-Politik in den Mitgliedstaaten Rechnung. Der Arbeit liegt die Ausgangsüberlegung zugrunde, dass Akteure in den Mitgliedstaaten in einem Mehrebenensystem agieren, dessen politisches Gewicht sie anerkennen und an das sie ihr Handeln anpassen, um weiterhin in der Lage zu sein, ihre politischen Ziele zu realisieren oder zumindest in der Realisierung ihrer Ziele auf nationaler Ebene, möglichst wenig eingeschränkt zu sein. Der wissenschaftliche Beitrag der vorliegenden Arbeit, und damit ihre wissenschaftliche Relevanz, besteht in der Entwicklung einer eigenständigen theoretischen Perspektive auf die Europäische Kommission, die dazu beitragen soll, ein besseres Verständnis davon zu bekommen, wie die Kommission ihre Rolle in der EG-Gesetzgebung ausübt. Agiert die Europäische Kommission tatsächlich unabhängig von den mitgliedstaatlichen Regierungen, eventuell angeleitet von technokratischer Expertise? Welche Konsequenzen ergeben sich hieraus für die Beurteilung des Beitrages, den die Kommission zur Dynamik politischer Entscheidungsprozesse der EU und damit auch zur mittel- und langfristigen Entwicklung des europäischen Integrationsprozesses macht? Mit der vorliegenden Arbeit wird die einschlägige politikwissenschaftliche Literatur ergänzt; darüber hinaus werden neue Aspekte in die Diskussion eingeführt.

Dies geschieht indem in einem ersten Schritt die Ernennung Europäischer Kommissare durch die mitgliedstaatlichen Regierungen in den Blick genommen wird. In der existierenden Literatur bleibt die Ernennung Europäischer Kommissare durch die Mitgliedstaaten und ihre theoretisch möglichen Konsequenzen für das Handeln der Kommission in EU-Entscheidungsprozessen weitgehend unberücksichtigt.[2] Im Rahmen des ersten Analyseschrittes werden mit der Formulierung eines „defensiven" und eines „offensiven Selektionszieles" und unter Rückgriff auf die Prinzipal-Agenten Theorie Hypothesen hergeleitet, die Aussagen über die Qualität der von den Regierungen ernannten Kommissare machen. Die empirische Überprüfung der Hypothesen wurde mit einem eigens hierfür erstellten Datensatz vorgenommen, der die einschlägigen Informationen zu allen 217 seit 1958 ernannten Kommissaren enthält. Anhand der Eigenschaften der Kommissare, die für die Entscheidungen der Kommission politisch verantwortlich sind, werden schließlich Aussagen über die grundlegenden Politikpräferenzen getroffen, die die Europäische Kommission in der EG-Gesetzgebung verfolgt.

In einem zweiten Schritt werden Aussagen zur Machtverteilung in Entscheidungsprozessen innerhalb der Europäischen Kommission gewonnen, um zu einer Einschätzung des Charakters des internen Entscheidens und der Qualität der daraus resultierenden Ergebnisse zu gelangen. Bislang liegen hierzu fast ausschließlich implizite Aussagen vor, deren Einschätzungen von einer Dominanz des Kommissionspräsidenten bis hin zur Dominanz der Kommissionsbeamten reichen. Diese impliziten Aussagen werden in dieser Arbeit unter Rückgriff auf die neo-institutionalistische Vetospieler-Theorie systematisch in Form unterschiedlicher Entscheidungsszenarien nebeneinander gestellt. Die Überprüfung der empirischen Plausibilität der unterschiedlichen Szenarien erfolgt anhand einer Analyse der institutionellen Entscheidungsregeln der Kommission sowie tatsächlicher Entscheidungsprozesse in der Kommission. Zunächst werden im Rahmen einer quantitativen Analyse die prozeduralen Charakteristika aller Entscheidungsprozesse untersucht, im Rahmen derer die Kommissare der Prodi-Kommission während ihrer Amtszeit (1999-2004) Gesetzesvorlagen verabschiedet haben. Die empirische Plausibilität der Entscheidungsszenarien wird daran anschließend noch im Rahmen von drei Fallstudien auf Aspekte hin untersucht, die aufgrund der Datenlage in der quantitativen Analyse unberücksichtigt bleiben mussten. Das folgende Unterkapitel legt zunächst jedoch die zentralen analytischen und theoretischen Grundlagen dieser Arbeit dar.

---

2 Zwar finden sich in zahlreichen Texten Hinweise darauf, dass die Kommissare durch die mitgliedstaatlichen Regierungen ernannt werden. Eine systematische Diskussion der Konsequenzen hiervon bleibt jedoch meist aus. Ausnahmen bilden die Aufsätze von Crombez (1997) und Hug (2003).

1.2. Theoretische und analytische Vorbemerkungen

Die theoretische Konzeptionalisierung in dieser Arbeit erfolgt unter Rückgriff auf zentrale Elemente der Prinzipal Agenten Theorie und der rationalistischen Variante des Neo-Institutionalismus (Hall und Taylor 1996). Gemäß dem Neo-Institutionalismus rationalistischer Prägung wird dem formal-institutionellen Kontext in dieser Arbeit eine bedeutende Rolle zugeschrieben. Er beeinflusst das Handeln der darin agierenden Akteure insofern, als dass er diese mit (institutionellen) Handlungsressourcen ausstattet, die den Akteuren, je nach Inhalt der Regel, bestimmte Handlungen ermöglichen – andere hingegen nicht. So können politische Akteure in bestimmten Bereichen über ein bestimmtes formales Mitsprache, bzw. Stimmrecht verfügen, in anderen jedoch nicht oder nur eingeschränkt. Mit ihren Handlungen, so die Annahme der rationalistischen Variante des Neo-Institutionalismus, versuchen die Akteure ihre jeweiligen Handlungsziele, beziehungsweise Präferenzen, möglichst optimal zu realisieren. Damit ist gleichzeitig klar, dass institutionelle Regeln allein noch keine Aussagen über den Inhalt der zu erwartenden politischen Ergebnisse erlauben. Um Aussagen über die Ergebnisse zu machen, die in einem bestimmten institutionellen Rahmen entstehen, müssen vielmehr die darin agierenden Akteure und ihre Präferenzen berücksichtigt werden (Tsebelis 2002). Die für diese Arbeit in erster Linie einschlägigen formal-institutionellen Regeln sind in den Vertragstexten zur Gründung der EU (EUV) und zur Gründung der Europäischen Gemeinschaft (EGV) sowie der Geschäftsordnung der Europäischen Kommission festgelegt. Der EGV gibt Auskunft darüber, in welchen Politikbereichen die EU formale Kompetenzen besitzt, gesetzgeberisch tätig zu werden. Darüber hinaus legt der EGV die jeweiligen Kompetenzen der Gesetzgebungsinstitutionen der EG – die Europäische Kommission, der Rat und das Europäische Parlament – in den unterschiedlichen Gesetzgebungsverfahren fest.

Bei den in dieser Arbeit untersuchten Akteuren handelt es sich um zu Handlungseinheiten zusammengeschlossene Individuen. Zu unterscheiden sind dabei kollektive und korporative Handlungszusammenschlüsse (vgl. Scharpf 2000: 95-106). Mitglieder eines kollektiven Akteurs handeln gemeinsam. Entscheidungen darüber, welche Handlungen erfolgen, treffen sie im Rahmen eines dafür vorgesehenen Entscheidungsprozesses. Korporative Akteure unterscheiden sich von kollektiven Akteuren dadurch, dass hier einzelne Mitglieder des Akteurs bestimmten Personen für einen begrenzten Zeitraum das Recht übertragen, Entscheidungen im Namen des Akteurs zu treffen und die Umsetzung dieser Entscheidungen durch die Mitglieder des korporativen Akteurs zu überwachen. Die Europäische Kommission wird im Folgenden als kollektiver Akteur konzeptualisiert. Dieser setzt sich aus den einzelnen Kommissaren zusammen, die jeweils über eine Stimme im Kollegium der Kommissare, dem Entscheidungsgremium der Kommission, verfügen. Welche Eigenschaften die Entscheidungsprozesse in der Europäischen Kommission kennzeichnen, ist eines der zentralen Erkenntnisinteressen dieser Arbeit, das analytisch mit Hilfe der verschiedenen in dieser Arbeit formulierten Entscheidungsszenarien verfolgt wird. Als korporative Akteure werden in dieser Arbeit politische Parteien konzeptualisiert. In politischen Parteien schließen sich Individuen mit ähnlichen politischen Zielen zusammen, um ihr Handeln über unterschiedliche politische Arenen – zum Beispiel Legislative und Exekutive – und über unterschiedliche Ebenen politischer Systeme – regional, national, europäisch – hinweg zu koordinieren und die den individuellen Mitgliedern jeweils zur Verfügung stehenden Handlungsressourcen zu bündeln. Auf diese Weise können die in Parteien zusammengeschlossenen Individuen ihre politischen Ziele effektiver realisieren (Aldrich 1995; Sartori 2005: 22).[3]

Das Ziel, das die in der vorliegenden Arbeit untersuchten Akteure anstreben, ist die Realisierung bestimmter politischer Inhalte. Das Interesse der Individuen daran, den Inhalt politischer Entscheidungen gemäß ihrer eigenen Policy-Präferenzen[4] zu beeinflussen, wird regelmäßig auf mindestens zwei analytisch zu unterscheidende Handlungsmotive zurückgeführt (vgl. Müller und Strøm 1999a, b): Einerseits können Akteure ein intrinsisches Interesse daran haben, politische Entscheidungen im Sinne eines bestimmten Inhalts zu beeinflussen. Daneben können politische Akteure versuchen Entscheidungen inhaltlich zu beeinflussen, um die Interessen derjenigen Individuen und Gruppen zu befriedigen, die ihnen dabei helfen, ihre Macht zu wahren, indem sie sie wählen oder vor Wahlen politisch unterstützen. Das intrinsische Interesse an der Realisierung bestimmter Politikinhalte und das Ämtermotiv politischer Akteure provozieren somit keinesfalls zwangsläufig einen Zielkonflikt. Vielmehr stehen sie in einem komplementären Verhältnis zueinander. Dies nicht zuletzt deswegen, weil zur effektiven Beeinflussung politischer Entscheidungen politische Ämter eine Voraussetzung sind und weil es zur Erlangung politischer Ämter notwendig ist, die Unterstützung von Wählern und Interessengruppen zu bekommen, die als Gegenleistung für ihre Unterstützung ihre Interessen realisiert sehen möchten.

Im folgenden Unterkapitel wird der Inhalt der einzelnen Kapitel dieser Arbeit skizziert, bevor dann in Kapitel 2 der Einstieg in die inhaltliche Argumentation erfolgt.

1.3. Der Aufbau der Arbeit

Kapitel 2 expliziert den theoretischen Kontext der Arbeit in Form einer Diskussion der einschlägigen EU-Literatur. Hierzu wird zunächst die historische Entwicklung von der Europäischen Wirtschaftsgemeinschaft zur heutigen EU dargestellt (Kapitel 2.1.). Ziel der Darstellung ist es, die schrittweise Ausdehnung der Kompetenzen der

---

3 Parteien werden im Folgenden als einheitliche Akteure betrachtet. Dies stellt eine analytische Vereinfachung der empirischen Realität dar, ist aufgrund des theoretischen Fokus dieser Arbeit jedoch zu rechtfertigen (vgl. Laver und Shepsle 1996: 24-25).

4 Mit dem Begriff „Policy-Präferenzen" werden im Folgenden die Präferenzen der Akteure bezüglich einzelner Politikinhalte bezeichnet. Da der inhaltliche Aspekt mit diesem Begriff deutlich wird, wird er dem allgemeineren Begriff der Politikpräferenz vorgezogen.

EU aufzuzeigen und dabei zwischen Politikbereichen zu unterscheiden, die heute bereits weitgehend integriert sind und solchen deren Integrationsgrad noch relativ gering ist, in denen die EU jedoch gesetzgeberische Kompetenzen besitzt. Im Anschluss an diese Darstellung werden die Gesetzgebungsinstitutionen der EU und die unterschiedlichen EG-Gesetzgebungsverfahren vorgestellt (Kapitel 2.2.). Zweck des Unterkapitels ist es, die institutionelle Machtverteilung zwischen der Europäischen Kommission, dem Europäischen Parlament und dem Rat darzustellen und das (institutionelle) Einflusspotenzial der Europäischen Kommission in der EG-Gesetzgebung zu verdeutlichen. Kapitel 2.3. geht dann der Frage nach der Qualität politischer Konflikte in EU-Entscheidungsprozessen nach. Zu diesem Zweck werden die in der Literatur gängigen Aussagen zu den Handlungsmotiven der Akteure der EG-Gesetzgebung sowie ihre jeweilige empirische Bestätigung diskutiert. In Kapitel 2.4. schließlich wird eine kritische Bewertung der aktuellen Literatur vorgenommen und die aus dieser Kritik abgeleitete Fragestellung der vorliegenden Arbeit entwickelt.

Die Herleitung und Explizierung des theoretischen und analytischen Rahmens dieser Arbeit erfolgt in Kapitel 3. Hierzu werden in Kapitel 3.1. die beiden zentralen analytischen Dimensionen vorgestellt, entlang derer die Argumentation der vorliegenden Arbeit entwickelt wird: Mit der vertikalen Dimension wird das Verhältnis zwischen Europäischen Kommissaren und mitgliedstaatlichen Regierungen erfasst. Entlang der horizontalen Dimension werden die Auseinandersetzungen in Entscheidungsprozessen zwischen den Europäischen Kommissaren konzeptualisiert und analysiert. Ein kurzer Überblick über die grundlegende Intention und die zentralen Elemente der Prinzipal-Agenten Theorie legt in Kapitel 3.2. das Fundament für die Kapitel 3.3. und 3.4., in denen die Perspektive dieser Arbeit auf die Europäische Kommission hergeleitet wird. Im Mittelpunkt des theoretischen Interesses von Kapitel 3.3. steht die Frage nach den Motiven mitgliedstaatlicher Regierungen, Europäische Kommissare mit bestimmten Eigenschaften auszuwählen und zu ernennen. Ziel dieses Unterkapitels ist es, aus den Eigenschaften der Kommissare Aussagen zur grundlegenden Präferenzkonfiguration in der Europäischen Kommission zu gewinnen. In Kapitel 3.4. werden Entscheidungsprozesse in der Europäischen Kommission anhand fünf verschiedener Szenarien konzeptualisiert. Das konsensuelle und das kompetitive Kollegiumsszenario, das Ressortszenario, das Präsidialszenario und das Bürokratieszenario machen jeweils unterschiedliche Aussagen zur Verteilung von Einfluss zwischen den verschiedenen Akteuren in Entscheidungsprozessen der Europäischen Kommission.

Kapitel 4.1. gibt einen Überblick über den Aufbau der empirischen Untersuchung. Im daran anschließenden Unterkapitel wird das zur empirischen Überprüfung der in Kapitel 3.3. und 3.4. hergeleiteten Hypothesen verwendete Datenmaterial vorgestellt.

Kapitel 5 behandelt die „Strategische Besetzung der Europäischen Kommission". Die Untersuchungen dieses Kapitels folgen der These, dass mitgliedstaatliche Regierungen über die Besetzung der Kommissarsposten substanzielle Einflussmöglichkeiten auf die Politik der Kommission zu erlangen suchen. Dazu werden zunächst in Kapitel 5.1. die institutionellen Regeln zur Ernennung der Europäischen Kommission dargestellt und hinsichtlich ihrer zu erwartenden Wirkung diskutiert. Die empirische Analyse der Eigenschaften aller 217 zwischen 1958 und 2007 ernannten Europäischen Kommissare in Kapitel 5.2. zeigt, dass die Regierungen ihre Kommissare gezielt auswählen und ein systematischer Zusammenhang zwischen den Politikpräferenzen der mitgliedstaatlichen Regierungen und der von ihnen ernannten Kommissare besteht. Die sehr häufig anzutreffende Konzeptionalisierung der Europäischen Kommission als Präferenzaußenseiter in EG-Gesetzgebungsverfahren besitzt deshalb eine geringe empirische Plausibilität. In Kapitel 5.3. wird untersucht, ob die Verteilung der politischen Leitung bestimmter Generaldirektionen (GD) und Dienste der Europäischen Kommission systematische Muster entlang nationaler und parteilicher Linien aufweist. Sowohl für nationale als auch für parteiliche Verteilungsmuster finden sich empirische Belege, die die theoretischen Erwartungen teilweise bestätigen. Kapitel 5.4. fasst die zentralen empirischen Ergebnisse des Kapitels 5 und die daraus abgeleiteten theoretischen Schlussfolgerungen zusammen.

Kapitel 6 analysiert die „Exekutive Politik in der Europäischen Kommission" und testet damit erstmals theoretische Modelle interner Entscheidungsprozesse der Kommission. Kapitel 6.1. stellt zunächst die institutionellen Regeln des Entscheidens in der Europäischen Kommission vor. In Kapitel 6.2. folgen empirische Informationen dazu, welche Gegenstände von den Europäischen Kommissaren in ihren wöchentlichen Kollegiumssitzungen behandelt werden. In Kapitel 6.3. werden die in Kapitel 3.4. hergeleiteten Hypothesen anhand aller von der Prodi-Kommission verabschiedeten Gesetzesvorlagen quantitativ getestet. Zentrales Ergebnis dieser Analysen ist, dass die Gestaltungsfreiheit des federführenden Kommissars vor allem bei der Formulierung solcher Gesetzesvorlagen eingeschränkt ist, die durch hohe potenzielle Anpassungskosten für die mitgliedstaatlichen Regierungen gekennzeichnet sind. In Kapitel 6.4. erfolgt eine Zusammenfassung der Ergebnisse des Kapitel 6 und deren zentrale theoretischen Implikationen mit Blick auf den Charakter und die sich daraus ergebende Machtverteilung zwischen federführendem Kommissar, Kommissionspräsidenten und den übrigen Kommissaren in internen Entscheidungsprozessen der Europäischen Kommission.

Kapitel 7 enthält drei Fallstudien, die die quantitativen Analysen der Kapitel 5 und 6 ergänzen, um theoretisch relevante Aspekte zu beleuchten, die dort aufgrund des jeweils verwendeten Datenmaterials unberücksichtigt bleiben mussten. Bei den untersuchten Fällen handelt es sich um die von den Kommissaren am 2. Oktober 2002 angenommene „Übernahmerichtlinie" (Kapitel 7.1.), die „Dienstleistungsrichtlinie", die die Kommissare am 13. Januar 2004 verabschiedet haben (Kapitel 7.2.), sowie den Gesetzesvorschlag zur Neuformulierung des EU-Chemikalienrechts („REACH"), den die Kommissare am 29. Oktober 2003 angenommen und in den inter-institutionellen Entscheidungsprozess eingebracht haben (Kapitel 7.3.). Auch Kapitel 7 wird durch eine Zusammenfassung der Ergebnisse und der zentralen theoretischen Implikationen abgeschlossen.

Kapitel 8 fasst alle Ergebnisse dieser Arbeit zusammen. Darüber hinaus bietet das abschließende Kapitel einen Ausblick auf Fragen, die sich aus den Ergebnissen der vorliegenden Arbeit ableiten lassen und die für unterschiedliche Bereiche der EU-Forschung von Interesse sind.

2. Theoretische Verortung der Arbeit

Dieses Kapitel, in dem die vorliegende Arbeit in einen weiteren Forschungszusammenhang gestellt wird, verfolgt mehrere Ziele. So sollen durch die Explizierung des theoretischen Kontextes die theoretischen Bezugspunkte dieser Arbeit dargelegt werden. Inkonsistenzen oder Unschlüssigkeiten in der bestehenden Literatur, deren Vorhandensein die Forschungsmotivation dieser Arbeit bildet, werden aufgezeigt. Schließlich dient dieses Kapitel auch einem direkten theoretischen Zweck, indem die darin durchgeführte theoretische Diskussion und die Darlegung empirischer Ergebnisse den eigenen, durch die Arbeit zu leistenden theoretischen und analytischen Beitrag argumentativ vorbereitet.

Aus einer neo-institutionalistischen Perspektive spielt der strukturelle Handlungskontext in dem Akteure agieren eine wichtige Rolle. Er bietet rationalen Akteuren Anreize, die diese in die Planung und Durchführung ihrer eigenen Handlungen einbeziehen. Der Handlungskontext der EU-Mitgliedstaaten und der Europäischen Kommission, der in diesem Kapitel vorgestellt werden wird, umfasst drei analytisch zu trennende Komponenten: Erstens, die formalen Kompetenzen der EU in unterschiedlichen Politikbereichen und ihre schrittweise Ausdehnung im Laufe der letzten 50 Jahre (Kapitel 2.1.). Zweitens, die formalen Verfahren der EG-Gesetzgebung, die festlegen, welche Akteure in den unterschiedlichen Verfahren welche Art von Mitsprache- und Stimmrecht besitzen (Kapitel 2.2.). Und drittens, die Konflikte, die die politischen Auseinandersetzungen in der Europäischen Union kennzeichnen und den politischen Raum der EU-Politik konstituieren (Kapitel 2.3.).

Das Ziel dieser Darstellung ist es nicht, die von den Integrationstheorien angestrebten Erklärungen zu Form und Inhalt dieser Vertragsänderungen nachzuzeichnen oder gar zu ergänzen. Mit der Darstellung der schrittweisen Ausdehnung der materiellen Kompetenzen der EU soll vielmehr gezeigt werden, wie weitgehend und in welchen Politikbereichen die Mitgliedstaaten der EU legislative Kompetenzen übertragen haben, die dann von den beteiligten Akteuren in der EG-Gesetzgebung genutzt werden können, um entweder nationale Bestimmungen außer Kraft zu setzen oder nationale durch europäische Regulierungen zu ersetzen. In Kapitel 2.4. wird schließlich die Tatsache diskutiert, dass trotz der qualitativen Veränderung des "politischen Systems" der EU die politikwissenschaftlichen Konzepte zur Erfassung und Analyse europapolitischer Prozesse, und hier vor allem die theoretische Perspektive auf die Europäische Kommission, während der letzten beinahe 50 Jahre weitgehend dieselben blieben. Diese Diskussion leitet über zu Kapitel 3, in dem unter Rückgriff auf die Prinzipal-Agenten Theorie der theoretische und analytische Rahmen entwickelt wird, mit dem die zentrale Frage der vorliegenden Arbeit nach dem Verhältnis zwischen den Mitgliedstaaten und der Europäischen Kommission beantwortet werden wird.

2.1. Die Veränderung der politischen Qualität der EU: Von der Zollunion zum umfassenden Regulierer

Ihre grundlegende institutionelle Struktur erhielt die heutige Europäische Union durch die institutionelle Architektur der 1951 gegründeten Europäischen Gemeinschaft für Kohle und Stahl (EGKS) (Rittberger 2001: 674; Rittberger 2006). Ziel der EGKS war es, die deutsche und die französische Stahl- und Kohleproduktion unter die gemeinsame Leitung einer supranationalen Hohen Behörde zu stellen.[5] Einerseits diente die EGKS der französischen Regierung dazu, die französische Stahlindustrie vor der starken deutschen Konkurrenz zu schützen. Andererseits wollte die französische Regierung, dass durch die gemeinsame Verwaltung dieser für die Kriegsproduktion wichtigen Industrie zukünftig von Deutschland keine Kriegsgefahr mehr ausgeht. Für die deutsche Regierung war die EGKS wichtig, da sie ihrer Politik der Westanbindung institutionelle Glaubwürdigkeit verlieh und zur politischen Annäherung an die westlichen Siegermächte des zweiten Weltkrieges genutzt werden konnte (Rittberger 2005: Kapitel 3).

Die EGKS lieferte den europäischen Regierungen ein institutionelles und ideelles Beispiel dafür, dass es prinzipiell möglich ist, die europäischen Staaten weniger als zehn Jahre nach dem Zweiten Weltkrieg zu einer dauerhaften und engen politischen und ökonomischen Kooperation in einem supranationalen, institutionellen Rahmen zusammenzubringen. Die politische und institutionelle Grundlage der Europäischen Union bilden die 1957 abgeschlossenen „Römischen Verträge", mit denen die Europäische Wirtschaftsgemeinschaft (EWG) gegründet wurde. In der EWG kamen die Gründungsstaaten Deutschland, Frankreich, Italien und die drei Beneluxstaaten, Belgien, Luxemburg und Niederlande überein, einen gemeinsamen Wirtschaftsraum ohne Binnenzölle und mengenmäßige Beschränkungen beim Handel zwischen den Mitgliedstaaten zu verwirklichen. Außerdem beschlossen die EWG-Mitgliedstaaten ihre Außenhandelspolitik gemeinschaftlich, durch die Festlegung einheitlicher Zolltarife gegenüber Drittstaaten, zu verfolgen. Die Zollunion bildet damit das Fundament des gemeinsamen Marktes. Neben der Zollunion sollte gleichzeitig ein Binnenmarkt geschaffen werden, in dem sich sowohl Güter, Dienstleistungen und Un-

---

5   Durch die Supranationalität unterscheiden sich die EU und ihre Vorgängerorganisationen deutlich von anderen internationalen Organisationen. Supranationalität ist zum einen dadurch definiert, dass die EU-Mitgliedstaaten auch an EU-Entscheidungen gebunden sind, die auf Grundlage der einschlägigen Vertragsbestimmung, jedoch ohne die Zustimmung des jeweiligen Mitgliedstaates getroffen wurden. Die potenzielle Einschränkung der nationalstaatlichen Souveränität ist durch eine supranationale Organisation deshalb stärker als durch eine internationale Organisation. Außerdem müssen die Mitgliedstaaten supranationale Entscheidungen nicht notwendig national implementieren, damit diese rechtlich Wirksamkeit erlangen. Darüber hinaus verfügt die EU mit der Europäischen Kommission und dem Europäischen Gerichtshof über Institutionen, die institutionelle Instrumente zur Verfügung haben, um eventuelle Nichtbefolgungen des supranationalen Rechts durch die mitgliedstaatlichen Regierungen wirksam zu sanktionieren.

ternehmen als auch Arbeitnehmer frei zwischen und innerhalb der Mitgliedstaaten bewegen konnten.

Die Ziele der Zollunion wurden unerwartet schnell erfolgreich realisiert. Innerhalb von elf Jahren, bis zum Jahr 1968, waren alle Zölle und Quotenregelungen zwischen den Mitgliedstaaten beseitigt (Armstrong und Bulmer 1998: 16). Die Zollunion kann deshalb als *Kern* der Integration nationaler Politikbereiche im Rahmen der EG bezeichnet werden, der (relativ) frühzeitig praktisch vollständig vergemeinschaftet wurde und um den herum sich weitere Integrationsschritte legten. Fast ebenso schnell wie die gemeinsame Zollunion etablierte sich die gemeinsame europäische Agrarpolitik. Ziel der europäischen Agrarpolitik war es von Beginn an, die europäischen Landwirte durch Außenzölle vor ausländischen Konkurrenzprodukten zu schützen und mit einem ausgedehnten Subventionssystem ein gewisses Einkommensniveau der Landwirte zu sichern.

Die Realisierung des gemeinsamen europäischen Binnenmarktes jedoch machte bis Mitte der 1980er Jahre nur geringe Fortschritte. Während also die Zölle zwischen den Mitgliedstaaten abgebaut waren, hielten die nationalen Industrien und Regierungen an ihren jeweiligen Produkt- und Produktionsstandards fest. Dies bedeutete, dass sich nationale Industrien durch die Regulierungen ihrer jeweiligen Regierung und im Rahmen der durch den Europäischen Gerichtshof festgelegten Grenzen[6] vor ausländischer Konkurrenz schützen konnten, indem sie deren Produkte bei Nichterfüllung heimischer Produktstandards nicht zum Handel in ihren Mitgliedstaaten zuließen. Die in Form der Produktstandards errichteten nicht-tarifären Handelshemmnisse wirken damit den Zielen der gemeinsamen europäischen Zollunion entgegen. Gleichzeitig können einzelne Unternehmen versuchen, ihren jeweiligen nationalen Standard durch die Erschließung neuer Marktanteile europaweit zu etablieren. Auf diese Weise können sie ihr vorhandenes technologisches Wissen nutzen und gleichzeitig die Kosten zur Entwicklung und Anpassung an die nationalen Regulierungsstandards der Industrien anderer Mitgliedstaaten vermeiden. Die ungleiche Entwicklung der Zollunion und anderer zur Herstellung eines gemeinsamen Binnenmarktes erforderlichen Maßnahmen beschreiben Kenneth Armstrong und Simon Bulmer:

---

6 Der Europäische Gerichtshof hat in seiner „Cassis de Dijon"-Rechtsprechung aus dem Jahr 1979 (Rechtssache 120/78) festgelegt, dass ein Produkt, das in einem Mitgliedstaat zum Handel zugelassen ist auch in allen anderen Mitgliedstaaten zum Handel zugelassen werden muss. Die Schranken dieses Prinzips der reziproken Anerkennung wurden durch das 1993 gesprochene „Keck"-Urteil (Rechtssache 268/91) und das „Dassonville"-Urteil (Rechtssache 297/91), ebenfalls aus dem Jahr 1993, konkretisiert. Demnach können Regierungen einem Produkt den Zugang auf den eigenen Markt aus verbraucherschutz- und gesundheitspolitischen Gründen verweigern.

„The customs union had been established in 1968, with the removal of tariffs and quotas on intra-EC trade and the creation of the Common External Tariff. Beyond that, however, progress was quite modest on the many other steps needed to create a common market along the lines provided for in the founding EEC Treaty. For instance, attempts to harmonise product standards were limited because behind apparently technical discussions could lie major entrenched national interests. These interests were of crucial importance when legislation was discussed. [...] At the same time, as technology advanced, each new set of legal requirements and/or technical standards associated with new products tended to be agreed at that national level, reflecting the interests of the national industry(ies) [sic!] concerned. In some instances, particularly in high technology, national standards not only reflected the preferences of a national industry but entailed significant financial investment by the government concerned. Thus, far from making progress towards the creation of a common market, in line with treaty goals, fragmentation was becoming more pronounced" (Armstrong und Bulmer 1998: 16).

Aus institutionalistischer Perspektive ist die Abwesenheit von Fortschritten bei der Herstellung eines gemeinsamen europäischen Binnenmarktes nicht zuletzt darauf zurückzuführen, dass die Europäische Wirtschaftsgemeinschaft im Zeitraum zwischen 1965 und 1986 durch Frankreichs Politik des „leeren Stuhls" und dem daraus folgenden Luxemburger Kompromiss in ihrer institutionellen Handlungs- und Entscheidungsfähigkeit sehr stark eingeschränkt war (Tsebelis und Garrett 2001; Cockfield 1994: 62-63).[7] Der Luxemburger Kompromiss stattete jeden Mitgliedstaat mit einem Veto-Recht aus, das dieser unter Geltendmachung der Verletzung „sehr wichtiger Interessen" dazu nutzen konnte, das Zustandekommen jeglicher EU-Entscheidungen zu blockieren. Anfang der 1980er Jahre kamen die mitgliedstaatlichen Regierungen überein, die institutionelle Handlungsfähigkeit der Europäischen Wirtschaftsgemeinschaft wiederherzustellen und der europäischen Integration durch die Definition eines mittelfristigen Zieles neue politische Dynamik zu verleihen. Als Ziel wurde die Herstellung eines gemeinsamen Binnenmarktes ausgegeben.

Um dieses Ziel zu erreichen wurde die Europäische Kommission aufgefordert, eine Strategie mit den für die Herstellung eines gemeinsamen Binnenmarktes notwendigen regulatorischen Maßnahmen zu erarbeiten und diese dann den mitgliedstaatlichen Regierungen vorzulegen. In der Europäischen Kommission wurde das Binnenmarkt-Projekt zwischen 1980 und 1984 maßgeblich vom deutschen Industriekommissar Karl-Heinz Narjes vorbereitet. Um dem Projekt auch im Rat politische Priorität zu geben, setzte Narjes 1983 mit Unterstützung des deutschen Bundeskanzlers Kohl durch, dass der Rat in Angelegenheiten des Binnenmarktes zukünftig in der spezialisierten Formation „Binnenmarktangelegenheiten" zusammentrat (Gil-

---

7   Während die Entscheidungsproduktion in dieser Zeit stark eingeschränkt war, sorgte die Rechtsprechung des EuGH für die Stärkung des europäischen Rechts gegenüber dem nationalen Recht und somit für die "supranationale Verrechtlichung" der EG (Schulz und König 2000). Jonathan Golub widerspricht dieser Darstellung, die ansonsten jedoch von einer Mehrzahl der Autoren vertreten wird (1999).

lingham 2003: 232).[8] Der politische Wille, einen gemeinsamen europäischen Binnenmarkt herzustellen, wurde 1985 auf dem Europäischen Gipfel von Mailand mit der Unterzeichung des Weißbuches „Vollendung des Binnenmarktes" (Kommission der Europäischen Gemeinschaften 1985) unterstrichen und offiziell bekundet. Die im Weißbuch skizzierten Maßnahmen zielten darauf ab, physische – in Form von Grenzkontrollen –, technische und fiskalische Barrieren zwischen den Mitgliedstaaten abzubauen; zu diesem Zweck wurden in dem Weißbuch rund 300 verschiedene Gesetzesvorschläge skizziert (Armstrong und Bulmer 1998: 23).

Gleichzeitig wurde 1985 auf dem Europäischen Gipfel von Mailand intensiv darüber diskutiert, wie die institutionellen Voraussetzungen geschaffen werden könnten, um Veränderungen am EG-Vertrag vorzunehmen, die unter anderem die Verabschiedung der im Weißbuch skizzierten legislativen Maßnahmen zur Herstellung des gemeinsamen Binnenmarktes vereinfachen sollten. Grundlage für diese 1986 mit der Unterzeichnung der Einheitlichen Europäischen Akte (EEA) erfolgten Veränderungen der EG-Entscheidungsregeln, die darüber hinaus aus der Europäischen Wirtschaftsgemeinschaft (EWG) die Europäischen Gemeinschaft (EG) machte, war der Dooge-Report (Armstrong und Bulmer 1998: 2-3). Der Dooge-Report wurde von den mitgliedstaatlichen Regierungen ebenso wie das Weißbuch zur „Vollendung des Binnenmarktes" auf dem Europäischen Gipfel von Mailand diskutiert. Die Ratifizierung der EEA in den Mitgliedstaaten beendete den Luxemburger Kompromiss und setzte, in den Worten des deutschen Außenministers Hans-Dietrich Genscher, „den Zug [der europäischen Integration; AW] in Bewegung" (Brunn 2002: 240).

Die der europäischen Integration durch die EEA neu verliehene politische Dynamik basierte zum einen auf der Veränderung der institutionellen Rahmenbedingungen der EG-Gesetzgebung. In zahlreichen Politikbereichen wurde das Einstimmigkeitserfordernis zur Annahme von EG-Gesetzen im Rat durch eine qualifizierte Mehrheit ersetzt. Außerdem wurde das Prinzip der „gegenseitigen Anerkennung" mitgliedstaatlicher Regulierungsstandards vertraglich festgeschrieben, so dass die Realisierung des Binnenmarktes nicht mehr notwendigerweise durch die europäische Harmonisierung mitgliedstaatlicher Regulierungsstandards zu erfolgen hatte (vgl. Fußnote 6). Darüber hinaus kodifizierte die EEA neue Kompetenztitel der Europäischen Gemeinschaft. So wurden die Ziele für eine gemeinschaftliche Wirtschaftspolitik konkretisiert (Art. 102a EGV, EEA-Version). Weiterhin wurden neue Kompetenzen der EG in den Bereichen wirtschaftlicher und sozialer Zusammenhalt, Forschung und technologische Entwicklung sowie Umwelt geschaffen. Trotz der Vorbehalte einzelner Mitgliedstaaten hinsichtlich der Kodifizierung dieser neuen Politikbereiche in der EEA, wurden die institutionellen Hürden für die Verabschie-

---

8 Mit dieser Analyse widerspricht Gillingham (2003: 232; vgl. für eine sehr ähnliche Darstellung, Moravcsik 1998: 316-317, 330, 358-359) in mehr oder weniger großer Variation häufig in der Literatur zu findenden Darstellung von Ross (1995), dass Jacques Delors, von Januar 1985 bis Januar 1995 Kommissionspräsident, und seine Kabinettmitarbeiter die maßgeblichen Ideengeber und treibenden Kräfte zur Verabschiedung der EEA im Jahr 1986 waren.

dung von Entscheidungen in diesen Bereichen mit der qualifizierten Mehrheitserfordernis im Rat zumindest teilweise integrationsfreundlich gestaltet (Armstrong und Bulmer 1998: 25; König 1996). Als Fazit zu der am 28. Februar 1986 von den Außenministern der Mitgliedstaaten mit der Unterzeichnung beschlossenen Ausweitung der Kompetenzen der EU und der Reduzierung der institutionellen Entscheidungshürden in Form der Einheitlichen Europäischen Akte sollte festgehalten werden, dass hierdurch, wie von den mitgliedstaatlichen Regierungen, der Europäischen Kommission und dem Europäischen Parlament intendiert, nach zwei Jahrzehnten der „Eurosklerose" die europäische Integration politisch wieder Fahrt aufnahm:

> „The late 1970s and early 1980s were an era of Eurosclerosis, during which politicians and academics alike lost faith in European institutions. A few years later, optimism and institutional momentum had replaced malaise and stagnation. The source of this transformation was the Single European Act (SEA) [EEA] (Moravcsik 1998: 314). [...] The SEA [EEA] rejuvenated the EC and its single market. A flood of significant legislation was passed and a new liberalizing spirit prevailed. As the British government foresaw – but perhaps to an extent that Thatcher herself had not fully expected – these measures reregulated, as well as deregulated, the single market" (Moravcsik 1998: 378).

Eine neue politische Qualität erlangte die EG darüber hinaus 1991 mit dem Vertrag von Maastricht. Mit ihm wurde die EU gegründet. Die EU bildet das institutionelle "Dach", unter dem sich die bisherigen europäischen Verträge (EGKS, Euratom, EG) sowie die beiden mit dem Vertrag von Maastricht neu hinzugekommenen (EU-) Politikfelder Gemeinsame Außen- und Sicherheitspolitik (GASP) sowie Polizeiliche und Justizielle Zusammenarbeit (PJZS) in drei Säulen gliedern. Die erste Säule bildet die EG. Die zweite und dritte Säule bilden die GASP und die PJZS. Qualitativ unterscheiden sich die zweite und dritte Säule von der ersten Säule dadurch, dass sie nicht supranational, sondern intergouvernemental organisiert sind: Die Kommission und die anderen Gemeinschaftsorgane haben in diesen Bereichen keine Rechtsetzungskompetenzen, sondern lediglich eine unterstützende Funktion. Einen Meilenstein in der Integrationsgeschichte legte der Vertrag von Maastricht außerdem durch die Schaffung der Europäischen Zentralbank und die Festlegung auf das Ziel, bis zum Jahr 1998 die nationale Währungspolitik der EG-Mitgliedstaaten durch eine gemeinsame Währungspolitik abzulösen und mittelfristig die mitgliedstaatlichen Währungen durch eine gemeinsame europäische Währung zu ersetzen. Die gemeinsame europäische Währung wurde am 1. Januar 2002 mit dem Euro eingeführt, durch den die während der 70er Jahre begonnene Kooperation der Mitgliedstaaten in der Währungspolitik ihren Abschluss fand.

Neben der Gründung der EU und der damit verbundenen Neugliederung der europäischen Verträge wurden durch den Vertrag von Maastricht noch einmal, wie schon mit der EEA, die materiellen Kompetenzen der EG ausgeweitet. Neu hinzu kamen Kompetenzen im Bereich der Bildung und Ausbildung, sowie in den Bereichen Kultur, Gesundheitswesen, Verbraucherschutz, Transeuropäische Netze und Industriepolitik. Dem EG-Kompetenzkatalog wurden nur sechs Jahre später, mit dem Vertrag von Amsterdam (1997), weitere Politikbereiche hinzugefügt. Die Asyl-

und Ausländerpolitik wurde von der intergouvernementalen dritten Säule der EU in die erste Säule integriert und darüber hinaus wurden Kompetenztitel zur Beschäftigung und der Zusammenarbeit im Zollwesen in den EG-Vertrag aufgenommen. Außerdem integrierte der Amsterdamer Vertrag das Maastrichter Sozialprotokoll in den EG-Vertrag. Mit Blick auf die EG-Gesetzgebung ist der Amsterdamer Vertrag jedoch weniger aufgrund der neu hinzugekommenen legislativen Kompetenzen bemerkenswert, sondern vielmehr aufgrund der Stärkung des Europäischen Parlaments in der EG-Gesetzgebung durch das neu geschaffene Mitentscheidungsverfahren (siehe Kapitel 2.2.) und der Ausweitung der Anwendung dieses Verfahrens auf einen Großteil der regulatorischen Kompetenzen im Bereich der EG (Nugent 2003: 77).

Rückblickend ist festzustellen, dass die EEA nicht nur ein wichtiges politisches Signal für die Fortführung der europäischen Integration gab und die dafür notwendigen institutionellen Voraussetzungen schuf. Die durch die EEA vorgenommene Ausweitung der Regulierungskompetenz der EU in neuen Politikbereichen bildete darüber hinaus den Auftakt zu einer umfassenden Ausweitung der Regulierungskompetenzen der EG innerhalb von nur elf Jahren. Die „Eurosklerose" der 1970er und der ersten Hälfte der 1980er Jahre wurde durch eine um so dynamischere Entwicklung in der zweiten Hälfte der 1980er und den gesamten 1990er Jahren abgelöst: Während die EWG 1957 mit dem in erster Linie ökonomischen Ziel gestartet war, zwischen den Mitgliedstaaten eine Zollunion und einen gemeinsamen Binnenmarkt herzustellen, besitzt die heutige EU umfangreiche Kompetenzen, um den gemeinsamen Binnenmarkt durch sozialpolitische, vor allem aber auch durch umwelt-, gesundheits- und verbraucherschutzpolitische Maßnahmen zu ergänzen und eventuellen negativen Externalitäten des gemeinsamen europäischen Binnenmarktes politisch zu begegnen.

In diesem Unterkapitel wurde die qualitative politische Veränderung der Europäischen Gemeinschaft beziehungsweise der Europäischen Union während der letzten knapp 50 Jahre ihres Bestehens anhand der Ausweitung ihrer formalen Kompetenzen dargestellt: Die heutige EU startete 1957 mit den Römischen Verträgen als Zollunion. Inzwischen teilen die Bürger zahlreicher Mitgliedstaaten der Europäischen Union eine gemeinsame Währung und die Europäische Union besitzt Regulierungskompetenzen, die weit über die Beseitigung von Zöllen und das Verbot mengenmäßiger Beschränkungen des Handels zwischen den Mitgliedstaaten hinausgehen. Kennzeichnend ist, dass die politische Regulierung dieser Bereiche zwischen den mitgliedstaatlichen Bevölkerungen und ihren Regierungen sowie den in den Mitgliedstaaten angesiedelten Industrien politisch umstritten ist, wie nicht zuletzt die Auseinandersetzungen und Verhandlungen rund um die Regierungskonferenzen zeigen, im Rahmen derer Änderungen der bestehenden Verträge beschlossen werden (Moravcsik 1998). Als Fazit dieses Unterkapitels lässt sich festhalten, dass sich die materielle politische Qualität der heutigen Europäischen Union aufgrund der schrittweisen Vergemeinschaftung neuer Kompetenzen erheblich verändert hat – von der geographischen Ausdehnung der EU ganz zu schweigen![9]

2.2. Institutionen und institutionelle Machtverteilung in der EG-Gesetzgebung

Die maßgeblichen Institutionen der EG-Gesetzgebung sind die Europäische Kommission, der Rat und das Europäische Parlament. Zur Ausübung ihrer Aufgaben verfügt die Europäische Kommission über einen administrativen Unterbau aus Generaldirektionen und Diensten, die unterschiedliche sektorale Zuständigkeiten besitzen und jeweils von einem Europäischen Kommissar politisch geleitet werden. Der Rat setzt sich aus Vertretern der EU-Mitgliedstaaten zusammen. Die politische Führung im Rat wird von der Ratspräsidentschaft ausgeübt, die die mitgliedstaatlichen Regierungen abwechselnd für jeweils ein halbes Jahr innehaben (Art. 203 EGV) (Warntjen 2007). Die Ratssitzungen werden durch den Ausschuss der Ständigen Vertreter der Mitgliedstaaten bei der EU (COREPER) vorbereitet.

Die Mitglieder des Europäischen Parlaments (EP) werden seit 1979 alle fünf Jahre durch Direktwahlen bestimmt und organisieren sich im Europäischen Parlament in nach Parteifamilien differenzierten Fraktionen (Art. 29 Geschäftsordnung des Europäischen Parlaments). Für die allgemeine politische Entwicklung der EU spielen außerdem der Europäische Gerichtshof und der Europäische Rat eine bedeutende Rolle. Allerdings nicht durch ihre direkte Mitwirkung an der EG-Gesetzgebung, sondern vielmehr durch die Veränderung des politischen Handlungskontextes, die regelmäßig aus den Entscheidungen des Europäischen Gerichtshofes (Alter 1998; Stone Sweet und Sandholtz 1997; Weiler 1981) beziehungsweise der Festlegung mittelfristiger politischer Handlungsschwerpunkte durch den Europäischen Rat folgt. In den weiteren Ausführungen dieses Kapitels spielen der Europäische Gerichtshof und der Europäische Rat aufgrund ihrer lediglich indirekten Mitwirkung in der EG-Gesetzgebung keine Rolle.

EG-Gesetze werden im Rahmen von drei unterschiedlichen formal institutionellen Verfahren verhandelt und beschlossen.[10] Dabei kann das Konsultationsverfahren als Basisverfahren bezeichnet werden, das durch Hinzufügen weiterer Akteure und Lesungen zu den beiden anderen EG-Gesetzgebungsverfahren, dem Kooperations- und dem Mitentscheidungsverfahren, ausgeweitet wurde. Das Konsultationsverfah-

---

9 Im selben Zeitraum dehnte sich die Europäische Union auch geographisch erheblich aus. Was politisch und geographisch zwischen „den Sechs" – Benelux, Deutschland, Frankreich, Italien – begann, umfasst inzwischen Großbritannien, Irland, Dänemark (seit 1973), Griechenland (1981), Spanien, Portugal (1986), Finnland, Österreich, Schweden (1995), Estland, Lettland, Litauen, Polen, Tschechien, Slowakei, Slowenien, Malta, Zypern und Ungarn (2004) sowie Bulgarien und Rumänien (2007).

10 Für einen Überblick über die unterschiedlichen Verfahren und die dazu veröffentlichte analytische Literatur, siehe: (Hörl *et al.* 2005). Für empirische Überprüfungen unterschiedlicher theoretischer Modelle der EG-Gesetzgebung, siehe Thomson *et al.* (2006).

ren wurde 1957 durch die Römischen Verträge begründet und ist auch heute noch das am häufigsten angewendete Verfahren zur Verabschiedung europäischer Gesetze (Hix 2005: 77). Im Konsultationsverfahren[11] legen die Europäischen Kommissare einen Gesetzesvorschlag vor. Das Europäische Parlament darf zu dem Vorschlag Stellung nehmen. Die Nichtberücksichtigung eventuell durch das Europäische Parlament vorgebrachter Änderungsvorschläge hat jedoch keine Konsequenzen für den anschließenden Ablauf und die Abstimmungsmodalitäten des weiteren Verfahrens. Über die Annahme eines Vorschlags im Konsultationsverfahren entscheiden einzig die mitgliedstaatlichen Vertreter im Rat. Je nach Rechtsgrundlage ist dort für die erfolgreiche Annahme eines Gesetzesvorschlags eine qualifizierte Mehrheit oder das einstimmige Votum der mitgliedstaatlichen Vertreter erforderlich.

Mit der Einheitlichen Europäischen Akte (1986) wurde das Kooperationsverfahren (Art. 252 EGV) geschaffen, durch welches die Rolle und der formal-institutionelle Einfluss des Europäischen Parlaments in der EG-Gesetzgebung aufgewertet wurde. Auch dieses Verfahren wird durch das Einbringen eines von den Europäischen Kommissaren ausgearbeiteten Gesetzesvorschlags eröffnet. In der ersten Lesung beschließt der Rat einen gemeinsamen Standpunkt, der von den Abgeordneten des Europäischen Parlaments kommentiert wird. In der zweiten Lesung ist das Europäische Parlament aufgefordert, gegebenenfalls Änderungsvorschläge zu dem vom Rat in der ersten Lesung angenommenen Vorschlagstext zu machen. Macht das Europäische Parlament in der zweiten Lesung Änderungsvorschläge, die gleichzeitig von den Europäischen Kommissaren übernommen werden und sieht die jeweilige Vertragsgrundlage im EGV eine qualifiziert mehrheitliche Abstimmung im Rat vor, dann kann der Rat den durch die Änderungsvorschläge des Europäischen Parlaments geänderten Vorschlag mit qualifizierter Mehrheit annehmen. Möchte der Rat die Änderungsvorschläge des Europäischen Parlaments (teilweise) nicht annehmen, so müssen dessen Vertreter die vom Vorschlag des Europäischen Parlaments abweichende Gesetzesvorlage einstimmig annehmen. Aufgrund der Vertragsbestimmung, dass der durch das Europäische Parlament veränderte und von der Europäischen Kommission so akzeptierte Vorlagentext vom Rat in unveränderter Form qualifiziert mehrheitlich verabschiedet werden kann, in veränderter Form jedoch nur einstimmig, hängt der durch das Kooperationsverfahren gegenüber dem Konsultationsverfahren gesteigerte formale Einfluss des Europäischen Parlaments wesentlich von der Unterstützung des EP durch die Europäische Kommission ab. Dieser Bedingung Rechnung tragend schreibt George Tsebelis dem EP im Kooperationsverfahren „konditionale Agendasetzungsmacht" zu (1994)(für Kritik an Tsebelis Interpretation, siehe u.a. Moser (1996)).

---

11 Die prozeduralen Vorschriften des Konsultationsverfahrens werden nicht in einem separaten Artikel des EGV aufgeführt. Vielmehr finden sich die Verfahrensregeln des Konsultationsverfahrens in einzelnen Artikeln des EGV, deren inhaltliche Gegenstände im Rahmen des Konsultationsverfahrens gesetzgeberisch behandelt werden müssen. Als Beispiel kann Artikel 37 II EGV herangezogen werden, der festlegt, dass Entscheidungen in der EG-Agrarpolitik im Rahmen des Konsultationsverfahrens getroffen werden müssen.

Die Stärkung des Europäischen Parlaments in der EG-Gesetzgebung erreichte schließlich mit der Einführung des Mitentscheidungsverfahren (Art. 251 EGV) ihren Höhepunkt (Corbett *et al.* 2000). Das Mitentscheidungsverfahren, welches das Kooperationsverfahren in der EG-Gesetzgebungspraxis weitgehend ersetzte (Hix 2005: 77; Maurer 2002: 135), wurde durch den Vertrag von Maastricht (1993) begründet und erhielt durch den Amsterdamer Vertrag (1998) seine aktuelle institutionelle Form.[12] Auch hier eröffnen die Kommissare das Gesetzgebungsverfahren mit der Vorlage ihres Gesetzesvorschlags. Das Mitentscheidungsverfahren erstreckt sich maximal über drei Lesungen. In diesem Gesetzgebungsverfahren verfügt das Europäische Parlament über ein eigenständiges Vetorecht. Einigen sich die mitgliedstaatlichen Vertreter im Rat während der ersten beiden Lesungen nicht mit den Vertretern des Europaparlaments, wird ein Vermittlungsausschuss einberufen.[13] Kommt es auch hier zu keiner Einigung, ist das Gesetzgebungsverfahren gescheitert. Damit verfügt das Europäische Parlament, anders als im Kooperationsverfahren, über eigenständige Vetomacht. Diese begründet die Aufwertung der Macht des Europäischen Parlaments im Mitentscheidungsverfahren gegenüber dem Konsultations- und dem Kooperationsverfahren (Tsebelis und Garrett 2000). Der Europäischen Kommission kommt im Vermittlungsausschuss die Rolle zu, durch „alle erforderlichen Initiativen, [...] auf eine Annäherung der Standpunkte des Europäischen Parlaments und des Rates hinzuwirken" (Art. 251 IV EGV) und dadurch das Zustandekommen eines Gesetzes zu unterstützen. Ein formales Stimmrecht besitzen die Vertreter der Kommission im Vermittlungsausschuss nicht.

Die vorangegangen Abschnitte haben gezeigt, dass die Europäischen Kommissare durch die Einbringung eines Vorschlags in allen legislativen Entscheidungsverfahren der EG „den ersten Zug" machen. Aus diesem Recht, in allen legislativen Entscheidungsverfahren der EG den ersten Zug machen zu können, ergeben sich für die Europäische Kommission dreierlei Einflussmöglichkeiten: Erstens können die Kommissare den genauen Zeitpunkt festlegen, zu dem sie ihren Gesetzesvorschlag

---

12 In der Literatur wurde diskutiert, ob die Macht des Europäischen Parlaments im Mitentscheidungsverfahren durch die durch den Amsterdamer Vertrag (Mitentscheidung II) gegenüber dem Maastricht Vertrag (Mitentscheidung I) vorgenommenen Veränderungen der Verfahrensbestimmungen erhöht wurde. Diese Diskussion ist jedoch für diese Arbeit nicht von Relevanz. Eine Zusammenfassung der Diskussion findet sich: (Hörl *et al.* 2005: 595).

13 In der aktuellen (Amsterdamer) Version des Mitentscheidungsverfahren müssen die Verhandlungen im Vermittlungsausschuss auf der Grundlage des gemeinsamen Standpunktes des Rates, den dieser am Ende der ersten Lesung verabschiedete, und den dazu vorgeschlagenen Änderungen durch das EP erfolgen (Art. 251 IV EGV). In der Maastrichter Version des Mitentscheidungsverfahrens hatten der Rat und das EP die Möglichkeit einen Text im Vermittlungsausschuss zu verhandeln, der völlig unabhängig vom Gesetzesvorschlag der Kommission und den Änderungen durch den Rat und das EP in den ersten beiden Lesungen war.

einbringen.[14] Zweitens besitzen die Europäischen Kommissare das Monopol auf die inhaltliche Formulierung der Vorschläge, die im weiteren Verfahren als Diskussions- und Verhandlungsgrundlage dienen. Schließlich können die Europäischen Kommissare das konkrete Rechtsinstrument zur Umsetzung des Gesetzesinhaltes wählen, sprich ob das zukünftige Gesetz als unmittelbar und allgemein geltende Verordnung, oder als ebenfalls zwar allgemein, aber erst nach nationaler Implementation geltende Richtlinie erlassen werden soll. Diese drei Einflussmöglichkeiten verleihen den Europäischen Kommissaren eine erhebliche „informelle" Agendasetzungsmacht (Pollack 2003: 49-50). Verfügt die Kommission zudem über Informationsvorteile gegenüber den Vertretern einzelner Mitgliedstaaten oder gegenüber den Mitgliedern des Europäischen Parlaments, oder besteht bezüglich der ökonomischen, ökologischen oder sozialen Wirkung der Umsetzung einer Regulierung unter den an der Entscheidung beteiligten Akteuren eine hohe Unsicherheit, haben die Kommissare die Möglichkeit diese Informationsasymmetrien beziehungsweise (Erwartungs-) Unsicherheiten zu nutzen, um den von ihnen präferierten Vorschlag möglichst unverändert durchzusetzen.

Das Privileg „des ersten Zuges" verleiht der Europäischen Kommission im Konsultationsverfahren und bei Geltung der qualifizierten Mehrheitsregel darüber hinaus formale Agendasetzungsmacht: Die Vertreter im Rat können, wie weiter oben ausgeführt, die Vorlagen der Kommission unverändert einfacher annehmen, als wenn sie sie verändern. Die Ausführungen dieses Unterkapitels machen deutlich, dass die Europäischen Kommissare potenziell einflussreiche Teilnehmer an den legislativen Entscheidungsprozessen der EG sind und hierdurch die Möglichkeit besitzen, die politische Entwicklung der Europäischen Union entscheidend mitzugestalten (Ross 1995; Tsebelis und Kreppel 1998). Eine Tatsache, die sich nicht zuletzt darin widerspiegelt, dass die Europäische Kommission das Ziel umfangreicher Lobbyingaktivitäten privater Interessenvertreter ist (Beyers 2004; Beyers und Kerremans 2004; Bouwen 2004; Pappi und Henning 1999).

Gemäß der institutionellen Logik der formalen Agendasetzungsmacht besitzt die Europäische Kommission im Konsultationsverfahren und bei der Anwendung der qualifizierten Mehrheitsregel im Rat den größten Einfluss. Im Mitentscheidungsverfahren, in dem sowohl die Vertreter des Rats als auch die Abgeordneten des Europäischen Parlaments den Vorschlag der Kommission stoppen können, sollte die Europäische Kommission demzufolge keine formale Agendasetzungsmacht besitzen (Tsebelis und Garrett 2000). Allerdings zeigen empirische Arbeiten zum Einfluss der Kommission im Mitentscheidungsverfahren und im EU-Vermittlungsausschuss, dass die Kommission auch in diesem Verfahren über einen erheblichen Einfluss verfügt (Burns 2004; König et al. 2007; Rasmussen 2003; Tsebelis et al. 2001).

---

14 Die Kommission kann jedoch vom Rat oder vom Europäischen Parlament aufgefordert werden, einen Vorschlag vorzulegen. Sie besitzt deshalb nicht die Macht, das Einbringen von Entscheidungsvorschlägen zu blockieren. In anderen Worten: Die Kommission besitzt keine „Gate Keeping"-Macht in der EG-Gesetzgebung (Crombez et al. 2006).

Auf die Einzelheiten der Diskussion um den relativen Einfluss der unterschiedlichen Akteure in EU-Entscheidungsprozessen und auf die daraus resultierende politische Dynamik der europäischen Integration (Moravcsik 1998; Schmidt 2000; Stone Sweet und Sandholtz 1997; Tsebelis und Garrett 2001) soll in diesem Unterkapitel nicht weiter eingegangen werden. Wichtig im Zusammenhang mit der in dieser Arbeit im Folgenden zu entwickelnden theoretischen Konzeptionalisierung der Europäischen Kommission sind die Interdependenzen zwischen den an den Entscheidungen beteiligten Akteuren, die sich aus dem institutionellen Handlungsrahmen der EG-Gesetzgebung ergeben. Die Auswirkungen dieser dauerhaften institutionellen Interdependenzen spielen für die beteiligten Akteure nicht nur deshalb eine bedeutende Rolle, weil sie sich auf deren Handlungsspielräume und Handlungsstrategien in den jeweils konkreten Entscheidungsprozessen auswirken. Die wiederholten Interaktionen zwischen den mitgliedstaatlichen Vertretern im Rat, den Abgeordneten im Europäischen Parlament sowie den Europäischen Kommissaren, erlauben den Akteuren außerdem Erfahrungen zu sammeln, die sie zukünftig nutzen können, um ihre Handlungsstrategien gegenüber diesen Akteuren zu optimieren und damit ihren politischen Einfluss zu erhöhen. Das bezieht sich einerseits auf die Strategien der Akteure in den Auseinandersetzungen in EG-Gesetzgebungsprozessen. Darüber hinaus ist zu erwarten, dass die mitgliedstaatlichen Regierungen diese Erfahrungen in ihre Überlegungen bei der Auswahl derjenigen Vertreter einfließen lassen, denen sie politische Aufgaben auf der europäischen Ebene übertragen.

Mit Blick auf die Europäische Kommission verwundert es deshalb, dass die Konsequenzen solcher "Lernprozesse" bislang nur sehr eingeschränkt in den theoretischen Konzeptionalisierungen der Europäischen Kommission Berücksichtigung fanden. Die Frage, wie sich die Erfahrungen mitgliedstaatlicher Regierungen mit der Europäischen Kommission auf deren Handeln diesem Akteur gegenüber auswirken, wird in Kapitel 2.4. diskutiert. In Form der „Logik der Selektion" werden in dieser Arbeit deshalb die Konsequenzen, die die mitgliedstaatlichen Regierungen bei der Auswahl und Ernennung von Kommissaren mit bestimmten Eigenschaften aus ihren Erfahrungen mit dem Einfluss der Kommission in der EG-Gesetzgebung ziehen, theoretisch expliziert und diskutiert (Kapitel 3.3.).

2.3. Akteure, Positionen, Konfliktlinien – der politische Raum der EU

In den im Zusammenhang politischer Entscheidungen in der Europäischen Union auftretenden Konflikten und Auseinandersetzungen nehmen die beteiligten Akteure regelmäßig unterschiedliche Positionen ein. Aus den jeweils bezogenen Positionen können Schlüsse über die Struktur des politischen Raumes der EU gezogen werden, das heißt über diejenigen Konfliktlinien, die die Auseinandersetzungen in EU-Entscheidungsprozessen maßgeblich kennzeichnen. In der vorliegenden Arbeit interessiert die Frage, welche Konfliktdimensionen die Auseinandersetzungen der Akteure in der EG-Gesetzgebung maßgeblich kennzeichnen vor allem deshalb, weil die Struktur des politischen Raumes der EU theoretische Spekulationen darüber erlaubt, wie sich die Europäischen Kommissare, die Mitglieder des Europäischen Parlaments und die Vertreter der mitgliedstaatlichen Regierungen in EU-Entscheidungsprozessen relativ zueinander positionieren. Mit Blick auf zukünftige Entscheidungen ist zudem interessant, welche Entscheidungsergebnisse aus der jeweils identifizierten Positionierung der Akteure, gegeben ihres jeweiligen formal institutionellen Einflusspotentials (siehe Kapitel 2.2.), zu erwarten sind. Außerdem soll eine Diskussion der Positionierungen unterschiedlicher Parteien über Zeit Aufschluss darüber geben, welche Veränderungen hier zwischen unterschiedlichen Parteifamilien zu beobachten sind und welche theoretischen Erklärungen sich hierfür anbieten.

Die Frage nach der Dimensionalität des politischen Raumes der EU hat in den letzten Jahren vermehrte Aufmerksamkeit erhalten (Hix 1999a; Marks und Steenbergen 2004). Vor allem die Tatsache, dass sich neben der in den Internationalen Beziehungen (IB) verorteten europäischen Integrationsforschung ein zweiter EU-Forschungszweig etabliert hat, der sich aus der Perspektive der vergleichenden Politikwissenschaft mit den "alltäglichen" politischen Auseinandersetzungen in der EU auseinandersetzt, hat hierzu beigetragen. Dieser Trend wird außerdem durch die zunehmende Anwendung räumlicher Modelle zur Analyse von EG-Gesetzgebungsprozessen verstärkt (Hörl et al. 2005; Tsebelis und Garrett 2000). Ausschlaggebend war, dass das von der europäischen Integrationsforschung zugrunde gelegte Analyseschema Forschern mit einer "vergleichenden" Perspektive auf EU-Entscheidungsprozesse zunehmend unzureichend erschien. Neben dem Modell der Internationalen Beziehungen wurden in der Folge drei Modelle zur Konzeptionalisierung der Struktur der politischen Auseinandersetzungen in der EU zur Diskussion gestellt (vgl. Marks und Steenbergen 2002). Nach einer kurzen Darstellung des IB-Modells werden im Weiteren vor allem die für diese Arbeit stärker einschlägigen Modelle vorgestellt und die in diesem Zusammenhang hervorgebrachten empirischen Ergebnisse diskutiert.

Vertreter des „IB-Modells" konzeptualisieren die Konflikte in der EU-Politik ausschließlich als Auseinandersetzungen um die Ablehnung oder Befürwortung der europäischen Integration beziehungsweise weiterer Integrationsschritte (Marks und Steenbergen 2002: 883). Der für die Auseinandersetzungen in den nationalen politischen Arenen wichtigen sozioökonomischen (links/rechts) Positionierung der (partei-) politischen Akteure wird im IB-Modell für europäische Entscheidungsprozesse keine Relevanz zugeschrieben. Ausschlaggebend für die pro- oder anti-integrationistische Haltung der beteiligten Akteure und die daraus resultierende Integrationsdynamik sind vielmehr die Sicherheitsinteressen der Staaten (Hoffmann 1966) beziehungsweise die von nationalen Produzenteninteressen geprägten polit-ökonomischen Interessen der Regierungen (Moravcsik 1998). Alternativ hierzu wurde das Fortschreiten der europäischen Integration auf eine sich funktional verselbständigende und sich sektoral ausdehnende Dynamik („Spill-Over"), die von pro-integrationistischen nationalen Politikern, transnationalen Interessengruppen und Bürokraten in der Europäischen Kommission in die Tat gesetzt wird, zurückgeführt (Haas 1968; Stone Sweet und Sandholtz 1997). Angesichts der Tatsache, dass es das Ziel der Integrationstheorien ist, die institutionelle Form und den materiellen Inhalt sukzessiver europäischer Vertragsänderungen zu erklären, erscheint die Beschränkung auf die Integrationsdimension zur Konzeptionalisierung von Entscheidungsprozessen in den Vertragsverhandlungen angemessen. Mit dem bereits angesprochenen Wechsel der Perspektive von der Untersuchung sukzessiver „historischer" Integrationsschritte zu den innerhalb der bestehenden institutionellen Konfiguration ausgetragenen politischen Auseinandersetzungen, ist die den Integrationstheorien zugrunde liegende Konfliktdimension analytisch jedoch zunehmend unbefriedigend, da erhebliche theoretische Zweifel daran angebracht sind, ob die Konflikte in EG-Gesetzgebungsprozessen durch diese Konfliktdimension sinnvoll erfasst werden können (Tsebelis und Garrett 2000).

Die Modelle des politischen Raums der EU, die als Reaktion auf die Unzulänglichkeiten des IB-Modells bei der Analyse politischer Auseinandersetzungen in der EU entwickelt wurden, trugen den in Kapitel 2.1. dargestellten erweiterten Regulierungskompetenzen der EU Rechnung, indem sie die sozioökonomische (links/rechts) Dimension als zweite Hauptkonfliktlinie in die Konzeptionalisierung von EU-Entscheidungsprozessen einführten. Auf Simon Hix geht der Vorschlag zurück, die Position der Akteure auf der Integrationsdimension unabhängig von deren Position auf der links-rechts Dimension zu konzeptionalisieren. Hix begründet dies damit, dass die unterschiedlichen funktionalen und territorialen Interessen der Akteure teilweise orthogonal zueinander liegen und sich nicht auf einer Dimension abbilden lassen (Hix 1999a; Hix und Lord 1997). Außerdem wurde vorgeschlagen, die Integrationsdimension und die sozioökonomische Dimension zwar analytisch zu trennen, die Positionen der Akteure auf beiden Dimensionen jedoch in Abhängigkeit voneinander zu konzeptionalisieren. Die nationalen Parteien integrierten einzelne Bereiche der EU-Politik in ihre sozioökonomische (links/rechts) Programmatik, wodurch die Auseinandersetzungen um Form und Inhalt europäischer Regulierungen parallel zur Auseinandersetzung verläuft, ob die EU weitergehend durch neue Gesetze in unterschiedlichen Politikfeldern integriert werden sollte (Marks und Steenbergen 2002: 887; Hooghe *et al.* 2002). Am weitesten geht der Vorschlag von George Tsebelis und Geoffrey Garrett, die die Auseinandersetzungen in EG-Gesetzgebungsprozessen ausschließlich als (links/rechts) Konflikte um die Form und das "Niveau" europäischer Regulierungen zu betrachten (2000: 31).

Die Interpretation der empirischen Untersuchungen, die zur Überprüfung der konkurrierenden theoretischen Modelle zum politischen Raum der EU vorgenommen wurden, ist nicht zuletzt aufgrund der häufig unterschiedlichen analytischen Untersuchungseinheiten und den daraus resultierenden Unterschieden im jeweils verwendeten Datenmaterial problematisch. In zahlreichen Arbeiten wurde unter anderem auf die EU bezogenes öffentliches Protestverhalten, das Wahlverhalten der EU-Bürger bei Europawahlen, Interessengruppenaktivitäten in der EU, Experteneinschätzungen der Positionierung nationaler Parteien in Fragen der europäischen Integration, Europawahlprogramme nationaler und europäischer Parteien sowie Daten aus namentlichen Abstimmungen des Europäischen Parlaments untersucht (exemplarische Arbeiten zu den genannten Gegenständen finden sich in dem hervorragenden Band von Gary Marks und Marco Steenbergen (2004)). Nationale Parteien spielen in der weiteren Argumentation dieser Arbeit eine zentrale Rolle. Die folgende Diskussion dieses Unterkapitel beschränkt sich deshalb zunächst auf Arbeiten, die untersuchen, wie nationale Parteien programmatisch auf die Veränderungen ihres politischen Handlungsumfeldes reagieren, das durch die stetigen institutionellen Vertragsänderungen und das zunehmende Gewicht der Europapolitik für die Gestaltungsmöglichkeiten in den Mitgliedstaaten geprägt ist (Kapitel 2.1.).

Die generelle Akzeptanz und Befürwortung der europäischen Integration ist unter allen moderaten Parteien der EU-Mitgliedstaaten sehr hoch. Sowohl bei den liberalen, sozialdemokratischen und christdemokratischen, zunehmend aber auch bei konservativen und grünen Parteien in den EU-Mitgliedstaaten besteht eine große Einigkeit in der generellen Befürwortung des Projekts „europäische Integration". Lediglich links- und rechtsextreme Parteien lehnen die europäische Integration ab (Hooghe *et al.* 2002: 969). Im Laufe der letzten 20 Jahre hat sich vor allem die Position sozialdemokratischer Parteien gegenüber der EU grundlegend verändert. Während diese zu Beginn der 80er Jahre die EU noch als ein neo-liberales, ausschließlich der Marktschaffung verpflichtetes Projekt ablehnten, zählen sozialdemokratische Parteien inzwischen zu den stärksten Befürwortern der Integration, da sie in den im Rahmen der EU zur Verfügung stehenden Gesetzgebungsmöglichkeiten ein politisches Instrument sehen, mit dem die im globalen Wettbewerb auf nationaler Ebene teilweise verloren gegangenen politischen Steuerungsmöglichkeiten auf europäischer Ebene re-etabliert werden können (Marks und Wilson 2000: 442-448).

Dieselbe Logik kann, wenn auch mit veränderter inhaltlicher Intention, ebenfalls auf die anderen nicht-extremen Parteien angewendet werden. Auch sie befürworten die europäische Integration, da sie die EU als wirksames Instrument zur Realisierung ihrer im jeweiligen nationalen Kontext herausgebildeten politischen Ziele sehen (Marks und Wilson 2000). In den EU-Mitgliedstaaten ergibt sich daraus für die parteipolitischen Auseinandersetzungen um die "richtige" europäische Politik der zwischen linken und rechten Parteien klassische Konflikt um mehr beziehungsweise weniger Eingriffe in die wirtschaftlichen Abläufe:

„When one examines policies to achieve European regulated capitalism, including environmental policy, employment policy, and cohesion policy, the effect of Left/Right position is quite strong and highly significant. [...] Our initial attempt to formulate the third model focused exclusively on the moderate Left, the Center, and the moderate Right, that is, the Social Democratic, Liberal, Christian Democratic, and Conservative Party families, which dominate national governments and represent 80% of the electoral vote across the EU (Hooghe & Marks, 1999). There is no inverted U curve here but a strong and highly significant downward sloping line from a pro-integrationist Left to a less integrationist Right for cohesion, employment, and environmental policy" (Hooghe *et al.* 2002: 973).

Während also Parteien aus dem linken ideologischen Spektrum stärkere regulatorische Eingriffe durch die EU in den Bereichen Soziales, Umwelt- und Verbraucherschutz und auch Steuern befürworten, lehnen rechte Parteien solche regulatorischen Eingriffe mit Verweis auf Marktlösungen ab (Hooghe *et al.* 2002: 975-976). Darüber hinaus kommen Gary Marks und Carole Wilson zu dem Ergebnis, dass die ideologischen Positionen der Parteien einer Parteifamilie aber unterschiedlicher EU-Mitgliedstaaten homogener sind als die ideologischen Positionen von Parteien unterschiedlicher Parteifamilien, die jedoch aus demselben Land kommen (2000: 458). Es lässt sich festhalten, dass die moderaten Parteien der EU-Mitgliedstaaten in den durch die EU zur Verfügung stehenden institutionellen Mitteln offensichtlich ein strategisches Potenzial sehen, das sie zur Realisierung ihrer jeweiligen politischen Ziele nutzen können. Die Konsequenz für das Agieren nationaler politischer Akteure in den politischen Entscheidungsprozessen der Europäischen Union lässt sich auf die von Liesbet Hooghe, Gary Marks und Carole Wilson formulierte Aussage reduzieren: „European politics is domestic politics by other means" (2002: 985)!

Die Logik dieses für die Parteien in den Mitgliedstaaten erarbeiteten Arguments ist in seinem Geltungsanspruch nicht auf diese beschränkt. Die zentralen Ergebnisse der umfangreichen Analysen der Positionen nationaler Parteien in europapolitischen Fragen, der Wahlprogramme Europäischer Parteien, der namentlichen Abstimmungen im Europäischen Parlament, öffentlicher Proteste, sowie von Bevölkerungsumfragen in den EU-Mitgliedstaaten[15] fasst Gary Marks bezogen auf die letzten 10 Jahre deshalb wie folgt zusammen:

> „As economic and monetary integration have passed from contentious issues into accomplished facts, so the focus of debate has shifted from creating a market to regulating it. As a result, conflict about the future of the EU more closely resembles conflict within member states, pitting a left in favor of a more active, caring government against a right defending markets and economic freedom" (Marks 2004: 258).

Aus den vorangegangenen Abschnitten geht deutlich hervor, dass politische Parteien in den EU-Mitgliedstaaten die europäische Politik systematisch in ihre Programmatik integrieren. Aus den Ergebnissen zur Integration der europäischen Politik in die Programmatik der mitgliedstaatlichen Parteien und der daraus resultierenden konsistenten ideologischen Positionierung unterschiedlicher Parteifamilien gegenüber regulatorischen Entwicklungen der EU in unterschiedlichen Politikfeldern, kann man die Erwartung ableiten, dass die Entscheidungsprozesse in der EU vor allem entlang dieser Konfliktdimension verlaufen und dass die Europäischen Kommissare, die Mitglieder des Europäischen Parlaments und die mitgliedstaatlichen Vertreter im Rat sich je nach ihrer Parteizugehörigkeit zu transnationalen Abstimmungskoalitionen zusammenschließen.

Die Literatur zum Abstimmungsverhalten im Europäischen Parlament bestätigt zunächst die Erwartung homogener, "transnationaler" Parteifamilien, die sich auf-

---

15 Die Untersuchungen beziehen sich auf die 15 Mitgliedstaaten der EU vor der EU-Osterweiterung.

grund der weiter oben dargelegten ideologischen Homogenität in Europafragen zu kohäsiven und wirkungsvollen politischen (Abstimmungs-) Koalitionen zusammenschließen.[16] Seit der ersten Direktwahl zum Europäischen Parlament und mit dessen zunehmendem Einfluss- und Kompetenzgewinn, hat sich zunächst die Abstimmungskohäsion der Europaparlamentarier innerhalb der Politischen Gruppen erhöht. Darüber hinaus verstärkte sich die gegenseitige Abgrenzung der beiden größten politischen Gruppen im EP, der Europäischen Volkspartei (EVP) und der Sozialdemokratischen Partei Europas (SPE) (Hix, Kreppel *et al.* 2003; Hix *et al.* 2005: 231; Kreppel 2002). Allerdings sollte die Kohäsion und die Disziplinierungsfähigkeit der Politischen Gruppen im Europäischen Parlament nicht überbewertet werden, da in Fällen, in denen die Präferenzen der nationalen Delegationen und der Politischen Gruppen divergieren, die Europaparlamentarier stark dazu neigen, im Interesse ihrer nationalen Parteiorganisationen zu stimmen (Faas 2003; Hix 2002). Der Grund hierfür liegt in der zentralen Rolle, die nationale Parteien bei der Kandidatenaufstellung zu Europawahlen (Hix 2004) und bei der Ämtervergabe im EP, die innerhalb der politischen Gruppen proportional zur Größe der nationalen Delegationen erfolgt (Kreppel 2002: 206-209; McElroy 2006: 12), innehaben. Es sind somit die nationalen Parteidelegationen, die über die zentralen Sanktionsmechanismen gegenüber den Europaabgeordneten verfügen und somit deren Handeln im Europäischen Parlament maßgeblich beeinflussen (Lindberg 2008).

Obwohl zwei jüngere Arbeiten einen Einfluss der Parteizugehörigkeit auf das Abstimmungsverhalten der Ratsvertreter identifizieren (Hagemann 2006; Mattila 2004), ist die bislang dominierende Interpretation, dass bei den Abstimmungen und Positionierungen der mitgliedstaatlichen Vertreter im Rat keine stabile Struktur entlang der Parteifamilienzugehörigkeit der Vertreter zu beobachten ist. Die dominierende Interpretation ist, dass die geographisch nördlich und südlich gelegenen EU-Mitgliedstaaten jeweils ähnliche Positionen beziehen (Zimmer *et al.* 2005), dementsprechend abstimmen (Mattila und Lane 2001) und darüber hinaus in den Arbeitsgruppen des Rats jeweils engere informelle Beziehungen zueinander unterhalten (Beyers und Dierickx 1998; Elgström *et al.* 2001: 121-122). Da die nördlichen Mitgliedstaaten Nettozahler von EU-Beiträgen sind und die südlichen Mitgliedstaaten Nettoempfänger, wird die Struktur des Abstimmungsverhaltens im Rat häufig als Ausdruck divergierender re-distributiver Interessen interpretiert (Zimmer *et al.* 2005: 411). Außerdem erkennen Forscher hierin divergierende Präferenzen der Mitgliedstaaten bezüglich europäischer Regulierungsniveaus (Thomson *et al.* 2004: 255-256; Vaubel 2004: 57-58).

Eine sehr ähnliche Konstellation ergibt sich schließlich, wenn man sowohl die Positionen der Regierungen der Mitgliedstaaten als auch die Position des Europäische Parlaments und der Europäischen Kommission in der EG-Gesetzgebung be-

---

16 Auf die methodischen Probleme der Analyse der nicht-repräsentativen namentlichen Abstimmungen des Europäischen Parlaments sei hier lediglich hingewiesen. Kritische Diskussionen finden sich in (Gabel und Carrubba 2004; Carrubba *et al.* 2006; Thiem 2006).

rücksichtigt. Auch hier zeigt sich, dass in EG-Gesetzgebungsverfahren die Regierungen nördlicher Mitgliedstaaten einerseits und die südlichen Mitgliedstaaten andererseits ähnliche Positionen vertreten (Thomson *et al.* 2004: 250; Kaeding und Selck 2005: 282). Das Europäische Parlament und die Europäische Kommission nehmen auf dieser Dimension jeweils eine zentral zwischen den Mitgliedstaaten liegende Position ein.

Robert Thomson und seine Kollegen identifizieren jedoch eine zweite Dimension. Auf dieser positionieren sich das Europäische Parlament und die Europäische Kommission an einem Ende, der Policy-Status Quo liegt am anderen Ende und die mitgliedstaatlichen Regierungen positionieren sich sehr eng um den Mittelpunkt dieser Dimension (Thomson *et al.* 2004: 250). Diese zweite Dimension kann auf den ersten Blick als Integrationsdimension interpretiert werden. In der Literatur wird sehr häufig argumentiert, dass die beiden supranationalen Institutionen der EG-Gesetzgebung, das Europäische Parlament und die Europäische Kommission, als „Motor" der europäischen Integration stets Ziele verfolgen, die erheblich über die Interessen der mitgliedstaatlichen Regierungen an Integration hinausgehen. Einer qualitativen Analyse der Politikinhalte, die den empirisch identifizierten Dimensionen zugrunde liegen, hält eine solche Interpretation jedoch nicht stand:

> „Of [...] 130 issues, we find the Commission and the reference point at opposite ends of the issue scale on 60 (46 per cent) of the cases. Most importantly, these 60 issues are not concentrated in the group of 40 issues classified as harmonisation issues. Of the 60 issues on which we find the reference point and the Commission at opposite extremes of the issues scales, only 16 (27 per cent) referred to such harmonisation issues. *Moreover, on issues involving clear choices between more or less harmonisation, the reference point and Commission were not significantly more likely to be at opposite extremes than on other issues* (Thomson *et al.* 2004: 253, eigene Hervorhebung).

Daraus schließen die Autoren, dass die empirisch identifizierte Struktur bei substantieller Betrachtung nicht die Plausibilität des supranationalen IB-Modells stützt:

> „Although the first dimension in Figure 2 was defined by the reference point at one extreme and the position of the Commission at the other, a more detailed inspection of the actor alignments does not support the supranational scenario" (Thomson *et al.* 2004: 252).[17]

Gleichzeitig kommen die Autoren zu dem Schluss, dass es, unter Berücksichtigung des substantiellen Gehalts der Entscheidungen, den von ihnen identifizierten Präferenzkonfigurationen in der EG-Gesetzgebung insgesamt an einer klar zu interpretierenden Struktur fehle (Thomson *et al.* 2004: 257). Nimmt man nicht ausschließlich eine einzelne Institution in den Blick, sondern versucht man die Positionierung der drei Institutionen der EG-Gesetzgebung relativ zueinander zu erklären, dann ist ge-

---

17 Mit denselben Daten aber auf einem anderen theoretischen Weg kommen Kaeding und Selck zur selben inhaltlichen Schlussfolgerung bezüglich der Nicht-Plausibilität des durch das neofunktionalistische IB-Modell inspirierten „supranationalen Szenarios" (Kaeding und Selck 2005: 282).

mäß dieser Ergebnisse keines der oben vorgestellten Modelle, die für programmatische und ideologische Positionierung der Parteien in den EU-Mitgliedstaaten empirische Bestätigung fanden, in der Lage, das Abstimmungsverhalten beziehungsweise die Positionierung der Europäischen Kommission, des Europäischen Parlaments und der mitgliedstaatlichen Regierungen korrekt zu erfassen. Nicht zuletzt aus dieser Analyse folgt, dass die bislang vorliegenden Konzeptionalisierungen unzureichend sind, um EU-Entscheidungsprozesse zu analysieren oder gar zu erklären. Das gilt sowohl für den politischen Raum der EU, gerade aber auch für die Institutionen, deren Akteure diesen Raum konstituieren und ihm durch ihr Handeln seine jeweils konkrete Form geben.

2.4. Die Veränderung der politischen Qualität der EU über Zeit – und die statische Konzeptionalisierung der Europäischen Kommission

Wie aus allen drei vorangegangenen Unterkapiteln hervorging, hat sich die institutionelle und politische Qualität der Europäischen Union in den letzten Jahrzehnten erheblich verändert. Das gilt zum einen für die schrittweise Ausdehnung der Kompetenzen der Europäischen Union auf immer neue Politikbereiche, die zuvor ausschließlich der politischen Souveränität nationaler Regierungen und ihrer Regulierungen unterworfen waren (Kapitel 2.1.). Zum anderen lässt sich die Veränderung an der Ausgestaltung der Entscheidungsquoren und Entscheidungsverfahren festmachen, in deren Rahmen diese Kompetenzen von den EU-Akteuren aufgegriffen werden, um konkrete Regulierungen zu formulieren und zu verabschieden (Kapitel 2.2.). Schließlich wirken sich diese institutionellen Veränderungen auf die Qualität der Konflikte im Zuge politischer Auseinandersetzungen in der EU aus. Nationale Parteien integrieren die Europapolitik systematisch in ihr ideologisches Koordinatensystem, das sie im Laufe der Zeit in ihrer jeweiligen nationalen Arena entwickelten. Darüber hinaus gleicht die Struktur der politischen Auseinandersetzungen um EU-Politik zunehmend den sozioökonomischen (links-rechts) Konflikten, die wir aus nationalen politischen Systemen kennen (Kapitel 2.3.). Angesichts dieser Befunde sollte der sich wandelnde institutionelle Kontext, in dem die mitgliedstaatlichen Regierungen, die Europaparlamentarier und die Europäischen Kommissare agieren, bei der Betrachtung der Politik sowohl zwischen als auch innerhalb der EU-Institutionen stärker berücksichtigt werden (Hörl et al. 2005).

Die theoretische und empirische Forschung zum Europäischen Parlament ist diesbezüglich bereits in Vorleistung getreten (Hix et al. 2005; Hix, Raunio et al. 2003; Kreppel 2002). So zeigt Amie Kreppel in ihrer Arbeit zum Wandel der transnationalen Parteifraktionen im Europäischen Parlament, dass sich die strukturellen Veränderungen innerhalb der EU, vor allem die effektiven Mitwirkungsrechte des Europäischen Parlaments an der EG-Gesetzgebung durch das Kooperationsverfahren (seit 1987) und das Mitentscheidungsverfahren (seit 1993), dahingehend auswirkten, dass die Europaabgeordneten ihre politische Arbeit über Zeit zunehmend effektiver in kohäsiven, transnationalen Parteifraktionen organisieren. Auch die Forschung zum Rat hat in den letzten Jahren zunehmend an theoretischem, vor allem aber an empirischem Profil gewonnen (Beyers und Dierickx 1998; Elgström *et al.* 2001; Mattila und Lane 2001; Tallberg 2003; Zimmer *et al.* 2005, Warntjen 2007).

Die theoretischen Auseinandersetzungen zur politischen Qualität der Europäischen Kommission stagnieren hingegen seit Jahren. Entsprechend fehlen neuere empirische Perspektiven und Erkenntnisse, die eine solche Debatte befruchten könnten. Ein Grund hierfür ist, dass sich die politikwissenschaftliche Betrachtung der Europäischen Kommission nur sehr zögerlich von den beiden diametral gegensätzlichen Konzeptionalisierungen des Intergouvernementalismus und des Neo-Funktionalismus, respektive Supranationalismus, löst. Diese beiden Theorien nutzen Vertreter der Internationalen Beziehungen seit einigen Dekaden, um das Handeln der Europäischen Kommission in europapolitischen Auseinandersetzungen zu erklären und Faktoren zu benennen, die auf die Entwicklung der europäischen Integration maßgeblichen Einfluss haben.

Aus der klassisch intergouvernementalen Perspektive hat die Europäische Kommission keinerlei Einfluss auf den europäischen Integrationsprozess. Entscheidend sind allein die Mitgliedstaaten (Hoffmann 1966). Dem liberalen Intergouvernementalismus kommt der Europäischen Kommission primär die Rolle zu, die mitgliedstaatlichen Regierungen hinsichtlich der korrekten Umsetzung der primärrechtlichen Verträge und der sekundärrechtlichen Bestimmungen der EU zu überwachen. Sie ergreift darüber hinaus Maßnahmen zur Beseitigung von Unklarheiten, die durch Vertragslücken entstehen. Allerdings leistet sie hierdurch keinen eigenständigen Impuls auf die Dynamik von EU-Entscheidungs- oder Integrationsprozessen (Moravcsik 1998). Ein gegensätzliches Bild der Europäischen Kommission zeichnen Vertreter des Neo-Funktionalismus. Diesem zufolge nehmen die technokratischen Beamten der Europäischen Kommission aktiv und erfolgreich Einfluss auf die politische Entwicklung der Europäischen Union. Hierzu nutzten sie die strukturelle Eigendynamik des „Spill-Over", der schrittweise immer mehr Wirtschaftssektoren erfasse und weitere Integrationsschritte nach sich ziehe. In diesem Prozess fänden Mitarbeiter der Kommission zunehmend Unterstützung durch nationale politische Eliten und Interessengruppen, die ihre Loyalität zunehmend von der nationalen auf die supranationale Ebene verlagerten (Haas 1968; Stone Sweet und Sandholtz 1997).

Zwar ist eine Anwendung der beiden Integrationstheorien zur Analyse der EG-Gesetzgebung möglich und findet so auch statt (vgl. Cram 1997; Tsebelis und Garrett 2001), bei der Analyse dieser "alltäglichen" Entscheidungsprozesse rücken sie jedoch zunehmend in den Hintergrund. In diesem Bereich dominieren neo-institutionalistische Analysen soziologischer und rationalistischer Ausrichtung (Aspinwall und Schneider 2000; Tsebelis und Garrett 2001). Vertreter beider Richtungen des Neo-Institutionalismus gehen davon aus, dass Institutionen das Handeln der im jeweiligen institutionellen Kontext agierenden Akteure beeinflussen. Dabei betrachtet die soziologische Variante Institutionen als Normen und Verhaltensschemata, die deshalb strukturierend auf die Handlungen der in dem jeweiligen institutionellen Rahmen agierenden Akteure wirken, da diese gemäß der „Logik der Ange-messenheit" versuchen, entsprechend der durch die Institutionen vorgegebenen Normen zu handeln (Hall und Taylor 1996; March und Olsen 1984). Im rationalisti-schen Neo-Institutionalismus, der in dieser Arbeit angewendet wird, bilden Instituti-onen quasi Spielregeln, die einzelne Akteure mit Handlungsmacht ausstatten und festlegen, welcher Akteur zu welchem Zeitpunkt des Spiels agieren darf. Innerhalb der institutionell vorgegebenen Spielregeln wählen die Akteure immer die Hand-lung, die ihnen den höchsten Nutzengewinn bringt, das heißt die ihre Präferenzen am besten zu realisieren in der Lage ist (Aspinwall und Schneider 2000; Hall und Taylor 1996).

Interessanterweise kommen Vertreter beider Varianten des Neo-Institutiona-lismus, wenn auch über unterschiedliche Argumentationswege, zu denselben theore-tischen Schlussfolgerungen bezüglich der Rolle der Europäischen Kommission in EU-Entscheidungsprozessen: In Übereinstimmung mit den Vorstellungen des Neo-Funktionalismus unterscheide sich die Europäische Kommission in ihren Hand-lungsorientierungen beziehungsweise Präferenzen deutlich von denen der mitglied-staatlichen Regierungen. Mit ihrem Handeln in EU-Entscheidungsprozessen strebe die Kommission die Ausweitung oder Vertiefung der europäischen Integration an. Vertreter des soziologischen Neo-Institutionalismus erklären das Streben der Euro-päischen Kommission nach mehr Integration regelmäßig durch die im EGV festge-legte Rolle der Kommission als Hüterin eines gemeinsamen europäischen Interesses und dem sich hieraus ableitenden angemessenen Handeln (Aspinwall und Schneider 2000: 6-7, 16-17). Vertreter des rationalistischen Neo-Institutionalismus hingegen erklären die Integrationspräferenz der Kommission durch den Macht- und Kompe-tenzgewinn, den sie durch „mehr Integration" realisieren könne (Majone 1996; Schmidt 2001). In vielen Fällen fehlt eine Explizierung der Argumentation auf Ak-teursebene. Die Argumentation wird auf der Ebene der Institution geführt. Dadurch bleibt unklar, welche Akteure entsprechend welcher Normen oder Präferenzen die Institution „Kommission" entsprechend handeln lassen. Die Unklarheit bezieht sich sowohl auf die jeweiligen Handlungsmotive der Akteure unterschiedlicher Hierar-chieebenen – das heißt Beamte der Generaldirektionen oder Europäische Kommissa-re – als auch auf Akteure einer Hierarchieebene, wie zum Beispiel unterschiedliche Kommissare. Das Fehlen einer expliziten Argumentation behindert eine kritische und konstruktive Diskussion und als Folge die Weiterentwicklung unseres theoreti-schen Verständnisses politischer Auseinandersetzungen in der EU.

Die in dieser Arbeit entwickelten Argumente werden auf der Akteursebene fun-diert. Dieses Vorgehen erlaubt eine klare Explikation des theoretischen Mechanis-mus, der für die politische Qualität der Europäischen Kommission verantwortlich gesehen wird und erleichtert die möglichst klar nachvollziehbare empirische Opera-tionalisierung und Überprüfung der im Folgenden theoretisch hergeleiteten Hypo-thesen. Das folgende Kapitel ist der Entwicklung einer eigenen theoretischen Per-spektive auf die Europäische Kommission gewidmet, in der die Beziehung zwischen den Kommissaren und den sie nominierenden Regierungen vor allem mit Blick auf die (politischen) Eigenschaften der Kommissare und deren Verhalten in internen Entscheidungsprozessen der Europäischen Kommission sowie die daraus zu erwartenden Präferenzen der Europäischen Kommission in der EG-Gesetzgebung konzeptualisiert wird.

3. Theorie: Die Europäische Kommission als kollektiver Agent

Dieses Kapitel expliziert den Analyserahmen der vorliegenden Arbeit und entwickelt eine eigenständige theoretische Perspektive auf die Europäische Kommission. Das Kapitel ist damit in zweierlei Hinsicht von zentraler Bedeutung für die vorliegende Arbeit: Zum einen stellt es den theoretischen Beitrag zur einschlägigen EU-Forschung dar. Gleichzeitig werden in diesem Kapitel Hypothesen theoretisch hergeleitet, die durch die in den Kapiteln 5, 6 und 7 folgenden empirischen Untersuchungen durch quantitative Analysen und anhand qualitativer Fallstudien systematisch überprüft werden. In Kapitel 3.1. werden zunächst die grundlegenden analytischen Entscheidungen dargelegt, die dieser Arbeit zugrunde liegen und zentrale theoretische Argumente skizziert. Das Kapitel soll einen Überblick über die vor allem in Kapitel 3.3. und 3.4. folgende detaillierte Diskussion geben, und dem Leser durch die Darstellung des größeren Zusammenhangs ein besseres Verständnis derselben ermöglichen.

Kapitel 3.2. gibt einen Überblick über die zentralen analytischen Bausteine und theoretischen Argumente der Prinzipal-Agenten Theorie in ihrer politikwissenschaftlichen Anwendung. Die Prinzipal-Agenten Theorie spielt vor allem in Kapitel 3.3. eine zentrale Rolle. Die Darstellung des Literaturstandes stellt die zentralen Konzepte und theoretisch postulierten Zusammenhänge der Prinzipal-Agenten Theorie vor, um die eigene theoretische Argumentation in Kapitel 3.3. vorzubereiten. In Kapitel 3.3. wird die Beziehung zwischen Europäischen Kommissaren und den mitgliedstaatlichen Regierungen diskutiert. Ziel dieser theoretischen Diskussion ist es, Motive der mitgliedstaatlichen Regierungen zu identifizieren, Kommissare mit bestimmten Eigenschaften zu ernennen, um hierdurch die Unabhängigkeit der Europäischen Kommission in EG-Gesetzgebungsprozessen einzuschränken und selbst Einfluss auf die von den Europäischen Kommissaren erarbeiteten Vorlagen zu nehmen. Dieses Kapitel setzt sich damit zentral mit den in der Literatur gängigen Alternativhypothesen zur Qualität der Kommission in EU-Entscheidungsprozessen auseinander. Schließlich betritt Kapitel 3.4. mit der theoretischen Konzeptionalisierung von Entscheidungsprozessen in der Europäischen Kommission theoretisches Neuland. In dem Kapitel werden fünf verschiedene Szenarien formuliert, die Auskunft über den relativen Einfluss unterschiedlicher Akteure in den Entscheidungsprozessen der Europäischen Kommission geben. Eine Einschätzung der relativen Kraftverhältnisse innerhalb der Europäischen Kommission ist unerlässlich, um zu einem besseren Verständnis des Handelns der Europäischen Kommission in politischen Auseinandersetzungen der EU und ihrem Beitrag zur Dynamik von EG-Gesetzgebungsprozessen, und der sich hierdurch vollziehenden, schrittweisen politischen Integration, zu gelangen.

3.1. Die Europäische Kommission: Vertikale politische Rückbindung und horizontale Machtteilung

Jede Anwendung der Prinzipal-Agenten Theorie beginnt mit der Entscheidung darüber, welche Akteure, und daraus folgend, welche Art von Delegationsbeziehung mit der Analyse erfasst werden soll. Diese konzeptionelle Entscheidung ist von zentraler Bedeutung. Mit der hierdurch erfolgenden Festlegung werden die analytischen und theoretischen Grundlagen für die empirische Untersuchung geschaffen, die wiederum erhebliche Konsequenzen für das Spektrum der empirischen und theoretischen Erkenntnisse und Interpretationen hat, die aus der Arbeit abgeleitet werden können.[18] Anders ausgedrückt: Bleiben Akteure, institutionelle Entscheidungsregeln oder bestimmte Handlungsanreize in der konzeptionellen Anlage unberücksichtigt, kann ihr möglicher Einfluss in der Analyse nicht berücksichtigt werden. Der Identifizierung, Festlegung sowie der Begründung des Grades der analytischen Auflösung zur Untersuchung von Beziehungen zwischen den vom Analysten zu definierenden Agenten und Prinzipalen kommt bei der Anwendung der Prinzipal-Agenten Theorie somit eine erhebliche Bedeutung zu. Deshalb wird in diesem Unterkapitel zunächst der in dieser Arbeit entwickelte analytische Rahmen in seinen Grundzügen vorgestellt, bevor in den folgenden Unterkapiteln ein Überblick über das Prinzipal-Agenten Theorie in der Politikwissenschaft gegeben wird, auf dem aufbauend dann in zwei weiteren Unterkapiteln ein eigener theoretischer Rahmen zur Analyse der Europäischen Kommission in Entscheidungsprozessen der EU formuliert wird.

Die theoretische Perspektive auf die Europäische Kommission wird in dieser Arbeit entlang zweier analytischer Dimensionen formuliert, einer vertikalen und einer horizontalen. Mit der vertikalen Dimension werden die Beziehungen der Europäischen Kommissare zu den sie auswählenden und ernennenden mitgliedstaatlichen Regierungen analytisch erfasst. Die horizontale Dimension nimmt die Auseinandersetzungen in der Kommission und den Einfluss einzelner Akteure in der Kommission auf die Vorlagen der Kommission analytisch in den Blick.

---

18 Dieser Punkt wird deutlich in den einzelnen Kapiteln des von Kaare Strøm, Wolfgang C. Müller und Torbjörn Bergman herausgegebenen Bandes zur Delegation und Verantwortlichkeit in parlamentarischen Demokratien (2003b). Hierin wird das Vorhandensein unterschiedlicher Kontrollmechanismen für die jeweiligen politischen Systeme und die sich daraus ergebenden Konsequenzen für die Wirksamkeit politischer Kontrolle ausführlich konzeptuell diskutiert. Strøm nimmt diese Diskussion darüber hinaus mit Blick auf die institutionellen Unterschiede parlamentarischer und präsidentieller Systeme vor (2003).

Grafik 1: Vertikale und horizontale Analysedimension

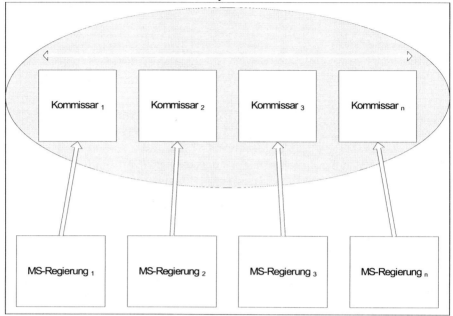

Bei der theoretischen Konzeptionalisierung der *vertikalen Dimension* spielen die analytischen Instrumente der Prinzipal-Agenten Theorie eine zentrale Rolle. Ziel der Entwicklung der vertikalen Dimension ist es, Hypothesen zu den politischen Qualitäten der Europäischen Kommissare zu formulieren. Aus den theoretisch einschlägigen Merkmalen der Kommissare werden dann Aussagen zur grundlegenden Präferenzkonfiguration in der Kommission und dem daraus zu erwartenden Handeln der Europäischen Kommission in der EG-Gesetzgebung abgeleitet.

Die Europäische Kommission wird aufgrund ihrer Konstituierung durch den EGV und aufgrund des materiellen Charakters des Europarechts (Weiler 1981) zurecht in allen wissenschaftlichen Arbeiten als supranationale Organisation behandelt. Nachdem die rechtlich-supranationale Qualität der Europäischen Kommission anerkannt ist, stellt sich für politikwissenschaftliche Untersuchungen jedoch die Frage, welche politischen, und im Rahmen einer rationalistischen Erklärung, welche präferenzbezogenen Konsequenzen hieraus für die Konzeptionalisierung der Europäischen Kommission gezogen werden sollten. In diesem Zusammenhang erkennt ein Großteil der Arbeiten, die der Kommission Einfluss auf legislative Entscheidungsprozesse der Europäischen Gemeinschaft zubilligen, nicht nur deren rechtlichen supranationalen Charakter an. Vielmehr werden gleichzeitig die Präferenzen der Europäischen Kommission in der EG-Gesetzgebung "supranational" konzeptualisiert (vgl. Bouwen 2004; Pollack 1997; Schmidt 1998; Stone Sweet und Sandholtz 1997; Tsebelis und Garrett 2001); für eine kritische Diskussion des Konzepts „Supranationalismus", siehe Wonka 2007a).[19] Da oft keine Gründe für die Annahme supranationaler Präferenzen der Europäischen Kommission genannt werden, bleibt meist unklar, ob ein kausaler Zusammenhang zwischen der rechtlichen Qualität der Europäischen Kommission und den Präferenzen "der Europäischen Kommission" gesehen wird. Außerdem stellt sich die Frage der materiellen Qualität supranationaler Präferenzen und der daraus abzuleitenden Erwartungen an das Verhalten der Europäischen Kommission in den jeweiligen Entscheidungsverfahren. Soziologische und bürokratische Konzeptionen der Kommission vermeiden diese Unklarheit, indem sie die supranationalen Präferenzen der Europäischen Kommission auf entsprechende Sozialisierungsprozesse zurückführen (Hooghe 1999a, b, 2005). Alternativ wird das Handeln der Mitarbeiter gemäß der institutionell vorgegebenen „Logik der Angemessenheit" (March und Olsen 1984) begründet. Aus dieser Perspektive lässt sich argumentieren, dass gemäß Artikel 213 II EGV die Mitglieder der Kommission – und dementsprechend auch die Beamten der Generaldirektionen und Dienste der Europäischen Kommission – ihre Arbeit „in voller Unabhängigkeit zum allgemeinen Wohl der Gemeinschaft" ausüben.[20] Bürokratische Konzeptionen der Kommission übernehmen entweder die soziologische Argumentation oder argumentieren aus einer rationalistischen Perspektive, dass die Kommission ein einheitliches Interesse an der Maximierung ihrer Kompetenzen verfolge (Majone 1996: 64-66).[21]

Diese Arbeit schlägt eine alternative theoretische Perspektive auf die Formierung und die Qualität der grundlegenden Präferenzen der Europäischen Kommission in

---

19 In einer engen Lesart des liberalen Intergouvernementalismus (Moravcsik 1998) macht dieser keine Aussagen über legislative Entscheidungsprozesse in der Europäischen Gemeinschaft. Weitet man die Anwendung des liberalen Intergouvernementalismus auf legislative Entscheidungsprozesse aus (vgl. Cram 1997), muss davon ausgegangen werden, dass die Europäische Kommission keinen Einfluss auf die EG-Gesetzgebung besitzt. Diese Einschätzung wird in dieser Arbeit *nicht* geteilt. Gleichzeitig wird jedoch auch die Vorstellung neofunktionalistischer beziehungsweise supranationalistischer Forscher (vgl. Haas 1968; Stone Sweet und Sandholtz 1997) davon nicht geteilt, dass die Anerkennung des Einflusses der Europäischen Kommission bedeutet, sie tue dies gemäß supranationaler Präferenzen. Auf die Problematik der Konzeptionalisierung "supranationaler Präferenzen" wurde bereits in Kapitel 2.3 eingegangen. Da diese Auseinandersetzung um die Präferenzqualität eine Kernfrage auch dieser Arbeit ist, wird die Diskussion in den folgenden Kapiteln weitergeführt. Für eine Diskussion der Anwendung des „supranationalen Präferenzszenarien" in räumlichen Modellen zur Analyse der EG-Gesetzgebung, siehe (Hörl *et al.* 2005).

20 Zunächst bleibt hierbei natürlich die Frage unbeantwortet, was unter dem „allgemeinen Wohl der Gemeinschaft", dem die Kommissare durch ihre „angemessenen" Handlungen verpflichtet sind, zu verstehen ist. Hierauf müssten soziologische Arbeiten, die der Logik der Angemessenheit Erklärungskraft zuschreiben, Antworten liefern. Berthold Rittberger wendet in seiner Arbeit eine solche Forschungsstrategie bei der Erklärung der sukzessiven, institutionellen Aufwertung des Europäischen Parlaments in der EG-Politik erfolgreich an (Rittberger 2005).

21 Auf die klassische ökonomische Annahme der Budget-Maximierenden Bürokratie (Niskanen 1971) wird meist verzichtet, da die Kommission nur über eingeschränkte distributive Möglichkeiten verfügt und die Implementation europäischer Gesetze durch die mitgliedstaatlichen Verwaltungen erfolgt.

der EG-Gesetzgebung vor. Der theoretische Fokus liegt hierbei auf der Beziehung zwischen den Europäischen Kommissaren und den sie nominierenden Regierungen (vgl. Crombez 1997; Hug 2003; Wonka 2004, 2007b; Döring 2007). Anhand dieser *vertikalen Dimension* wird theoretisch herausgearbeitet, welche Anreize und Interessen die mitgliedstaatlichen Regierungen bei der Selektion von Kommissaren mit bestimmten Eigenschaften haben. In Kapitel 3.3. wird argumentiert, dass die Regierungen mit ihrer Nominierung defensive und offensive Selektionsmotive verfolgen und Kommissare nominieren, die über ähnliche Politikpräferenzen verfügen und denen sie vertrauen, um über sie Einfluss auf die Politik der Kommission zu nehmen.[22]

Entlang der *horizontalen Dimension* wird die Europäische Kommission zunächst als „kollektiver Agent" konzeptualisiert. Der kollektive Agent Europäische Kommission besteht aus den einzelnen Europäischen Kommissaren, die in der Kommission jeweils die politische Verantwortung und Leitung einer Generaldirektion innehaben und im Kollegium der Kommissare, dem formalen Entscheidungsgremium der Kommission, über jeweils eine Stimme verfügen. Im Rahmen der horizontalen Dimension werden, in Anlehnung an die Literatur zu Entscheidungsprozessen in Exekutiven (vgl. Andeweg 2000; Blondel und Müller-Rommel 1993; Laver und Shepsle 1994), Entscheidungsszenarien formuliert, die unterschiedliche Aussagen zum relativen Einfluss des federführenden Kommissars, des Kommissionspräsidenten, nicht-federführender Kommissare sowie den bürokratischen Eliten der Generaldirektionen in Entscheidungsprozesse in der Europäischen Kommission machen. Theoretisch steht dabei die Frage im Vordergrund, ob die Europäischen Kommissare bei der Formulierung von Gesetzesvorschlägen ihres Zuständigkeitsbereichs eine hohe politische Gestaltungsfreiheit besitzen, oder ob sich die Kommissare bei der Ausarbeitung ihrer Vorlagen gegenseitig kontrollieren.

In zahlreichen Arbeiten wurde bereits darauf hingewiesen, dass die Europäische Kommission, nicht zuletzt aufgrund der Struktur der Generaldirektionen und Dienste, als kollektiver Akteur betrachtet werden sollte (Cram 1994, 1997; Pollack 2003; Scharpf 1999; Schmidt 1998). Trotzdem wird die Europäische Kommission praktisch ausnahmslos als "einheitlicher" beziehungsweise korporativer Akteur konzeptualisiert (Hörl *et al.* 2005: 598-599; Krause 2005: 229). Entscheidungsprozesse in der Kommission und dabei eventuell auftretende Konflikte werden durch ein solches Vorgehen von vornherein analytisch ausgeblendet, wodurch die Gefahr besteht, das strategische Handlungspotenzial der Europäischen Kommission und die Handlungsmotive der Europäischen Kommission verzerrt wahrzunehmen beziehungswei-

---

22 Seit dem Inkrafttreten des Maastricht-Vertrages verfügt das Europäische Parlament über formale Mitwirkungsrechte bei der Ernennung der Europäischen Kommissare. Wie jedoch in Kapitel 5.1.gezeigt wird, schränkt die Mitwirkung des Europäischen Parlaments bei der Ernennung der Europäischen Kommissare die Wahlfreiheit der mitgliedstaatlichen Regierungen bei der Auswahl der Kandidaten, die sie für das Amt des Kommissars nominieren und die folglich zur Wahl stehen, nicht nennenswert ein. Das Europäische Parlament spielt deshalb in den folgenden Ausführungen keine wesentliche Rolle.

se über dieselben keine Aussagen machen zu können (Thomson *et al.* 2004: 256). Aus forschungspraktischer Sicht ist die Konzeptionalisierung der Europäischen Kommission als einheitlicher Akteur zudem problematisch, da häufig unklar ist, auf welche Handlungseinheiten und Akteure sich die Aussagen zu den Präferenzen, den Strategien, den Handlungen oder dem Einfluss "der Europäischen Kommission" in den verschiedenen Arbeiten beziehen. Eine kritische theoretische Diskussion und die Formulierung empirisch überprüfbarer Hypothesen zur Entscheidungsfindung in der Kommission und der Rolle der Europäischen Kommission in der europäischen Politik sind dadurch nicht möglich. Ebenso problematisch ist die Einschätzung der Validität vorliegender empirischer Forschungsergebnisse.

Durch das Ausblenden der nationalen Verbindungen der Europäischen Kommissare und die Nichtberücksichtigung des kollektiven Charakters der Europäischen Kommission besteht die Gefahr vom rechtlich "supranationalen" Charakter der Europäischen Kommission auf die generellen supranationalen Eigenschaften der Kommission zu schließen und dabei die Frage zu vernachlässigen, was „supranational" in anderen Kontexten, beispielsweise mit Blick auf Politik-Präferenzen, bedeutet und welche Auswirkungen daraus für die Politik der Europäischen Kommission in europäischen Entscheidungsprozessen folgen (Wonka 2007b). Eine Diskussion dieser und ähnlicher Fragen würde jedoch zu einer Verbesserung unseres Verständnisses der Europäischen Kommission und der politischen Konflikte in der EU führen (Hörl *et al.* 2005; Thomson *et al.* 2004: 256). Es ist zu erwarten, dass von einer solchen Diskussion theoretische und empirische Arbeiten zur EG-Gesetzgebung und zur Dynamik des politischen Raums der EU profitieren. In beiden Forschungsfeldern wird der Europäischen Kommission eine zentrale Stellung eingeräumt, die sich im ersten Fall auf die Beeinflussung der Entscheidungsergebnisse und im letzteren auf die durch die Europäische Kommission geprägte (supranationale) Qualität der Auseinandersetzungen bezieht. Inhaltlich lässt sich die Diskussion der politischen Dynamik von EU-Entscheidungsprozessen an integrationstheoretische Fragestellungen anknüpfen, die somit ebenfalls von einer Diskussion der Qualität der Europäischen Kommission profitieren können. Schließlich können von einer solchen Diskussion auch Arbeiten zur Interessengruppenpolitik in der EU profitieren, die sich konzeptionell häufig eng an die gängigen Konzeptionalisierungen der Gesetzgebungs- und Integrationsliteratur anlehnen.

3.2. Das Prinzipal-Agenten Modell in der Politikwissenschaft

Der Kern der Prinzipal-Agenten Theorie ist funktional:[23] Akteure, die nicht in der Lage sind, alle sich ihnen stellenden Aufgaben eigenhändig zu erledigen, wählen

---

23 Gute Übersichtsdiskussionen zur politikwissenschaftlichen Anwendung der Prinzipal-Agenten Theorie finden sich bei: (Kiewiet und McCubbins 1991: 22-38; Bendor *et al.* 2001; Miller 2005).

andere Akteure aus, an die sie die Aufgabenerfüllung *delegieren*. In der Terminologie der Prinzipal-Agenten Theorie ist der delegierende Akteur der *Prinzipal* und der durch die Delegation mit der Aufgabenerfüllung beauftragte Akteur der *Agent*. Die Aufgabenteilung erlaubt dem Prinzipal von der Expertise des Agenten in dem jeweiligen Bereich zu profitieren. Aufgaben, die politischen Agenten klassischerweise übertragen werden, sind das Ausfüllen inkompletter Verträge (Williamson 1996: 7-8), die Überwachung der Einhaltung von Verträgen und das Setzen der legislativen Agenda, um kollektiven (Mehrheits-) Entscheidungen, die Gefahr laufen durch "Abstimmungszyklen" keine stabiles Ergebnis zu erreichen (McKelvey 1976), Stabilität zu verleihen (Shepsle 1979). Schließlich können Prinzipale Verantwortung an Agenten abgeben, um sich selbst zu binden, indem sie sich und ihnen in ihren Ämtern Nachfolgende an die Entscheidungen des Agenten binden (Majone 1996; Moe 1990).[24] Jede Delegation birgt jedoch Probleme.

Probleme in Prinzipal-Agenten Beziehungen können sich in Fällen ergeben, in denen *Interessenkonflikte* zwischen Prinzipal und Agent bestehen. Diese Interessenkonflikte können dazu führen, dass der Agent anders handelt als vom Prinzipal intendiert. Drei Folgen divergierender Interessen zwischen Prinzipal und Agent lassen sich analytisch unterschieden (Brehm und Gates 1997):

- Anstatt die Aufträge des Prinzipals zu erledigen, entscheidet sich der Agent nicht zu arbeiten („leisure shirking").
- Hat der Agent eigene Präferenzen bezüglich der ihm übertragenen Aufgaben, kann er die Aufgaben gemäß seinen Präferenzen durchführen und die Präferenzen des Prinzipals vernachlässigen („dissent shirking").
- Schließlich kann der Agent destruktive Interessen verfolgen und Aktivitäten unternehmen, die der Realisierung der Ziele des Prinzipalen direkt zuwider laufen, ohne dass der Agent dabei die Realisierung eigener Interessen anstrebt („sabotage").

Das Problem eventuell bestehender Interessenkonflikte zwischen Prinzipal und Agent verstärkt sich in den Fällen, in denen zwischen beiden Akteuren *Informationsasymmetrien* bestehen. Informationsasymmetrien können bezüglich den für die delegierte Aufgabe einschlägigen Eigenschaften des Agenten bestehen. Mangelt es dem Prinzipal an Informationen bezüglich der einschlägigen Eigenschaften der Agenten, so läuft er Gefahr eine „falsche Auswahl" („adverse selection") zu treffen und einen Agenten mit der Aufgabenerfüllung zu betreuen, der hierfür nicht die vom Prinzipal erhofften Eigenschaften besitzt. Auch können dem Prinzipal Informationen über die Qualität des Vorschlags des Agenten fehlen, die dazu führen können, dass er keine Entscheidung darüber treffen kann, ob der Vorschlag gut oder schlecht für ihn ist (Lupia und McCubbins 2000: 297). Schließlich können Informationsasymmetrien

---

24 Majone schlägt vor, Akteure, mit denen sich Prinzipale selbst binden, nicht als Agenten sondern als „Trustees" zu bezeichnen (Majone 2001).

dazu führen, dass dem Prinzipal Informationen bezüglich der Handlungen des Agenten fehlen, so dass dieser keine Möglichkeit hat, auf das Verhalten des Agenten zu reagieren. Eventuell bestehende Informationsasymmetrien zugunsten des Agenten ermöglichen diesem, bei Bestehen von Interessenkonflikten, seine Interessen gegen die des Prinzipals durchzusetzen ohne damit rechnen zu müssen, von diesem zur Rechenschaft gezogen zu werden.

In den letzten beiden Abschnitten wurde betont, dass in jeder Delegationsbeziehung die Möglichkeit von Interessenkonflikten und Informationsasymmetrien zwischen Prinzipal und Agent besteht. Interessenkonflikte und Informationsasymmetrien sind jedoch kein zwingender Bestandteil jeder Delegationsbeziehung. Auch wenn dieser Punkt offensichtlich erscheint, so wurde er doch lange in der Literatur vernachlässigt. Max Weber beispielsweise sah die Beziehung zwischen dem politischen Prinzipal und dem bürokratischen Agent als eine zwingend problematische:

> „Stets ist die Machtstellung der vollentwickelten Bürokratie eine sehr große, unter normalen Verhältnissen eine überragende. Einerlei, ob der ‚Herr', dem sie dient, ein mit der Waffe der ‚Gesetzesinitiative', des ‚Referendums' und der Beamtenabsetzung ausgerüstetes ‚Volk', ein mit dem Recht oder der faktischen Maßgeblichkeit des ‚Mißtrauensvotums' ausgerüstetes, auf mehr aristokratischer oder mehr ‚demokratischer' Basis gewähltes Parlament oder ein rechtlich oder faktisch sich selbst ergänzendes aristokratisches Kollegium oder ein vom Volk gewählter Präsident oder ein erblicher ‚absoluter' oder ‚konstitutioneller' Monarch ist, - stets befindet er sich den im Betrieb der Verwaltung stehenden geschulten Beamten gegenüber in der Lage des ‚Dilettanten' gegenüber dem ‚Fachmann'" (Weber 1972: 572).

Auch bei anderen Bürokratieforschern erlangt der potentiell problematische Aspekt der Delegationsbeziehung gewissermaßen eine argumentative Monopolstellung (Niskanen 1971; kritisch: Dunleavy 1991). Dieser kann auf die griffige Formel „Delegation gleich Kontrollverlust"[25] gebracht werden. Jüngere, theoretische Arbeiten setzen sich jedoch zunehmend mit den Möglichkeiten auseinander, die Prinzipale nutzen können, um die Kosten des abweichenden Verhaltens seitens des Agenten („shirking") – den sogenannten „agency loss" – zu reduzieren oder zu vermeiden (Kiewiet und McCubbins 1991; Lupia und McCubbins 1998; McCubbins *et al.* 1987; Müller 2000; Strøm 2000). Bei den Kontrollmöglichkeiten wird grundsätzlich zwischen Kontrollmechanismen unterschieden, die entweder vor („ex ante" Kontrollen) – oder nach der Delegation an den Agenten („ex post" Kontrollen) angewendet werden.

Drei Mechanismen der *ex ante Kontrolle* können unterschieden werden (Kiewiet und McCubbins 1991: 27-31; Lupia 2003: 45-48): Erstens, die genaue Überprüfung des auszuwählenden Agenten anhand von Kriterien, die für die delegierte Aufgabe einschlägig sind („Screening", bzw. „Überprüfung"). Diese Kriterien können sich sowohl auf vorangegangenes Verhalten des potentiellen Agenten als auch auf bestimmte (Qualifikations-) Eigenschaften beziehen, die die Kompetenz des Agenten

---

25 Die Formel im Englischen lautet „delegation is abdication" (Kiewiet und McCubbins 1991: 2-4).

signalisieren. Ziel der Überprüfung ist es, die Auswahl solcher Kandidaten zu vermeiden, die keine Loyalität gegenüber ihrem Prinzipal erwarten lassen und/oder nicht die nötige Qualifikation zur Ausübung der jeweiligen Aufgaben mitbringen. Zweitens, die institutionelle Gestaltung der Regeln, die die Auswahl- und das Vorschlagen der Agenten sowie die sich daran direkt anschließende Ernennung der Agenten formal festlegen ("Selektion"). Die Selektionsregeln bestimmen, wer bei der Auswahl der jeweiligen Agenten über formale Mitspracherechte verfügt und wessen Zustimmung für die erfolgreiche Ernennung des Agenten notwendig ist. Und drittens, die institutionelle Gestaltung der Vertragsgrundlage. In der Vertragsgrundlage legen die Prinzipale den Umfang der formalen Kompetenzen des Agenten fest, sowie die diesem zur Ausübung seiner Rolle zur Verfügung stehenden finanziellen Mittel und (institutionellen) Instrumente. Außerdem wird in der Vertragsgrundlage festgelegt, für welchen Zeitraum der Prinzipal die Aufgabenerfüllung an den Agenten delegiert und in welchen Fällen und mit welchen Mitteln der Prinzipal auch vor Ablauf der ursprünglich vorgesehenen Zeit das Delegationsverhältnis mit dem Agenten beenden kann.

Bei den *ex post* Kontrollen, die verhindern helfen sollen, dass der Agent den Interessen des Prinzipals zuwider handelt nachdem die Übertragung der Aufgabe vom Prinzipal an den Agenten stattgefunden hat, werden in der Regel zwei Mechanismen, die „Überwachung- und Berichterstattung" und die „institutionellen Kontrolle", unterschieden (Kiewiet und McCubbins 1991: 31-34; Lupia und MCCubbins 1998: 215-223; Lupia 2003: 49). Während erstere darauf zielen, die Informationsasymmetrien zwischen Prinzipal und Agent zu beseitigen, wird mit letzteren beabsichtigt, Handlungen des Agenten, die vom Prinzipal bemerkt und negativ bewertet werden, zu korrigieren.

Durch die Festlegung von Berichterstattungsregeln hat der Prinzipal die Möglichkeit den Agenten darauf zu verpflichten, seine Handlungen dem Prinzipal selbst oder Dritten anzuzeigen und so eventuell bestehende Informationsmängel des Prinzipals bezüglich der Handlungen des Agenten auszugleichen. Die Überwachung kann grundsätzlich auf drei unterschiedliche Arten und Weisen erfolgen. Mathew McCubbins und Thomas Schwartz führten mit der „Polizeipatrouille" und dem „Feueralarm" die in der Literatur am häufigsten diskutierten Überwachungsmechanismen ein (1984). Bei der „Polizeipatrouille" führen die Prinzipale die Kontrollen selbst durch. Der Nachteil dieser Art der Kontrolle besteht darin, dass sie für den Prinzipal mit erheblichem Aufwand und hohen Kosten verbunden ist. Somit besteht die Gefahr, dass die Transaktionskosten reduzierende und arbeitsteilige Intention, die den Prinzipal zuallererst zur Delegation veranlasst hat, konterkariert wird. Als alternativer Überwachungsmechanismus bleibt deshalb der „Feueralarm". Dieser umgeht die negativen Eigenschaften der direkten und selbst durchgeführten Kontrolle, indem der Prinzipal die Reaktionen Dritter auf Handlungen des Agenten nutzt, um korrigierend in die Entscheidung einzugreifen oder den Agenten zu sanktionieren. In Fällen, in denen der Prinzipal in der Lage ist, die Qualität der Informationen

Dritter zu bewerten, stellt der „Feueralarm" einen effektiven Kontrollmechanismus dar (Lupia und McCubbins 2000).

Als dritter ex post Kontrollmechanismus neben der bereits diskutierten Polizeipatrouille und dem Feueralarm sind institutionelle ex post Kontrollemechanismen anzuführen. Diese sehen vor, dass die Vorschläge eines Agenten entweder erst nach der Zustimmung anderer Akteure wirksam werden – oder aber nach ihrer Verabschiedung vom Agent durch andere Akteure geändert werden können (McCubbins *et al.* 1987; Miller 2005: 214-216). Für eine solche Zustimmungspflicht oder das Recht auf Änderungen am Vorschlag des Agenten kommen prinzipiell andere Agenten, der Prinzipal selbst oder aber andere Agenten sowie der Prinzipal gemeinsam in Frage. Entscheidend für die Effektivität und Wirkung institutioneller ex post Kontrollmechanismen zur Begrenzung der Macht einzelner Agenten und damit zur Vermeidung einseitiger Verzerrungen der Qualität der Handlungen zugunsten eines Agenten, sind die institutionellen Regeln, die zur Entscheidungsfindung jeweils angewendet werden. Benötigt ein Agent zur Unterbreitung eines Vorschlags, oder um eine andere Handlung durchzuführen, die Zustimmung anderer Agenten und besitzen die Agenten gleichzeitig divergierende Handlungsanreize, da sie beispielsweise um ihren jeweiligen Anteil an einer begrenzten Ressource konkurrieren, oder haben die Agenten unterschiedliche Präferenzen, so wirkt die Zustimmungserfordernis der anderen Agenten als effektive Kontrolle der Agenten untereinander (Kiewiet und McCubbins 1991: 34; Lupia und McCubbins 2000: 301-302). Darüber hinaus werden durch den Wettbewerb zwischen den Agenten Informationen frei, die der Prinzipal wiederum als Grundlage für sein eigenes Handeln nutzen kann.

Ein letzter Aspekt, der in politikwissenschaftlichen Anwendungen der Prinzipal-Agenten Theorie häufig vernachlässigt wird, ist derjenige, dass Prinzipale in der Lage sind, im Laufe der Zeit zu lernen und dass sie ihre Lernerfahrungen dazu nutzen können, ihr Handeln gegenüber dem Agenten dementsprechend zu verändern. Lernen können die Kommissare zum einen durch die weiter oben angesprochenen Mechanismen des Feueralarms und der Polizeipatrouille (Lupia und McCubbins 2000: 295). Darüber hinaus können die Prinzipale jedoch auch die Informationen nutzen, die ihnen durch ihre eigenen zurückliegenden Erfahrungen mit dem Handeln des Agenten zur Verfügung stehen, um ihr Handeln entsprechend den Fällen, in denen sie wiederholt mit den Aktivitäten ihres Agenten unzufrieden waren, auszurichten. Während also der Feueralarm und die Polizeipatrouille kurzfristige Reaktionen seitens der Prinzipale erfassen, zielt der zuletzt geschilderte Mechanismus auf mittel- und langfristige Reaktionen und Veränderungen des Handelns eines Prinzipals gegenüber seinem Agenten.

Abschließend kann also festgehalten werden, dass eine Prinzipal-Agenten Beziehung dann problematisch wird, wenn Prinzipal und Agent konfligierende Interessen haben und darüber hinaus dem Prinzipal die notwendigen Informationen sowie Handlungsmöglichkeiten fehlen, um festzustellen, dass die Handlungen des Agenten nicht seinen eigenen Interessen entsprechen und ihn durch eigenes Handeln korrigieren zu können. Hat der Agent Präferenzen, die von denen des Prinzipals divergieren, verfügt der Prinzipal über keine Informationen bezüglich der Interessen des Agenten und fehlen dem Prinzipal schließlich die institutionellen Mittel, um den Vorschlag des Agenten zu korrigieren, dann schlägt die Prinzipal-Agenten Beziehung fehl:

> „If it is indeed true that principals and agents have conflicting interests, that principals know too little about their agent's activities, that direct monitoring is prohibitively costly, and there are no third parties from which a principal can learn about her agent's actions, then delegation is abdication (Lupia und McCubbins 2000: 295). [...] [W]e defined delegation as abdication if and only if agents are unconstrained by how their actions affect their principals" (Lupia und McCubbins 2000: 300) ".

Denn nur unter diesen Bedingungen ist der Agent in der Lage eine neue Policy durchzusetzen, die den Prinzipal schlechter stellt als der Status Quo und die damit die Interessen des Prinzipals verletzt.

3.3.   Die vertikale Dimension:
Die Logik der Selektion Europäischer Kommissare

Die vertikale Dimension stellt den direkten analytischen Zusammenhang zwischen den Europäischen Kommissaren und den sie nominierenden mitgliedstaatlichen Regierungen her. In diesem Unterkapitel werden die Motive der mitgliedstaatlichen Regierungen bei der Auswahl ihrer jeweiligen Kandidaten für die ihnen zustehenden Kommissarsposten und bei der Ernennung der Europäischen Kommission im Rat theoretisch herausgearbeitet. Aus diesen Motiven werden Hypothesen abgeleitet. Diese formulieren Erwartungen darüber, welche Merkmale die von den mitgliedstaatlichen Regierungen ausgewählten und zu Kommissaren ernannten Personen kennzeichnen sollten. Ziel dieser theoretischen Überlegungen ist es, über die einschlägigen Eigenschaften der Europäischen Kommissare Aussagen zur grundlegenden Präferenzkonfiguration der Europäischen Kommission in der EG-Gesetzgebung zu treffen.

Die Europäische Kommission verfügt in EG-Gesetzgebungsprozessen über erheblichen Einfluss (vgl. Kapitel 2.2.). Nicht zuletzt aufgrund der zahlreichen politischen Auseinandersetzungen um EU-Richtlinien und EU-Verordnungen ist davon auszugehen, dass der Einfluss der Europäischen Kommission auch den in den EU-Mitgliedstaaten agierenden Politikern bekannt ist. Hieraus ergeben sich entscheidende Konsequenzen für die *ex ante Kontrolle* der Europäischen Kommission durch die mitgliedstaatlichen Regierungen: Die bei der Ernennung der Europäischen Kommission jeweils amtierenden mitgliedstaatlichen Regierungen wissen, dass ihre Auswahl konkrete politische Konsequenzen nach sich ziehen wird. Sie können dieses Wissen um den Einfluss der Europäischen Kommission in die Kriterien einbeziehen, nach denen sie die Selektion der von ihnen jeweils zu nominierenden Kandidaten für die Kommissarsposten vornehmen. Damit stellt sich die Frage, welche Kriterien hierbei für die mitgliedstaatlichen Regierungen ausschlaggebend sind.

Giandomenico Majone ist der prominenteste Vertreter einer technokratisch-funktionalistischen Perspektive auf die EU und insbesondere auf die Europäische Kommission (1996). In seinen Augen ist

"the most important factor in the appointment of Commissioners: the desire of national governments to prove their commitment to European integration. Governments know that economic, and for some governments even political, integration is the optimal long-run policy, but they also know that they have short-run incentives to renege on this commitment, for example by violating EU rules on state aid" (Majone 2001: 112).

Offensichtlich geht Majone davon aus, dass eine langfristig ökonomisch und politisch optimale Politik in einer sich stetig vertiefenden Integration besteht. Er schlägt deshalb vor, die Europäische Kommission nicht als Agenten, sondern als „Treuhänder" zu verstehen. Die Mitgliedstaaten übertragen in Form einer „treuhänderischen Beziehung" die Aufgabe der regulatorischen Realisierung der weitergehenden Vertiefung an die Europäische Kommission. Um ihre Glaubwürdigkeit und Entschlossenheit bezüglich dieser langfristig optimalen Politik zu signalisieren, würden sie auf Möglichkeiten der direkten Einflussnahme auf die Politik der Europäischen Kommission verzichten. Denn nur auf diese Weise ließe sich sicherstellen, dass die von bürokratischer Expertise geleitete und zur Umsetzung "optimaler Regulierung" fähige Europäische Kommission die richtige Politik realisiert. Aus technokratisch-funktionalistischer Perspektive ist es deshalb „rational for member states to appoint members of the European Commission who are more integrationist than the national governments" (Majone 2001: 105). Diese Sicht auf die Europäische Kommission und die Kommissare findet sich auch im EGV: „Die Kommission besteht aus zwanzig Mitgliedern, die aufgrund ihrer allgemeinen Befähigung ausgewählt werden und volle Gewähr für ihre Unabhängigkeit bieten (Art. 213 I EGV). [...] Die Mitglieder der Kommission üben ihre Tätigkeit in voller Unabhängigkeit zum allgemeinen Wohl der Gemeinschaft aus (Art. 213 II EGV)".

George Tsebelis und Geoffrey Garrett schlagen einen Mechanismus zur Auswahl Europäischer Kommissare vor, der dem von Giandomenico Majone vorgeschlagenen ähnlich ist:

„We think that a series of filters and self-selection mechanisms enables the Commission to take pro-integrationist positions. National delegates of real political power will likely prefer to stay in their country of origin. Moreover, appointments to different positions within the Commission are merit-based. *A government may thus prefer to send to Brussels an important and independent personality who will likely exercise significant influence in the Commission* rather than a less significant national delegate who may be marginalized. This is not to deny, of course, that Commissioners may share broad political orientations with the governments that select them" (Tsebelis und Garrett 2000: 16, eigene Hervorhebung).

Zunächst ist unklar, ob die beiden Autoren nun einen Selbstselektionsmechanismus seitens der Kommissare, die Verdienste des Kommissars nach seiner Ernennung oder eine gezielte Entscheidung der Regierungen für europhile Kandidaten dafür verantwortlich sehen, dass die Kommission in der EG-Gesetzgebung systematisch pro-integrationistischere Positionen einnimmt als die Regierungen. Nicht eindeutig ist weiterhin, wie sich das zu der im selben Absatz gemachten Aussage verhält, dass die

Präferenzen der Kommissare doch eine gewisse Ähnlichkeit mit denen der Regierungen haben, die sie auswählen. Hinsichtlich der Auswahl der Kommissare ist die Hauptaussage der Autoren jedoch, dass Regierungen bei ihrer Auswahl wert auf die Unabhängigkeit ihrer Kandidaten legen. Als Konsequenz hieraus folgt, dass die Europäische Kommission in der EG-Gesetzgebung systematisch andere Präferenzen verfolgt als die Regierungen. Damit deckt sich die Position von George Tsebelis und Geoffrey Garrett mit der von mir als technokratisch-funktionalistisch bezeichneten Argumentation Giandomenico Majones.

Einer solchen technokratisch-funktionalistischen Argumentation und der daraus resultierenden Sicht auf die Europäische Kommission folgt diese Arbeit nicht. Zwar wird, wie bereits in Kapitel 3.1. deutlich gemacht, im Sinne der Transaktionskostenökonomie davon ausgegangen, dass die Mitgliedstaaten der EU der Europäischen Kommission aus funktionalen Erwägungen die Kompetenz dafür übertrugen, unvollständige Verträge auszufüllen, die Transaktionskosten legislativer Entscheidungen durch die Übertragung des Rechts der Agendasetzung zu reduzieren und die Einhaltung der Verträge durch die Mitgliedstaaten mit zu überwachen. Trotz der funktionalen Erwägungen bei der Ausstattung der Kommission mit diesen Kompetenzen, wird die Europäische Kommission in dieser Arbeit als politischer Akteur konzeptualisiert: Die mitgliedstaatlichen Regierungen haben ein erhebliches Interesse daran, Kontrolle und direkten Einfluss auf die Art und Weise zu nehmen, in der die Europäischen Kommissare die ihnen übertragenen Aufgaben wahrnehmen.

Zwei Motive, die von mir als *defensives* und als *offensives Selektionsmotiv* definiert werden, bestimmen das Verhalten der mitgliedstaatlichen Regierungen bei der Auswahl der von ihnen nominierten Kommissare. Gemäß den beiden Motiven versuchen die mitgliedstaatlichen Regierungen durch eine gezielte Auswahl ihrer Kommissare, den Inhalt der Entscheidungen der Europäischen Kommission in ihrem Sinne zu beeinflussen.

Das *defensive Selektionsmotiv* bezeichnet im Folgenden das Ziel mitgliedstaatlicher Regierungen, administrative, materielle und politische Kosten zu vermeiden, die durch die Umsetzung von Gesetzesvorschlägen der Europäischen Kommission entstehen würden (vgl. zu den Motiven der Mitgliedstaaten in der EG-Gesetzgebung, Héritier *et al.* 1996: 10-15, 22-28; Holzinger und Knill 2005: 782; 789-790). Das defensive Selektionsmotiv führt dazu, dass mitgliedstaatliche Regierungen solche europäischen Gesetze zu verhindern versuchen, die in ihrem jeweiligen Land erhebliche Anpassungsanstrengungen zur Folge hätten. Die Anpassungsanforderungen können sich dabei einerseits an die Politik und die staatliche Bürokratie richten, wenn es beispielsweise darum geht, bislang geltende Verwaltungsregeln und Verfahren einem neuen europäischen Standard entsprechend zu verändern. Da die staatlich Beschäftigten geschult werden müssen, sind Veränderungen dieser Art mit Personalkosten und unter Umständen mit Kosten verbunden, die aus zusätzlichen Anschaffungen bestehen und welche die jeweiligen Behörden tätigen müssen. Darüber hinaus müssen sich die Unternehmen eines Landes, gegebenenfalls auch dessen Bürger, auf diese Veränderungen einstellen, was für diese ebenfalls mit ma-

56

teriellem und zeitlichem Aufwand verbunden ist. Die Kosten, die somit unter Umständen mit einem neuen europäischen Gesetz für die Unternehmen und Bürger eines Landes verbunden sind, bergen dementsprechend erhebliches politisches Konfliktpotenzial, das Unternehmensverbände, Gewerkschaften aber auch Parteien und Bürgerbewegungen in ihren Auseinandersetzungen dazu verwenden können, die amtierende Regierung politisch anzugreifen. Aus Sicht der jeweiligen Regierung führen diese Konflikte im schlechtesten Fall dazu, dass sie bei der nächsten Wahl abgewählt wird.

Neben dem defensiven Selektionsmotiv verfolgen die mitgliedstaatlichen Regierungen bei der Besetzung der Europäischen Kommission jedoch auch ein *offensives Selektionsmotiv*: Über ihre jeweiligen Europäischen Kommissare können die mitgliedstaatlichen Regierungen versuchen, die Gesetzesvorschläge der Europäischen Kommission so zu beeinflussen, dass sie ihrem jeweiligen nationalen Regulierungsregime entsprechen (vgl. Héritier *et al.* 1996: 10-15, 22-28; Holzinger und Knill 2005: 782; 789-790). Gelingt es den Europäischen Kommissaren, diesen Vorschlag gemeinsam mit der erforderlichen Mehrheit der Abgeordneten des Europäischen Parlaments und des Rates zu verabschieden, kann ein Land sein Regulierungsregime mittels EG-Gesetzen in die anderen EU-Mitgliedstaaten exportieren und dadurch EU-weit allgemein verbindlich machen. Dieses Vorgehen spart nicht nur die im Zusammenhang mit dem defensiven Selektionsmotiv beschriebenen administrativen oder anderweitigen Kosten, die durch die Anpassung an neue EG-Gesetze notwendig würden. Vielmehr können Regierungen den Unternehmen ihres Landes gleichzeitig durch den Export ihres nationalen Regulierungsregimes Wettbewerbsvorteile gegenüber Unternehmen anderer Länder sichern. Während Unternehmen anderer Länder ihre Produktion von dem dort geltenden auf ein neues, europäisches Regulierungsregime anpassen müssten, fiele dieser Anpassungsaufwand an neue europarechtliche Regulierungsbestimmungen für die Unternehmen desjenigen Landes weg, das seine Regulierungen exportiert. Gleichzeitig besteht für die Unternehmen hierdurch die Möglichkeit, eventuell bestehende technologische Fortschritte an ausländische Konkurrenten gewinnbringend zu verkaufen, oder aber sich ausländische Märkte selbst zu erschließen. Die Sicherung solcher Wettbewerbsvorteile für die Unternehmen des eigenen Landes sollte einer Regierung die politische Unterstützung der jeweiligen Unternehmen und einschlägigen Verbände nicht nur in den Entscheidungsprozessen der EU, sondern gerade auch in zukünftigen Wahlen sichern.

Aus den beiden Selektionsmotiven folgen bestimmte theoretische Erwartungen an die Kriterien, die die mitgliedstaatlichen Regierungen der Auswahl ihrer jeweiligen Kommissare zugrunde legen. Diese werden in den folgenden Absätzen ausgeführt. Außerdem folgen aus den beiden Selektionsmotiven theoretische Erwartungen an den Charakter politischer Entscheidungsprozesse in der Europäischen Kommission. Diese sind Gegenstand der Ausführungen in Kapitel 3.4..

Das hier vertretene und aus der Diskussion der vorangehenden Absätze folgende Hauptargument bezüglich der Selektion der Kommissare lautet deshalb: Mitgliedstaatliche Regierungen wählen in erster Linie solche Kandidaten für einen Kommissarsposten aus, die ähnliche politische Präferenzen haben wie sie und auf deren Zuverlässigkeit sie vertrauen können. Wie jedoch können Angehörige der mitgliedstaatlichen Regierungen die Präferenzen und die Vertrauenswürdigkeit des von ihnen vorzuschlagenden Kandidaten einschätzen? Hierzu können sie auf die Parteizugehörigkeit ihrer jeweiligen Kandidaten zurückgreifen. Die Entscheidung für eine Parteimitgliedschaft bietet den Mitgliedern eine institutionalisierte Form der Kooperation und, damit verbunden, die Unterstützung durch andere Parteimitglieder. Dies erlaubt dem einzelnen Mitglied, sowohl im elektoralen Wettbewerb als auch bei der Verfolgung bestimmter Politikinhalte in der legislativen Arena, erfolgreicher zu sein als dies der Fall wäre, wenn er alleine agieren würde (Aldrich 1995: 57-61). Politikern, die einen Agenten auswählen müssen, um ein wichtiges Amt zu besetzen, liefert die Parteimitgliedschaft wiederum wichtige Hinweise über die Ähnlichkeit der Präferenzen (Huber und Shipan 2002: 28-29; Kiewiet und McCubbins 1991: 30-31; Müller 2000: 317-319). Mit Blick auf die Auswahl und Nominierung von zukünftigen Europäischen Kommissaren können mitgliedstaatliche Regierungen also auf die Parteimitgliedschaft des jeweiligen Kandidaten zurückgreifen, um sich über die generellen Politikpräferenzen der Kandidaten zu informieren und um diese mit den eigenen Politikpräferenzen zu vergleichen. Daraus ergibt sich folgende Hypothese:

> *Hypothese 1 (parteiliche Inklusivität): Um die (Policy-) Präferenzen der Europäischen Kommission in ihrem eigenen Interessen zu beeinflussen, nominieren die mitgliedstaatlichen Regierungen Kommissare, die die Parteimitgliedschaft einer Regierungspartei teilen.*

Der Effektivität der ex-ante Sicherstellung der Ähnlichkeit der Politikpräferenzen des Kommissars und der ihn nominierenden Regierung über die Ernennung parteiinklusiver Kommissare könnte theoretisch entgegengehalten werden, dass Kommissare, nachdem sie nominiert wurden, Sozialisierungseffekten ausgesetzt sind, die eine nachhaltige Veränderung der Politikpräferenzen des Kommissars bewirken. Dies könnte beispielsweise durch die räumliche Nähe der Kommissare zu ihren Fachbeamten in den von ihnen geleiteten Generaldirektionen und die hieraus resultierenden regelmäßigen Interaktionen mit diesen Fachbeamten geschehen (Egeberg 2006: 3-5). Zur Sozialisierung von Kommissaren in der Kommission liegen bislang keine systematischen empirischen Ergebnisse vor. Liesbet Hooghe hat jedoch untersucht, ob bei den auf Lebenszeit in der Europäischen Kommission angestellten Beamten solche Sozialisierungseffekte zu beobachten sind. Dies ist nicht der Fall (Hooghe 1999a, b, 2005). Die Plausibilität, dass ausgerechnet bei den Europäischen Kommissaren, die sorgfältig von ihren Regierungen ausgewählt und lediglich für einen begrenzten Zeitraum ihr Amt als Kommissar ausüben, Sozialisierungseffekte zu verzeichnen sind, wird deshalb in dieser Arbeit als gering eingeschätzt. Sozialisierungseffekte sollten folglich keine maßgebliche Einschränkung der durch parteiinklusive Ernennung sichergestellten relativen Präferenznähe zwischen Regierung und Kommissar bewirken.

Neben dem Interesse der mitgliedstaatlichen Regierungen daran, dass ihr jeweiliger Kandidat ähnliche Politikpräferenzen hat, ist es für sie von besonderem Interesse, die Zuverlässigkeit ihres Kandidaten einzuschätzen. Ein zukünftiger Europäi-scher Kommissar, der zwar ähnliche Politikpräferenzen hat, jedoch nicht bereit oder fähig ist, diese in politischen Auseinandersetzungen zu vertreten, würde den in dieser Arbeit theoretisch vertretenen Intentionen der mitgliedstaatlichen Regierungen zuwider laufen. Zur Einschätzung der Zuverlässigkeit der von ihnen im Laufe des Auswahlprozesses in den Blick genommenen Kandidaten können die Vertreter der mitgliedstaatlichen Regierungen auf Informationen aus früheren Handlungen des Kandidaten zurückgreifen. Durch die Art und Weise der Ausübung von Ämtern erwerben potentielle Agenten eine politische Sichtbarkeit, die die Prinzipale heranziehen können, um etwas über die Zuverlässigkeit ihres Kandidaten zu lernen (vgl. Lupia 2003: 47). Auf den Punkt gebracht hat diese von Vertretern der Prinzipal-Agenten Theorie angestrengten Überlegungen bereits Sophokles, ein Dichter der griechischen Antike, der einer seiner Figuren in seinem Drama „Antigone" folgende Worte in den Mund legt: „Unmöglich kann man eines Menschen Herz, Sein Denken und sein Wollen ganz erkennen, Eh er in Staat und Ämtern sich erprobt" (Sophokles 2000: 11).

Um das Risiko zu reduzieren, dass sie Personen auswählen, die sich bei der Vertretung ihrer Interessen in den Entscheidungsprozessen der in der Kommission als unzuverlässig erweisen, ist deshalb nicht zu erwarten, dass Regierungen Kandidaten auswählen, über die sie nur wenige einschlägige Informationen haben. Vielmehr ist zu erwarten, dass die Vertreter mitgliedstaatlicher Regierungen zukünftige Europäische Kommissare mit einer zuvor in ausgeübten politischen Ämtern erworbenen, hohen politischen Sichtbarkeit auswählen und nominieren. Gleichzeitig ist davon auszugehen, dass die politische Sichtbarkeit der ausgewählten Kommissare deren Zuverlässigkeit signalisiert und Personen, die sich zuvor als unzuverlässig erwiesen haben, von den Regierungen nicht für das Amt des Europäischen Kommissars in Betracht gezogen werden.

> *Hypothese 2: Europäische Kommissare verfügen über eine hohe „politische Sichtbarkeit", die sie bei der Ausübung vorheriger Positionen in der politischen Arena erworben haben.*

Von besonderem Interesse für die mitgliedstaatlichen Regierungen ist in diesem Zusammenhang, wie sich die Kandidaten in exekutiven Ämtern bewährt haben, die sie vor ihrer Nominierung als Europäische Kommissare ausgeübt haben. Hat ein Kandidat zum Beispiel bereits als verantwortlicher Minister seine Fähigkeiten bei der Führung einer Ministerialbürokratie und in Auseinandersetzungen und Verhandlungen mit anderen Ministerinnen und Ministern im Kabinett unter Beweis gestellt, können die auswählenden und nominierenden mitgliedstaatlichen Regierungen daraus schließen, dass ihr Kandidat zumindest die prinzipielle Fähigkeit besitzt, diese Qualitäten auch als Europäischer Kommissar bei den politischen Auseinandersetzungen in der Kommission zur Geltung zu bringen.

Hypothese 3: Europäische Kommissare haben sich durch die politische Leitung nationaler Ministerien eine hohe „politische Sichtbarkeit" im Bereich exekutiver Politik erworben.

Die Hypothesen 1 und 2 sind statisch formuliert: Sie gehen davon aus, dass das Auswahl- und Nominierungsverhalten der mitgliedstaatlichen Regierungen seit der Gründung der Europäischen (Wirtschafts-) Gemeinschaft im Jahr 1957 bis heute unverändert ist. Dies scheint aus zweierlei Hinsicht fragwürdig: Erstens ist davon auszugehen, dass die an der EU-Politik beteiligten und die von ihr betroffenen Akteure über Zeit gelernt haben, den Einfluss der Europäischen Kommission auf EG-Entscheidungsprozesse einzuschätzen. Zweitens hat die heutige EU schrittweise Kompetenzen gewonnen, deren politische und materielle Auswirkungen ein immer größeres Gewicht für die Politik in den Mitgliedstaaten einnimmt (vgl. Kapitel 2.1. und Kapitel 2.3.). Einen vorläufigen Höhepunkt stellte in dieser Hinsicht die Ausarbeitung und Verabschiedung der EEA dar.

Mit der EEA und dem gleichzeitig vorgelegten Weißbuch zur „Vollendung des Binnenmarktes" wurde die Realisierung des Europäischen Binnenmarktes vorangetrieben (vgl. Kapitel 2.1.). Gleichzeitig wurden mit der Ersetzung des Einstimmigkeitserfordernisses durch das qualifizierte Mehrheitserfordernis institutionelle Entscheidungsblockaden im Rat abgebaut, wodurch die Rolle der Europäischen Kommission als Agendasetzer in EG-Gesetzgebungsprozessen gestärkt wurde (vgl. Kapitel 2.2.). Vor dem Hintergrund dieser Veränderungen ergibt sich aus den beiden weiter oben formulierten *defensiven* und *offensiven Selektionsmotiven* der mitgliedstaatlichen Regierungen bei der Auswahl und Nominierung ihrer Kommissare die Erwartung, dass diese mit der Wiederbelebung des europäischen Integrationsprojektes eine erhöhte Aufmerksamkeit auf die Auswahl und Nominierung ihrer jeweiligen Kommissare legen. Der Grund hierfür ist, dass die Verabschiedung der EEA den Regierungen eine konkrete Erwartung über die im Zuge der Herstellung des Europäischen Binnenmarktes zu treffenden Entscheidungen und die damit verbundenen potenziellen Kosten, sowie die damit verbundenen Gestaltungsspielräume, erlaubte. Aus diesem Grund sollte die in Hypothese 1 formulierte Aussage zur *parteilichen Inklusivität* und die in Hypothese 2 formulierte Aussage zur *politischen Sichtbarkeit* der Kommissare für die im Jahre 1985 ernannte Delors (I) Kommission und alle danach ernannten Kommissionen höher sein als für die vor 1985 ernannten Kommissionen.

Hypothese 4: Die Versuche der direkten politischen Einflussnahme der mitgliedstaatlichen Regierungen auf die Politik der Europäischen Kommission, d.h. die „parteiliche Inklusivität" und die „politische Sichtbarkeit" der Europäischen Kommissare hat mit der Verabschiedung der EEA (Delors(I)-Kommission) zugenommen.

Für den Fall dass ex-ante Kontrollen allein nicht ausreichen, um sicherzustellen, dass Agenten nach ihrer Auswahl die Interessen ihrer Prinzipale zuverlässig verfolgen, stehen den mitgliedstaatlichen Regierungen auch Sanktionierungsmaßnahmen zur Verfügung, die die Bestrafung abweichenden Verhaltens seitens der Kommissare ermöglichen. Als positiver Anreiz die Interessen ihrer Regierung in der Kommission zu verfolgen, können Regierungen ihren Kommissaren die Berufung in ein politisches Amt im Herkunftsland des Kommissars in Aussicht stellen. Selbstverständlich können die Regierungen die Verweigerung der Berufung in ein solches Amt gleichzeitig als Sanktion für nonkonformes Verhalten einsetzen. Ein noch unmittelbareres Sanktionsmittel der Regierungen ergibt sich aus der zeitlichen Begrenzung der Amtszeit Europäischer Kommissionen: Diese betrug bis zum Inkrafttreten des Maastricht-Vertrages 1993 vier Jahre und seitdem fünf. Als negatives Sanktionsmittel können Regierungen ihrem Kommissar bei abweichendem Verhalten mit der Verweigerung der Wiederernennung drohen. Entsprechend können sie ihm als positives Sanktionsmittel die Honorierung zuverlässigen Verhaltens durch Wiederernennung als Perspektive geben.

> *Hypothese 5: Mitgliedstaatliche Regierungen machen von ihrem Recht gebrauch, Kommissare nach ihrer Amtszeit als Kommissar (nicht) zu bestätigen oder (nicht) in ein nationales politisches Amt zu berufen.*

Die in diesem Unterkapitel diskutierten Selektionsmotive der Regierungen sind policy-orientiert: Die Regierungen versuchen über die strategische Auswahl ihrer Kommissare die Inhalte der Kommissionsentscheidungen zu beeinflussen. Wie in Kapitel 5 noch ausführlicher diskutiert wird, sind die Kommissare zur Ausarbeitung von Entscheidungen auf Vorlagen der von ihnen politisch geleiteten Generaldirektion angewiesen (Nugent 2001: 134-161). Diese stellen somit eine wichtige institutionelle und personelle Ressource sowohl für die Entwicklung politischer Initiativen in der Kommission als auch in den internen Entscheidungsprozessen der Europäischen Kommission dar. Die Konzeptionalisierung des relativen Einflusses einzelner Kommissare und der Generaldirektionen auf die Entscheidungen der Europäischen Kommission ist Gegenstand des nächsten Unterkapitels. Für die folgenden Überlegungen zur Konzentration in der Besetzung unterschiedlicher Generaldirektionen ist es ausreichend davon auszugehen, dass deren politische Leitung den jeweiligen Kommissar zunächst in eine privilegierte Position bei der Politikformulierung in seinem Zuständigkeitsbereich versetzt. Hieraus ergibt sich die Erwartung, dass die Regierungen bei der Verteilung der politischen Zuständigkeiten für die unterschiedlichen Generaldirektionen versuchen, sich für ihre Kommissare die Zuständigkeit für diejenigen Politikbereiche zu sichern, die der Regierung besonders attraktiv erscheinen. Die Attraktivität einer bestimmten Generaldirektion für eine Regierung wird in Abhängigkeit zur ideologischen Ausrichtung der Regierungsparteien und zur Nationalität des Kommissars konzeptualisiert. Eine solche theoretische Konzeptionalisierung wurde bislang nicht vorgenommen. Dass dies bislang nicht geschah, mag daran liegen, dass es nur eingeschränkt möglich ist, systematische theoretische Erwartungen zur Portfolioverteilung herzuleiten.[26] Die folgenden Hypothesen zur Verteilung der politischen Verantwortung für Generaldirektionen haben deshalb, anders als die zuvor in diesem Unterkapitel hergeleiteten Hypothesen, einen stärker explorativen Charakter.

Die Literatur zeigt, dass bei Abstimmungen im Rat, Regierungen nord- und südeuropäischer Mitgliedstaaten zusammen stimmen. Dies wird teilweise auf kulturelle Ähnlichkeiten dieser Länder zurückgeführt, die sich dann in gemeinsamem politischen Handeln widerspiegelten (Kaeding und Selck 2005: 275). Darüber hinaus wird argumentiert, dass die nordeuropäischen EU-Mitgliedstaaten unter anderem im Bereich der Sozialpolitik, aber vor allem auch im Bereich des Umwelt- und Verbraucherschutzes über ähnliche ideologische Vorstellungen und gemeinsame politische Interessen an relativ hohen Regulierungsstandards verfügen (Elgström et al. 2001: 124; Vogel 1997: 558). Mit Blick auf die politische Leitung der GD Umwelt und der GD Verbraucherschutz ergibt sich folgende Erwartung:

> *Hypothese 6: Die Besetzung der GD Umwelt und der GD Verbraucherschutz zeigt eine majoritäre Konzentration dänischer, finnischer und schwedischer Kommissare.*

Darüber hinaus ist zu erwarten, dass Regierungen von Mitgliedstaaten, die Nettozahler von EU-Beiträgen sind, ein besonderes Interesse daran haben, Einfluss auf die Art und Weise der Verwendung dieser Gelder zu nehmen (Zimmer *et al.* 2005: 410-411): Daraus lässt sich die Erwartung formulieren, dass EU-Netto-Beitragszahler ein starkes Interesse daran haben, Generaldirektionen zu führen, die einen erheblichen Anteil des EU-Haushaltes verwalten. Deshalb sollten GD Landwirtschaft und die GD Regionalpolitik für EU-Nettobeitragszahler interessant sein, da die Ausgaben im Bereich der Landwirtschaft und Strukturfonds, letztere werden von der GD Regionalpolitik verwaltet, zwischen 1980 und 2013 jährlich circa 80 Prozent des gesamten EU-Haushalts ausmachten (Hix 2005: 279). Darüber hinaus überwacht die GD Haushalt die Richtigkeit der Ausgaben. Für die Besetzung der in diesem Absatz genannten Generaldirektionen ergibt sich deshalb folgende Erwartung:

> *Hypothese 7: Die Generaldirektionen Haushalt, Regionalpolitik, Wissenschaft/Forschung und Landwirtschaft weisen eine majoritäre Konzentration in der Leitung durch Kommissare aus EU-Nettobeitragszahlerländern auf.*

---

26 Dies spiegelt sich auch in der vergleichenden Literatur zu Regierungsbildungen wider. Obwohl die Ämtervergabe hier eine zentrale Rolle spielt, liegen bislang fast keine Arbeiten vor, die theoretische Aussagen über die relative Attraktivität verschiedener Portfolios für unterschiedliche Parteien machen (siehe jedoch: Budge und Keman 1990: Kapitel 4). James Druckman und Paul Warwick haben nicht zuletzt deshalb die Attraktivität verschiedener Portfolios empirisch induktiv bestimmt (2005).

Mit Blick auf die überproportionale Besetzung einzelner Kommissionsportfolios durch Kommissare bestimmter Parteien beziehungsweise Parteifamilien lässt sich zwar feststellen, dass alle nicht-extremen Parteien in den EU-Mitgliedstaaten die europäische Integration befürworten (vgl. Kapitel 2.4.). Allerdings variieren die politischen Motive für die Befürwortung der EU zwischen den Parteifamilien (Marks und Wilson 2000: 437-458): Das politische Ziel, das rechtsliberale und konservative Parteien mit Hilfe der Europäischen Union zu realisieren suchen, ist die Herstellung und Sicherung eines funktionierenden EU-Binnenmarktes. Regulierungen, die über Markt schaffende Maßnahmen hinausgehen, lehnen rechtsliberale und konservative Parteien ab. Für Regierungen, die von Parteien dieser Parteifamilien gestellt werden, ist somit zu erwarten, dass sie ein starkes Interesse daran haben, dass ihren Kommissaren die Leitung derjenigen Portfolios übertragen wird, die maßgeblichen Einfluss auf die Her- und Sicherstellung des freien EU-Marktes haben. Daraus ergibt sich folgende Hypothese:

Hypothese 8: Die Generaldirektionen Besteuerung/Zollunion, Binnenmarkt, Wettbewerb und Haushalt weisen eine majoritäre Konzentration rechtsliberaler und konservativer Kommissare auf.

Anders als ihre politisch auf Marktschaffung und Markterhaltung konzentrierten konservativen und liberalen Gegenspieler, streben linksliberale und sozialdemokratische Parteien die Ergänzung des liberalisierten EU-Binnenmarktes durch Regulierungen in der Sozial- und Umweltpolitik sowie den materiellen Ausgleich zwischen strukturell unterschiedlich entwickelten Regionen in der EU an:

„Party positions on EU environmental policy, EU cohesion policy, and EU employment policy are constrained by location on the Left/Right dimension. Social Democratic Parties that were merely lukewarm on the market-making project of the 1980s provide strong support for European integration in these policy areas" (Hooghe *et al.* 2002: 985).

Für die Generaldirektionen Umwelt, Verbraucherschutz und Regionalpolitik ist dementsprechend zu erwarten, dass sie überwiegend von Kommissaren aus dem linken Parteienspektrum besetzt sind. Eine Konzentration sozialdemokratischer und linksliberaler Kommissare ist außerdem für die Generaldirektionen Beschäftigung und Soziales sowie Entwicklung zu erwarten. Die Politik der GD Beschäftigung und Soziales zielt potenziell ebenfalls auf die Beseitigung negativer Externalitäten des gemeinsamen Binnenmarktes. Die GD Entwicklung hat die Möglichkeit, durch materielle Hilfsleistungen internationale Ungleichheiten zu adressieren, weshalb sie mit der Programmatik linker Parteien in Einklang steht, nicht jedoch mit der rechter Parteien. Folgender Zusammenhang lässt sich zusammenfassend aus der Argumentation dieses Absatzes formulieren:

Hypothese 9: Die Generaldirektionen Umwelt, Verbraucherschutz, Regionalpolitik, Beschäftigung/Soziales und Entwicklung weisen eine majoritäre Konzentration sozialdemokratischer und linksliberaler Kommissare auf.

Die ländliche Bevölkerung und Bauern gehören traditionell zur Klientel konservativer und christdemokratischer Parteien (Budge und Keman 1990: 96-97). Zudem ist die Agrarpolitik nicht nur eines der am konsequentesten vergemeinschafteten EU-Politikfelder, EU-Agrarausgaben bilden gleichzeitig den höchsten Ausgabenposten im EU-Haushalt. 1980 wurden knapp 70 Prozent des EU-Haushalts für die Agrarpolitik ausgegeben. Aktuell sind dies knapp 50 Prozent (Hix 2005: 278-279). Da die politische Leitung der GD Landwirtschaft konservativen und christdemokratischen Kommissaren die Möglichkeit gibt, in der Kommission die Agrarinteressen ihrer Klientel privilegiert zu vertreten und diese potenziell mit Subventionen zu versorgen ist zu erwarten, dass die Parteien dieses ideologischen Spektrums ein verstärktes Interesse an der politischen Leitung der GD Landwirtschaft haben.

Hypothese 10: Die GD Landwirtschaft weist eine majoritäre Konzentration christdemokratischer und konservativer Kommissare auf.

In diesem Unterkapitel wurden die strategischen Motive der Mitgliedstaaten bei der Auswahl ihrer Kommissare theoretisch diskutiert. Analytisch wurde dabei zwischen einem *defensiven* und einem *offensiven Selektionsmotiv* unterschieden. Ersteres bezeichnet das Interesse der Regierungen daran, solche Entscheidungen der Kommission zu verhindern, die ihr in der nationalen politischen Arena Kosten verursachen. Letzteres bezieht sich auf das Interesse der mitgliedstaatlichen Regierungen, ihre nationalen Regulierungen mittels EG-Recht für alle Mitgliedstaaten allgemein verbindlich zu machen, um auf diese Weise selbst Kosten zu sparen und Unternehmen aus ihrem Land Vorteile im Wettbewerb mit ihren europäischen und internationalen Konkurrenten zu sichern. Im Rahmen dieser Diskussionen wurden Hypothesen abgeleitet, die konkrete Aussagen darüber machen, welche Eigenschaften die von den mitgliedstaatlichen Regierungen ausgewählten Kommissare haben. Es wurde argumentiert, dass die mitgliedstaatlichen Regierungen solche Personen als Kommissare nominieren, die ähnliche politische Präferenzen haben (Hypothese 1) und denen sie aufgrund der Ausübung zuvor gehaltener politischer Ämter vertrauen (Hypothesen 2 und 3). Da die Generaldirektionen bei der Formulierung von EU-Politiken wichtige institutionelle und personelle Ressourcen für die Kommissare darstellen, wurden darüber hinaus auf den vorangegangen Seiten Hypothesen formuliert, die Aussagen zur Verteilung der politischen Verantwortung für einzelne Generaldirektionen durch Kommissare bestimmter Länder oder bestimmter Parteiangehörigkeit machen (Hypothesen 6 bis 10).

Um Aussagen über die Qualität des Handelns der Europäischen Kommission in der EG-Gesetzgebung zu machen, stellt sich die Frage, wie die von den mitgliedstaatlichen Regierungen gezielt ausgewählten Europäischen Kommissare in der Europäischen Kommission Entscheidungen treffen. In Anlehnung an die vergleichende Literatur im Bereich "exekutive Politik" (Blondel und Müller-Rommel 1993; Laver und Shepsle 1994) werden zur Untersuchung der Entscheidungsfindung in der Kommission im folgenden Unterkapitel fünf theoretische Szenarien entworfen und diskutiert, die die Entscheidungsfindung in der Kommission jeweils unterschiedlich konzeptualisieren. Alle fünf Szenarien geben jeweils unterschiedliche Antworten auf die Fragen *ob*, wenn ja *wie* und schließlich *wann*, das heißt bei Entscheidungen welchen Inhalts, die Europäischen Kommissare Einfluss auf den Inhalt der Gesetzesvorlagen ihrer Kollegen nehmen. Je nach Szenario resultieren hieraus unterschiedliche Aussagen über die inhaltliche Qualität der von den Kommissaren im Rahmen der internen Entscheidungsprozesse erarbeiteten Ergebnisse.

3.4.   *Die horizontale Dimension:*
Agendasetzungs- und Vetomacht in der Europäischen Kommission

Die Konzeptionalisierung der Entscheidungsfindung in der Europäischen Kommission baut theoretisch auf den Ausführungen des Kapitels 3.3. auf. Darin wurde die „Logik der Selektion" mitgliedstaatlicher Regierungen bei der Auswahl ihrer Kommissare expliziert. Mit der theoretischen Konzeptionalisierung der Entscheidungsprozesse in der Europäischen Kommission wird die theoretische Brücke zwischen der Ernennung der Europäischen Kommissare und den Handlungen der Europäischen Kommission in EU-Entscheidungsprozessen geschlagen. Je nach Konzeptionalisierung der internen Entscheidungsprozesse ergeben sich unterschiedliche Erwartungen an die Qualität des Handelns der Europäischen Kommission in EU-Entscheidungsprozessen und damit an den Inhalt der von den Kommissaren vorgelegten Entscheidungen und Gesetzesvorlagen. Mit Blick auf die in dieser Arbeit vertretene theoretische Perspektive auf die Kommissare als Agenten ihrer jeweiligen nationalen Regierung, stellt sich bei der Konzeptionalisierung der Entscheidungen in der Kommission die Frage, ob und wie stark Kommissare in der Lage sind, die Arbeit anderer Kommissare inhaltlich zu beeinflussen.

In internen Entscheidungsprozessen kann der federführende Kommissar als Agent betrachtet werden, der von den restlichen Kommissaren, den Prinzipalen, damit beauftragt wird, Entscheidungen der Kommission vorzubereiten (vgl. Andeweg 2000). Damit stellt sich jedoch gleichzeitig die Frage, ob die Kommissare die Möglichkeit haben, (ex post) Kontrolle über die Art und Weise auszuüben, wie der jeweils federführende Kommissar die an ihn delegierte Aufgabe ausführt. Zur analytischen und theoretischen Konzeptionalisierung der Kontrollprozesse werden im Folgenden fünf Entscheidungsszenarien formuliert. Die verschiedenen Entscheidungsszenarien porträtieren den prozeduralen Charakter und die daraus resultierende Machtverteilung und Kontrollfähigkeit zwischen den Akteuren in Entscheidungsprozessen der Europäischen Kommission jeweils unterschiedlich. Unterschieden werden zwei Varianten des Kollegiumsszenarios, die mit einem Ressortszenario, einem Präsidialszenario und einem Bürokratieszenario kontrastiert werden (Dunleavy und Rhodes 1990; Laver und Shepsle 1994). Alle Szenarien werden unter Rückgriff auf die analytischen Instrumente der aus dem rationalistischen Neo-Institutionalismus abgeleiteten Vetospieler Theorie formuliert (Tsebelis 2002). Die durchgängige Anwendung der Vetospieler Theorie stellt die direkte und hohe Vergleichbarkeit der Szenarien mit

Blick auf den prozeduralen Charakter der Entscheidungen in der Kommission sicher und erlaubt dadurch, die Unterschiede in der Machtverteilung zwischen den Kommissaren zwischen den Szenarien herauszuarbeiten.

Die Darstellung der Szenarien erhebt nicht den Anspruch auf Vollständigkeit. Die fünf Szenarien erfassen jedoch die in der Literatur meist implizit konzeptualisierten Machtverhältnisse in der Kommission sowie die sich aus der Konzeptionalisierung der Prinzipal-Agenten Beziehung zwischen den mitgliedstaatlichen Regierungen und ihren Kommissaren ergebenden Vorstellungen über Entscheidungsprozesse in der Kommission. Die folgende theoretische Diskussion erfolgt somit in Anlehnung an die existierende Literatur zu erlauben und nimmt eine umfassende theoretische Analyse der Entscheidungsprozesse in der Kommission vor. Die Diskussion der verschiedenen Szenarien ist insofern hypothetisch als dass hier noch keine empirischen Informationen zur (formal-) institutionellen Organisation der Entscheidungsprozesse in der Kommission einbezogen werden. Würde dies bereits an dieser Stelle geschehen, könnte die Plausibilität einzelner Szenarien aus neo-institutionalistischer Perspektive von vornherein als gering eingeschätzt werden, was jedoch dem Ziel dieses Unterkapitels zuwider liefe, das den Anspruch erhebt, anhand eines eigenen theoretischen und analytischen Rahmens die (implizit oder explizit) vorliegenden Hypothesen zu Entscheidungsprozessen zu testen. Die empirische Analyse erfolgt in den Kapiteln 6 und 7.

Derjenige Kommissar, der über Form und Inhalt des Vorschlags entscheidet, welcher in den Entscheidungsprozess der Europäischen Kommission eingebracht wird, besitzt einen überproportionalen Einfluss auf die Entscheidungen in der Kommission.[27] Als *Agendasetzer* der Kommissionsentscheidungen wird im Folgenden derjenige Akteur bezeichnet, der den Inhalt des letztlich zur Abstimmung stehenden Vorschlags festlegt (Romer und Rosenthal 1978; Tsebelis 2002: 2). Das Ausmaß des Einflusses des Agendasetzers hängt jedoch davon ab, in welchem Maße die anderen Kommissare noch Änderungen an dem ursprünglichen Vorschlag vornehmen können (Baron und Ferejohn 1989). Darüber hinaus variiert der Einfluss des Agendasetzers auf das Entscheidungsergebnis mit der Zahl derjenigen Akteure, deren Zustimmung für die Annahme einer Vorlage notwendig ist, den Präferenzen dieser Akteure relativ zu den Präferenzen des Agendasetzers und der Lage des Status Quo in dem jeweiligen Entscheidungsbereich: Je mehr Akteure den Vorschlag annehmen müssen, je stärker sich deren Präferenzen von denen des Agendasetzers unterscheiden und je näher der Status Quo an den Präferenzen der Akteure liegt, desto geringer der Einfluss des Agendasetzers (Tsebelis 2002: 33-37). Am höchsten ist folglich der Einfluss des Kommissars mit Agendasetzungsmacht, wenn sein Vorschlag keiner

---

27 Die Diskussion der verschiedenen Szenarien erfolgt der Einfachheit halber unter Annahme eines eindimensionalen Entscheidungsraumes (Hinich und Munger 1997), auf dem sich die (teilweise) divergierenden Präferenzen der Kommissare abtragen lassen. Die empirische Plausibilität der Annahme, dass der federführende Kommissar als Agendasetzer in Kommissionsentscheidungen agiert, wird in Kapitel 6.1 empirisch überprüft.

Zustimmung durch andere Kommissare bedarf oder wenn sich die Präferenz des Agendasetzers nicht erheblich von den Präferenzen derjenigen Kommissare unterscheidet, deren Zustimmung für eine Annahme des Vorschlags notwendig ist.

Die fünf in den folgenden Absätzen formulierten Entscheidungsszenarien unterscheiden sich jeweils darin, ob sie den Europäischen Kommissaren und dem Kommissionspräsidenten jeweils Vetomacht zusprechen.[28] Vetomacht haben die Kommissare oder der Kommissionspräsident dann, wenn ihre Zustimmung für die Annahme einer Entscheidung in dem jeweiligen Szenario als notwendig angenommen wird. Dies erlaubt dem mit Vetomacht ausgestatteten Akteur das Zustandekommen von Entscheidungen zu verhindern, oder vom Agendasetzer innerhalb der Kommission inhaltliche Zugeständnisse zu erzwingen, um die Zustimmung des Vetospielers zu bekommen. Ist die Zustimmung eines Akteurs, Kommissar oder Kommissionspräsident, für die Annahme einer Entscheidung notwendig, wird dieser als individueller Vetospieler bezeichnet (Tsebelis 2002: 19). Ob die Europäischen Kommissare und der Kommissionspräsident individuelle Vetospieler sind, hängt somit von der theoretischen Konzeptionalisierung des internen Entscheidungsverfahrens der Europäischen Kommission in dem jeweiligen Szenarium ab.

In den beiden *Kollegiumsszenarien* treffen die Kommissare ihre Entscheidungen kollektiv. Agendasetzer in diesem Szenario ist der federführende Kommissar. Dieser legt den anderen Kommissaren einen Vorschlag zur inhaltlichen Prüfung vor. Wie groß der Einfluss einzelner Kommissare auf die Entscheidung ist, hängt von der theoretischen Konzeptionalisierung der Art und Weise des kollektiven Entscheidens ab: Im *kompetitiven Kollegiumsszenario* stimmen die Kommissare per absoluter Mehrheit über den vom federführenden Kommissar eingebrachten Vorschlag ab. Um erfolgreich angenommen zu werden, muss ein Vorschlag die Zustimmung der Mehrheit der in der Kommission vertretenen Kommissare erhalten. Daraus folgt, dass ein einzelner Kommissar das Zustandekommen einer Entscheidung nicht verhindern kann. Die Kommissare sind im kompetitiven Kollegiumsszenario somit keine individuellen Vetospieler. Vielmehr stellt das kollektive Entscheidungsgremium einen kollektiven Vetospieler dar.[29] Damit kann in diesem Szenario kein einzelner Kommissar das Zustandekommen einer Entscheidung der Kommission verhindern, die

---

28 Individuelle Vetospieler sind diejenigen Akteure in einem kollektiven institutionellen Vetospieler, deren Zustimmung für die Annahme einer Entscheidung de jure oder de facto notwendig ist.

29 In einem eindimensionalen Entscheidungsraum ist damit der Median-Kommissar entscheidend für die Annahme eines Vorschlages. Der Median-Kommissar ist derjenige Kommissar, zu dessen Rechten und Linken sich jeweils gleich viele Kommissare befinden. Er ist der entscheidende Vetospieler in diesem Szenario, da von seiner Zustimmung das Zustandekommen der jeweiligen Entscheidung abhängt. Um sich die Zustimmung des Median-Kommissars zu sichern, muss der federführende Kommissar seinen Vorschlag deshalb so formulieren, dass der Median-Kommissar durch den neuen Vorschlag einen Nutzengewinn gegenüber dem Status Quo realisiert und folglich der Annahme des neuen Vorschlags zustimmt (siege Grafik 2, S. 74).

die Interessen seines Mitgliedstaates oder auch die Interessen der von ihm politisch geleiteten Generaldirektion verletzen.

Das konkurrierende Kollegiumsszenario ist das *konsensuelle Kollegiumsszenario*. In Abgrenzung zum kompetitiven Kollegiumsszenario werden die einzelnen Kommissare hier als „parteiliche" („partisan") Vetospieler konzeptualisiert, die zwar über kein formal-institutionelles Vetorecht verfügen, de facto aufgrund der politischen Konstellation innerhalb eines institutionellen Vetospielers jedoch ein solches ausüben können (vgl. Tsebelis 2002: 19). Aus der Konzeptualisierung der für das konsensuelle Kollegiumsszenario gewählten Konzeptualisierung der Kommissare als parteiliche Vetospieler ist hier die Zustimmung aller Kommissare sowie des Kommissionspräsidenten erforderlich, um in der Kommission zu einer Entscheidung zu kommen. Aufgrund der zur Annahme einer Entscheidung zwingend notwendigen Zustimmung des Kommissionspräsidenten und der einzelnen Kommissare, sind diese im konsensuellen Kollegiumsszenario individuelle Vetospieler. Die Agendasetzungsmacht des federführenden Kommissars ist dadurch sehr stark eingeschränkt. Bildet das konsensuelle Kollegiumsszenario die Entscheidungsprozesse in der Kommission adäquat ab, dann kann ein einzelner Kommissar das Zustandekommen einer Entscheidung verhindern, falls eine solche Entscheidung die Interessen seiner mitgliedstaatlichen Regierung verletzt oder negative Auswirkungen auf seinen politischen Zuständigkeitsbereich innerhalb der Kommission hat. Die Kommissare könnten ihre Entscheidungen im Konsens treffen, um sicherzustellen, dass, trotz etwaiger Präferenzdivergenzen zwischen den Kommissaren, die durch den Vorschlag eingenommene Position der Kommission im weiteren Verfahren von allen Kommissaren gegenüber anderen Institutionen und Akteuren geschlossen vertreten wird.

Im *Ressortszenario* ist ebenfalls der federführende Kommissar der Agendasetzer. Kollektive Entscheidungen spielen in diesem Szenario jedoch keine Rolle (vgl. König 2004). Da der federführende Kommissar seinen Vorschlag den anderen Kommissaren nicht zur Abstimmung vorlegen muss beziehungsweise diese über keine wirksamen institutionellen Instrumente zur Prüfung des jeweiligen Vorschlags verfügen, ist die (Agendasetzungs-) Macht des federführenden Kommissars innerhalb der Kommission nicht eingeschränkt. Bei der Festlegung der inhaltlichen Position der Europäischen Kommission in EG-Gesetzgebungsprozessen verfügt er vielmehr über vollständige Entscheidungsfreiheit. Ein Grund für die vollständige Entscheidungsfreiheit des federführenden Kommissars innerhalb der Kommission könnte im mangelnden Interesse der anderen Kommissare daran begründet sein, die Vorlagen ihrer Kollegen aus anderen Politikbereichen zu prüfen und gegebenenfalls eigene Änderungsvorschläge zu machen. Das mangelnde Interesse der Kommissare an der Intervention in andere Politikbereiche könnte darauf zurückzuführen sein, dass ein Kommissar ein ausschließliches Interesse an den Belangen seines politischen Zuständigkeitsbereiches hat. Ein weiterer Grund für die uneingeschränkte inhaltliche Gestaltungsfreiheit der Kommissare in dem Politikfeld, das in den Zuständigkeitsbereich der von ihnen geleitete Generaldirektion fällt, könnte darauf zurückgeführt werden, dass den Kommissaren das fachspezifische Wissen zur inhaltlichen

Prüfung der Vorschläge ihrer Kollegen aus anderen Ressorts fehlt. Die Europäischen Kommissare könnten des Weiteren so sehr mit den Arbeiten in ihrem eigenen Politikbereich und der Koordination der Arbeiten in der ihrer Leitung jeweils unterstehenden Generaldirektion beschäftigt sein, dass ihnen die Ressourcen fehlen, um den Arbeiten anderer Generaldirektionen Aufmerksamkeit zu schenken (vgl. Egeberg 2006).

Im *Präsidialszenario* besitzt der Kommissionspräsident den entscheidenden Einfluss auf den Inhalt der Entscheidungen der Europäischen Kommission. In diesem Szenario stimmt der federführende Kommissar seinen politikfeldspezifischen Vorschlag, bevor er ihn ins Kollegium der Kommissare einbringt, mit dem Kommissionspräsidenten ab. Der federführende Kommissar teilt sich in diesem Szenario somit die Agendasetzungsmacht mit dem Kommissionspräsidenten.[30] Entspricht der Vorschlag nicht der Präferenz des Kommissionspräsidenten, legt dieser sein Veto gegen den jeweiligen Vorschlag ein und zwingt den federführenden Kommissar dadurch, den Vorschlag entsprechend seiner eigenen Präferenzen umzuformulieren.[31] Die anderen Kommissare besitzen in diesem Szenario keine Vetomacht, da kollektive Entscheidungen im Kollegium der Kommissare im Präsidialszenario keine Rolle spielen. Sie haben folglich keinen Einfluss auf den Inhalt der Entscheidungen der Europäischen Kommission. Die den Inhalt einer Kommissionsentscheidung maßgeblich beeinflussenden Interaktionen finden zwischen dem Kommissionspräsidenten und dem federführenden Kommissar statt. Institutionell wird die Rolle des Kommissi-

---

30 Wenn auch nicht explizit so bezeichnet, so wird das Präsidialszenario in der einzigen theoretischen Studie propagiert, die bislang zum Zusammenhang zwischen der Ernennung der Europäischen Kommissare und den Politikpräferenzen der Kommission vorliegt (Crombez 1997). Die Entscheidungsprozesse im Kollegium der Kommissare konzeptualisiert Crombez gemäß Art. 219 EGV: Da die Gesetzesvorschläge von den Kommissaren formal mit einfacher Mehrheit verabschiedet werden, bestimme der Median-Kommissar den Inhalt des Kommissionsvorschlags (Crombez 1997: 67). Gleichzeitig räumt Crombez dem Kommissionspräsidenten, der einstimmig von den Mitgliedstaaten gewählt wurde, uneingeschränkte Macht bei der Auswahl der Kommissare ein. Damit entsprechen in seinem Modell die Präferenzen aller Kommissare, auch die des Median-Kommissars, denen des Kommissionspräsidenten: „To be nominated the Commissioners need to be accepted by the already nominated Commission President. I assume that the Commission President can nominate a Commissioner himself, if he rejects a proposed Commissioner. [...] The countries propose Commissioners with ideal policies equal to their own ideal policies, unless such Commissioners lead to a Commission with an ideal policy different from the Commission President's. In that case they propose Commissioners with an ideal policies equal to the Commission President's ideal policy" (Crombez 1997: 79-80). Zu einer Einschätzung, die dem Präsidialszenario sehr stark gleicht, kommt auch George Ross in seiner Studie zur Delors-Kommission. Anders als Crombez, führt Ross den Einfluss Delors jedoch auf dessen und seiner Mitarbeiter intellektuelle Überlegenheit zurück (Ross 1995). Ross' Einschätzung Studie ist somit nicht geeignet, generelle Aussagen über den Einfluss der Kommissionspräsidenten in Entscheidungsprozessen der Europäischen Kommission zu machen.

31 In Crombez' Konzeptionalisierung des Präsidialszenarios legen die Kommissare ausschließlich Vorschläge vor, die den Policy-Präferenzen des Kommissionspräsidenten entsprechen (siehe Fußnote 30).

onspräsidenten darüber hinaus gestärkt, da er bei der Organisation der Kollegiumssitzungen eine zentrale Rolle einnimmt. Er könnte sich somit weigern, einen Vorschlag, der für ihn eine Verschlechterung gegenüber dem Status Quo darstellt, überhaupt erst zur Behandlung im Kollegium der Kommissare zuzulassen. Die vom
Kommissionspräsidenten akzeptierten und in die Kollegiumssitzung eingebrachten
Vorschläge würden schließlich ohne inhaltliche Prüfung von den Kommissaren angenommen.

Schließlich bleibt noch das *Bürokratieszenario* (vgl. Laver und Shepsle 1994: 5-
6). Agendasetzer in Entscheidungen der Europäischen Kommission ist in diesem
Szenario die federführende Generaldirektion beziehungsweise die in den Generaldi-
rektionen zuständigen Kommissionsbeamten. Die politisch Verantwortlichen in der
Kommission haben im Bürokratieszenario keine Vetomacht, um die Vorlagen der
Beamten zu blockieren. Kollektive Entscheidungen der Kommissare spielen deshalb
ebenfalls keine Rolle. Vom Ressort- und Präsidialszenario unterscheidet sich das
Bürokratieszenario dahingehend, dass weder der federführende Kommissar noch der
Kommissionspräsident oder die anderen Kommissare Einfluss auf den Inhalt der
Vorlagen und Entscheidungen haben, die die Europäische Kommission verlassen.
Die Agendasetzungsmacht der Generaldirektionen könnte außerdem durch Informa-
tionsasymmetrien begründet sein, die zugunsten der bürokratischen Einheiten der
Kommission gegenüber den Kommissaren bestehen. Sind die Kommissare nicht in
der Lage, diese Informationsasymmetrien zu reduzieren, können sie den Inhalt der
Gesetzesvorlagen und deren politische Konsequenzen nicht beurteilen. Die Folge
hiervon wäre, dass die Kommissare und der Kommissionspräsident keine inhaltlichen Korrekturen an den Vorschlägen der Generaldirektionen vornehmen können
(Niskanen 1971). Ein weiterer Mechanismus, der innerhalb der Kommission zu bürokratischer Herrschaft führen könnte, ist, dass die Kommissare kein Interesse am
Inhalt der Vorschläge haben, die in den bürokratischen Einheiten der Kommission
erarbeitet wurden. Statt zu arbeiten könnten sie ihre Freizeit genießen (Brehm und
Gates 1997).[32]

In allen Szenarien außer dem Bürokratieszenario ist der federführende Kommissar Agendasetzer bei Entscheidungen der Kommission in seinem politischen Verantwortungsbereich. Aus der Perspektive der Prinzipal-Agenten Theorie kann der
federführende Kommissar als Agent und das Kollegium der Kommissare als kollek-

---

32 Implizit liegt das Bürokratieszenario den Arbeiten von Liesbet Hooghe zugrunde. Sie befragte
leitende Beamte der Generaldirektionen nach ihren politischen Einstellungen und schloss aus
deren Antworten auf die Politikpräferenzen der Europäischen Kommission (1999a, b, 2005).
Allerdings geht Hooghe in ihren Arbeiten nicht auf die Entscheidungsprozesse in der Kommission ein, weshalb der Mechanismus unklar bleibt, durch den sich die Präferenzen der Beamten
dauerhaft gegen die der Kommissare durchsetzen. Hooghes empirische Ergebnisse zeigen, dass
die Beamten in der Kommission sehr heterogene Politikpräferenzen haben, die Hooghe vor allem auf die nationale politische und berufliche Sozialisierung der Beamten zurückführt. Damit
stellt sich die Frage, welche Beamten sich im Rahmen der bürokratischen Herrschaft in der
Kommission durchsetzen.

tiver Prinzipal betrachtet werden (vgl. Andeweg 2000). Die Konsequenzen der daraus eventuell resultierenden Informationsasymmetrien wurden sowohl im Ressortszenario als auch im Bürokratieszenario diskutiert: Die Kommissare und der Kommissionspräsident könnten nicht aufgrund mangelnder Motivation, sondern aufgrund unzureichender Informationen nicht in der Lage sein, die Vorschläge des federführenden Kommissars inhaltlich zu prüfen und gegebenenfalls zu verändern. Damit die Kommissare deshalb, wie im Präsidial- und Kollegiumsszenario konzeptualisiert, Einfluss auf die Vorlagen der federführenden Kommissare, oder, im Falle des Bürokratieszenarios, der federführenden Generaldirektion nehmen können, müssen sie über ausreichend Informationen über die politischen Entwicklungen in der Kommission verfügen. Auf der Grundlage dieser Informationen können sie dann entscheiden, ob sie Maßnahmen ergreifen, die darauf abzielen, die Vorlagen anderer Kommissare zu beeinflussen (Lupia und McCubbins 1998).

Bei der Versorgung der Kommissare mit einschlägigen Informationen kommt Interessengruppen, Europaabgeordneten oder auch Mitgliedern der mitgliedstaatlichen Regierungen eine bedeutende Funktion zu. Schlagen diese Akteure „(Feuer)-Alarm" (McCubbins und Schwartz 1984), dann können deren Informationen die Entscheidungsgrundlage der Kommissare für ihr weiteres Handeln im internen Entscheidungsprozess bilden. Durch den Feueralarm der Interessengruppen haben die Kommissare die Möglichkeit, die für sie aus der Ressourcenbegrenzung der Kommission entstehenden Handlungsbeschränkungen insofern zu überwinden, als dass sie zunächst keine eigenen, pro-aktiven Anstrengungen zur Informationsgewinnung unternehmen müssen. Voraussetzung dafür, dass die Kommissare vom Feueralarm der Interessengruppen profitieren können ist, dass diese bereits in dieser frühen Phase des EU-Politikzyklus Lobbying gegenüber der Europäischen Kommission betreiben. Auf der Grundlage der Informationen der Interessengruppen können die Kommissare in Rücksprache mit ihrer eigenen mitgliedstaatlichen Regierung (vgl. Kapitel 3.3.), ihre Position für die politischen Auseinandersetzungen im Entscheidungsprozess der Europäischen Kommission formulieren.

Neben der Reaktion auf den Feueralarm von Interessengruppen können die Kommissare zur Reduzierung bestehender Informationsasymmetrien eigene Anstrengungen unternehmen, um sich sowohl über die Arbeit ihrer Kollegen als auch über die Arbeit der Beamten in ihrer Generaldirektion zu informieren (McCubbins und Schwartz 1984).[33] Von erheblicher Bedeutung für die aktive Informationsaneignung ist, ob den Kommissaren hierfür ausreichend Ressourcen zur Verfügung stehen. Entscheidend sollte hierbei vor allem die Möglichkeit eines Kommissars sein, auf eigenes Personal zurückzugreifen, das für ihn die politischen Entwicklungen innerhalb der Kommission sondiert. Ist diese Möglichkeit gegeben und wird sie zur Sondierung der politischen Entwicklungen in der Kommission genutzt, dann reduziert der Kommissar die Existenzwahrscheinlichkeit und das Ausmaß von Informa-

---

33 McCubbins und Schwartz bezeichnen diese Form der gegenseitigen Überwachung als „Polizeipatrouille" (1984).

tionsasymmetrien erheblich – und damit auch die Gefahr, aufgrund mangelnder Informationen nicht in der Lage zu sein, Einflussversuche auf die Vorlagen anderer Kommissare zu unternehmen.

Schließlich werden die relativen Kosten der Sondierung und der Intervention in die politischen Entwicklungen innerhalb der Kommission durch den Grad der formalen Institutionalisierung interner Entscheidungsprozesse beeinflusst (McCubbins et al. 1987, Lupia und McCubbins, 1998). In einem stark formal institutionalisierten Entscheidungsumfeld können die Kommissare, um einschlägige Informationen zu erhalten, ihren Aufwand gezielter betreiben als in nicht, oder gering institutionalisierten Entscheidungskontexten. Zudem kann über die Ausgestaltung der institutionellen Entscheidungsregeln die Informationsweitergabe der federführenden Kommissare zur Voraussetzung für die Annahme einer Vorlage gemacht werden. Berichts- und Registrierungspflichten erhöhen die Transparenz intra-institutioneller Entscheidungsverfahren und erleichtern die Informationsaneignung der Akteure. Die institutionelle Ausgestaltung der Regeln, nach denen eine Vorlage in der Kommission verabschiedet werden muss, entscheidet schließlich sowohl über Möglichkeiten als auch über die Aussichten auf erfolgreiche Einflussnahme, die ein Kommissar bei gegebenem Informationsniveau, beziehungsweise die der federführende Kommissar hat, um seinen Vorschlag unverändert durchzubekommen.

Das einfache in Grafik 2 dargestellte, eindimensionale räumliche Modell "operationalisiert" die weiter oben in Form der verschiedenen Entscheidungsszenarien diskutierten Konzeptionalisierungen von Entscheidungsprozessen in der Europäischen Kommission unter Rückgriff auf die analytischen Werkzeuge der Vetospieler-Theorie, um zu konkreten Vorhersagen über die relative Macht des federführenden Kommissars und der übrigen Kommissare in den jeweiligen Szenarien zu kommen.[34] Die Annahmen räumlicher Modelle sind, dass Akteure vollständige Informationen über ihre eigenen Präferenzen sowie die der anderen am Entscheidungsprozess beteiligten Akteure besitzen. Anders ausgedrückt, sie wissen genau, was sie selbst und was die anderen Akteure wollen. Weiterhin wird angenommen, dass die Akteure gemäß ihrer (Policy-) Präferenzen agieren. Das Abstimmungsverhalten der Akteure wird ausschließlich durch ihre Positionierung zu dem jeweils zur Abstimmung stehenden Vorschlag bestimmt. Andere, parallel verhandelte Gegenstände spielen keine Rolle und Akteure stimmen allen Vorschlägen zu, die sie besser, oder

---

34 Die Modellierung der Entscheidungen im Kollegium der Kommissare im Rahmen eines eindimensionalen Modells erlaubt es, die analytischen Implikationen der verschiedenen Modelle auf eine heuristisch überschaubare Art und Weise zu vergleichen. Einschränkend muss jedoch gesagt werden, dass sich die Ergebnisse einer Modellierung mit zusätzlichen Dimensionen von den hier gewonnen Einschätzungen unterscheiden können. Die Annahme der Eindimensionalität kann in der hier vorgenommenen Anwendung empirisch dadurch plausibilisiert werden, dass die Kommissare im Falle einer Abstimmung jeweils über die Annahme des Vorschlags des federführenden Kommissars abstimmen, ohne an diesem noch Änderungen vornehmen zu dürfen (Geschäftsordnung der Kommission, Art. 8; vgl. auch Kapitel 5.1) (vgl. Hinich und Munger 1997: 21-51).

zumindest nicht schlechter stellen als der zum Zeitpunkt der Einbringung des Vorschlags geltende Zustand, der Status Quo (SQ). Der relative Nutzen eines Akteurs bemisst sich an der Distanz zwischen dem Idealpunkt des jeweiligen Akteurs und dem SQ. Ein Akteur wird dabei jeder Veränderung zustimmen, die die Distanz zwischen dem Idealpunkt des Akteurs und der zu verabschiedenden Politik verkürzt, oder zumindest nicht verlängert und ihm somit einen Nutzengewinn einbringt.[35]

Mit der Explizierung der Annahmen ist klar, dass die aus der Darstellung abgeleiteten Schlussfolgerungen in erster Linie von der in dem Modell angenommenen Positionierung der Akteure abhängen. Diese Präferenzkonstellation wurde gewählt, um die Konsequenzen einer relativ extremen Positionierung des federführenden Kommissars (AS) zu verdeutlichen. Damit wird nicht der Anspruch erhoben, dass diese Präferenzkonstellation die empirisch häufigste ist, da, wie in Kapitel 5.2. gezeigt werden wird, ein erheblicher Anteil der Entscheidungen der Kommissare unkontrovers sind. Zur Analyse solcher Entscheidungen bedarf es gleichzeitig jedoch keiner analytischen Szenarien. Um zu verdeutlichen, dass die Annahme bezüglich der Präferenzen der entscheidenden Akteure einen erheblichen Einfluss auf die Ergebnisse des analytischen Modells haben, soll folgendes Beispiel dienen: Behält man die Positionierung der Kommissare aus Grafik 2 bei, nähme jedoch gleichzeitig an, dass die Position des federführenden Kommissars der Position K4 entspricht, so folgt daraus, dass der federführende Kommissar im kompetitiven Kollegiumsszenario bei Annahme von SQ_{Kern} und im kompetitiven Kollegiumsszenario bei Annahme von SQ_{Zusatz} ohne Einschränkung seine Idealposition realisieren könnte. Würde K4 als Agendasetzer angenommen, würden die von diesem Kommissar federführend vorbereiteten Entscheidungen gleichzeitig inhaltlich jedoch in einem geringeren Maße vom SQ abweichen.

In dem in Grafik 2 dargestellten Modell ist die Lage des SQ in Abhängigkeit vom jeweiligen Politikfeld, dem eine Entscheidung zuzurechnen ist, konzeptualisiert: Die Grundüberlegung hierbei ist, dass der ökonomische Kernbereich der europäischen Integration über einen relativ hohen Integrationsgrad verfügt (vgl. Kapitel 2.1.). Im Umkehrschluss bedeutet dies, dass die aufgrund neuer EG-Gesetze in diesem Bereich zu erwartenden Anpassungskosten relativ gering sind. Anders in den Politikfeldern, die im Laufe der Zeit zur Ergänzung des ökonomischen Kerns der EG hinzukamen. In diesen Politikfeldern ist der Integrationsgrad noch relativ gering und folglich sind die durch ein EG-Gesetz in diesem Bereich von den mitgliedstaatlichen Regierungen zu erwartenden Anpassungskosten relativ hoch.[36] Wie in der folgenden

---

35 Man spricht hier von euklidischen Präferenzen. Darüber hinaus wird angenommen, dass allein die Distanz, nicht aber die Richtung der Veränderung für den jeweiligen Akteur entscheidungsrelevant ist. Außerdem wird in räumlichen Modellen für gewöhnlich angenommen, dass die Transaktionskosten einer Entscheidung vernachlässigbar sind und somit bei der Modellierung nicht berücksichtigt werden müssen (vgl. zu räumlichen Modellen Hinich und Munger 1997).

36 Eine ausführlichere Diskussion der Kernpolitikfelder und der zusätzlichen Politikfelder folgt weiter unten bei der Herleitung von Hypothese 11 auf Seite 78.

Diskussion deutlich wird variiert die Möglichkeit des federführenden Kommissars, das Ergebnis einer Entscheidung im Kollegium der Kommissare nach seinen Präferenzen zu gestalten, erheblich mit der jeweils angenommenen Lage des SQ.

Um die Darstellung des räumlichen Modells in Grafik 2 zu vereinfachen, umfasst das Modell sieben Kommissare. Für die erfolgreiche Annahme von Entscheidungen mit absoluter Mehrheit (vgl. kompetitives Kollegiumsszenario) ist im Modell die Zustimmung von vier Kommissaren notwendig. Federführender Kommissar und damit Agendasetzer (AS) ist Kommissar K7. Als Kommissionspräsident wird der Median-Kommissar K4 angenommen (vgl. Kapitel 5.1.). Neben den Präferenzen der Kommissare variieren zwei weitere Faktoren: Zum einen wird gemäß der weiter oben skizzierten Kollegiumsszenarien einmal von einstimmigen (EEIN) und einmal von absolut mehrheitlichen (EMEH) Abstimmungen ausgegangen. Wie bereits im vorangegangenen Absatz ausgeführt wurde variiert die Lage des SQ je nachdem, ob eine Entscheidung dem Kernbereich der Integration ($_{Kern}$) oder den im Laufe der Zeit hinzugekommenen zusätzlichen Politikfeldern ($_{Zusatz}$) zuzurechnen ist.

Grafik 2: Räumliches Modell des Entscheidens im Kollegium der Kommissare

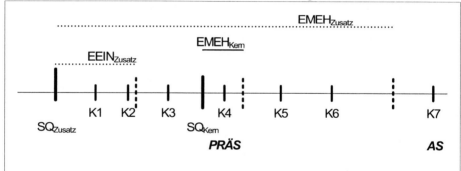

SQ_{Kern}	= Entscheidung mit Status Quo eines Kernpolitikfeldes
SQ_{Zusatz}	= Entscheidung mit Status Quo eines zusätzlichen Politikfeldes
K1 – K7	= Kommissare
K4/PRÄS	= Kommissionspräsident
K7/AS	= federführender Kommissar, Agendasetzer
$EMEH_{Zusatz}$	= Entscheidungsspielraum des Agendasetzers bei Mehrheitsregel und SQ_{Zusatz}
$EMEH_{Kern}$	= Entscheidungsspielraum des Agendasetzers bei Mehrheitsregel und SQ_{Kern}
$EEIN_{Zusatz}$	= Entscheidungsspielraum des Agendasetzers bei Einstimmigkeitsregel SQ_{Zusatz}

Mit Blick auf die weiter oben vorgestellten Entscheidungsszenarien erlaubt das räumliche Modell folgende Aussagen: Im Ressortszenario kann der Agendasetzer, unabhängig von seiner Lage relativ zu den anderen Kommissaren und zum SQ, immer den von ihm am meisten präferierten Vorschlag realisieren. Im kompetitiven Kollegiumsszenario, das heißt bei Geltung der absoluten Mehrheitsregel und unter der Annahme, dass ein Vorschlag aus einem Politikfeld mit geringem Grad der Vergemeinschaftung in den internen Entscheidungsprozess eingebracht wird (SQ_{Zusatz}), besitzt der federführende Kommissar (AS) weitgehende Entscheidungsfreiheit bei der Festlegung des Inhalts einer Vorlage. In Grafik 2 wird dies durch die Länge der gestrichelten Linie $EMEH_{Zusatz}$ veranschaulicht. Das Ergebnis in dieser Konstellation liegt relativ nahe am Idealpunkt des AS. Bei Geltung des konsensuellen Kollegiumsszenarios, also unter der Annahme einstimmigen Entscheidens der Kommissare, und bei Behandlung einer Vorlage aus einem zusätzlichen Politikfeld (SQ_{Zusatz}) verringert sich die Entscheidungsfreiheit des federführenden Kommissars (AS) entsprechend: Für seinen Vorschlag muss der federführende Kommissar in diesem Szenario auch die Zustimmung von K1 gewinnen. K1 ist jedoch lediglich bereit, einem Vorschlag zuzustimmen, der ihn nicht schlechter stellt als der aktuell bestehende SQ_{Zusatz}. Der federführende Kommissar wird seinen Vorschlag deshalb an der gestrichelten Linie rechts von K2 platzieren. Das Ergebnis einer Entscheidung bei einer Vorlage, die nicht dem Kern der europäischen Integration zuzurechnen ist und im Rahmen des konsensuellen Kollegiumsszenarios entschieden wird, entspricht somit dem durch die gepunktete Linie gekennzeichneten Endpunkt der Linie $EEIN_{Zusatz}$. Den im kollegialen Kollegiumszenario gegenüber dem kompetitiven Kollegiumszenario reduzierten Handlungsspielraum des Agendasetzers, bei jeweiliger Annahme von SQ_{Zusatz}, verdeutlicht die gegenüber der gepunkteten Linie $EMEH_{Zusatz}$ reduzierte Länge der gepunkteten Linie $EEIN_{Zusatz}$.

Keinen inhaltlichen Gestaltungsspielraum besitzt ein federführender Kommissar (AS) im konsensuellen Kollegiumsszenario bei der Vorlage eines Vorschlags aus dem Kernbereich der europäischen Integration (SQ_{Kern}). Die Kommissare K1-K3, die auf der anderen Seite des SQ_{Kern} liegen, werden keiner Veränderung in Richtung K7 zustimmen. Da im konsensuellen Kollegiumsszenario die Zustimmung aller Kommissare erforderlich ist, werden in dieser Konstellation keine Entscheidungen getroffen und der SQ bleibt erhalten solange die Präferenzen der Kommissare entsprechend divergieren. Die zweitgeringste Entscheidungsfreiheit bei der Festlegung des Inhalts seiner Vorlage besitzt ein federführender Kommissar (AS) im kompetitiven Kollegiumsszenario, wenn er eine Vorlage aus einem dem Kernbereich der europäischen Integration zuzurechnenden Politikfeld (SQ_{Kern}) in den internen Entscheidungsprozess einbringt. Hier muss er die Zustimmung von Kommissar K4 zu seinem Vorschlag sicherstellen. Dieser ist nur bereit einer Veränderung zuzustimmen, die ihn besser stellt als SQ_{Kern}. Der federführende Kommissar wird deshalb den Vorschlag unterbreiten, der am nächsten an seiner Position liegt und von K4 noch angenommen wird. Im räumlichen Modell (Grafik 2) entspricht das Ergebnis der gestrichelten Marke am Ende der Linie $EMEH_{Kern}$.

Im Präsidialszenario teilt sich der federführende Kommissar die Agendasetzungsmacht mit dem Kommissionspräsidenten. Letzterer kann somit stets Änderungen an dem den anderen Kommissaren zur Abstimmung vorzulegenden Vorschlagstext vornehmen, um diesen näher an seine Idealposition zu bringen. De facto liegt die Agendasetzungsmacht damit beim Kommissionspräsidenten. In dem in Grafik 2 dargestellten Modell entspricht das Ergebnis des Entscheidungsprozesses in der Kommission sowohl bei Mehrheitsentscheidungen in Kernpolitikfeldern als auch in den zusätzlichen Politikfeldern der Idealposition des Kommissionspräsidenten (K4). Bei einstimmigen Entscheidungen in zusätzlichen Politikfeldern (SQ_{Zusatz}) – und unter Annahme der in Grafik 2 dargestellten Präferenzkonstellation – kann der Kommissionspräsident seine Idealposition nicht realisieren, da er einen Vorschlag unterbreiten muss, dem auch der "konservativste" Kommissar, K1, zustimmt.

Der Vergleich der variierenden inhaltlichen Gestaltungsfreiheit des federführenden Kommissars durch die Nutzung seiner Agendasetzungsmacht bei der inhaltlichen Formulierung seiner Entscheidungsvorlage für die anderen Kommissare anhand des räumlichen Modells (Grafik 2) zeigt, dass der federführende Kommissar K7 in den zusätzlichen Politikfeldern, das heißt bei SQ_{Zusatz}, über den größten Gestaltungsspielraum verfügt. Hier können Entscheidungen in der Kommission die weitestgehenden Veränderungen gegenüber dem bis dato geltenden Status Quo bewirken. Für die mitgliedstaatlichen Regierungen bedeutet dies, dass bei diesen Entscheidungen die höchste Unsicherheit bezüglich des genauen Inhalts der Neugestaltung des jeweiligen Gegenstandbereiches und der damit verbundenen materiellen und eventuell politischen Kosten bestehen. Neben dem relativen Einfluss des federführenden Kommissars (AS), der in allen Szenarien außer dem Bürokratieszenario als Agendasetzer konzeptualisiert ist, illustriert das räumliche Modell somit die in Kapitel 3.3. formulierte Logik der defensiven und offensiven Delegationslogik anhand von Entscheidungsprozessen in der Europäischen Kommission. Wenn sich im Laufe der Zeit SQ_{Zusatz} stärker in Richtung SQ_{Kern} bewegt und die Position der Kommissare als konstant angenommen wird, verringert sich entsprechend der Gestaltungsspielraum des federführenden Kommissars.

Aufgrund der bereits oben angesprochenen Ressourcenbegrenzung und der daraus resultierenden Arbeitsbelastung für die Kommissare ist davon auszugehen, dass diese kein generelles Interesse daran haben, Entscheidungen kollektiv zu treffen. Vielmehr ist zu erwarten, dass die Kommissare das Kollegiumsszenario selektiv anwenden, wenn die prozeduralen Regeln ihnen eine solche selektive Anwendung erlauben. Folglich sollten Kommissare nur dann ein Interesse daran haben, Entscheidungen kollektiv zu treffen, wenn sie Einfluss auf eine bestimmte Entscheidung nehmen möchten.[37] Um Aussagen über diejenigen Entscheidungen treffen zu können, bei

---

37 Über die Annahme, dass Kommissare vor allem ein Interesse daran haben, möglichst viel freie Zeit zu haben (vgl. „leisure shirking", Kapitel 3.2), kommt man ebenfalls zu dem Ergebnis, dass Kommissare wenig Anreize haben, Entscheidungen im Kollegiumsszenario zu entscheiden.

denen Kommissare ein Interesse an kollektiven Entscheidungen haben sollten, wird hier die theoretische Brücke zu den Selektionsmotiven der mitgliedstaatlichen Regierungen bei der Auswahl ihrer Kommissare geschlagen. In Kapitel 3.3. wurde argumentiert, dass die mitgliedstaatlichen Regierungen Kommissare auswählen und nominieren, die ihre Präferenzen teilen und denen sie aufgrund vorangegangener Erfahrungen in der politischen Arena vertrauen. Dieser Auswahl- und Nominierungsstrategie der mitgliedstaatlichen Regierungen wurden zwei theoretische Motive zugrunde gelegt: In Fällen in denen es politisch und ökonomisch opportun erscheint, versuchen mitgliedstaatliche Regierungen ihre nationalen Regulierungen über europäische Regulierungen für alle anderen Mitgliedstaaten EU-weit allgemeinverbindlich zu machen (Holzinger und Knill 2005: 782, 789-790). Dieses Selektionsmotiv wurde als *offensive Strategie* bezeichnet. Gleichzeitig versuchen die mitgliedstaatlichen Regierungen im Rahmen einer *defensiven Strategie* die Verabschiedung solcher Vorlagen in der Europäischen Kommission zu Gunsten ihrer jeweiligen Regierung zu beeinflussen, die ihnen hohe politische, ökonomische und administrative Anpassungskosten verursachen (vgl. Kapitel 3.3., S. 56-57).

Hohe Anpassungskosten der mitgliedstaatlichen Regierungen sowie ein relativ großer Gestaltungsspielraum bei der EU-weiten Durchsetzung nationaler Regulierungen durch europäisches Recht sind vor allem in denjenigen Politikbereichen zu erwarten, die relativ spät vergemeinschaftet wurden und die nicht zum ursprünglichen Kernbereich des europäischen Integrationsprojekts, dem Abbau von Handelshemmnissen durch die Schaffung einer europäischen Zollunion und dem europäischen Binnenmarkt, gehören (vgl. Kapitel 2.1.). In den relativ spät vergemeinschafteten Politikbereichen ist, im Vergleich zu Politikfeldern, die bereits mit der Gründung der europäischen Wirtschaftsgemeinschaft vergemeinschaftet wurden, der Grad europäischer Harmonisierung relativ gering – und der Gestaltungsspielraum damit relativ groß. Dies lässt sich nicht zuletzt an der regulatorischen "Dichte" in den jeweiligen Politikbereichen festmachen: Im Bereich Binnenmarkt und Industrie, der Zollpolitik, der Handelspolitik und der gemeinsamen Wettbewerbspolitik gelten eine Vielzahl europäischer Regulierungen. 37,4 Prozent aller zwischen 1952 und 1998 getroffenen EG- und EU-Entscheidungen sind diesen Politikbereichen zuzurechnen (Maurer 2002: 141). Im Vergleich dazu ist die regulatorische Dichte in den Bereichen Umwelt, Gesundheit und Verbraucherschutz, Energie und Transport, Justiz und Inneres sowie Beschäftigung und Soziales mit einem Anteil von lediglich 5,4 Prozent an allen Entscheidungen in diesem Zeitraum verabschiedeten EG-Gesetzen relativ gering (ebd.: 141).[38]

---

38 Insgesamt wurden im Zeitraum zwischen 1952 und 1998 52799 EG- und EU-Entscheidungen verabschiedet (Maurer 2002: 141). Allein 23019, 43,6 Prozent, der EG-Entscheidungen in diesem Zeitraum sind dem Bereich Landwirtschaft zuzurechnen. Es muss hinzugefügt werden, dass diese Zahlen eine suboptimale Messung des Harmonisierungsgrades darstellen, da es

Sowohl bei Zugrundelegen des offensiven als auch des defensiven Selektionsmotivs, haben die Kommissare größere Anreize ihre Aktivitäten in den Bereichen gegenseitig zu kontrollieren, die nicht zum Kernbereich der europäischen Integration, dem europäischen Binnenmarkt, zählen. Gleichzeitig ist davon auszugehen, dass zum einen die Kosten unterschiedlicher Entscheidungen innerhalb eines Politikfeldes variieren und zum anderen, dass einzelne Entscheidungen aus dem Kernbereich der europäischen Integration ebenfalls erhebliche Anpassungskosten verursachen können. Außerdem ist zu erwarten, dass es Entscheidungen außerhalb des Kernbereichs gibt, die den mitgliedstaatlichen Regierungen keine oder nur sehr geringe Anpassungskosten versuchen und somit zu keinen Auseinandersetzungen innerhalb der Kommission führen sollten. Als generelles Muster ist jedoch zu erwarten, dass Kommissare bei Entscheidungen aus einem Politikfeld, das nicht zum Kernbereich der Europäischen Integration zu zählen ist, einen stärkeren Anreiz zur gegenseitigen Kontrolle haben und somit stärker dazu neigen, diese Entscheidungen kollektiv zu verabschieden.

Mit der Argumentation zur Wirkung des materiellen Regelungsgehalts einer Entscheidung auf die Auseinandersetzungen in der Kommission wird nicht der Anspruch erhoben, dass der hier postulierte Zusammenhang für alle Vorlagen eines Politikfeldes gilt. Vielmehr liegt dem hier gewählten Vorgehen die Erwartung zugrunde, dass die Logik des theoretisch postulierten Effekts bezüglich der Kontrollanreize der Kommissare trotz der möglichen und im vorangegangenen Absatz angesprochenen Ausnahmen empirische Geltung beanspruchen kann – und somit im Rahmen der in Kapitel 5.3. vorgenommenen quantitativen empirischen Analyse, deren Ergebnisse durch einzelne Ausnahmen weniger stark beeinflusst werden, beobachtet werden kann.

Heiner Schulz und Thomas König argumentieren, dass die mitgliedstaatlichen Regierungen bezüglich der Realisierung des Europäischen Binnenmarktes relativ homogene Präferenzen besitzen (2000: 658) während dies für andere Politikfelder, die nicht zum Kernbereich der europäischen Integration zählten, nicht gelte. Die Einschätzung von Schulz und König deckt sich mit den später von Liesbet Hooghe und ihren Koautoren berichteten Ergebnissen (2002; vgl. auch Kapitel 2.3.). In letzter Konsequenz führt das Argument der beiden Autoren bezüglich der Präferenzhomogenität der mitgliedstaatlichen Regierungen im Kernbereich der europäischen Integration zu denselben Schlussfolgerungen bezüglich der kommissionsinternen Auseinandersetzungen. Das in Kapitel 3.3. und den vorangegangenen Absätzen entwickelte "strukturelle" Argument stellt jedoch insofern eine Verbesserung gegenüber

---

nicht unplausibel erscheint, dass in unterschiedlichen Politikfeldern unterschiedlich viele Entscheidungen notwendig sind, um denselben Harmonisierungsgrad herzustellen und dass darüber hinaus die Qualität einzelner Entscheidungen eine entscheidende Rolle spielt. Unter Berücksichtigung dieser Einschränkung, und mangels alternativer Operationalisierungen und empirischer Informationen, können die in diesem Abschnitt präsentierten Werte als Annäherung an den relativen Harmonisierungsgrad interpretiert werden.

der Argumentation von Schulz und König (2000) dar, da mit der dort vorgenommenen Konzeptionalisierung die Gründe für die zu erwartende An- beziehungsweise Abwesenheit von Konflikten systematisch theoretisch begründet wurde. Aus der hier vorgenommenen Argumentation ergibt sich folgende Hypothese für den Zusammenhang zwischen dem Politikinhalt einer Gesetzesvorlage und dem Entscheidungsszenario, das von den Kommissaren zur Verabschiedung einer Vorlage angewendet wird:

Hypothese 11: Entscheidungen in Politikfeldern, in denen der (EG) Policy Status Quo niedrig ist, weisen eine höhere Wahrscheinlichkeit auf, im Rahmen des Kollegiumsszenarios entschieden zu werden, als Entscheidungen in Politikfeldern mit einem relativ hohen (EG) Policy Status Quo.

Der Politikbereich, dem eine Entscheidung zugerechnet werden kann, bildet den strukturellen Kontext, der einen Einfluss darauf hat, welchen relativen Gestaltungsspielraum die Akteure der EG-Gesetzgebung durch europäische Gesetze in einem bestimmten Politikbereich besitzen. Neben diesem strukturellen Faktor gibt es jedoch auch individuelle Faktoren, die einen Einfluss auf die Gestaltungsfreiheit eines Kommissars bei der Formulierung einer Vorlage haben und, verbunden damit, auf die potenziellen Kosten, die eine Entscheidung In der Folge auf nationaler Ebene bewirkt. Die jeweilige Rechtsgrundlage, auf deren Grundlage die jeweilige Gesetzesvorlage formuliert wird, ist diesbezüglich ein maßgeblicher Faktor. Die Rechtsgrundlage hat einen erheblichen Einfluss darauf, welchen Spielraum der jeweils federführende Kommissar bei der inhaltlichen Gestaltung einer Gesetzesvorlage hat. Zu unterscheiden sind hier primärrechtliche und sekundärrechtliche Rechtsgrundlagen. Das Primärrecht bezeichnet die ursprünglichen EU- und EG-Verträge. Sekundärrecht hingegen ist das Recht, das auf primärrechtlicher Vertragsgrundlage formuliert wurde.

Dem federführenden Kommissar gewährt eine primärrechtliche Rechtsgrundlage aufgrund ihrer inhaltlichen Unbestimmtheit einen relativ hohen Interpretations- und damit Gestaltungsspielraum, wohingegen sekundärrechtliche Rechtsgrundlagen den Gestaltungsspielraum eines Kommissars erheblich einschränken. Dass sekundärrechtliche Bestimmungen den inhaltlichen Gestaltungsspielraum eines Kommissars einschränken liegt in der Tatsache begründet, dass diese eine institutionelle Konkretisierung einer primärrechtlichen Bestimmung darstellen und dem federführenden Kommissar bei der Formulierung seines Vorschlags weniger Interpretationsspielraum lassen. Dieser Zusammenhang wird auch in Arbeiten zur Kontrolle von Bürokratien diskutiert. In diesen wird die von den politisch Verantwortlichen zu bestimmende Rechtsgrundlage bürokratischen Handelns als ein wirksames Instrument der politisch Verantwortlichen konzeptualisiert, um die bürokratische Entscheidungsfreiheit zu beeinflussen (Franchino 2002; Huber und Shipan 2002). Hypothese 12 erfasst den Zusammenhang zwischen der vom federführenden Kommissar gewählten Rechtsgrundlage und der Kontrolle von dessen Vorlage durch die anderen Kommissare in Form der Anwendung des Kollegiumsszenarios:

*Hypothese 12: Entscheidungen auf primärrechtlicher Basis, die dem fe-
derführenden Kommissar einen relativ hohen Gestaltungsspielraum einräumen, haben eine höhere Wahrscheinlichkeit im Kollegiumsszenario
entschieden zu werden als Entscheidungen mit geringem Gestaltungsspielraum.*

Neben der Rechtsgrundlage lässt sich die Entscheidungsfreiheit des federführenden Kommissars bei der Formulierung einer Entscheidungsvorlage zusätzlich dadurch individuell einschränken, dass weitere Kommissare formal an der Formulierung der Vorlage beteiligt werden. Im internen Entscheidungsprozess der Europäischen Kommission ist dabei zwischen der Teilung der Federführungen unter mehreren Kommissaren und der Assoziierung eines oder mehrerer Kommissare zu unterscheiden. Bei beiden Formen der formalen Beteiligung mehrerer Kommissare an der
Formulierung eines Vorschlages handelt es sich um institutionelle Mittel, die darauf
abzielen, früh im Prozess der internen Entscheidungsfindung den Einfluss mehrerer
Kommissare auf die Formulierung von Gesetzesvorlagen in der Kommission zu ge-
währleisten. Nehmen die formal zuständigen Kommissare unterschiedliche inhaltliche Positionen ein, so sorgen die durch den formal institutionalisierten Wettbewerb
zwischen den Kommissaren frei werdenden Informationen dafür, dass die restlichen
Kommissare ihre Interessen aufgrund von Informationsasymmetrien nicht in den
Entscheidungsprozess einbringen können (vgl. Lupia und McCubbins 2000: 301-
302; Strøm 2000: 271). Je nach Positionierung der an der Federführung beteiligten
Kommissare und den restlichen Kommissaren ergibt sich darüber hinaus für letztere
die Möglichkeit, sich der Position eines federführenden Kommissars anzuschließen
und auf diese Weise zu versuchen, das Ergebnis in seinem Sinne zu beeinflussen.
Hinsichtlich der Effektivität der zwei Formen geteilter Verantwortung bei der Formulierung eines Vorschlages ist zu erwarten, dass diese bei der formalen Teilung
der Federführung höher ist als bei Assoziierungen. Das „Commission Manual of
Operating Procedures" (CMOP) legt fest, dass bei Assoziierungen „[t]he agreement
of the associated member is assumed to have been secured by the lead department
before the file is sent to the SG [Generalsekretariat; AW] for initiation of a decision-
making procedure" (CMOP 2004: 28). Bei geteilter Federführung hingegen ist die
Zustimmung aller beteiligten Kommissare notwendig bevor der Gesetzesvorschlag
den anderen Kommissaren zur Abstimmung vorgelegt wird.[39] Während die Zustimmung assoziierter Kommissare nicht zwingend notwendig ist, um das interne Entscheidungsverfahren einzuleiten, garantiert die Tatsache, dass die Zustimmung aller
sich die Federführung teilenden Kommissare explizit vorliegen muss bevor der Entscheidungsprozess fortgeführt werden kann, den „beigeordneten" Kommissaren Einfluss auf den Inhalt der jeweiligen Gesetzesvorlage.

---

39 Die Geltung des Vetorechts aller an der Federführung beteiligten Kommissare bei der Annahme eines Vorschlagstextes, der zur weiteren Behandlung in den internen Entscheidungsprozess
der Europäischen Kommission eingebracht wird, wurde mir im Rahmen einer Email-
Kommunikation mit einer Mitarbeiterin des Generalsekretariats am 25. Juli 2006 bestätigt.

Die Institutionalisierung der gegenseitigen Kontrolle von Kommissaren in Form von Assoziierungen und geteilten Federführungen von Beginn des internen Entscheidungsprozesses an lässt erwarten, dass Vorlagen, bei denen diese Kontrolle vorgenommen wurde, eine geringere Wahrscheinlichkeit haben kollektiv verabschiedet zu werden als Vorlagen, bei denen keine institutionalisierte Kontrolle im Formulierungsprozess stattfand. Dieser Zusammenhang sollte besonders dann gelten, wenn man die Auseinandersetzungen zwischen den Kommissaren als sektorale Konflikte im Interesse der von den Kommissaren jeweils gehaltenen Portfolios konzeptionalisiert (Egeberg 2006). Bei Teilung der Federführung könnten die sektoral interessierten Kommissare bereits im Formulierungsprozess sicherstellen, dass der Vorschlag die Interessen ihrer Generaldirektion berücksichtigt und eine kollektive Behandlung des Vorschlags im Kollegium der Kommissare wäre unnötig. Aus diesen Überlegungen ergeben sich die Hypothesen 13a und 13b.

> *Hypothese 13a: Entscheidungen, bei deren Vorbereitung sich mehrere Kommissare die Federführung teilen, haben eine geringere Wahrscheinlichkeit kollektiv im Kollegiumsszenario entschieden zu werden als Entscheidungen, die ausschließlich von einer Generaldirektion vorbereitet wurden.*

> *Hypothese 13b: Entscheidungen, bei deren Vorbereitung mehrere Generaldirektionen assoziiert sind, haben eine geringere Wahrscheinlichkeit kollektiv im Kollegiumsszenario entschieden zu werden als Entscheidungen, die ausschließlich von einer Generaldirektion vorbereitet wurden.*

Die in dieser Arbeit eingenommene theoretische Perspektive beschränkt die Rolle der Kommissare nicht auf deren Funktion als Wahrer der Interessen ihrer Generaldirektionen. Vielmehr werden die Kommissare als Agenten ihrer nationalen Regierungen betrachtet, die sich zwar aktiv für die Politik ihres Portfolios einsetzen, die jedoch gleichzeitig darauf achten, dass die Kommission keine Entscheidungen trifft, die in ihren jeweiligen Mitgliedstaaten ökonomische, administrative und/oder politische Kosten verursachen (vgl. Kapitel 3.3.). Die internen Entscheidungsregeln der Europäischen Kommission sehen vor, dass eine Teilung der Federführung zwischen verschiedenen Generaldirektionen sowie die Assoziierung von Generaldirektionen in Entscheidungsprozessen in der Kommission dann stattzufinden hat, wenn eine Entscheidung in der Schnittmenge der Zuständigkeiten verschiedener Generaldirektionen und Dienste liegt. Kann ein Kommissar geltend machen, dass er mit seiner Generaldirektion ein „legitimes Interesse" (CMOP 2004: 28) an der Mitwirkung an einer Entscheidung hat, muss er formal in die Formulierung der Entscheidung eingebunden werden. Kommissare, die mit der von ihnen politisch geleiteten Generaldirektion keine fachlichen Gründe für ihre institutionelle Einbindung bei einer Gesetzesvorlage geltend machen können, müssen andere Mittel und Wege finden, um auf den Inhalt der Gesetzesvorlage Einfluss zu nehmen. Diesen Kommissaren bleibt letztlich der Rückgriff auf die Anwendung des Kollegiumsszenarios, um den Inhalt der jeweiligen Gesetzesvorlage zu beeinflussen, da, wie in Kapitel 6.1. diskutiert wird, jeder Kommissar die Abstimmung über einen Gegenstand im Kollegium beantragen kann. Wenn Kommissare in der Tat als Agenten ihrer nationalen Regierungen agieren und in der Kommission Interessen vertreten, die über die ihrer Generaldirektionen hinausgehen, ist der negative Zusammenhang zwischen geteilten Federführungen und Assoziationen einerseits und Auseinandersetzungen im Kollegium der Kommissare andererseits nicht zu erwarten.

4. Das Forschungsdesign

Dieses Kapitel stellt die in den empirischen Analysen der folgenden Kapitel verwendeten Daten und Datenquellen vor. Der quantitative Datensatz zu den Eigenschaften Europäischer Kommissare und der quantitative Datensatz zum prozeduralen Charakter des Entscheidens in der Europäischen Kommission wurden jeweils vom Autor im Rahmen der Forschung zu dieser Arbeit erstellt. Die Vorstellung der Datenquellen und der daraus kodierten Datensätze soll dem Leser neben der Vorstellung des Umfangs der Datensätze auch eine bessere Einschätzung der Qualität der Daten erlauben.

4.1. Der Aufbau der empirischen Untersuchung

In den empirischen Analysen der Kapitel 5, 6 und 7 werden die im Kapitel 3 theoretisch hergeleiteten Hypothesen mit quantitativen und mit qualitativen Analysemethoden untersucht. Die Kombination quantitativer und qualitativer Analysemethoden ermöglicht es, den Defiziten des jeweiligen empirischen Zugangs zu begegnen. Ihre komplementäre Verwendung soll in dieser Arbeit helfen, die Schwächen der quantitativen Analyse bei der Plausibilisierung der Kausalität abzumildern und gleichzeitig die Schwächen der qualitativen Forschung in Form der (Nicht-) Verallgemeinerbarkeit von Einzelfällen zu vermeiden.

Mit den in dieser Arbeit vorgenommenen quantitativen Analysen werden die systematischen empirischen Strukturen im Nominierungsverhalten mitgliedstaatlicher Regierungen und die sich daraus ergebenden Eigenschaften Europäischer Kommissare identifiziert. Außerdem wird die relative Erklärungskraft der Faktoren untersucht, die den prozeduralen Charakter der Entscheidungen der Kommissare der Prodi-Kommission bestimmen. Zweck der quantitativen Analysen ist es, anhand der hierüber identifizierten Regelmäßigkeiten, die in den Kapitel 3.3. und 3.4. theoretisch hergeleiteten Hypothesen auf ihre empirische Stichhaltigkeit hin zu überprüfen. Die Fallstudien ergänzen die quantitativen Analysen, in dem mit den darin herausgearbeiteten Ergebnissen, die theoretisch postulierten Kausalmechanismen einer eingehenden empirischen Überprüfung unterzogen werden. Da Fallstudien eine genauere Analyse der empirischen Qualität des Prozesscharakters der Entscheidungen in der Kommission erlauben, ermöglichen sie, die empirische Plausibilität der theoretisch postulierten Kausalmechanismen eingehender zu überprüfen als es die quantitativen Analysen erlauben. (vgl. George und Bennett 2005; Lieberman 2005).

Im nächsten Unterkapitel wird die jeweilige Datengrundlage der empirischen Analysen der Kapitel fünf bis sieben vorgestellt. Zunächst werden die Rechtstexte und offiziellen Dokumente angeführt, die in den Kapiteln 5.1. und 6.1. zur Darstellung und Analyse des institutionellen Handlungskontextes dienen. Anschließend wird der Datensatz aller zwischen 1958 und 2007 ernannten Europäischen Kommissare vorgestellt. Daran anschließend erfolgt die Vorstellung des Datensatzes, mit dem in Kapitel 6.2. und 6.3. die quantitative Analyse legislativer Entscheidungen der Kommissare der Prodi-Kommission durchgeführt wird. Abschließend werden in Kapitel 4.3. die Quellen aufgeführt, die für die Fallstudienanalysen verwendet wurden.

4.2. Daten und Datenquellen

Institutionelle (Entscheidungs-) Regeln der Europäischen Kommission (Kapitel 5.1. und 6.1.)

Für die empirische Untersuchung dieser Arbeit sind in erster Linie die formal-institutionellen Bestimmungen zu Ernennung der Europäischen Kommission einerseits und die internen Entscheidungsregeln der Europäischen Kommission andererseits einschlägig. Zur Darstellung dieser Regeln werden zunächst die Bestimmungen des EGV herangezogen. Diese finden sich in den Artikeln 211 bis 219 EGV. Für die Darstellung der internen Entscheidungsregeln ist der EGV allerdings nicht ausreichend. Hierfür wurde die Geschäftsordnung der Europäischen Kommission (GO Kommission) genutzt. Darin sind die formalen Entscheidungsverfahren spezifiziert, im Rahmen derer die Kommissare ihre Entscheidungen treffen. Die GO Kommission enthält darüber hinaus Regeln, die prozedurale Details kommissionsinterner Entscheidungen festlegen.

Zur Analyse und Darstellung der formal-institutionellen Regeln interner Entscheidungen wurde darüber hinaus das *Commission Manual of Operating Procedures* (CMOP) verwendet. Dieses erhielt ich in der aktuellen Version aus dem Jahre 2004 auf Anfrage vom Generalsekretariat der Kommission. Das CMOP erläutert und ergänzt die im EGV und der GO der Kommission festegelegten Regeln. Es dient den Mitarbeitern der Kommission dazu, ihre tägliche Arbeit im Einklang mit den formalen Vorgaben durchzuführen, indem deren jeweilige Anwendung ausführlich kommentiert wird. Insgesamt umfasst das CMOP 287 Seiten und gliedert sich in acht Kapitel: „How the Commission's work is organised. The basic regulations", "Decision-making – Interinstitutional Stage", "Monitoring the application of community law", "Implementing powers and management of policies", "Budget", "Legal proceedings", "Relations with the public", "Internal Commission working methods". Für die Analysen des sechsten Kapitels wurde fast ausschließlich auf den ersten Teil des CMOP zurückgegriffen. Unter dem Titel „How the Commission's work is organised. The basic regulations" umfasst dieser 76 Seiten und enthält alle für die formal-institutionelle Organisation von Entscheidungsprozessen in der Europäischen Kommission einschlägigen Informationen. Im Speziellen sind dies Angaben zu den je nach Gegenstand der Entscheidung einschlägigen Registrierungs-, Konsultations-

und Entscheidungsverfahren. Darüber hinaus sind im CMOP unter anderem die für jeweils unterschiedliche Entscheidungsarten (Gesetzesvorlagen, unverbindliche Mitteilungen unterschiedlicher Art, interne Dokumente) zu wählenden institutionelle (Rechts-) Instrumente festgelegt.

Europäische Kommissare zwischen 1958 und 2007 (Kapitel 5.2. und 5.3.)

Der Datensatz einschlägiger Merkmale Europäischer Kommissare basiert auf drei Quellen: Die Gesamtpopulation aller Europäischen Kommissare wurde auf der Grundlage einer Zusammenstellung des historischen Archivs der Europäischen Kommission identifiziert, die alle zwischen 1958 und 2004 in die Kommission ernannten Kommissare umfasst. Die Zusammenstellung des historischen Archivs der Kommission basiert im Wesentlichen auf verschiedenen Ausgaben des „Organigramme C.E.E." und des „Courrier du personell" der Europäischen Kommission. Die Kommissare der aktuell amtierenden Barroso-Kommission wurden über die offizielle Homepage der Europäischen Union identifiziert.[40] Über dieselben Quellen wurde neben den Namen der Kommissare auch deren politische Verantwortlichkeit für die jeweiligen Generaldirektionen und Dienste ermittelt.

Zur Erhebung der biografischen Eigenschaften der Europäischen Kommissare wurde das „Munzinger-Archiv Personen" verwendet. Das Munzinger-Archiv enthält Biografien von mehr als 23000 Personen aus Kultur, Politik, Wirtschaft und Wissenschaft verschiedener Länder. Über das Munzinger-Archiv wurde die Parteizugehörigkeit der Kommissare identifiziert. Darüber hinaus wurden hierüber die von den Kommissaren zuvor ausgeübten Berufe beziehungsweise ihre politischen Ämter erhoben. Informationen hierzu wurden ebenso für die Zeit nach deren Ausscheiden aus der Kommission erhoben. Das Munzinger-Archiv weist hier allerdings erhebliche Lücken auf, weshalb für die Post-Kommissionskarrieren der Kommissare ein erheblicher Anteil fehlender Werte in Kauf genommen werden musste (vgl. Kapitel 5.2.). Der Kodierplan des Kommissarsdatensatzes befindet sich in Anhang 1.

Zur Ermittlung (siehe Anhang 1), der parteilichen Inklusivität Europäischer Kommissare (Variable 7), wurde neben der Parteizugehörigkeit Europäischer Kommissare auch die parteiliche Zusammensetzung der sie jeweils nominierenden Regierungen benötigt. Die parteiliche Zusammensetzung der Regierungen wurde für den Zeitraum 1958 bis 1998 dem von Wolfgang C. Müller und Kaare Strøm herausgegebenen Band entnommen (2003). Dieselben Daten wurden für die Ernennung der Prodi-Kommission 1999 aus den Datenberichten des European Journal of Political Research 2000 und 2001 (Koole und Katz 2000; Koole und Katz 2001) zusammengestellt. Für die anschließend ernannten Kommissare wurde die Parteienzusammensetzung der nominierenden Regierung verschiedenen Ausgaben der Länderberichte der Economist Intelligence Unit entnommen.

---

40 http://ec.europa.eu/commission_barroso/index_de.htm; Zugriff am 18.10.2006 und am 16.11.2007.

Legislative Entscheidungen der Prodi-Kommission (1999-2004) (Kapitel 6.2. und 6.3.)

Die in Kapitel 6.2. und 6.3. analysierten prozeduralen Charakteristika der internen Entscheidungsprozesse der Prodi-Kommission basieren auf zwei Datenquellen: Zur Beschreibung der Inhalte, die von den Kommissaren der Prodi-Kommission während ihrer Amtszeit kollektiv im Kollegium der Kommissare behandelt wurden, wurden alle Tagesordnungen der wöchentlichen Kollegiumssitzungen für den Zeitraum vom 16. September 1999 bis 19. Oktober 2004 von Hand nach einem einheitlichen Kodierschema kodiert (siehe Kodierplan, Anhang 2). Für die Sitzungen des Kollegiums der Kommissare ab Januar 2002 sind diese online auf der Homepage der Europäischen Kommission verfügbar. Die Tagesordnungen für den Zeitraum vom 16. September 1999 bis 18. Dezember 2001 wurden dem Autor auf Anfrage vom Generalsekretariat der Europäischen Kommission zur Verfügung gestellt.

Im September 2004 habe ich semi-strukturierte mündliche Interviews mit sieben Mitarbeitern des Generalsekretariats der Europäischen Kommission durchgeführt (siehe Liste der Interviewpartner, Anhang 3). Die mündlichen Interviews dienten dazu, Fehler bei der Interpretation der prozeduralen Regeln des Entscheidens in der Kommission zu vermeiden. Darüber hinaus wurden die Interviewpartner um Einschätzungen zur Organisation und Qualität des internen und inter-institutionellen Entscheidens gebeten. Darüber hinaus hatten die mündlich befragten Mitarbeiter der Kommission die Möglichkeit, zentrale Aspekte kommissionsinterner Entscheidungsprozesse zu nennen, die vom Verfasser dieser Arbeit nicht thematisiert wurden.

Für die Erstellung des Datensatzes aller legislativen Vorlagen, die von den Kommissaren der Prodi-Kommission angenommen wurden, gilt mein Dank Andreas Warntjen. Er stellte mir elektronisch lesbare Daten zur Verfügung, die es mir erlaubten, die Population aller legislativen Entscheidungen der Prodi-Kommission, die jeweils zuständigen Kommissare, die beigeordneten sowie assoziierten Kommissare und die Rechtsgrundlage der jeweiligen Entscheidung zu identifizieren. Warntjen selbst hat die Daten mit einem hierfür verfassten Computerprogramm aus der Prelex-Datenbank der EU ausgelesen. Die Prelex-Datenbank ist öffentlich über die offizielle Homepage der EU zugänglich.[41]

Als legislative Entscheidung wurden von mir alle Entscheidungen der Prodi-Kommissare gewertet, die sich nicht auf einen Einzelfall – beispielsweise das Handeln eines einzelnen Unternehmens – beziehen, das heißt, die allgemein gültig, und rechtlich bindend sind. Gemäß Artikel 249 EGV sind dies alle Verordnungen und Richtlinien der EU. Insgesamt ergibt sich bei Anwendung dieser Kriterien eine Fallzahl von 1324 legislativen Vorlagen der Prodi-Kommission. Aus den Daten habe ich die Variablen zur Federführung, Beiordnung, Assoziierung sowie zur Rechtsgrund-

---

41 http://ec.europa.eu/prelex/apcnet.cfm?CL=de

lage kodiert (siehe Operationalisierung in Tabelle 6, Kapitel 6.3., S. 159). Die Informationen zur Anzahl der Tage, die zwischen Vorlage eines Vorschlages durch die Kommission und die Annahme derselben durch den Rat – und gegebenenfalls das Europäische Parlament –, die formale Beteiligung des Europäischen Parlaments sowie das jeweils im Rat erforderliche Annahmequorum wurden von mir händisch ebenfalls aus der Prelex-Datenbank erhoben. Die Angaben zur Art des jeweiligen Entscheidungsverfahrens, das bei der Verabschiedung einer Vorlage in der Kommission zur Anwendung kam, wurden zur Reliabilisierung mit den zuvor aus den Tagesordnungen der Kollegiumssitzungen der Kommission gewonnenen Informationen abgeglichen.

Fallstudien legislativer Entscheidungen der Prodi-Kommissare (Kapitel 7.1., 7.2. und 7.3.)

Die Fallstudienanalysen des siebten Kapitels wurden auf der Grundlage zweier verschiedener Quellen durchgeführt: Zum einen wurden hierfür Zeitungsartikel herangezogen, zum anderen offizielle Dokumente der EU. Folgende Zeitungen wurden in die Zeitungsrecherche einbezogen: Die Frankfurter Allgemeine Zeitung (FAZ), die Süddeutsche Zeitung (SZ), die (britische und US-amerikanische Ausgabe der) Financial Times (FT) sowie die britische und die US-amerikanische Ausgabe des Economist. Bei den ersten drei Zeitungen handelt es sich um Tageszeitungen. Der Economist ist eine Wochenzeitung. FAZ und SZ wurden als überregionale deutsche Zeitungen ausgewählt, um die Berichterstattung zur deutschen Europapolitik abzudecken. Gleichzeitig verfügen der Politik- und Wirtschaftsteil der FAZ über die umfangreichste Europapolitik-Berichterstattungen im Vergleich mit Tageszeitungen anderer Länder (Guardian, Times, der Standard, Die Presse, Le Monde, Liberation, El Pais, Repubblica, La Stampa, NYTimes) (Trenz 2005: 198-199, 273). Es ist deshalb davon auszugehen, dass die FAZ die Möglichkeit bietet, umfangreiche Informationen auch zu solchen europapolitischen Themen zu erhalten, die nicht ausschließlich die Interessen der deutschen Regierung und der in Deutschland angesiedelten Industrien betreffen. Die FT ist eine Tageszeitung in englischer Sprache, die sich an eine internationale Leserschaft wendet. Sie analysiert die Europapolitik weniger aus nationaler als vielmehr aus internationaler Perspektive. Schließlich stellt The Economist eine ebenfalls auf ein internationales Publikum ausgerichtete, englischsprachige Wochenzeitung dar. Die Einbeziehung der FT und des Economist sollen helfen, eine Verzerrung der Informationen aufgrund etwaiger nationaler Besonderheiten, zu vermeiden. Einschlägige Artikel wurden in allen Zeitungen mit Hilfe von Online-Archiven recherchiert. Diese erlauben es, alle Ausgaben einer Zeitung innerhalb eines zu definierenden Zeitraumes auf das Vorkommen von eigenständig bestimmbaren Suchbegriffen hin zu durchsuchen. Als Schlagworte wurden unter anderem die Namen der Kommissare verwendet, die die Federführung in den untersuchten Entscheidungen innehatten. Darüber hinaus wurden die Titel, unter denen die jeweiligen Gesetzesvorschläge in den Medien diskutiert wurden, als Suchbegriffe verwendet. Im Falle der FAZ wurde für diese Recherche auf das FAZ Online-Archiv zurückgegriffen. Die Recherchen in den anderen drei Zeitungen wurden mit der Online-Recherche Datenbank Lexis Nexis durchgeführt.

Darüber hinaus dienten offizielle EU-Dokumente als empirische Informationsquelle für die Fallstudien. Vier Arten offizieller EU-Dokumente, die alle über die Prelex-Datenbank der EU online verfügbar sind, wurden zu Analysezwecken herangezogen: Die Originaltexte der Gesetzesvorschläge der Europäischen Kommission wurden herangezogen, um Zweck, Inhalt und teilweise regulatorische Details einzelner Entscheidungen herauszuarbeiten. Zweitens wurde auf offizielle Pressemitteilungen des Rates zurückgegriffen. In diesen werden die offiziellen Stellungnahmen des Rates zu legislativen und nicht-legislativen Maßnahmen der Europäischen Kommission veröffentlicht. Aus den Stellungnahmen geht hervor, ob die im Rat vertretenen Regierungen einem Vorschlag der Kommission zustimmend oder ablehnend gegenüberstehen, welche Änderungen sie anregen und welches weitere Vorgehen sie vorschlagen. Teilweise werden in den Stellungnahmen auch die Positionen einzelner Regierungen aufgeführt. Drittens wurden die Änderungsanträge des Europäischen Parlaments herangezogen, um die Position dieser Institution in den in Kapitel 7 analysierten Fällen herauszuarbeiten. Schließlich wurde in den Fällen, für die diese bereits zum Zeitpunkt des Verfassens vorlagen, der finale Gesetzestext verwendet, um zu sehen, welche Vorschläge die Regierungen gegebenenfalls vom Europäischen Parlament übernahmen, welche Änderungen sie selbst vornahmen und worin sich der letztlich angenommene Vorschlag substanziell vom Vorschlag der Europäischen Kommission unterscheidet.

5. Die strategische Besetzung der Europäischen Kommission

> *„The Dutch Prime Minister, Wim Kok, then felt compelled to defuse the tension by saying that for him there are two certainties in life: death, and the fact that each Member State has one seat in the European Commission" (Yataganas 2001: 23)*

Dieses Kapitel umfasst vier Unterkapitel. Im ersten Unterkapitel werden die institutionellen Regeln dargestellt, die den formalen Rahmen des Auswahl- und Ernennungsprozesses Europäischer Kommissare bilden. Neben der Darstellung der Ernennungsregeln ist das Ziel des Kapitels 5.1. die Einschätzung des relativen Einflusses der mitgliedstaatlichen Regierungen, des Kommissionspräsidenten und des Europäischen Parlaments auf die Auswahl und Ernennung einzelner Kommissare. In Kapitel 5.2. werden die in Kapitel 3.3. theoretisch hergeleiteten Hypothesen zur Auswahl von Kommissaren mit bestimmten Eigenschaften auf ihre empirische Stichhaltigkeit hin überprüft. Parallel zu der in dieser Arbeit vertretenen "politischen" Perspektive auf die Europäischen Kommissare, der zufolge mitgliedstaatliche Regierungen Kommissare auswählen, die ähnliche Politikpräferenzen haben und sich als politisch zuverlässig erwiesen haben, wird unter Rückgriff auf den für diesen Zweck eigens erstellten Datensatz die empirische Gültigkeit der in der Literatur häufig vorzufindenden "technokratischen" Alternativperspektive auf die Europäische Kommission überprüft. Schließlich wird in Kapitel 5.3. empirisch untersucht, ob es bei der Verteilung der unterschiedlichen Kommissionsportfolios zu Konzentrationen in der politischen Leitung bestimmter Generaldirektionen entlang nationaler oder partei-ideologischer Linien kommt. Hierdurch wird überprüft, ob Akteure, bei denen theoretisch davon auszugehen ist, dass sie besondere Interesse an der politischen Führung bestimmter Generaldirektionen haben, in der Lage sind, sich die Leitung dieser Generaldirektionen im Laufe des Ernennungsprozesses zu sichern und folglich in die jeweilige Generaldirektion ernannt werden.

5.1. Institutionelle Regeln der Ernennung Europäischer Kommissare

Die formalen Vorschlags- und Abstimmungsregeln, an die die mitgliedstaatlichen Regierungen bei der Auswahl des Kommissionspräsidenten und der Europäischen Kommissare sowie bei der Ernennung der Europäischen Kommission gebunden sind, sind im EG-Vertrag festgeschrieben. Grafik 3 (S. 92) zeigt, dass die formalen Regeln der Ernennung der Europäischen Kommission über einen langen Zeitraum stabil blieben, dann aber durch die Vertragsänderungen 1993 (Vertrag von Maast-

89

richt), 1999 (Vertrag von Amsterdam) und 2003 (Vertrag von Nizza) zum Teil erheblich verändert wurden. Diese Veränderungen beziehen sich sowohl auf die formalen Abstimmungsquoren, die zur Ernennung der jeweils nominierten Kommission erforderlich sind als auch auf die Mitwirkungsrechte des Europäischen Parlaments bei der Ernennung der Europäischen Kommission sowie des Kommissionspräsidenten bei der Auswahl der von den mitgliedstaatlichen Regierungen vorgeschlagenen Europäischen Kommissare.

Zwischen 1957 und 1993 ernannten die mitgliedstaatlichen Regierungen die Europäische Kommission in einem zweistufigen Verfahren: Zunächst einigten sich die mitgliedstaatlichen Regierungen informell auf einen Kandidaten für das Amt des Kommissionspräsidenten. Weiterhin nominierte jede mitgliedstaatliche Regierung ihre(n) Kommissarskandidaten. Nach Abschluss der ersten Stufe stimmten die mitgliedstaatlichen Regierungen im Rat über die Ernennung des gemeinsam nominierten Kommissionspräsidenten und der von den jeweiligen Regierungen nominierten Kommissare ab. Für eine erfolgreiche Ernennung der Kommission war im Zeitraum zwischen 1957 und 1993 die Zustimmung aller mitgliedstaatlichen Regierungen erforderlich. Im Umkehrschluss bedeutet dies, dass jede Regierung durch ihre Verweigerung einer Zustimmung die Ernennung der Kommission blockieren konnte. In den Ernennungen zwischen 1958 und 1993 war somit jede mitgliedstaatliche Regierung ein Vetospieler. Folglich konnten die Interessen keiner Regierung unberücksichtigt bleiben.

Im Zuge der Änderungen des EG-Vertrages durch den Vertrag von Maastricht, der 1993 in Kraft trat, wurde die Ernennung der Europäischen Kommission zu einem dreistufigen Verfahren ausgebaut (siehe Grafik 3, S. 92). Diese Umgestaltung führte dazu, dass neben den mitgliedstaatlichen Regierungen zwei weitere Akteure formale Mitwirkungsrechte bei der Ernennung der Europäischen Kommission erhielten: Der designierte Kommissionspräsident, auf den sich die mitgliedstaatlichen Regierungen zuvor einigen, und die Abgeordneten des Europäischen Parlaments. Seit 1993 nominieren die mitgliedstaatlichen Regierungen in Stufe eins des Ernennungsverfahrens, wie bereits zuvor, einen Kommissionspräsidenten. Für die Zeit zwischen 1993 und 2003, die Geltungsdauer der Verträge von Maastricht und Amsterdam, galt für die gemeinsame Nominierung des Kommissionspräsidenten die Einstimmigkeitsregel, nach der der designierte Kommissionspräsident von den Vertretern aller mitgliedstaatlichen Regierungen im Rat akzeptiert werden musste. Der Vertrag von Nizza ersetzt die Einstimmigkeitsregel im Rat durch die qualifizierte Mehrheitsregel.[42] Nachdem der Kommissionspräsident vom Rat nominiert worden

---

42 Bei Abstimmungen unter der qualifizierten Mehrheitsregel im Rat werden die Stimmen der Regierungen (nicht proportional) nach der relativen Größe des Landes gewichtet. Mit jeweils 29 Stimmen verfügen Deutschland, Frankreich, das Vereinigte Königreich und Italien aktuell, das heißt nach den im Vertrag von Nizza festgelegten Regeln, über die meisten Stimmen. Estland, Lettland, Luxemburg, Slowenien und Zypern verfügen mit jeweils vier Stimmen über das geringste Stimmengewicht bei qualifiziert mehrheitlichen Abstimmungen im Rat (Art. 205 II EGV).

war, nahm zwischen 1993 und 1998 das Europäische Parlament Stellung zu dem Kandidaten. An die Stellungnahme der Europaabgeordneten waren die Ratsmitglieder jedoch nicht gebunden. Seit dem Inkrafttreten des Vertrages von Amsterdam im Jahre 1999 muss das Europäische Parlament dem vom Rat ernannten Kandidaten für das Kommissionspräsidentenamt mit einfacher Mehrheit zustimmen.

In der zweiten Stufe nominieren die mitgliedstaatlichen Regierungen ihre Kommissarskandidaten. Zwischen 1993 und 1998 nahm der zuvor von den mitgliedstaatlichen Regierungen ernannte Kommissionspräsident zu diesem Kandidaten lediglich Stellung. Seit 1999 müssen die mitgliedstaatlichen Regierungen ihre Kommissare jedoch „im Einvernehmen" (Art. 214 II EGV) mit dem designierten Kommissionspräsidenten nominieren. Konkret bedeutet dies, dass am Ende des zweiten Schrittes des Ernennungsprozesses der Europäischen Kommission die mitgliedstaatlichen Regierungen mit qualifizierter Mehrheit eine Liste mit den jeweils von ihnen nominierten Kommissarskandidaten annehmen müssen, die „im Einvernehmen" mit dem designierten Kommissionspräsidenten erstellt wurde. Stimmt der Kommissionspräsident der Liste mit den nominierten Kommissarskandidaten zu, wird in der dritten und letzten Stufe des Verfahrens über die Ernennung der nominierten Kommissare und den designierten Kommissionspräsidenten abgestimmt. Hierzu stellen sich die nominierten Kommissare und der designierte Kommissionspräsident zunächst dem Votum des Europäischen Parlaments. Seit 1993 muss eine einfache Mehrheit der Parlamentarier der Europäischen Kommission ihr positives Votum geben, damit diese erfolgreich ernannt werden kann. Anschließend stellt sich die aus dem designierten Kommissionspräsidenten und den Kommissarskandidaten der Mitgliedstaaten zusammengesetzte Europäische Kommission im Rat zur Wahl. Zur letztlich erfolgreichen Ernennung war zwischen 1993 und 2003 die Zustimmung aller Vertreter der mitgliedstaatlichen Regierungen im Rat notwendig. Seit 2003 entfällt die individuelle Vetomacht jeder einzelnen Regierung, da seitdem lediglich eine qualifizierte Mehrheit der mitgliedstaatlichen Vertreter im Rat den nominierten Kommissaren und dem designierten Kommissionspräsidenten zustimmen, um diese schließlich erfolgreich als neue Kommission zu ernennen. Grafik 3 gibt einen Überblick über die Genese der Ernennungsregeln der Europäischen Kommission und den derzeit geltenden Status Quo.

Grafik 3: Institutionelle Regeln der Ernennung Europäischer Kommissare

Rom Phase 1957-1993	Maastricht Phase 1993-1999	Amsterdam Phase 1999-2003	Nizza Phase 2003-200?

Stufe 1:
Mitgliedstaatliche Regierungen nominieren Kommissare + Präsident

Stufe 1:
Mitgliedstaatliche Regierungen nominieren den Kommissionspräsidenten

Rat (EIN)	Rat (EIN)	Rat (QM)
Europäisches Parlament (SN)	Europäisches Parlament (EM)	Europäisches Parlament (EM)
Kommissionspräsident	Kommissionspräsident	Kommissionspräsident

Stufe 2:
Rat verabschiedet im Einvernehmen mit dem designierten Kommissionspräsidenten die Liste der Kommissarskandidaten

MS-Regierungen/Rat (EIN)	MS-Regierungen/Rat (EIN)	MS-Regierungen/Rat (QM)
Designierter KOM-Präsident (SN)	Designierter KOM-Präsident (ZUST)	Designierter KOM-Präsident (ZUST)
Kommissarskandidaten	Kommissarskandidaten	Kommissarskandidaten

Kommission (Präsident+ Kommissare)	Kommission (Kommissare + KOM-Präsident)	Kommission (Kommissare + KOM-Präsident)	Kommission (Kommissare + KOM-Präsident)

Stufe 2:
Rat stimmt über die Kommission ab

Stufe 3:
Rat und Europäisches Parlament stimmen über die Kommission ab

	Europäisches Parlament (EM)	Europäisches Parlament (EM)	Europäisches Parlament (EM)
Rat (EIN)	Rat (EIN)	Rat (EIN)	Rat (QM)
NEUE KOMMISSION	NEUE KOMMISSION	NEUE KOMMISSION	NEUE KOMMISSION

Anmerkung: Grau hinterlegte Kästchen kennzeichnen formalen institutionellen Wandel. SN = Stellungnahme, ZUST = Zustimmung, EIN = Einstimmigkeit, EM = Einfache Mehrheit, QM = Qualifizierte Mehrheit. Die Jahreszahlen kennzeichnen die Jahre, in denen die Bestimmungen in Kraft traten..

Die Analyse der formalen institutionellen Regeln macht deutlich, dass die mitgliedstaatlichen Regierungen die zentrale Rolle bei der Ernennung der Europäischen Kommission einnehmen. Dies ist vor allem im exklusiven Recht der mitgliedstaatlichen Regierungen begründet, einerseits gemeinsam den Kandidaten für das Amt des Kommissionspräsidenten und andererseits ihren jeweiligen Kommissarskandidaten auszuwählen. Damit bestimmen ausschließlich die Regierungen der Mitgliedstaaten darüber, welche Personen im weiteren Verfahren zur Abstimmung stehen. Der designierte Kommissionspräsident und die Europaabgeordneten stimmen lediglich über diese Kandidaten ab. Weder der Kommissionspräsident noch die Europaabgeordneten besitzen selbst das Recht eigene Kandidaten zu nominieren, sollten sie einen oder mehrere Personalvorschläge der mitgliedstaatlichen Regierungen zurückweisen.[43] Die mitgliedstaatlichen Regierungen besitzen bei der Ernennung der Europäischen Kommission in Form der Auswahl und Nominierung ihres jeweiligen Kommissarskandidaten somit Agendasetzungsmacht, während das Europäische Parlament im Ernennungsprozess als kollektiver Vetospieler und der Kommissionspräsident als individueller Vetospieler agieren. Machen die MdEPs oder der Kommissionspräsident von ihrem Vetorecht Gebrauch, beginnt das Ernennungsverfahren von vorn: Stimmt das EP dem von den mitgliedstaatlichen Regierungen nominierten Kommissionspräsidenten nicht zu, müssen sich die mitgliedstaatlichen Regierungen auf einen neuen Kandidaten einigen und diesen dem EP erneut zur Wahl stellen. Wird der Kommissarskandidat einer Regierung vom designierten Kommissionspräsident nicht akzeptiert, so muss wiederum die jeweilige Regierung einen neuen Kommissarskandidaten auswählen, um diesen erneut dem designierten Kommissionspräsidenten vorzuschlagen. Erhält die nominierte Kommission schließlich in der dritten Stufe des Ernennungsverfahrens nicht die erforderliche Mehrheit im Rat und/oder im EP, so beginnt der gesamte Ernennungsprozess theoretisch von vorn.[44]

---

43 Crombez nimmt in seinem räumlichen Modell der Kommissionsernennung an, dass der Kommissionspräsident das Recht hat eigene Kandidaten zu nominieren, nachdem er den Kandidaten einer mitgliedstaatlichen Regierung abgelehnt hat (2000: 79). Diese Annahme deckt sich nicht mit den formalen Kompetenzen des Kommissionspräsidenten im Ernennungsprozess und führt zu einer Überbetonung des Einflusses des Kommissionspräsidenten. Dieser ist in Crombez' Modell in der Lage, eine Kommission zusammenzustellen, in der alle Kommissare dieselben Präferenzen haben wie er selbst. Damit wäre es dem Kommissionspräsidenten möglich, die Politik der Kommission inhaltlich vollständig zu kontrollieren (2000: 79; vgl. Ausführungen zum *Präsidialszenario* in Kapitel 3.4).

44 Es scheint jedoch nicht plausibel, dass in einem solchen Fall alle mitgliedstaatlichen Regierungen neue Kandidaten auswählen. Vielmehr ist es wahrscheinlich, dass sich das EP oder einzelne Regierungen gegen einzelne Kandidaten aussprechen und somit nur diejenigen Regierungen unter Druck einen neuen Kandidaten aufzustellen, deren Kandidaten zuvor abgelehnt wurden. Ähnlich verlief die Ernennung der Barroso-Kommission im November 2004. Allerdings ist zu berücksichtigen, dass Barroso "seine" Kommission im EP nicht zur Abstellung stellte, da im letzten Moment nicht klar war, ob die beiden großen Fraktionen geschlossen stimmen würden und somit die erforderliche Mehrheit zustande käme (Nickel 2005: 76). Daraufhin ersetzte die italienische Regierung ihren Kandidaten Buttiglione, dessen Nominierung als Justizkommissar zu heftigen Kontroversen im EP führte und die lettische Regierung ersetzte ihre Kandidatin Udre, die innenpolitisch aufgrund eines Parteifinanzierungsskandals unter Druck geriet. Nachdem der ungarische Kommissarskandidat Kovács vom Ressort „Umwelt" auf das Ressort „Steuern/Zollunion" versetzt wurde, wurde die ansonsten personell unveränderte Kommission schließlich am 18. November 2004 mit 449 Ja-Stimmen – bei 149 Neinstimmen und 82 Enthaltungen – von den Europaabgeordneten gewählt.

Das exklusive Recht der mitgliedstaatlichen Regierungen, diejenigen Kommissare auszuwählen und zu nominieren, über deren Ernennung im weiteren Verfahren abgestimmt wird, verleiht den mitgliedstaatlichen Regierungen somit eine überproportionale Macht gegenüber dem designierten Kommissionspräsidenten und den Europaabgeordneten.

Auswirkungen der Ernennungsregeln auf die Präferenzkonfiguration in der Kommission

Was nun sind die Konsequenzen, die die institutionellen Regeln zur Ernennung der Kommission mit Blick auf die Policy-Präferenzen des Kommissionspräsidenten und der einzelnen Kommissare und damit auf die Konfiguration der Policy-Präferenzen in der Europäischen Kommission erwarten lassen? Zunächst ist mit Blick auf die Policy-Präferenzen der Kommissionspräsidenten zu erwarten, dass das bis zum Inkrafttreten des Nizza-Vertrages 2003 gültige Einstimmigkeitserfordernis dazu geführt hat, dass Kommissionspräsidenten mit gemäßigten Policy-Präferenzen ausgewählt und ernannt worden sind. Der Grund hierfür ist, dass die Einstimmigkeitsregel jede mitgliedstaatliche Regierung mit der Macht ausstattete, die Ernennung des jeweils nominierten Kommissionspräsidenten durch ihr Veto zu blockieren. Dies zwang die Mitgliedstaaten, sich bei der Ernennung eines Kommissionspräsidenten auf einen Kandidaten zu einigen, der von allen Regierungen akzeptiert wurde. Die britische Regierung unter John Major drohte 1994 bei der Nominierung des Nachfolgers von Kommissionspräsident Jacques Delors beispielsweise mit ihrem Veto, falls der deutsche Bundeskanzler Kohl und der französische Präsident Mitterand an dem gemeinsamen belgischen Kandidaten Jean-Luc Dehaene festhielten (Nugent 2001: 65-66). Es ist deshalb nicht zu erwarten, dass die Policy-Präferenzen der Kommissionspräsidenten fundamental von denen der in den mitgliedstaatlichen Regierungen vertretenen Parteien abweichen. Vielmehr ergibt sich aus diesen institutionellen Regeln die Erwartung, dass sich die Kommissionspräsidenten durch relativ – zu den mitgliedstaatlichen Regierungen – gemäßigte Policy-Präferenzen auszeichnen.

Mit der 2003 erfolgten Einführung der qualifizierten Mehrheitsregel wurde den Regierungen ihr individuelles Veto-Recht entzogen, wodurch sie bis dahin die Wahl des Kommissionspräsidenten verhindern konnten. Bis 2003 verlief die Nominierung aufgrund der institutionellen Regeln notwendigerweise konsensuell. Durch die seit dem Inkrafttreten des Vertrages von Nizza wirksamen institutionellen Veränderungen könnte die offene Politisierung und Konflikthaftigkeit der Auswahl des Kommissionspräsidenten erheblich zunehmen: Eine (qualifizierte) Mehrheit mitgliedstaatlicher Regierungen kann sich fortan zusammenschließen, um einen gemeinsamen Kandidaten gegen die Minderheit der mitgliedstaatlichen Regierungen im Rat durchzusetzen. Voraussetzung hierfür ist, dass sich im Rat eine (qualifizierte) Mehrheit mitgliedstaatlicher Regierungen auf einen gemeinsamen Kandidaten für das Amt des Kommissionspräsidenten findet. Aufgrund ihrer relativen Präferenzhomogenität in europapolitisch relevanten Streitfragen (Hooghe *et al.* 2002; Marks und Wilson 2000; vgl. auch Kapitel 2.3.) könnten für eine solche Einigung vor allem Regierungen in Frage kommen, die von Parteien derselben Parteifamilie gestellt werden und die das Ziel verfolgen, einen Kandidaten aus ihrem ideologischen Lager aufzustellen und gegen Regierungen ideologisch rivalisierender Parteifamilien im Rat durchzusetzen. Zu einer solchen ideologischen Positionierung mitgliedstaatlicher Regierungen ist es bereits 2004 bei der bislang einzigen Nominierung eines Kommissionspräsidenten unter der qualifizierten Mehrheitsregel gekommen. Unter der Wortführerschaft des österreichischen Kanzlers Wolfgang Schüssel machten die christdemokratischen und konservativen Regierungen, die im Rat eine knappe Mehrheit stellten, deutlich, dass sie lediglich einen Kommissionspräsidenten aus dem konservativ-christdemokratischen Lager akzeptieren würden (Nickel 2005: 75).

Als kurze Ergänzung zum vorangegangenen Absatz ist festzuhalten, dass in den letzten Jahren alle gemäßigten (sozialdemokratische, liberale, christdemokratische, konservative) Parteien in den EU-Mitgliedstaaten gegenüber dem generellen Projekt der europäischen Integration eine positive Position einnehmen (Marks und Wilson 2000; vgl. Kapitel 2.3.). Auch bei der Anwendung der qualifizierten Mehrheitsregel ist deshalb derzeit nicht zu erwarten, dass der ernannte Kommissionspräsident auf der Integrationsdimension Positionen einnimmt, die denen der mitgliedstaatlichen Regierungen diametral entgegenstehen. Dies würde sich dann ändern, wenn die Parteien der gemäßigten Parteifamilien ihren impliziten pro-integrationistischen Konsens aufkündigten und gegensätzliche Positionen bezüglich der politischen Weiterentwicklung des Projektes der europäischen Integration einnähmen.

Welche Konsequenzen aus der Beteiligung des Europäischen Parlaments an der Auswahl des Kommissionspräsidenten für die politische Qualität des designierten Kommissionspräsidenten resultieren, hängt entscheidend von der Konzeptionalisierung der Präferenzen der Europaparlamentarier relativ zu denen der mitgliedstaatlichen Regierungen ab. Geht man davon aus, dass der Median-Europaparlamentarier eine integrationistischere Position einnimmt als die ausschlaggebende Regierung im Rat, dann wären die mitgliedstaatlichen Regierungen gezwungen einen integrationistischeren Kommissionspräsidenten zu nominieren als sie dies ohne die Beteiligung des Europäischen Parlaments tun würden. Empirisch ist diese Konzeptionalisierung jedoch wenig plausibel. Analysen des Abstimmungsverhaltens der Europaparlamentarier bei der Ernennung der Kommission zeigen, dass die Europaparlamentarier eines Landes, deren Partei gleichzeitig national die Regierung stellt, mit hoher Wahrscheinlichkeit für den von der Regierung ihres jeweiligen Landes unterstützten Kommissarskandidaten stimmen (Jun und Hix 2004: 26-27). Die Analyse des Abstimmungsverhaltens der Europaabgeordneten bei der Wahl Jacques Santers zum Kommissionspräsidenten im Jahr 1994, führt Matthew Gabel und Simon Hix zu der Feststellung „that national partisanship appears to have a stronger impact on vote choice than EP party group affiliation" (2002: 35, 39). Beurteilt anhand der bislang vorliegenden quantitativen Studien zum Abstimmungsverhalten der Europaparlamentarier bei der Ernennung der Europäischen Kommission ist der unabhängige

Einfluss, den das Europäische Parlament auf die Bestellung des Kommissionspräsidenten hat, als gering einzuschätzen.[45]

Dies wurde bei der Bestellung des aktuellen Kommissionspräsidenten auch auf andere Art und Weise deutlich: Zunächst machte die stärkste Fraktion im Europäischen Parlament, die Europäische Volkspartei (EVP), deutlich, dass sie ausschließlich einen Kommissionspräsidenten aus dem konservativ-christdemokratischen Lager zu akzeptieren bereit ist. Im Anschluss daran nominierte die EVP mit dem konservativen Briten Chris Patten, zu diesem Zeitpunkt Kommissar für Außenbeziehungen in der Prodi-Kommission, ihren eigenen informellen Kandidaten für das Amt des Kommissionspräsidenten (Nickel 2005: 75). Mit der Wahl eines konservativen Kandidaten lagen die Europaabgeordneten der EVP durchaus im Rahmen der zuvor von den christdemokratischen und konservativen Regierungen geäußerten Präferenz für einen Kommissionspräsidenten aus ihrem ideologischen Lager. Trotzdem wurde der Personalvorschlag der EVP von den christdemokratischen und konservativen Regierungen nicht aufgegriffen. Diese nominierten den konservativen José Manuel Durao Barroso als Kommissionspräsidenten, der schließlich auch ins Amt gewählt wurde. Die Ernennung Barrosos zum Kommissionspräsidenten illustriert damit, dass der Einfluss des Europäischen Parlaments auf die Auswahl des Kommissionspräsidenten – auch unter günstigen politischen Voraussetzungen – derzeit als gering einzuschätzen ist.

Nachdem der designierte Kommissionspräsident von den mitgliedstaatlichen Regierungen und dem EP bestellt wurde, nominieren die mitgliedstaatlichen Regierungen ihre Kommissare. Bis einschließlich der Ernennung der Prodi-Kommission (1999) hatten die großen Mitgliedstaaten – Deutschland, Frankreich, Großbritannien, Italien und Spanien – das Recht, zwei Kommissare zu nominieren. Seit Inkrafttreten des Vertrages von Nizza darf jede Regierung, unabhängig von der Größe des Landes, nur noch einen Kommissar nominieren. Bereits bei der zwischenstaatlichen Konferenz (IGC), die den Vertrag von Amsterdam vorbereitete, und erneut bei der IGC zum Vertrag von Nizza, wurden funktionale Überlegungen zur Reduzierung der Zahl der Kommissare diskutiert, so dass nicht mehr jeder Mitgliedstaat durch einen Kommissar in der Europäischen Kommission repräsentiert wäre. Grund für diese Überlegung war die Befürchtung, dass die Erweiterung der EU um weitere Mitgliedstaaten und die mit der Beibehaltung des Status Quo der Ernennungsregeln zwangsläufig verbundene Aufnahme weiterer Kommissare die Kommission, die in der EU mit 15 Mitgliedstaaten bereits 20 Mitglieder umfasste, an die Grenzen ihrer Handlungsfähigkeit bringen würde (Galloway 2001: 45-51). Wie auf der Grundlage der theoretischen Überlegungen des Kapitels 3.3. zu erwarten war, sind die mitgliedstaatlichen Regierungen jedoch nicht in der Lage gewesen, diese funktionalen Er-

---

45 Dies könnte sich selbstverständlich ändern, wenn die MdEPs, beispielsweise aufgrund einer Neugestaltung der Organisation der Wahlen zum EP (Hix 2004), mehr Unabhängigkeit von ihren nationalen Parteien erhalten würden.

wägungen in politisches Handeln umzusetzen, wie die folgende Aussage von Xenophon Yataganas belegt:

„The ten smaller Member States (Benelux, Austria, Denmark, Greece, Ireland, Portugal, Sweden and Finland) robustly defended the right to retain one Commissioner per country. This was non-negotiable throughout the IGC. It is bound up with the desire of *all* [eigene Betonung] Member States to be represented in the supranational Institution *par excellence* and demonstrates both the mistrust of each country for all others and hence the persistence of national policies in European integration and the importance attached to the Community executive" (Yataganas 2001: 23).

Das Festhalten an ihrem eigenen Kommissar scheint dabei nicht, wie immer wieder argumentiert wird, auf die Regierungen der kleinen Mitgliedstaaten begrenzt zu sein. Vielmehr belegt die Aussage von Michel Petite, Mitglied des Kabinetts von Kommissionspräsident Romano Prodi, dass sowohl die Regierungen der kleinen als auch der großen Mitgliedstaaten nicht bereit waren, auf ihre politische Repräsentation durch einen eigenen Kommissar zu verzichten:

„[A]s soon as one starts asking the larger countries if they would [be] prepared to have a system of rotation which meant they might not have a Member on the Commission, the response is not very encouraging. In a curious way, the idea of a select, managerial Commission, which is superficially opposed by the smaller countries, is thus also anathema to the larger ones" (Petite 2000: 64).

Mit Blick auf die Ausübung ihres Rechts auf Nominierung jeweils eines Kommissars formuliert Artikel 213 I EGV zwar inhaltliche Anforderungen, die die mitgliedstaatlichen Regierungen dazu anhalten, Kandidaten zu nominieren, „die aufgrund ihrer allgemeinen Befähigung ausgewählt werden und volle Gewähr für ihre Unabhängigkeit bieten". Nicht zuletzt aufgrund der Unbestimmtheit dieser rechtlichen Bestimmung ist jedoch davon auszugehen, dass der Ermessensspielraum der mitgliedstaatlichen Regierungen bei der Auswahl ihres Kandidaten hierdurch nicht eingeschränkt ist. Die jeweils von den Regierungen nominierten Kommissarskandidaten (Art. 214 II EGV) werden auf eine Liste gesetzt, die während der Amsterdam-Phase im Rat, im Einvernehmen mit dem designierten Kommissionspräsidenten, einstimmig angenommen werden musste (Grafik 3, S. 92). Seit Inkrafttreten des Vertrages von Nizza ist für die Annahme der Liste im Rat eine qualifizierte Mehrheit notwendig (Art. 214 II EGV). Die mitgliedstaatlichen Regierungen könnten versuchen die Auswahl der Kandidaten anderer Regierungen zu beeinflussen, indem sie mit der Verweigerung ihrer Zustimmung bei der Abstimmung über die Ernennung der Kommission im Rat drohen. Dafür gibt es bislang allerdings keinerlei empirische Hinweise (Nugent 2001: 62). Auch die Liste der jeweils nominierten Kommissarskandidaten wurde bislang im Rat immer angenommen. Die mitgliedstaatlichen Regierungen verzichten bei der Auswahl ihrer Kommissarskandidaten möglicherweise auf Beeinflussungsversuche anderer Regierungen, um nicht selbst Ziel solcher Einflussversuche zu werden. Auf diese Weise könnte sich zwischen den Regierungen eine gegenseitige Nichtinterventionsregel bei der Auswahl ihrer Kommissare herausgebildet haben, die jeder Regierung einen hohen Grad an Entscheidungsfreiheit sichert. Die gegenseitige Nicht-Intervention wird zudem durch Artikel 214 II EGV gestützt, der die mitgliedstaatlichen Regierungen bei der Auswahl ihrer Kommissare in den Vordergrund stellt.

Damit stellt sich die Frage, ob der Kommissionspräsident, der seit 1999 den nominierten Kommissarskandidaten zustimmen muss (Grafik 3, S. 92), die Wahlfreiheit der mitgliedstaatlichen Regierungen bei der Auswahl ihrer Kommissare einschränkt.[46] Vier Gründe sprechen gegen eine solche Einschränkung der Regierungen bei der Auswahl ihrer Kommissare durch den designierten Kommissionspräsidenten. Erstens kann der Kommissionspräsident keinen eigenen Kandidaten auswählen. Lehnt er den Kandidaten einer Regierung ab, darf diese einen neuen Kandidaten nominieren.[47] Zweitens wird der designierte Kommissionspräsident als Kompromisskandidat der mitgliedstaatlichen Regierungen nominiert. Es erscheint deshalb zweifelhaft, ob er die politische Stärke und Unabhängigkeit besitzt, die Kandidaten einzelner Regierungen zurückzuweisen. Drittens ist unklar, auf Grundlage welcher Kriterien der Kommissionspräsident den Kandidaten einer Regierung zurückweisen könnte. Schließlich muss sich der designierte Kommissionspräsident am Ende des Ernennungsverfahrens gemeinsam mit den Kommissarskandidaten dem Rat und dem Europäischen Parlament als Kollegium zur Wahl stellen. Hat der Kommissionspräsident zuvor die Kandidaten einzelner Mitgliedstaaten abgelehnt, könnten diese wiederum damit drohen, im letzten Schritt des Ernennungsprozesses ihre Zustimmung zu verweigern. Durch den Übergang von der Einstimmigkeitsregel auf die qualifizierte Mehrheitsregel wurde diese Drohung einzelner Mitgliedstaaten allerdings unwirksam, da kein Land mehr über ein individuelles Vetorecht verfügt.

Dass der Kommissionspräsident keinen nennenswerten Einfluss auf die Wahlfreiheit der mitgliedstaatlichen Regierungen bei der Auswahl ihrer Kommissare hat, illustriert das Beispiel des Kommissionspräsidenten Romano Prodi, der im Zuge der Ernennung seiner Kommission 1999 den deutschen Bundeskanzler Gerhard Schröder zur Nominierung eines Kommissars der christdemokratischen Opposition bewegen wollte:

---

46 Es ist zudem unklar, ob der designierte Kommissionspräsident das Recht besitzt, die Kandidaten einzelner mitgliedstaatlicher Regierungen zurückzuweisen oder lediglich der gesamten Liste seine Zustimmung verweigern kann.

47 Christophe Crombez spricht in seiner ebenfalls neo-institutionalistisch angelegten Arbeit dem Kommissionspräsidenten die Kompetenz zu, in diesem Falle selbst einen Kommissar zu nominieren (2000). Diese Annahme deckt sich jedoch nicht mit den im EGV festgelegten Ernennungsregeln und ist nicht zuletzt deshalb unplausibel. Meine Konzeptionalisierung dieses Schrittes des Ernennungsverfahrens unterscheidet sich deshalb grundsätzlich von der durch Crombez vorgenommenen. Die Konsequenzen der unterschiedlichen Konzeptionalisierung werden aus der Diskussion in Fußnote 30 deutlich.

"On this last point [Nominierung konservativer Kandidaten; AW], Mr Prodi had his biggest setback. It happened in a restaurant in Bonn on July 1st, over dinner with Germany's chancellor, Gerhard Schroder. Mr Prodi wanted a Christian Democrat, he told the chancellor, as one of Germany's two commissioners. But Mr Schroder was having none of it. He had already promised one of the posts to the Green Party, to be filled by Michaele Schreyer, a Berliner, whom Mr Prodi was presumably happy to welcome thanks at least to her sex. The other was to go to Gunter Verheugen, a Social Democrat: Mr Schroder was not about to hand it to the centre-right" (Quelle: The Economist, US Edition, "New broom sweeps half clean", July 10, 1999)

Zur Einschätzung des Einflusses des EP in der dritten Stufe des Ernennungsprozesses (Grafik 3, S. 92) gelten die bereits oben bei der Analyse des Nominierungsprozesses des Kommissionspräsidenten gemachten Ausführungen zur Konzeptionalisierung des Verhältnisses zwischen den Präferenzen der Europaabgeordneten und den nationalen Regierungen. Empirisch zeigt sich auch hier der Einfluss nationaler Parteiorganisation auf das Abstimmungsverhalten der Europaparlamentarier: Sprechen sich die nationalen Parteiorganisationen für die Ernennung der Kommission aus, so besteht eine sehr hohe Wahrscheinlichkeit, dass die MdEPs diesem Votum folgen, auch wenn die Politische Gruppe, der sie angehören, eine gegenteilige Empfehlung ausspricht (Gabel und Hix 2002; Jun und Hix 2004). Es erscheint deshalb unwahrscheinlich, dass sich das EP bei der finalen Abstimmung extrem positioniert und der nominierten Kommission die abschließende Zustimmung verweigert. Selbstverständlich kann sich dies ändern, wenn die Verpflichtungsfähigkeit der europäischen Politischen Gruppen gegenüber den nationalen Delegationen auch bei strittigen Abstimmungen zunimmt. Momentan gibt es hierfür jedoch keine empirischen Hinweise (vgl. Hix 2002).

Mit Blick auf den Einfluss des Europäischen Parlamentes bei der Auswahl und Nominierung einzelner Kommissare ist zu berücksichtigen, dass das EP seit der Ernennung der Santer-Kommission 1994, obwohl im EG Vertrag formal nicht vorgesehen, vor der abschließenden Ernennungsabstimmung Anhörungen der einzelnen Kommissare vornimmt (Art. 99 GO EP). Die Kommissarskandidaten werden gemäß der für sie politisch zu verantwortenden Kommissions-Ressorts von den fachlich einschlägigen ständigen Parlamentsausschüssen des Europäischen Parlaments befragt. Aufgrund der fehlenden formalen Vertragsgrundlage ist eine eventuell negative Beurteilung eines Kommissarskandidaten durch einen Ausschuss für die mitgliedstaatlichen Regierungen nicht bindend. Damit bleibt auch der Einfluss dieser Anhörungen auf die Auswahl einzelner Kommissare beziehungsweise auf die Wahlfreiheit der Regierungen der Mitgliedstaaten bei der Nominierung ihrer Kandidaten, sehr beschränkt. Zur Illustrierung der Plausibilität dieser Einschätzung kann die Nominierung der Kommissare der Barroso-Kommission herangezogen werden.

Nach ihren Anhörungen durch die Abgeordneten verschiedener Parlamentsausschüsse erhielten mit dem italienischen Kandidaten Rocco Buttiglione, dem ungarischen Kandidaten László Kovács, der niederländischen Kandidatin Neelie Kroes, der dänischen Kandidatin Mariann Fischer Boel und der lettischen Kandidatin Ingrida Udre gleich fünf Kandidaten und Kandidatinnen negative Beurteilungen durch das Europäische Parlament (Nickel 2005: 80-81). Zunächst hielten alle Regierungen an ihren Kandidatinnen und Kandidaten fest. In der Folge übernahmen die von der niederländischen und der dänischen Regierung nominierten Kandidatinnen die Leitung der ursprünglich für sie vorgesehenen Portfolios. Der von der ungarischen Regierung nominierte Kandidat Kovács erhielt nach dem Protest des Europäischen Parlaments anstatt des Ressorts Umwelt die Zuständigkeit für die GD Steuern und Zollunion. Die lettische Kandidatin hingegen wurde von ihrer Regierung zurückgezogen. Allerdings geschah dies primär aus innenpolitischen Gründen, da sie sich in ihrer Heimat Korruptionsvorwürfen ausgesetzt sah und ihre Nominierung durch den damaligen lettischen Ministerpräsidenten Indulis Emsis von den beiden Parteiorganisationen der regierenden Koalitionsparteien nicht unterstützt wurde („Von vielen befehdet", in FAZ vom 8.9.2004, S. 8; siehe auch: Munzinger Online-Archiv: http://www.munzinger.de/lpBin/lpExt.dll/mol_00/u/00000024996.html?&f=templates&fn=/publikation/personen/document-frame.html&tf=_parent&q=%5Bf%20phonetic%3A%20UTRE%5D&x=Advanced&2.0).

Darüber hinaus war die lettische Minderheitsregierung unter Ministerpräsident Emsis (Grüne/Bauernpartei), der seine Parteikollegin auch gegen den Widerstand der ihn tolerierenden Parteien im lettischen Parlament durchsetzen wollte, zum Zeitpunkt der Nominierung nur noch kommissarisch im Amt, nachdem Emsis in der Abstimmung über den Haushaltsentwurf seiner Regierung gescheitert war („Lettische Regierung gescheitert", in FAZ vom 29.10.2004, S. 6). Innenpolitisch war Emsis damit nicht mehr in der Position die Nominierung seiner Kandidatin zu forcieren.[48]

Lediglich die italienische Regierung musste ihren ursprünglich nominierten Kandidaten Rocco Buttiglione, zum Zeitpunkt des Ernennungsverfahrens italienischer Europaminister und Kandidat für das Ressort *Freiheit, Sicherheit und Justiz*, auf Druck des Europäischen Parlaments gegen ihren Willen zurückziehen. Buttiglione hatte mit seinen Aussagen zur Homosexualität und zur Rolle der Frau im EP-Ausschuss für *Grundfreiheiten* für politische Kontroversen gesorgt. Bei einer geheimen Abstimmung in diesem Ausschuss wurde seine Nominierung von 26 MdEPs befürwortet und von 27 MdEPs abgelehnt. Vom Rechtsausschuss erhielt Buttiglione eine überwiegend positive Bewertung (Nickel 2005: 80). Die sich anschließend entwickelnde politische Dynamik, die nicht zuletzt auf Presseinterviews Buttigliones zurückzuführen ist (Nickel 2005: 82), führte schließlich dazu, dass Buttiglione in die italienische Regierung zurückkehrte. Anstatt Buttiglione nominierte der italienische Regierungschef Silvio Berlusconi seinen Außenminister Franco Frattini, der schließlich das *Ressort Freiheit, Sicherheit und Justiz* in der Barroso-Kommission übernahm.

Der Fall Buttiglione macht deutlich, dass das EP zu diesem späten Zeitpunkt des Ernennungsverfahrens über Interventionsmöglichkeiten verfügt. Zum einen sind dies die von den Europaabgeordneten durchgeführten Ausschussbefragungen. Zum anderen besteht diese Interventionsmöglichkeit jedoch vor allem in dem einfach mehr-

---

48 Für eine andere Interpretation der politischen Auseinandersetzungen, die der Ernennung der Barroso-Kommission vorausgingen, siehe Hix *et al.* (2007: 1-3).

heitlichen Zustimmungserfordernis des EP für die erfolgreiche Ernennung der Kommission. Gleichzeitig zeigt das Beispiel der Ernennung der Barroso-Kommission jedoch, dass diese Einflussmöglichkeiten von eingeschränkter Wirksamkeit sind: Die negative Bewertung des EP-Ausschusses für *Grundfreiheiten* führte lediglich dazu, dass die italienische Regierung einen neuen Kandidaten nominierte, auf dessen Auswahl die Europaabgeordneten jedoch keinerlei Einfluss hatten. Die jeweils von der dänischen und niederländischen Regierung nominierten Kandidatinnen Fischer Boel und Kroes sowie der von der ungarischen Regierung nominierte Kovács traten, wie von diesen Regierungen ursprünglich vorgesehen, ihr Amt auch gegen den Willen der Europaabgeordneten an.

Schließlich könnten einzelne Regierungen versuchen andere Regierungen dazu zu bewegen, einen bestimmten Kommissar (nicht) zu nominieren. Denkbar wäre, dass eine mitgliedstaatliche Regierung (Rom Phase bis Amsterdam Phase) beziehungsweise eine Sperrminorität mitgliedstaatlicher Regierungen (Nizza Phase) damit droht, der designierten Kommission ihre Zustimmung zu verweigern (Grafik 3), um auf diese Weise andere Regierungen dazu zu bewegen, ihre Kommissarskandidaten oder den Kommissionspräsidenten durch andere Kandidaten zu ersetzen. Zu diesem Zeitpunkt des Verfahrens erscheint ein solches Szenario jedoch unplausibel. Nicht nur wurden bis dahin bereits zwei Stufen des Verfahrens abgeschlossen, die ausschließlich der Klärung von Personalfragen galten. Auch muss eine Regierung, die am Ende des Ernennungsverfahrens das Aufschnüren des Personalpaketes fordert, damit rechnen, dass auch sie nicht an ihrem Kandidaten festhalten kann. Keine der 13 seit 1958 ernannten Europäischen Kommissionen scheiterte folglich an der finalen Hürde im Rat.

5.2. Die (politische) Qualität Europäischer Kommissare (1958 - 2007)

Im vorigen Unterkapitel wurde gezeigt, dass die mitgliedstaatlichen Regierungen bei der Auswahl der von ihnen nominierten Kommissare die zentrale Rolle einnehmen. Sie allein haben das Recht die Personen auszuwählen, die sie zu Beginn des Ernennungsverfahrens der Kommission nominieren. Die Rolle der MdEPs und des designierten Kommissionspräsidenten beschränkt sich auf die Zustimmung oder die Ablehnung der jeweils nominierten Kandidaten. Die Analyse im vorangehenden Unterkapitel kam zu der Schlussfolgerung, dass die Wahlfreiheit der mitgliedstaatlichen Regierungen bei der Auswahl ihrer jeweiligen Kommissare hierdurch jedoch nicht wesentlich beeinträchtigt ist. Damit stellt sich die Frage, welche Kommissare, das heißt Kommissare mit welchen einschlägigen Eigenschaften, die mitgliedstaatlichen Regierungen nominieren. Über potenzielle (Wunsch-) Kandidaten, deren Nominierung die Regierung in Erwägung gezogen hat, auf die sie jedoch aus ernennungstaktischen Gründen verzichtete, können hier keine Aussagen gemacht werden. Es ist zweifelhaft, ob Informationen über solche nicht nominierten Wunschkandidaten über anekdotische Belege hinaus erhoben werden könnten. In jedem Fall würde es den Rahmen dieser Arbeit sprengen, Daten dieser Art für alle Mitgliedstaaten und alle seit 1958 ernannten Kommissionen zu erheben. Die folgenden empirischen Ausführungen beschränken sich deshalb ausschließlich auf die theoretisch relevanten Eigenschaften von Kommissaren (vgl. Kapitel 3.3.), die von den mitgliedstaatlichen Regierungen nominiert und anschließend erfolgreich ernannt wurden.[49]

In Kapitel 3.3. wurde die in dieser Arbeit vertretene "politische" Perspektive auf die Europäische Kommission und die Prinzipal-Agenten Beziehung zwischen den mitgliedstaatlichen Regierungen und den von ihnen nominierten Europäischen Kommissaren ausführlich theoretisch diskutiert. Die dabei entwickelte politische Perspektive auf die Europäische Kommission wurde gegen die in der Literatur dominierende technokratisch-funktionalistische Perspektive (Majone 1996, 2001; Moravcsik 1998; Pollack 1997) abgegrenzt. Das theoretische Hauptargument ist, dass die mitgliedstaatlichen Regierungen über die strategische Besetzung der Europäischen Kommission versuchen, den Inhalt der Entscheidungen der Europäischen Kommission zu beeinflussen. In der theoretischen Diskussion des Kapitels 3.3. wurde diesbezüglich zwischen einem offensiven und einem defensiven Selektionsmotiv der mitgliedstaatlichen Regierungen unterschieden. Ersteres postuliert, dass die Regierungen über die strategische Auswahl ihrer Kommissare versuchen, die in ihrem Land geltenden Regulierungen mittels europäischen Rechts EU-weit allgemein verbindlich zu machen. Letzteres postuliert, dass sie das offensive Vorhaben anderer Regierungen zu vereiteln versuchen (vgl. S. 56-57). Zu diesem Zweck lassen sich die mitgliedstaatlichen Regierungen in der Kommission von Kommissaren vertreten, die ähnliche (Policy-) Präferenzen besitzen. Hier kommt den Parteien eine bedeutende Rolle zu, da davon auszugehen ist, dass die Mitglieder einer Partei, wenn nicht dieselben, so doch ähnliche grundlegende Policy-Präferenzen haben und die Partei dazu nutzen, kollektive Handlungsprobleme (Olson 1965) bei der Realisierung ihrer politischen Ziele zu überwinden (Aldrich 1995; Müller, 2000). Aus diesen Überlegungen wurde folgende Hypothese abgeleitet (vgl. Kapitel 3.3., S. 57-58):

> *Hypothese 1 (parteiliche Inklusivität): Um die (Policy-) Präferenzen der Europäischen Kommission in ihrem eigenen Interesse zu beeinflussen, nominieren die mitgliedstaatlichen Regierungen Kommissare, die die Parteimitgliedschaft einer Regierungspartei teilen.*

Neben diesem rein akteursbezogenen Argument ist zu erwarten, dass auch der strukturelle Handlungskontext einen Einfluss darauf hat, welche Anreize die mitgliedstaatlichen Regierungen bei der Auswahl der Kommissare haben. Dabei kommt der Tatsache Bedeutung zu, dass sich die politische Qualität der Europäischen Union seit ihrer Gründung als Europäische Wirtschaftsgemeinschaft erheblich verändert

---

49 Außer der bereits im vorigen Unterkapitel diskutierten wenigen Fälle, in denen der Kandidat einer Regierung im Laufe des Ernennungsprozesses zurückgezogen werden musste, sind mir keine Fälle bekannt, in denen die mitgliedstaatlichen Regierungen ihren ursprünglich nominierten Kandidaten zurückziehen mussten.

hat. Dies gilt nicht nur mit Blick auf die stetig gewachsene Zahl der EU-Mitgliedstaaten, sondern im Zusammenhang der vorliegenden Arbeit vor allem für die schrittweise Ausdehnung der Politik-Kompetenzen der EU sowie die Erleichterung europäischer Gesetzgebung durch die im Rahmen der EEA und späterer Vertragsänderungen erfolgte, weitgehende Ersetzung der Einstimmigkeitserfordernis durch die qualifizierte Mehrheitsregel bei der Verabschiedung von EG-Gesetzen (vgl. Kapitel 2.1. und 2.2.). Hypothese 4 postuliert deshalb einen Zusammenhang zwischen den politischen Veränderungen der EU über Zeit und dem daraus resultierenden, verstärkten Anreiz mitgliedstaatlicher Regierungen ihnen vertraute Kommissare auszuwählen.

Hypothese 4: Die Versuche der direkten politischen Einflussnahme der mitgliedstaatlichen Regierungen auf die Politik der Europäischen Kommission, d.h. die „parteiliche Inklusivität" und die „politischen Sichtbarkeit" Europäischer Kommissare, hat mit der Verabschiedung der EEA (Delors(I)-Kommission) zugenommen.

Von den insgesamt 217 Kommissaren[50], die bis zum Zeitpunkt des Verfassens dieser Arbeit in die Europäische Kommission gewählt wurden,[51] teilten 147 (67,7 Prozent) die Parteizugehörigkeit einer der in der Regierung vertretenen Parteien (vgl. Tabelle 1, unten). Diese Kommissare sind somit parteilich inklusiv. Parteiliche Inklusivität bringt die direkte parteiliche Bindung zwischen einer mitgliedstaatlichen Regierung und dem von ihr ernannten Kommissar und die damit verbundene relative Präferenzhomogenität zum Ausdruck. Der in Hypothese 1 postulierte Zusammenhang lässt sich somit anhand von knapp zwei Drittel aller von den mitgliedstaatlichen Regierungen in die Kommission entsendeten Kommissare bestätigen.

Für knapp ein Drittel (N=67) der bis heute in die Kommission gewählten Kommissare lässt sich der in Hypothese 1 postulierte Zusammenhang hingegen empirisch nicht bestätigen (Tabelle 1). Von diesen 67 Kommissaren, die keine parteiliche Inklusivität aufweisen, gehörten mit 28 Kommissaren etwas weniger als die Hälfte zum Zeitpunkt ihrer Ernennung keiner Partei an. Bezogen auf die Gesamtzahl aller 217 zwischen 1958 und 2007 zu Kommissaren ernannten Personen entspricht das einem relativen Anteil von 12,9 Prozent. Dieser Anteil ist nur marginal höher als der zwölfprozentige Anteil an Ministern, die ohne vorherige politische Erfahrung im

---

50 Bei dieser Zahl ist zu beachten, dass ein Kommissar mehrmals gezählt werden konnte. In der folgenden empirischen Analyse wird die parteiliche Bindung zwischen Europäischem Kommissar und jeweils nominierender mitgliedstaatlicher Regierung untersucht. Da sich die Zusammensetzung einer Regierung bei der Wiedernominierung eines Kommissars ändern kann oder aber dieselbe Regierung einen anderen Kommissar nominieren könnte, müssen alle Selektionsentscheidungen der jeweiligen Regierungen, auch die bei eventuell mehrfach ernannten Kommissaren, in die Analyse einbezogen werden. Anders verhält es sich bei der Untersuchung der persönlichen Attribute der Kommissare, bei denen die Mehrfachauswertung derselben Person die empirischen Analyseergebnisse verzerren würde.

51 Stand Januar 2008

Zeitraum 1945 bis 1984 in westeuropäischen Demokratien ernannt wurden (Bergman *et al.* 2003: 147). Die Nominierung parteiloser Kommissare kann als Signal der mitgliedstaatlichen Regierungen verstanden werden, dass sie keine Person "aus ihren eigenen Reihen" nominieren wollen und ihrem Kandidaten ein hohes Maß an faktischer Unabhängigkeit zubilligen. Obwohl seitens der Vertreter dieser Perspektive auf die Europäische Kommission bislang keinerlei empirische Operationalisierung ihrer theoretischen Sichtweise vorgeschlagen wurde (vgl. Majone 2001; Tsebelis und Garrett, 2000), können diese Kommissare meiner Meinung nach als Technokraten im Sinne des technokratisch-funktionalistischen Verständnisses der Europäischen Kommission verstanden werden.

Weiterhin könnten die mitgliedstaatlichen Regierungen bei der Auswahl und Nominierung parteiloser Kommissare von der, wie von George Tsebelis und Geoffrey Garrett vorgeschlagen, Expertise des jeweiligen Kandidaten geleitet sein. Dies würde nicht zwingend für die Unabhängigkeit der parteilosen Kommissare gegenüber der Regierung, von der sie nominiert wurden, sprechen. Im Vordergrund einer solchen Auswahlmotivation seitens einer Regierung könnte in solchen Fällen vielmehr stehen, dass diese Personen über umfangreiche Expertise im Bereich der EU-Politik verfügen (Tsebelis und Garrett 2000: 16). Für eine solche Interpretation spricht, dass einige der parteilosen Kandidaten vor ihrer Ernennung zum Kommissar für den jeweiligen Mitgliedstaat als EU-Botschafter oder als Verhandlungsführer agierten. So führte beispielsweise die aktuelle polnische Kommissarin Danuta Hübner in ihrer Funktion als polnische Europaministerin für die polnische Regierung die Beitrittsverhandlungen und wurde anschließend in die Kommission ernannt. Dasselbe gilt für den im Januar 2007 ernannten rumänischen Kommissar Leonard Orban, der als Staatssekretär im rumänischen Europaministerium die Beitrittsverhandlungen für die rumänische Regierung leitete. Zahlreiche weitere Beispiele für diese Qualifikationsmuster eines späteren Kommissars ließen sich finden: Die 28 Nominierungen parteiloser Kandidaten für einen Kommissarsposten entfallen auf 16 Personen. Dies resultiert aus der Tatsache, dass acht Personen jeweils zwei Mal nominiert wurden und zwei Personen drei Mal. Insgesamt waren sechs der parteilosen Personen, die als Kommissare nominiert wurden, zuvor EU-Botschafter.

Davon wurde der dänische Kommissar Finn Olaf Gundelach drei Mal und der luxemburgische Kommissar Albert Borschette zwei Mal nominiert. Zehn der zu Kommissaren ernannten parteilosen Personen verfügen über keine vorherigen politischen Erfahrungen in Brüssel. Auf diese zehn Personen entfallen 19 Ernennungen. Das heißt sieben dieser Personen wurden zwei Mal ernannt und eine Person drei Mal. Auffallend bei diesen parteilosen Personen ist allerdings, dass jeweils vier der zehn Personen Italiener und Franzosen waren. Berücksichtigt man deren Wiederernennung, so entfallen 16 der 19 Nominierungen parteiloser Kommissare auf Italiener (insgesamt sieben Nominierungen) und Franzosen (neun Nominierungen). Beide Länder zeichnen sich durch relativ instabile Parteiensysteme aus. Das legt den Schluss nahe, dass für Regierungen dieser beiden Länder die Parteiorganisationen weniger geeignet sind, um Kandidaten für das Amt des Kommissars zu gewinnen, die über ähnliche Präferenzen verfügen.

Tabelle 1:   Parteiinklusivität, Parteiexklusivität und Parteilosigkeit
Europäischer Kommissare 1958 – 2007

	Partei Inklusiv	Partei Exklusiv	Keine Partei	Fehlende Werte
Hallstein I *(1958-1962)* **N = 11**	72,2	9,1	9,1	9,1
Hallstein II *(1962-1967)* *N=10*	40,0	30,0	30,0	---
Rey *(1967-1970)* *N=14*	64,3	14,3	21,4	---
Malfatti *(1970-1973)* *N=10*	50,0	20,0	30,0	---
Ortoli *(1973-1977)* *N=17*	52,9	17,6	23,5	5,9
Jenkins *(1977-1981)* *N=13*	53,8	23,1	23,1	---
Thorn *(1981-1985)* *N=17*	47,1	29,4	17,6	5,9
Delors I *(1985-1989)* *N=18*	83,3	11,1	5,6	---
Delors II *(1989-1993)* *N=17*	76,5	17,6	5,9	---
Delors III *(1993-1995)* *N=18*	72,2	22,2	5,6	---
Santer *(1995-1999)* *N=20*	60,0	35,0	5,0	---
Prodi *(1999-2004)* *N=25*	84,0	12,0	4,0	---
Barroso *(2004-200?)* *N=27*	85,2	3,7	11,1	---
GESAMT *(1958-2007)* *N=217*	*67,7*	*18,0*	*12,9*	*1,4*

Quelle: Eigene Daten

Es kommt also durchaus vor, dass – so wie dies die technokratisch-funktionalistische Perspektive auf die Europäische Kommission postuliert – Regierungen parteilose Kommissare nominieren. Mit 12,9 Prozent stellen diese jedoch eine kleine

Minderheit aller jemals in die Kommission ernannten Kommissare dar. Angesichts dieses geringen Anteils lässt sich die technokratisch-funktionalistische Perspektive auf die Europäische Kommission nicht rechtfertigen.

Neben den parteilosen Kommissaren waren von den insgesamt 217 in dieser Arbeit untersuchten Kommissaren 39 – oder 18,0 Prozent aller seit 1958 ernannten Kommissare – Mitglied einer Partei, die sich zum Zeitpunkt der Nominierung im jeweiligen Mitgliedstaat in der Opposition befand. Aufgrund der Stellung ihrer Partei in der nationalen politischen Arena werden diese Kommissare als Oppositionskommissare bezeichnet. Auffallend ist hierbei, dass lediglich sieben der 39 Oppositionskommissare aus kleinen Mitgliedstaaten kommen, deren Regierungen in der Regel lediglich einen Kommissar nominieren dürfen.[52] Regierungen großer Mitgliedstaaten hingegen nominieren im Vergleich zu kleinen Mitgliedstaaten wesentlich häufiger Oppositionskommissare. Da Regierungen, die zum Zeitpunkt der jeweiligen Ernennung mehr als einen Kommissar ernennen durften insgesamt mehr Kommissare ernannt haben, ist es für einen sinnvollen Vergleich notwendig, neben den Nominalwerten der Oppositionskommissare auch die relativen Werte großer und kleiner Mitgliedstaaten zu vergleichen. Für die substanzielle Einschätzung ergeben sich hieraus jedoch keine Unterschiede: Insgesamt wurden 100 Kommissare von Regierungen nominiert, die zum Zeitpunkt der Nominierung lediglich einen Kommissar nominieren durften. Davon waren sieben Oppositionskommissare, was einem relativen Anteil von 7,0 Prozent entspricht. Regierungen, die zum Zeitpunkt der jeweiligen Nominierung mehr als einen Kommissar nominieren durften, nominierten insgesamt 117 Kommissare, wovon wiederum 32 Oppositionskommissare waren. Dies entspricht einem relativen Anteil von 27,4 Prozent.[53]

Eine Ursache hierfür könnte sein, dass die Regierungen der großen Mitgliedstaaten bis einschließlich der Ernennung der Prodi-Kommission zwei Kommissare no-

---

52 Bei der Ernennung der Rey-Kommission (1967) durften die kleinen Mitgliedstaaten zwei und die großen Mitgliedstaaten drei Kommissare ernennen, da mit ihr die institutionelle und personelle Fusion der Euratom- und EWG-Kommission vollzogen wurde. Die niederländische Regierung (re-) nominierte Sicco Mansholt 1967, dessen Partei zu diesem Zeitpunkt nicht in der Regierung vertreten war. Die Nominierung Mansholts aus dem Jahr 1967 wird nicht in die obige Analyse zur Parteiinklusivität der Kommissare einbezogen, da kleine Mitgliedstaaten dort durch ihre Vertretung durch einen Kommissar in der Kommission definiert sind. Die Unterscheidung zwischen kleinen und großen Mitgliedstaaten ist darüber hinaus seit 2004 hinfällig, da seitdem alle Mitgliedstaaten, unabhängig von ihrer Größe, lediglich einen Kommissar ernennen dürfen.

53 Ich verwende an dieser Stelle nicht die Unterscheidung zwischen großen und kleinen Mitgliedstaaten, da sich die Zahlen auf den gesamten Zeitraum beziehen und damit auch die Barroso-Kommission umfassen. Da die „großen" Mitgliedstaaten seit Inkrafttreten des Nizza-Vertrages 2003 lediglich einen Kommissar ernennen dürfen, wäre die Beibehaltung dieser analytischen Kategorien irreführend. In die Barroso-Kommission wurde kein Oppositionskommissar nominiert, weshalb die analytische Unterscheidung zwischen großen und kleinen Mitgliedstaaten in der Diskussion weiter oben problemlos verwendet werden konnte.

minieren konnten. Weil sie ihren zweiten Kommissar aus den Reihen der (Koalitions-) Parteien rekrutieren können sind die relativen Kosten der Nominierung eines Oppositionskommissars für diese Regierungen geringer, da sie hierdurch nicht vollständig auf die direkte Einflussnahme auf Entscheidungen der Europäischen Kommission verzichten[54,55] Die Nominierung von Oppositionskommissaren widerspricht den Selektionsmotiven, die den mitgliedstaatlichen Regierungen in dieser Arbeit bei der Auswahl und Nominierung von Kommissaren theoretisch unterstellt werden. Um Erkenntnisse über die Motive zu gewinnen, warum Regierungen Oppositionspolitiker zu Kommissaren machen, werden in den nächsten beiden Absätzen einschlägige Eigenschaften der Oppositionskommissare kleiner und großer Mitgliedstaaten näher beleuchtet.

Auffallend bei den (Wieder-) Ernennungen von Oppositionskommissaren durch kleine Mitgliedstaaten ist, dass diese ausnahmslos über umfangreiche europapolitische Erfahrungen verfügten. Entweder weil sie bereits zuvor als Kommissar dienten. Oder sie erwarben sich diese anderweitig. Drei Nominierungen von Oppositionskommissaren durch einen kleinen Mitgliedstaaten wurden allein von der niederländischen Regierung vorgenommen. Sicco Mansholt, Mitglied der niederländischen Sozialdemokraten (PvdA), wurde 1958 (Hallstein I) erstmals als Kommissar ernannt und amtierte anschließend für drei weitere Amtszeiten bis 1973. Zum Zeitpunkt seiner zwei an dieser Stelle einschlägigen Wiederernennungen (vgl. Fußnote 52) war die PvdA jedoch nicht an der niederländischen Regierung beteiligt. Allein der niederländische Kommissar Mansholt repräsentiert somit knapp 30 Prozent der Nominierungen von Oppositionskommissaren durch einen kleinen Mitgliedstaat. Die restlichen Oppositionskommissare kleiner Mitgliedstaaten wurden 1962 von der belgischen (Jean Rey (PVV)), 1982 von der irischen (Richard Burke (FG)), 1995 von der finnischen (Erkki Liikanen (SDP)) und 2004 von der lettischen (Andris Piebalgs (LC)) Regierung nominiert. Der Belgier Jean Rey hatte bereits zuvor in der Kommission gedient und wurde von der Nachfolgeregierung für sein Amt als Kommissar erneut nominiert. Ähnlich verhält es sich bei dem Iren Richard Burke, der bereits

54 Selbstverständlich können mitgliedstaatliche Regierungen auch über einen Oppositionskommissar versuchen Einfluss auf Entscheidungen der Europäischen Kommission zu nehmen. Allerdings verfügen die Regierungsparteien gegenüber solchen Kandidaten über weniger direkte Sanktionsmöglichkeiten als gegenüber Kommissaren aus den eigenen Parteien. Für beide Kommissarstypen steht den Regierungen die Verweigerung der Wiederernennung als Sanktionsmöglichkeit zur Verfügung. Kommissaren aus den eigenen Reihen können die Regierungen darüber hinaus jedoch zusätzlich den zukünftigen Zugang zu von der Partei vergebenen Ämtern verweigern; eine Drohung, die gegenüber Oppositionskommissaren unwirksam ist.

55 Die empirisch beobachteten Delegationsmuster der Barroso-Kommission verleihen dem Kostenargument Plausibilität: Weder Spanien und Großbritannien, die zuvor ausnahmslos jeweils einen eigenen und einen Oppositionskommissar ernannten, noch die anderen großen Mitgliedstaaten nominierten einen Oppositionskommissar. Damit ist die Wahrscheinlichkeit gering, dass die Regierungen dieser Länder ein intrinsisches Interesse an der Nominierung von Oppositionskommissaren haben oder dass eine einer Norm gemäß handeln, nach der sie sich zur Nominierung eines Oppositionskommissars verpflichtet fühlen.

zuvor das Amt des Kommissars ausübte. Nachdem der 1981 ernannte Kommissar Michael O'Kennedy als Kommissar zurücktrat, um für Fianna Fail im irischen Wahlkampf aktiv zu sein, ernannte die Fianna Fail Regierung den ehemaligen irischen Kommissar Richard Burke, der der Oppositionspartei Fine Gail angehörte. Der Grund für die Nominierung des Oppositionskommissars könnte sein, dass Fianna Fail zu diesem Zeitpunkt eine Minderheitsregierung bildete (Parliamentary Democracy Data Archive 2006, (Müller und Strøm 2003). Bei der Nominierung eines Fine Gael Kommissars könnte es sich somit um eine Konzession an die größte Oppositionspartei im irischen Parlament handeln. Die beiden Oppositionskommissare Erkki Liikanen und Andris Piebalgs waren hingegen zuvor als EU-Botschafter ihres jeweiligen Landes in Brüssel tätig.

Als Erklärung für das empirisch zu beobachtende Muster der Nominierung von Oppositionskommissaren bietet sich für die Regierungen kleiner Mitgliedstaaten somit einerseits der Rückgriff der jeweiligen Regierung auf bereits direkt in der Kommission erfahrene Kommissare und andererseits die allgemeine Erfahrenheit dieser Kandidaten in der Europapolitik an.

Von den 31 durch die Regierungen großer Mitgliedstaaten nominierten Oppositionskommissaren entfallen lediglich zwei auf Deutschland und vier auf Italien.[56] Sechs Oppositionskommissare großer Mitgliedstaaten wurden von Spanien, acht von Großbritannien und schließlich elf von Frankreich[57] nominiert.[58] Spanische und bri-

---

56 Die Addition der 31 in diesem Absatz diskutierten Oppositionskommissare großer Mitgliedstaaten und der sieben weiter oben diskutierten Oppositionskommissare kleiner Mitgliedstaaten ergibt eine Summe von 38 Kommissaren. Der zur Gesamtsumme aller Oppositionskommissare fehlende Kommissar ist Sicco Mansholt, der aus Gründen konzeptueller Klarheit aus der Analyse ausgeschlossen wurde (vgl. Fußnote 52).

57 Diese Zahl stellt eine systematische Überschätzung der französischen Oppositionskommissare dar. Mit dieser im Folgenden dargestellten Überschätzung soll die Privilegierung der eigenen theoretischen Perspektive durch eine vorteilhafte Kodierung eines zweifelhaften Falles ausgeschlossen werden. Ein Grund für die Überschätzung ist methodischer Natur. Sie resultiert erstens aus der Kodierung der Parteizugehörigkeit von Jean-Francois Deniau. Dieser diente in den 1967, 1970 und 1973 ernannten Kommissionen als Kommissar. Aufgrund seiner späteren Parteizugehörigkeit und aufgrund mangelhafter Quellenlage wurde er von mir durchgehend als Mitglied des allerdings erst 1978 gegründeten Bündnisses *Union pour la democratie française – Parti républicain* (UDF-PR) (Eilfort 2000) (173) gewertet. Die Regierungen, die ihn nominierten, wurden stets von gaullistischen Parteien gestellt (1967: UNR/FNRI, 1970: UDR, FNRI, PDM, 1973: UDR, FNRI, UC). Von diesen Parteien wurde Deniau nach seiner Zeit als Kommissar und vor der Gründung der UDF in diverse politische Ämter berufen. Es ist somit unklar, ob Deniau tatsächlich als Oppositionskommissar zu werten ist beziehungsweise ob er während seiner Tätigkeit als Kommissar nicht Mitglied einer der jeweiligen Regierungsparteien war. Ein zweiter Faktor, der zu der Überschätzung französischer Oppositionskommissare führt ist, dass die französischen Oppositionskommissare Edith Cresson (1995) und Michel Barnier (1999) in Zeiten von Kohabitation gewählt wurden. Diese spezifische Regierungskonstellation des semi-präsidentiellen französischen Regierungssystems lässt es wahrscheinlich erscheinen, dass der jeweilige Präsident darauf drängt, einen politischen Vertrauten aus seiner

tische Regierungen haben seit ihrem Beitritt zur EU stets einen Kandidaten aus ihren eigenen Reihen und einen Kandidaten der Opposition nominiert. Bei beiden Ländern handelt es sich um de facto Zweiparteiensysteme in denen sich die beiden großen Parteien, PSOE und PP, bzw. Labour und Tories, in der Regierungsverantwortung ablösen. Die häufig auftretenden spanischen Minderheitsregierungen könnten sich durch die Nominierung eines Kommissars aus dem gegnerischen Lager die parlamentarische Unterstützung ihres europapolitischen Kurses durch die oppositionellen Parteien im spanischen Parlament sichern. Britische Regierungen könnten mit der Nominierung eines Oppositionskommissars ebenfalls das Ziel verfolgen, sich die Unterstützung der parlamentarischen Opposition zu sichern. Da Minderheitsregierungen in Großbritannien jedoch nicht vorzufinden sind, könnte eine solche Maßnahme vielmehr der Absicherung der aktuellen Regierung gegenüber der eigenen, europakritischen Bevölkerung dienen. Sowohl im spanischen als auch im britischen Fall geben die Regierungen durch die Nominierung eines Oppositionskommissars zwar einen Teil ihres möglichen Einflusses auf die Kommissionspolitik auf. Mit Blick auf die nationale Arena, in der die Europapolitik zu einem späteren Zeitpunkt ausgetragen wird, könnte eine solche Strategie für die Realisierung einzelner Politikinhalte („Policies") jedoch durchaus rational sein.

Auch wenn sich der Minderheits- oder Mehrheitsstatus einer Regierung in den obigen Ausführungen in einzelnen Fällen als Erklärung für die Nominierung nichtparteiinklusiver Kommissare anbot, so zeigt ein systematischer Blick auf das Nominierungsverhalten von Minderheits-und Mehrheitsregierungen, dass hier keine maßgeblichen Unterschiede bestehen. Einschließlich der Nominierung der Barroso-Kommission hatten insgesamt 31 Regierungen zum Zeitpunkt der Nominierung ihrer Kommissare einen Minderheitsstatus.[59] Diese 31 Minderheitsregierungen no-

Partei für die Kommission zu nominieren. Für die drei Nominierungen Deniaus und die Nominierung Cressons und Barniers lassen sich somit Faktoren identifizieren, deren Begründung aufgrund politischer (Parteiwandel) und institutioneller (Semi-Präsidentialismus) Faktoren nicht direkt mit der Nominierung von Oppositionskommissaren der anderen mitgliedstaatlichen Regierungen vergleichbar ist. Würde man folglich – anders als von mir weiter oben getan – diese fünf Fälle nicht als Nominierung von Oppositionskommissaren werten, läge der Wert französischer Oppositionskommissare mit sechs Nominierungen auf praktisch demselben Niveau wie der der anderen großen Mitgliedstaaten.

58 Hierbei ist zu berücksichtigen, dass Deutschland, Frankreich und Italien Gründungsmitglieder der EU sind. Die Gesamtzahl der von ihnen bislang nominierten Kommissare ist somit wesentlich höher als die der 1973 beigetretenen Briten und der 1986 hinzugekommenen Spanier.

59 Ich danke Wolfgang C. Müller für den Hinweis, diesem Verhältnis empirisch weiter auf den Grund zu gehen. Die Daten über den (Mehrheits-/Minderheits-) Status der Regierungen wurden dem Band von Müller und Strøm (2003) entnommen. Aktuelle Daten zum (Mehrheits-/Minderheits-) Status der westeuropäischen Regierungen wurden mir von Wolfgang C. Müller und Bernhard Miller aus ihrem Projekt „Coalition conflict and intra-party politics" zur Verfügung gestellt. Die Informationen zum Status der Regierungen der osteuropäischen Regierungen wurden mehreren Jahrgängen der „Political Data" im European Journal of Political Research entnommen.

minierten 14 Kommissare (32,6 Prozent), die keiner Partei angehörten oder einer Partei, die nicht an der Regierung beteiligt war. 29 der 43 der von Minderheitsregierungen nominierten Kommissare waren jedoch parteiinklusiv. Das entspricht einem Anteil von 67,4 Prozent parteiinklusiven Kommissaren. Der Anteil an Kommissaren, die von Mehrheitsregierungen nominiert wurden und nicht die Parteizugehörigkeit einer Regierungspartei teilen, liegt bei 30,1 Prozent. Damit unterscheiden sich Minderheitsregierungen nur unwesentlich von Mehrheitsregierungen in ihrem parteibezogenen Nominierungsverhalten von Europäischen Kommissaren.

Die Ausführungen und Analysen der letzten beiden Absätze sollten allerdings nicht darüber hinwegtäuschen, dass mit knapp einem Fünftel lediglich eine Minderheit aller seit 1958 ernannten Kommissare überhaupt Oppositionskommissare waren. Bei der klaren Mehrheit der Personen, die von ihren mitgliedstaatlichen Regierungen ausgewählt wurden, handelt es sich um *parteiinklusive* Kommissare, die die Policy-Präferenzen ihrer Regierung teilen (vgl. Hypothese 1).

Grafik 4: Parteiinklusivität Europäischer Kommissare 1958 – 2007

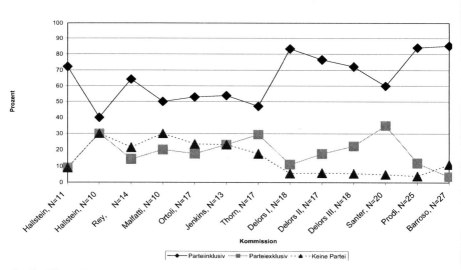

Quelle: Eigene Daten

Mit Blick auf Hypothese 4 macht Grafik 4 deutlich, dass der Anteil der parteiinklusiven Kommissare seit der Verabschiedung der Einheitlichen Europäischen Akte 1986 erheblich zugenommen hat, während gleichzeitig der Anteil an Oppositionskommissaren und der Anteil parteiloser Kommissare deutlich zurückgegangen ist. So betrug der (aggregierte) Anteil parteiinklusiver Kommissare in den ersten sieben

Kommissionen 54,3 Prozent (Standardabweichung (Stabw) 10,8). Dieser Anteil erhöhte sich für die sechs seit 1985 ernannten Kommissionen auf 76,9 Prozent (Stabw 9,7).[60] Die von der Veränderung des strukturellen (EU-) Handlungskontextes ausgehenden Handlungsanreize in Form zunehmender Kompetenzen der EU (Kapitel 2.1.) und der Erhöhung der Entscheidungsfähigkeit vor allem des Rates in der EG-Gesetzgebung in Form der Ersetzung der Einstimmigkeitsregel durch die qualifizierte Mehrheit (2.2.) zeigen sich demnach, wie in Hypothese 4 postuliert, bei der Auswahl von Kommissaren: Die Regierungen nominieren zunehmend solche Personen, die ähnliche Policy-Präferenzen haben. Für dieselben Zeiträume reduzierte sich darüber hinaus der Anteil der Kommissare ohne Parteizugehörigkeit von 22,1 Prozent (Stabw 7,3) auf 6,2 Prozent (Stabw 2,5).[61] Auch in diesen Zahlen spiegelt sich die bereits vorher getroffene Einschätzung wider, dass die empirische Grundlage dafür fehlt, die Europäischen Kommissare als unabhängige Technokraten zu behandeln.

Neben der Sicherstellung, dass ihr jeweiliger Kandidat über ähnliche Präferenzen verfügt, haben Regierungen bei der Auswahl ihrer Kommissarskandidaten ein besonderes Interesse daran, die Zuverlässigkeit ihrer Kandidaten mit Blick auf die spätere Ausübung ihres Amtes einzuschätzen (Kiewiet und McCubbins 1991: 30-31; Lupia 2003: 47). Diese Einschätzung der Zuverlässigkeit eines Kandidaten dient den mitgliedstaatlichen Regierungen zur Reduzierung des Risikos, dass der ausgewählte Kandidat bei der späteren Ausübung seines Amtes völlig unvorhergesehen und nicht im Interesse der Regierung und ihrer Klientel handelt, die ihn für das Amt nominierte. Selbstverständlich kann dies aber trotz sorgfältiger Prüfung eines Kandidaten und damit verbundener Einschätzung von dessen Zuverlässigkeit nicht ausgeschlossen werden. Allerdings kann das Risiko, dass sich der Kommissar nach seiner Ernennung als unzuverlässig herausstellt, durch eine sorgfältige Auswahl reduziert werden.

Wie bereits in 3.3. ausgeführt, lautet eine regelmäßig hervorgebrachte theoretische Vermutung, dass Personen in exekutiven Ämtern nach kurzer Zeit nicht mehr die Interessen der Partei oder Regierung vertreten, die sie für dieses Amt nominierte, sondern die sektoralen Interessen seines Zuständigkeitsbereiches und der von ihm politisch geführten Beamten. Die im letzten Abschnitt von mir diskutierten theoretischen Überlegungen müssten demnach unwirksam bleiben. Hinter einem derartigen Verhalten wird häufig vermutet, dass die Personen in exekutiven Ämtern durch den regelmäßigen Austausch mit den ihnen untergebenen Beamten in ein bestimmtes

---

60 Da die Mittelwerte nicht normalverteilt sind, wird hier der parameterfreie Mann-Whitney-U-Test angewendet, um zu sehen, ob sich die Mittelwerte für die beiden Perioden signifikant voneinander unterscheiden. Der zweiseitige Mann-Whitney-U-Test zeigt, dass die Differenz der Parteiinklusivität der Europäischen Kommissare für die beiden Untersuchungszeiträume statistisch signifikant ist (0,01). Die hier betrachteten Daten stellen eine Vollerhebung dar. Die Angaben zum Signifikanzniveau dokumentieren die Robustheit der Ergebnisse trotz möglicher unsystematischer Fehler in den zugrunde liegenden Quellen oder möglicher Vercodungsfehlern (Broscheid und Gschwend 2003).

61 Statistisch signifikant auf dem 0,01 Niveau, gemäß dem zweiseitigen Mann-Whitney-U-Test.

Rollenverständnis sozialisiert werden. Dieses durch Sozialisation erworbene Rollenverständnis führe dann dazu, dass die politisch Verantwortlichen das bereits oben angesprochene sektorale Verhalten zeigten (vgl. Andeweg 2000: 390-391). Liesbet Hooghe formuliert eine ähnliche theoretische Vermutung mit Blick auf die Beamten der Kommission: Obwohl aus unterschiedlichen Mitgliedstaaten kommend, würden diese im Laufe ihrer Kommissionskarriere in ein "supranationales" Rollenverständnis sozialisiert, so eines von Hooghes Szenarien, welches die Kommissionsbeamten ihr Handeln fortan am Ziel einer vertieften Integration ausrichten ließe (1999a; 1999b). Als eine der wenigen Vertreterinnen dieser Perspektive testete Hooghe ihr Argument umfangreich und systematisch anhand der von ihr erhobenen Daten. Aufgrund ihrer gewonnen empirischen Erkenntnisse verwirft Hooghe jedoch die Sozialisierungshypothese für Kommissionsbeamte. Stattdessen konstatiert sie, dass der Beruf, den die Beamten zuvor in ihrem jeweiligen Mitgliedstaat ausübten, sowie ihre Parteizugehörigkeit und die institutionelle Struktur des jeweiligen Mitgliedstaates, deren Präferenzen nachhaltig prägen:

> „The European Commission is surely among the most favorable sites for socialization of international norms. Yet the evidence suggests that Commission and international socialization is considerably weaker than socialization outside the Commission. [...] Hence, even in an international organization as powerful as the Commission, one finds that national norms, originating in prior experiences in national ministries, loyalty to national political parties, or diffuse national political socialization, decisively shape top officials' views on European norms" (Hooghe 2005: 887-888).

Obwohl Liesbet Hooghe keine empirischen Informationen zum Rollenverständnis, beziehungsweise den Präferenzen der Europäischen Kommissare vorlegt, können ihre theoretischen Überlegungen und die von ihr vorgelegten empirischen Ergebnisse dieses Kapitel informieren: Wenn sich bei den auf Lebenszeit in der Kommission angestellten Beamten keine empirischen Anzeichen einer EU-Sozialisation finden lassen, so kann die Plausibilität, dass der Sozialisierungsmechanismus für die nur vorübergehend in der Kommission agierenden Kommissare, denen ihre jeweilige Regierung zudem am Ende der jeweils fünfjährigen Amtszeit die Re-Nominierung verweigern kann, als sehr gering eingeschätzt werden.

Zur Einschätzung der Zuverlässigkeit eines Kommissarskandidaten können die in den mitgliedstaatlichen Regierungen vertretenen Parteien auf die Informationen über die Handlungen der in Frage kommenden Personen in zuvor ausgeübten politischen Ämtern zurückgreifen. Durch die Ausübung dieser Ämter erlangen die jeweiligen Kandidaten *politische Sichtbarkeit* (vgl. Kapitel 3.3., S. 59). Das Konzept der politischen Sichtbarkeit erfasst somit den Umfang an Informationen über das zurückliegende (politische) Handeln ihrer Kandidaten, über das die Parteien der auswählenden Regierungen potentiell verfügen. Unter Rückgriff auf die hinter dem Konzept des ex ante Screening stehenden Überlegungen in der Prinzipal-Agenten Theorie lässt sich folgende Hypothese zur politischen Sichtbarkeit Europäischer Kommissare ableiten:

Hypothese 2: Europäische Kommissare verfügen über eine hohe „politische Sichtbarkeit", die sie bei der Ausübung vorheriger Positionen in der politischen Arena erworben haben.

Von besonderem Interesse für die mitgliedstaatlichen Regierungen sollte die Fähigkeit ihrer Kandidaten sein, ein exekutives Amt auszuüben. Hierdurch hat der jeweilige Kandidat sowohl seine Fähigkeit zur Leitung eines bürokratischen Apparates demonstriert als auch sein Durchsetzungsvermögen und Verhandlungsgeschick gegenüber seinen (Minister-) Kollegen unter Beweis gestellt. Für die mitgliedstaatlichen Regierungen sind Informationen dieser Art von Interesse, da sie daraus Rückschlüsse auf die Durchsetzungsfähigkeit des Kandidaten bei der Vertretung ihrer Interessen in der exekutiven Politik der Europäischen Kommission ziehen können.

Hypothese 3: Europäische Kommissare haben durch die politische Leitung nationaler Ministerien eine hohe „politische Sichtbarkeit" im Bereich exekutiver Politik erworben.

In der Tat verfügen Europäische Kommissare über eine relativ hohe politische Sichtbarkeit: Von den 217 bis heute ernannten Kommissaren[62] waren 55,3 Prozent (N=120; N=5 fehlende Werte) zuvor als Minister in der nationalen Arena ihres jeweiligen Herkunftslandes aktiv. Darüber hinaus hielten 63,1 Prozent (N=137; N=6 fehlende Werte) aller Kommissare zuvor ein Mandat in ihrem jeweiligen nationalen Parlament. Demgegenüber fällt der Anteil der Kommissare, die vor ihrer Ernennung als Europaparlamentarier aktiv waren mit 16,6 Prozent (N=36; N=6 fehlende Werte) relativ gering aus. Schließlich erweisen sich 24,9 Prozent der Kommissare als besonders aktive und anerkannte Parteipolitiker (vgl. Strøm und Müller 1999: 14), indem sie vor ihrer Ernennung dem Vorstand ihrer Partei angehörten. Diese über alle Kommissionen hinweg aggregierten Informationen machen deutlich, dass der Anteil der politisch sichtbaren Kommissare relativ hoch ist. Den Regierungen, die sie für das Amt nominierten, standen somit umfangreiche Informationen zu ihren Kandidaten zur Verfügung. Damit ist die Wahrscheinlichkeit, dass Regierungen aufgrund mangelnder Informationslage "ungeeignete" Kandidaten auswählen als eher gering zu betrachten. Gleichzeitig findet Hypothese 3 aus dieser aggregierten Perspektive keine empirische Unterstützung: Vergleicht man den Anteil derjenigen Kommissare, die vor ihrer Nominierung ein Ministeramt innehatten, mit dem Anteil derjenigen, die zuvor als nationale Parlamentarier aktiv waren, so scheint die Erfahrung und

---

62 Die Angaben beziehen sich auf alle 217 seit 1958 ernannten Kommissare. Mehrfachzählungen der Eigenschaften einer Person sind möglich, wenn diese mehrfach als Kommissar in unterschiedliche Kommissionen ernannt wurde. Die Mehrfachberücksichtigung der politischen Eigenschaften einer Person ist erforderlich, da die für den Test von Hypothese 3 relevanten empirischen Informationen die politischen Eigenschaften derjenigen Personen sind, die in der jeweiligen Kommission als Kommissare tätig sind. Dabei spielt es keine Rolle, ob ein Kommissar erneut nominiert wurde oder erstmals ernannt wurde. Entscheidend ist der Anteil politisch sichtbarer Kommissare in den jeweiligen Kommissionen. Stand: Januar 2008.

Bewährung eines Kandidaten als Minister kein überproportional wichtiges Kriterium für die Regierungen bei der Auswahl ihrer Kommissare zu sein.

Grafik 5: Politische Sichtbarkeit Europäischer Kommissare 1958 – 2007

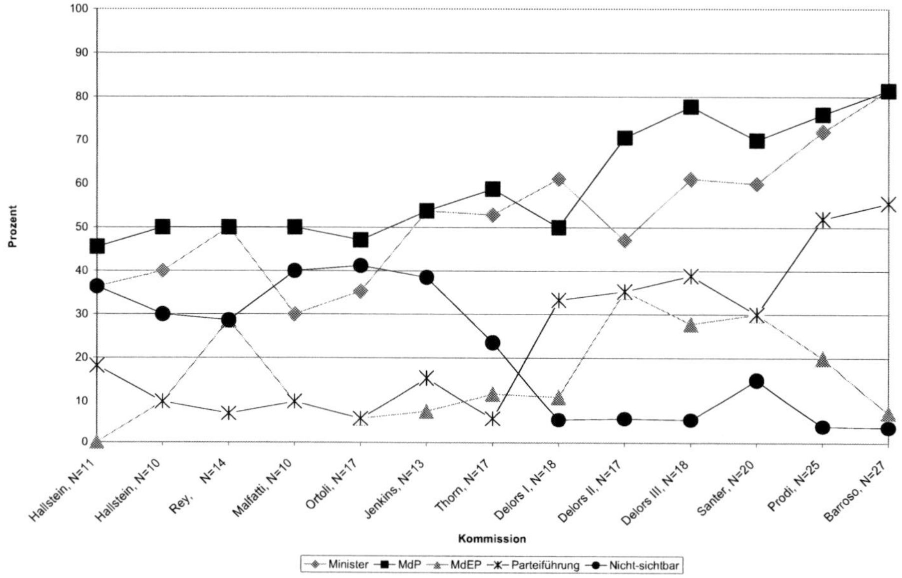

Quelle: Eigene Daten

Die Tatsache, dass der Anteil derjenigen Kommissare, die vor ihrer Ernennung Europaabgeordnete waren, relativ zu demjenigen Anteil die zuvor als nationale Parlamentarier aktiv waren, relativ gering ist, spricht gegen die von Tsebelis und Garrett hervorgebrachte Selbst-Selektionsthese (vgl. Kapitel 3.3.). Spätestens mit der 1993 erfolgten Einführung des Mitentscheidungsverfahrens, das dem Europäischen Parlament in der EG-Gesetzgebung Vetomacht verleiht und zur Verabschiedung fast aller für den Binnenmarkt relevanten Gesetze angewendet wird, wurde das Europäische Parlament als einflussreicher Akteur der EG-Gesetzgebung etabliert. Sein Einfluss auf die EU-Politik ist zweifellos größer als der aller mitgliedstaatlichen Parlamente. Gäbe es in der Tat eine Selbstselektion unter Kommissaren, die dazu führt, dass ausschließlich äußerst pro-integrationistische Personen in dieses Amt kommen, müsste zumindest für die jüngst ernannten Kommissare der Anteil derjenigen, die zuvor im Europäischen Parlament tätig waren, erheblich höher sein.

114

Grafik 6:   Politisch nicht-sichtbare Kommissare 1958 – 2007

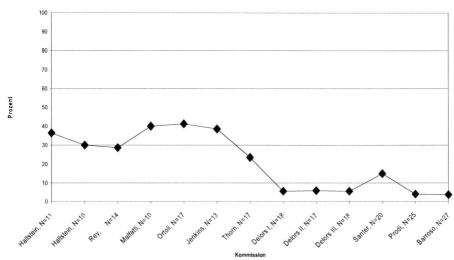

Quelle: Eigene Daten

Eine weitere Information, die sich gewissermaßen aus der Umkehrung der Logik der politischen Sichtbarkeit zur Bewertung von Hypothese 2 ergibt, ist der Anteil derjenigen Kommissare, die vor ihrer Nominierung keines der politischen Ämter besetzten, die ihnen gemäß der Konzeptionalisierung der vorliegenden Arbeit politische Sichtbarkeit verleihen. Diese Kommissare können als nicht-sichtbar bezeichnet werden, da den auswählenden Regierungen im Rahmen ihres ex-ante Screening keine Informationen zur Ausübung zuvor gehaltener politischer Ämter des jeweiligen Kandidaten zur Verfügung stehen.[63] Der Anteil der im Rahmen des ex-ante Screening politisch nicht-sichtbaren Kommissare beträgt lediglich 18,0 Prozent (N=39; N=6 missing). Ergänzt man die Angaben zur politischen Sichtbarkeit von Kommissaren durch Informationen zur politischen Nicht-Sichtbarkeit, so findet Hypothese 2 eine weitgehende empirische Bestätigung: Nur über knapp ein Fünftel aller seit 1958 ernannten Kommissare besaßen die nominierenden Regierungen keine einschlägigen

---

63 Es sei darauf hingewiesen, dass selbstverständlich auch in diesem Fall die theoretisch motivierte Spezifikation des Konzepts der Nicht-Sichtbarkeit den empirisch ermittelten Wert sehr stark beeinflusst. Dies kann dazu führen, dass Kommissare, die in einem anderen als den vier von mir berücksichtigten politischen Ämtern aktiv waren, als nicht-sichtbar gewertet werden. Allerdings erachte ich diese Ämter als theoretisch besonders relevant. Zudem muss bei empirischer Arbeit notwendigerweise eine Abstraktion gegenüber der komplexen Realität erfolgen, die in diesem Fall jedoch eher zu einer Unterschätzung als zu einer Überschätzung der politischen Sichtbarkeit von Kommissaren führt. Das gewählte konzeptionelle Vorgehen stellt damit keine empirische Privilegierung der von mir überprüften Hypothesen dar.

Informationen zur Ausübung politischer Ämter ihrer Kandidaten. Bei der absoluten Mehrzahl der Kommissare hingegen konnten die Regierungen auf Erfahrungen mit der Person zurückgreifen, die die Mitglieder der Regierungsparteien mit dieser in der nationalen politischen Arena machten.

Berücksichtigt man auch für die empirische Untersuchung der politischen Sichtbarkeit der Kommissare das über Zeit zunehmende politische Gewicht der Europäischen Union (Hypothese 4) (vgl. Grafik 5, S. 114), so findet Hypothese 2 eine noch klarere Bestätigung. Mit der Beendigung der durch den Luxemburger Kompromiss verursachten Entscheidungsblockade im Rat durch die Einheitliche Europäische Akte und der dadurch gleichzeitig erfolgten institutionellen und politischen Aufwertung der Europäischen Kommission (vgl. Kapitel 2.1.) nimmt die politische Sichtbarkeit Europäischer Kommissare erheblich zu. Für den Zeitraum nach 1985 findet Hypothese 2 somit eine klare empirische Bestätigung.[64] In der 1985 ernannten Kommission hat lediglich ein Kommissar, der deutsche Kommissar für Ökonomie und Beschäftigung Alois Pfeiffer, vor seiner Ernennung kein herausgehobenes politisches Amt bekleidet. Vielmehr war er als Gewerkschaftsfunktionär unter anderem im Deutschen Gewerkschaftsbund (DGB) tätig. Auch in der neunten, zehnten und zwölften Kommission war lediglich ein nicht-sichtbarer Kommissar vertreten. Lediglich die Santer-Kommission bildet eine Ausnahme. In dieser waren nach der von mir definierten Konzeptspezifikation drei politisch nicht-sichtbare Kommissare vertreten: Der italienische Binnenmarkt-Kommissar Mario Monti (parteilos), der französische Kommissar für Ökonomie und Finanzen Yves-Thibault de Silguy (RPR) sowie die deutsche Regionalkommissarin Monika Wulf-Mathies (SPD). In der aktuell amtierenden Barroso-Kommission hat lediglich der rumänische Kommissar Orban kein hier als „politisch" definiertes Amt ausgeübt; allerdings leitete war er vor seiner Ernennung Staatssekretär im rumänischen Ministerium für Europäische Integration und leitete als Chefunterhändler die Beitrittsverhandlungen für sein Land.[65]

Die bislang diskutierten Daten zur politischen Sichtbarkeit der Kommissare bestätigen Hypothese 3 nicht. Zwar agierte mit 55,3 Prozent mehr als die Hälfte aller Kommissare vor ihrer Nominierung als nationaler Minister. Der Anteil der Kommis-

---

64 Für die Kommissare der zwischen 1958 und 1981 ernannten Kommissionen beträgt die durchschnittliche politische Nicht-Sichtbarkeit 34,0 Prozent. Dahingegen waren die Kommissare der ab 1985 ernannten Kommissionen im Durchschnitt lediglich in 6,6 Prozent der Fälle politisch nicht-sichtbar. Die Differenz ist signifikant gemäß dem zweiseitigen Mann-Whitney U Test.

65 Die Tatsache, dass in der Barroso-Kommission fast alle Kommissare über politische Sichtbarkeit verfügen ist auch vor dem Hintergrund der weiter oben diskutierten parteilichen Inklusivität interessant: Zwar wurden vier parteilose Kommissare in die Barroso-Kommission ernannt. Gleichzeitig jedoch haben sich, bis auf den rumänischen Kommissar Orban, alle Kommissare der Barroso-Kommission vor ihrer Ernennung eine politische Sichtbarkeit erworben. Dies schränkt Plausibilität der reinen Expertenperspektive auf die Europäischen Kommissare, gemäß derer die Regierungen mit der Nominierung "unabhängiger" Kommissare glaubhaft signalisieren wollen, dass sie die Unabhängigkeit der Europäischen Kommission unterstützen, weiter ein.

sare, die vor ihrer Ernennung Mitglied des nationalen Parlaments im jeweiligen Mitgliedstaat waren ist jedoch größer (63,1 Prozent). Die Bewährung als nationaler Minister und die hierdurch mögliche Einschätzung der Durchsetzungsfähigkeit des Kandidaten in der exekutiven Politik der Europäischen Kommission ist, wenn man die über alle 13 Kommissionen aggregierten Daten betrachtet, für die mitgliedstaatlichen Regierungen offensichtlich kein überproportional wichtiges Selektionskriterium. Gleichzeitig ist bei dieser Interpretation zu berücksichtigen, dass die Zahl der zu vergebenden Ministerämter wesentlich geringer ist als die Zahl von Abgeordnetenmandaten. Grafik 5 auf Seite 113 zeigt jedoch, dass auch der Anteil der Kommissare, die zuvor als nationaler Minister tätig waren, über Zeit zunimmt. Übten in den ersten sieben Kommissionen im Durchschnitt 42,6 Prozent (Stabw 9,5) vor ihrer Ernennung zum Kommissar ein Ministeramt in ihrem Herkunftsland aus, so stieg dieser Anteil für die sechs seit 1985 ernannten Kommissionen auf 63,8 Prozent (Stabw 11,7).[66] Die durch Hypothese 4 zum Ausdruck kommende politische Dynamik der EU findet somit auch mit Blick auf die ex-ante Sichtbarkeit der Kommissare in exekutiven Ämtern Bestätigung. Dieser Zusammenhang ist ein wenig schwächer als bei der Entwicklung der Nicht-Sichtbarkeit der Kommissare über Zeit, jedoch ebenfalls sehr deutlich.

Trotz der sorgfältigen Auswahl ihrer Kommissare können die mitgliedstaatlichen Regierungen nicht ausschließen, dass die von ihnen ausgewählten Personen in den politischen Entscheidungsprozessen der Europäischen Kommission entgegen ihren Interessen handeln. Die Regierungen haben jedoch die Möglichkeit solches Handeln zu sanktionieren, indem sie Kommissare nach Ablauf der Amtszeit nicht noch einmal nominieren. Dies sollte sich disziplinierend auf das Handeln der Kommissare auswirken. Handelte ein Kommissar wiederholt nicht im Sinne seiner Regierung, ist es aus der in dieser Arbeit entwickelten Prinzipal Agenten Perspektive auf die Europäische Kommission unwahrscheinlich, dass die Regierung ihn beim nächsten Mal noch einmal nominiert.

Hypothese 5: Mit der Verweigerung der Re-Nominierung oder der Verweigerung des Zugangs zu politischen Ämtern in der nationalen Arena verfügen die mitgliedstaatlichen Regierungen über (ex post) Möglichkeiten zur Sanktionierung „abweichenden" Verhaltens ihrer Kommissare.

Die Nichtnominierung eines Kandidaten für eine zweite Amtszeit kann somit als Sanktion interpretiert werden. Darüber hinaus haben die Parteien, denen die jeweiligen Kommissare angehören die Möglichkeit, diesen Personen den künftigen Zugang zu von Parteien besetzten politischen Ämtern in der nationalen Arena zu verweigern, wodurch sich die potentiellen Kosten für "abweichendes" Verhalten für einen Kommissar noch erhöhen. Mit der Ersetzung eines Kandidaten nach Ablauf der Amtszeit der Kommission durch einen anderen Kandidaten kann die jeweilige Re-

---

66 Signifikant auf dem 0,01 Niveau (Mann-Whitney-U-Test).

gierung versuchen, ihren Einfluss auf die Politik der Kommission wieder herzustellen.

Eine alternative Erklärung für eine nicht erfolgte Wiedernominierung eines Kommissars stellt ein Regierungswechsel im jeweiligen Mitgliedstaat dar. Die neue Regierung könnte ihr Nominierungsrecht nutzen, um einen ihr vertrauten Kandidaten zu nominieren. Eine solche Nominierung entspräche der theoretischen Erwartung dieser Arbeit, kann jedoch nicht als Sanktionierung eines Kommissars durch seine Regierung verstanden werden.

Die 217 bislang vergebenen Kommissarsposten[67] wurden von 129 verschiedenen Personen ausgeübt. 64 Personen wurden mehr als einmal ernannt. 45 der 64 Personen wurden einmal wiederernannt (35,4 Prozent). 15 Personen (11,8 Prozent) dienten in drei unterschiedlichen Kommissionen. Drei Personen (2,4 Prozent) wurden dreimal wiederernannt. Der deutsche Sozialdemokrat Wilhelm Haferkamp schließlich ist der bislang einzige Kommissar, der viermal wieder ernannt wurde und somit insgesamt fünf Amtszeiten als Kommissar absolvierte. 63 der 127 Personen wurden lediglich einmal ernannt (49,6 Prozent). Die Tatsache, dass knapp weniger als die Hälfte der Kommissare lediglich eine Amtszeit dienen, macht deutlich, dass die mitgliedstaatlichen Regierungen aktiv von ihrem Recht Gebrauch machen, ihre Kandidaten nach Ablauf einer Amtsperiode zu ersetzen. Mögliche Motive der Nichtwiedernominierung werden in den nächsten Absätzen empirisch untersucht.

Die quantitative Überprüfung der Post-Kommissionskarrieren ehemaliger Kommissare in den nationalen politischen Arenen ist aufgrund der bestehenden Datenlage äußerst schwierig. Grundsätzlich besteht das Problem, dass für einen erheblichen Teil der Kommissare keine Informationen zu ihrer Karriere nach dem Verlassen der Kommission zur Verfügung stehen (circa 50 Prozent). Für die Fälle, für die Informationen vorliegen, ist die Datenlage äußerst lückenhaft. Fälle, in denen ehemalige Kommissare nicht direkt, sondern nur mit erheblicher zeitlicher Verzögerung in öffentlich wirksame Ämter gelangten, können in dieser Arbeit nicht berücksichtigt werden, da entsprechende Informationen in den meisten Fällen nicht systematisch vorliegen und die Recherche solcher Informationen im Rahmen dieser Arbeit nicht geleistet werden konnte. Die folgenden empirischen Aussagen über Wiedereintritte der Kommissare in die nationale Politik müssen aufgrund der Informationslage deshalb unter relativ hoher Unsicherheit getroffen werden.

---

67 Bei Kommissaren, die keine vollständige Amtszeit in der Kommission absolvierten und nochmals ernannt werden, wird die erste Ernennung gleich gewertet wie bei Kommissaren, die eine vollständige Amtszeit absolvierten. Das entscheidende Kriterium ist die Entscheidung einer mitgliedstaatlichen Regierung, eine Kandidatin oder einen Kandidaten nochmals zu ernennen (Stand: Januar 2008). Alle Personen, die bislang als Kommissare dienten, einschließlich derjenigen der Barroso-Kommission, wurden in die Analyse einbezogen. Die Zahl der untersuchten Individuen beträgt somit N=129. Jede Person wird nur einmal gewertet, um auszuschließen, dass die Ergebnisse durch die Mehrfachberücksichtigung der Eigenschaften einer Person verzerrt werden.

Bei 38,9 Prozent (N=42) aller Kommissare[68], die nicht für eine weitere Amtszeit nominiert und ernannt wurden und damit aus der jeweiligen Kommission ausschieden, hat sich die parteiliche Zusammensetzung ihrer jeweiligen mitgliedstaatlichen Regierung derart geändert, dass die Partei des Kommissars bei der erneuten Ernennung nicht mehr in der Regierung vertreten war. Gemäß der theoretischen Perspektive dieser Arbeit wird das Ausscheiden dieser Kommissare als Entscheidung der jeweiligen Regierungen interpretiert, einen ihnen jeweils nahestehenden und vertrauten Politiker zu nominieren (vgl. Hypothese 1). Für 12,0 Prozent (N=13) der Fälle fällt diese Interpretation aus, da sie keiner Partei angehörten. Sie könnten entweder durch einen Vertrauten der Regierung ersetzt worden sein – oder die Regierung war mit ihrer Arbeit unzufrieden und ersetzte sie deshalb. Schließlich ist die Partei von 46,3 (N=50) Prozent der nicht noch einmal nominierten Kommissare zum Zeitpunkt des Ausscheidens des Kommissars noch in der Regierung vertreten. Bei diesen Kommissaren liegt die Vermutung am nächsten, dass die Regierung mit der Arbeit ihres Kommissars nicht zufrieden war, beispielsweise weil der Kommissar die Positionen seiner Regierung bei seinem Handeln nicht oder unzureichend berücksichtigte.

Dabei ist jedoch zu berücksichtigen, dass die 50 Kommissare, deren Partei zum Zeitpunkt der Wiederernennung noch in der Regierung vertreten war, im Durchschnitt 58,6 Jahre alt waren.[69] Ein Teil der Kommissare könnte deshalb aus Altersgründen aus der Kommission ausgeschieden sein. Weiterhin kehrten zwölf (24 Prozent) der insgesamt 50 Kommissare, die trotz ihrer Parteiinklusivität und obwohl ihre Partei noch in der jeweiligen Regierung vertreten war, abberufen wurden und für die gleichzeitig Informationen verfügbar sind[70], in ein stark sichtbares nationales politisches Amt[71] zurück. Zwei Kommissare agierten nach ihrer Kommissionslaufbahn ausschließlich als nationale Parlamentarier, vier agierten ausschließlich als Minister, einer agierte ausschließlich als Europaabgeordneter, drei agierten als nationale Parlamentarier und Minister, einer als nationaler Minister und Europaabgeordneter und schließlich agierte ein Kommissar nach seinem Ausscheiden aus der Kommission als nationaler Minister, nationaler Parlamentarier und Europaabgeordneter.

---

68 Die Kommissare der aktuellen Barroso-Kommission sind aus dieser Analyse selbstverständlich ausgeschlossen. Damit reduziert sich die Zahl der untersuchten Personen auf N=108. Gewertet wurden nur die Angaben zu den Personen, die die Kommission nach ihrer jeweils letzten Amtszeit verließen, um entweder eine andere Aufgabe anzunehmen oder in den beruflichen Ruhestand zu gehen.

69 Der Median-Wert beträgt 59,0 Jahre. Der jüngste „parteiinklusive" Kommissar war bei seinem Ausscheiden 44 Jahre alt und der älteste 72 Jahre.

70 Für N=31 Kommissare (62,0 Prozent) wurden keine Informationen gefunden, die darüber Auskunft geben, ob der Kommissar nach seinem Ausscheiden aus der Kommission ein weiteres der hier untersuchten Ämter bekleidete.

71 Berücksichtigt werden an dieser Stelle diejenigen Ämter, die in das Konzept der politischen Sichtbarkeit (Grafik 5, S. 114) eingeflossen sind: Premierminister (oder Äquivalent), nationale Minister, nationale Parlamentarier, Europaparlamentarier.

Der Wiedereinstieg in die nationale politische Arena spricht gegen die Interpretation, dass diese Politiker in der Kommission entgegen der Interessen ihrer Parteien handelten, denn es erscheint unwahrscheinlich, dass stark von der Parteilinie abweichende Kommissare noch einmal von ihrer Partei für die Ausübung eines wichtigen politischen Amtes nominiert werden.

Andere Kommissare kehrten ebenfalls in die nationale Politik zurück, jedoch (noch) nicht in die stark sichtbaren politischen Ämter, die in dieser Arbeit theoretisch und analytisch erfasst werden. Beispielsweise sitzt die ehemalige spanische Kommissarin Loyola de Palacio (Partido Popular) seit ihrem Ausscheiden aus der Prodi-Kommission (2004) dem „Council on Foreign Affairs" der Partido Popular vor. Dasselbe gilt für den aus der Prodi-Kommission ausgeschiedenen portugiesischen Kommissar Antonio Vitorino (Partido Socialista). Dieser spielte im portugiesischen Wahlkampf Anfang 2005 eine führende Rolle. Prodi selbst war in der Wahl zum italienischen Parlament im April 2006 der linke Gegenkandidat Silvio Berlusconis, gewann diese und wurde im Mai 2006 zum italienischen Ministerpräsident gewählt. Obwohl all diese ehemaligen Kommissare weiterhin innenpolitisch aktiv sind, können sie hier nicht weiter berücksichtig werden, da die systematische Erfassung solcher Ämter im Rahmen dieser Arbeit nicht möglich war. Schließlich nahmen sechs der trotz ihrer Parteiinklusivität nicht wieder nominierten Kommissare einen Posten in der Industrie an und der finnische Kommissar Erkki Liikanen, Kommissar der Prodi-Kommission, wurde Zentralbankdirektor seines Heimatlandes. Die empirischen Erkenntnisse über den Verbleib der nicht wiederernannten Kommissare zeigen für einen Teil der Kommissare, dass sie in prominenter Funktion wieder in die Politik ihres Heimatlandes zurückkehrten. Aufgrund der in dieser Arbeit vorgenommenen Operationalisierung wurde ihre Rückkehr in die nationale politische Arena in der quantitativen Analyse nicht erfasst. Dies verdeutlicht, dass die Operationalisierung der politischen Ämter zu einer konservativen Einschätzung führt, die die in der vorliegenden Arbeit formulierten Hypothesen nicht privilegiert.

Insgesamt lassen die oben präsentierten Fakten den Schluss zu, dass es sich bei den Europäischen Kommissaren nicht, wie in weiten Teilen der EU-Literatur vertreten, um unabhängige Experten handelt. Der Anteil derjenigen Kommissare, die zum Zeitpunkt ihrer Nominierung keiner Partei angehörten und vor ihrer Nominierung kein exponiertes politisches Amt bekleideten, ist gering. Vielmehr werden Europäische Kommissare vor allem aus den in den Regierungen der jeweiligen Mitgliedstaaten vertretenen politischen Parteien rekrutiert. Darüber hinaus nominieren die mitgliedstaatlichen Regierungen selten politisch nicht-sichtbare Kommissare. Schließlich zeigt die Untersuchung über Zeit, dass die mitgliedstaatlichen Regierungen die in den Hypothesen dieses Unterkapitels explizierten politischen Kriterien bei der strategischen Auswahl ihrer Kommissare seit 1985 zunehmend anwenden (vgl. Kapitel 2.4.).

5.3. Portfolioverteilung in der Europäischen Kommission

Die Gesetzesvorschläge der Europäischen Kommissare werden in den Generaldirektionen und Diensten der Europäischen Kommission und dort wiederum von den Mitarbeitern der einschlägigen Referate und Abteilungen vorbereitet (Nugent 2001: 134-161). In ihrer Struktur und in ihrer Funktion gleichen die Generaldirektionen und Dienste Fachministerien in den Mitgliedstaaten. Die Kommissare sind für die Ausarbeitung von Entscheidungsvorlagen in ihrem politischen Zuständigkeitsbereich auf die Vorlagen der Fachbürokratie ihrer jeweiligen Generaldirektion angewiesen. Gleichzeitig stellt die in den Generaldirektionen vereinigte personelle und bürokratische Kompetenz für den Kommissar, der die jeweilige Generaldirektion politisch[72] leitet, eine wertvolle Ressource im internen Entscheidungsprozess der Kommission dar. Die politische Leitung und der damit verbundene Zugriff auf das Fachwissen einer Generaldirektion versetzen ihn gegenüber seinen Kollegen in eine informationell privilegierte Position bei der Bestimmung der Politik der Kommission in diesem Bereich. Außerdem verleiht die politische Leitung einer Generaldirektion einem Kommissar Einfluss in den internen Entscheidungsprozessen der Kommission, da er bei Entscheidungsvorschlägen in seinem Zuständigkeitsbereich institutionelle Privilegien gegenüber seinen Kommissarskollegen genießt.[73] Aufgrund der mit den Generaldirektionen verbundenen Einflussmöglichkeiten, sollte die Verteilung der Kommissionsportfolios für die mitgliedstaatlichen Regierungen und die darin vertretenen Parteien von erheblichem Interesse sein. Im Folgenden wird untersucht, ob es bei der Besetzung einzelner Generaldirektionen Konzentrationen gibt.[74] Zu beobachtende Konzentrationen werden als Indikator dafür gewertet, dass sich einzelne Regierungen bei der Verteilung der Zuständigkeiten gegenüber anderen Regierungen überproportional häufig durchsetzen konnten, um sich durch die Leitung und dem damit verbundenen Rückgriff auf die personellen und institutionellen

---

72 Die administrative Leitung der Generaldirektionen obliegt den Generalsekretären der Generaldirektionen und Dienste. Aus diesem Grund wird im Zusammenhang mit der Leitung der Generaldirektionen durch die Kommissare von politischer Leitung gesprochen.

73 Wie im nächsten Kapitel noch ausführlicher diskutiert wird, muss die Kommission auf Verlangen des Rates oder des EP gesetzgeberisch tätig werden. Die Kommissare besitzen somit keine *Gate Keeping*-Macht, die es ihnen erlauben würde, Vorschläge von der legislativen Tagesordnung der EU zu halten. Außerdem werden in den Kapitel 6 und 7 die institutionellen Möglichkeiten eingeschätzt, die andere Kommissare besitzen, um auf die Vorschläge des federführenden Kommissars Einfluss zu nehmen.

74 Da sich die Regierungen und die Parteien des Gewichts der Generaldirektionen bewusst sind, könnten sie versuchen bestimmte Portfolios zu besetzen, um politische Initiativen besonders darin interessierter Akteure zu vereiteln. Regierungen, die eine niedrige Umweltregulierung bevorzugen, wissen, dass die Regierungen nordeuropäischer Mitgliedstaaten eine starke Präferenz für hohe Umweltstandards haben. Sie könnten deshalb versuchen die Besetzung der GD Umwelt durch einen nordeuropäischen Kommissar zu verhindern und stattdessen versuchen einen ihrer Kommissare in diesem Amt zu installieren. Die Erwartungen an die empirischen Besetzungsmuster der Kommissionsportfolios sind dementsprechend gegenteilig.

Ressourcen bestimmter Kommissionsportfolios den davon zu erwartenden Einfluss auf die Kommissionspolitik in dem jeweiligen Politikfeld zu sichern.

Die Untersuchung von Konzentrationen in der Besetzung der unterschiedlichen Kommissions-Portfolios erfolgt entlang zweier analytischer Dimensionen[75]: Zum einen wird untersucht, ob es nationale Konzentrationen bei der Besetzung einzelner Portfolios gibt, so dass Länder mit besonderen Interessen an den Inhalten bestimmter Politikbereiche die jeweiligen Portfolios häufiger besetzen als andere Länder. Zum anderen werden eventuell auftretende Konzentrationen in der Besetzung einzelner Portfolios entlang der Parteizugehörigkeit der Kommissare untersucht. Bereits in Kapitel 3.3. wurden Hypothesen zur erwarteten Konzentration in einzelnen Generaldirektionen formuliert. Für einen Teil der Portfolios lassen sich keine theoretischen Erwartungen bilden. Die Ergebnisse für diese Portfolios werden in Fußnoten berichtet.

Die Untersuchung und Bewertung mitgliedstaatlicher und parteilicher (Über-) Repräsentation bei der Besetzung der Kommissionsportfolios wird anhand dreier unterschiedlicher Konzentrationsmaße vorgenommen[76]: *Pluralitäre Konzentration* bezeichnet die Fälle, in denen ein Portfolio von einem Akteur (relativ) häufiger besetzt wird als von anderen Akteuren. Wenn also beispielsweise Österreich für zwei Amtszeiten die GD Landwirtschaft besetzt und diese Generaldirektion während der restlichen vier Amtszeiten von jeweils verschiedenen Mitgliedstaaten gehalten wird, dann wird für die GD Landwirtschaft eine pluralitäre nationale Konzentration festgestellt. Die *majoritäre Konzentration* bezeichnet diejenigen Portfolios, in denen eine Partei oder ein Mitgliedstaat das jeweilige Portfolio größer oder gleich der Hälfte aller möglichen Besetzungen während des Untersuchungszeitraums gehalten hat. Schließlich bleiben diejenigen Portfolios, bei denen keinerlei Konzentration festgestellt werden kann, da sich ihre Besetzung mit jeder Amtszeit ändert.

---

75 Bei der Interpretation der deskriptiven Darstellungen in diesem Unterkapitel ist zu beachten, dass der Zuschnitt einzelner Generaldirektionen sich von Kommission zu Kommission unterscheiden kann. Diese Tatsache schränkt die Vergleichbarkeit der Generaldirektionen über Zeit ein. Die Kernaufgaben und Kernkompetenzen der Generaldirektionen sollten jedoch unverändert bleiben. Um die Vergleichbarkeit möglichst sicherzustellen, beschränken sich die folgenden Beschreibungen auf den Zeitraum nach der Ernennung der Delors I Kommission (> 1985).

76 Bei der Betrachtung der zehn Mitgliedstaaten ist zu berücksichtigen, dass die zehn 2004 beigetretenen osteuropäischen Mitgliedstaaten noch kein Portfolio mehrfach halten konnten und deshalb à priori für keines dieser Konzentrationskriterien in Frage kommen. Darüber hinaus haben Kommissare aus den 1995 beigetretenen Mitgliedstaaten Finnland, Österreich und Schweden eine geringere Wahrscheinlichkeit ein bestimmtes Portfolio mehrfach und damit überproportional häufig gehalten zu haben, da Kommissare dieser Länder von den theoretisch für den Untersuchungszeitraum möglichen sechs Vergaben von Generaldirektionen für lediglich drei in Frage kamen. Ließe sich für eines dieser Länder eine nationale Konzentration bei der Besetzung einer bestimmten Generaldirektion zeigen, spräche dies umso stärker für die Geltung der in den Hypothesen 6 und 7 formulierten Zusammenhänge.

Die Untersuchungseinheiten der folgenden Analyse sind 26 verschiedene Generaldirektionen und Dienste der Europäischen Kommission.[77] Der Untersuchungszeitraum ist auf die sechs Europäischen Kommissionen, die zwischen 1985 (Delors I) und 2004 (Barroso) amtierten, beschränkt. Auf diese Weise soll die Vergleichbarkeit der Untersuchungseinheiten sichergestellt werden. Die Generaldirektionen erfuhren im Laufe der Zeit organisatorische Veränderungen, wodurch sich ihre Zuständigkeiten änderten. Darüber hinaus kamen im Laufe der Zeit Generaldirektionen hinzu. Schließlich hat das Gewicht einzelner Generaldirektionen im Laufe der Zeit zugenommen, da die EU zunehmende Entscheidungskompetenzen in dem jeweiligen Bereich erhielt (Kapitel 2.1.). Bevor die empirischen Ergebnisse über Konzentrationen bei der Besetzung bestimmter Generaldirektionen präsentiert werden, werden im Folgenden kurz die institutionellen Regeln dargelegt, nach denen die Vergabe der Portfolios formal zu erfolgen hat.

Bis zum Inkrafttreten des Vertrages von Nizza war die Verantwortung für die Verteilung der politischen Leitung der Generaldirektionen und Dienste in der Kommission nicht formal institutionell geregelt. Vielmehr wurden die politischen Zuständigkeiten in der Kommission im Rahmen informeller Verhandlungen zwischen den mitgliedstaatlichen Regierungen ausgehandelt (Nugent 2001: 105). Seit 2003 bestimmt der EGV, dass allein der Kommissionspräsident über die Zuständigkeiten der einzelnen Kommissare entscheidet. Nachdem die Kommissare ernannt wurden, legt der Kommissionspräsident fest, welche Generaldirektionen die Kommissare jeweils leiten (Art. 217 II EGV). Das Amt des Kommissionspräsidenten erfuhr hierdurch einen erheblichen institutionellen Machtzuwachs. Gleichzeitig ist jedoch, wie bereits bei der Diskussion des Einflusses des Kommissionspräsidenten bei der Bestellung der Kommissare (Kapitel 5.1.), zu bezweifeln, dass der Kommissionspräsident die politische Stärke besitzt, sich über die Ansprüche der mitgliedstaatlichen Regierungen auf einzelne Portfolios hinwegzusetzen. Eine systematische Überprüfung des relativen Einflusses mitgliedstaatlicher Regierungen und des Kommissionspräsidenten auf die Verteilung der Portfolios lässt sich nicht vornehmen, da die

---

77 Auswärtige Beziehungen, Ökonomie/Finanzielle Angelegenheiten, Industrie, Wettbewerb, Beschäftigung/Soziales, Landwirtschaft, Transport, Entwicklung, Personal/Verwaltung, Information/Kultur/Kommunikation/Audio, Umwelt, Wissenschaft/Forschung, Telekommunikation, Fischerei, Binnenmarkt, Regionalpolitik, Energie, Haushalt, Finanzkontrolle, Besteuerung/Zollunion, Bildung/Jugend, Unternehmen, Verbraucherschutz, Handel, Erweiterung, Justiz/Inneres.

mitgliedstaatlichen Regierungen im Zuge des Ernennungsprozesses nur vereinzelt ihre Präferenzen für die Leitung bestimmter Ressorts öffentlich äußern.[78]

Nationale Konzentrationen in der Besetzung von Generaldirektionen

Wie bereits in Kapitel 3.3. dargelegt, gibt es theoretische Gründe dafür, dass Regierungen verschiedener EU-Mitgliedstaaten unterschiedlich starke Interessen an der Besetzung der verschiedenen Generaldirektionen der Europäischen Kommission haben. Die jeweiligen Mitgliedstaaten könnten sich von der erwarteten privilegierten Rolle bei der Gestaltung der Politik der Europäischen Kommission in dem von ihrem Kommissar verantworteten Bereich elektorale, ökonomische oder ideologische Vorteile versprechen. In der Literatur wird regelmäßig argumentiert, dass die nordeuropäischen EU-Mitgliedstaaten ein starkes Interesse an einem hohen Niveau europäischer Umwelt- und Verbraucherschutzregulierungen haben (Vogel 1997: 558; Elgström *et al.* 2001: 124; Vaubel 2004: 58). Hieraus ergibt sich folgende Erwartung an die Konzentration in den einschlägigen Kommissionsportfolios (vgl. Kapitel 3.3., S. 62):

> *Hypothese 6: Die Besetzung der GD Umwelt und der GD Verbraucherschutz zeigt eine majoritäre Konzentration dänischer, finnischer und schwedischer Kommissare.*

Außerdem ist zu vermuten, dass Mitgliedstaaten, die EU-Netto-Beitragszahler sind, ein starkes Interesse daran haben, Generaldirektionen zu führen, die über einen erheblichen Anteil des EU-Haushaltes bestimmen dürfen oder, im Falle der GD Haushalt, die Richtigkeit der Ausgaben überwachen. Auf diese Weise haben sie einen privilegierten Überblick über alle in der Kommission formulierten Gesetzesvorschläge, die finanzielle Implikationen haben (Zimmer *et al.* 2005: 410-411) (vgl. Kapitel 3.3., S. 62).

---

78 Eine Ausnahme bildet beispielsweise der deutsche Bundeskanzler Gerhard Schröder, der vor der Ernennung der amtierenden (Barroso-) Kommission beanspruchte, dass ein deutscher Kommissar ein noch zu gründendes wirtschaftspolitisches *Superressort* besetzen soll. Zur organisatorischen Zusammenlegung der voneinander unabhängigen Generaldirektionen Industrie/Unternehmen und Binnenmarkt kam es nicht. Allerdings leitet der deutsche Kommissar Verheugen in der Barroso-Kommission das Ressort Industrie/Unternehmen und ist für die Koordinierung wirtschaftspolitischer Entscheidungen in der Kommission zuständig. Aus einem Einzelfall lassen sich jedoch keine allgemeinen Aussagen zum relativen Einfluss mitgliedstaatlicher Regierungen und des Kommissionspräsidenten bei der Verteilung der Portfolios ableiten. Das Beispiel ist jedoch geeignet, um zu illustrieren, dass die vollständige Entscheidungsfreiheit des Kommissionspräsidenten bei der Verteilung der Portfolios auch nach dem Inkrafttreten des Nizza-Vertrags unplausibel ist.

*Hypothese 7: Die Generaldirektionen Haushalt, Regionalpolitik, Wissen-
schaft/Forschung und Landwirtschaft weisen eine majoritäre Konzentration in der Leitung durch Kommissare aus EU-
Nettobeitragszahlerländern auf.*

Empirisch weist die GD Umwelt eine pluralitäre Konzentration der Besetzung
durch griechische Kommissare und die GD Verbraucherschutz keine überproportional häufige Besetzung durch Kommissare eines bestimmten Mitgliedstaates auf
(Hypothese 6). Hypothese 6 wird folglich empirisch nicht bestätigt. Aus den skandinavischen Mitgliedstaaten leitete lediglich die schwedische Kommissarin Margot
Wallström von 1999 bis 2004 das Umweltressort. Sie gab dieses jedoch 2004 an den
Griechen Stavros Dimas ab und übernahm die neu gegründete GD Kommunikation.
Darüber hinaus weisen außer der GD Umwelt zehn weitere Kommissionsportfolios
eine pluralitäre nationale Konzentration auf.[79] In diesem Zusammenhang bleibt festzuhalten, dass die pluralitäre Konzentration in sechs der elf Portfolios darauf zurückzuführen ist, dass die jeweiligen Mitgliedstaaten es schafften, ihren Kommissaren nach deren Wiederernennung die Verantwortung für diejenigen Generaldirektion
zu sichern, die sie bereits in ihrer vorangegangenen Amtszeit politisch leiteten.
Gleichzeitig fällt auf, dass die pluralitär-nationalen Konzentrationen in den Generaldirektionen jeweils auf Kommissare unterschiedlicher Mitgliedstaaten zurückgehen
(Fußnote 79). Einzelne Mitgliedstaaten waren diesem Ergebnis zufolge bei der Ernennung der sechs Kommissionen zwischen 1985 und 2004 nicht derart einfluss-
reich, dass sie ihren Kommissaren gleich für mehrere Generaldirektionen überproportional häufig die politische Führung sichern konnten.

Die Besetzung der Generaldirektionen Regionalpolitik, Wissenschaft/Forschung
und Landwirtschaft zeigt für den knapp 20 jährigen Untersuchungszeitraum eine
pluralitäre Konzentration britischer, respektive italienischer und österreichischer
Kommissare. Die GD Haushalt wurde in diesem Zeitraum dreimal von deutschen
Kommissaren geleitet und weist damit als einzige, der auf nationale Konzentrationen hin untersuchten Generaldirektionen, eine majoritäre Konzentration auf. Großbritannien, Österreich und Deutschland zählten im gesamten Untersuchungszeitraum
zu den Nettobeitragszahlern, während dies für Italien zumindest für die Zeit ab Mitte
der 1990er Jahre gilt (Carrubba 1997: 472; Hix 1999b: 271; 2005: 302; Mattila
2002: 19). Hypothese 7 findet somit eine schwache empirische Bestätigung, da die
für die drei Generaldirektionen empirisch vorgefundene pluralitäre Konzentration
weniger stark ausfällt als die für die ausgabenrelevanten Generaldirektionen erwarte-
te majoritäre nationale Konzentration – die lediglich bei der Besetzung der GD
Haushalt durch deutsche Kommissare zu beobachten ist.

---

79 Eine *pluralitäre nationale Konzentration* liegt für folgende Generaldirektionen vor: Auswärtige Beziehungen (Niederlande), Wettbewerb (Belgien), Beschäftigung/Soziales (Irland), Landwirtschaft (Österreich), Information/Kultur/Kommunikation/Audio (Luxemburg), Umwelt
(Griechenland) Wissenschaft/Forschung (Italien), Binnenmarkt (Italien), Regionalpolitik
(Großbritannien), Energie (Spanien), Steuern/Zollunion (Frankreich).

Neben der GD Haushalt lässt sich in der Besetzung fünf weiterer Portfolios eine nationale majoritäre Konzentration nachweisen.[80] Von diesen fünf wurden allein vier Portfolios von deutschen Kommissaren besetzt (Fußnote 80). Damit muss die weiter oben im Zusammenhang mit der Diskussion pluralitär-nationaler Konzentration getroffene Aussage, dass einzelne Mitgliedstaaten nicht in der Lage sind, sich für mehrere Generaldirektionen überproportional häufig die Leitung zu sichern, eingeschränkt werden. Das Industrieportfolio wurde im Untersuchungszeitraum sogar ausschließlich von deutschen Kommissaren besetzt. Auffallend hierbei ist, dass die majoritären Besetzungsmuster dieser Generaldirektionen teilweise einhergehen mit personeller Kontinuität. So trugen der spanische Kommissar Manuel Marin und der deutsche Kommissar Martin Bangemann während drei aufeinanderfolgenden Amtszeiten die politische Verantwortung für die Generaldirektionen Entwicklung und Industrie. Allerdings wurde bei vier der sechs majoritär-national konzentrierten Besetzungen der Kommissar des entsprechenden Landes lediglich einmal wiederernannt. Anschließend wurde die jeweilige Generaldirektion mit einer anderen Person desselben Landes besetzt. Einzelne Regierungen schaffen es somit nicht nur, Kommissaren, die bereits die politische Führung über eine Generaldirektion ausübten, diese Führung für eine weitere Amtszeit zu sichern. Vielmehr sind diese Regierungen in der Lage, auch einem anderen Kommissar ihres Landes die politische Verantwortung für die jeweilige Generaldirektion zu sichern. Schließlich bleibt noch festzuhalten, dass die Besetzung von sieben Portfolios empirisch keinerlei Muster nationaler Konzentration aufweist.[81] Der in den vorangegangenen Absätzen vorgenommenen Untersuchung nationaler Konzentrationen in der Besetzung einzelner Generaldirektionen, folgt in den nun folgenden Absätzen die Untersuchung von Konzentrationen entlang parteiideologischer Linien.

Parteiliche Konzentrationen in der Besetzung von Generaldirektionen

Parteien unterschiedlicher ideologischer Ausrichtung verfolgen im Rahmen der EU teilweise unterschiedliche politische Ziele. Rechtsliberale und konservative Parteien verfolgen mit Hilfe der Europäischen Union das Ziel einen funktionierenden EU-Binnenmarkt her- und sicherzustellen. Für rechtsliberale und konservative Parteien ist deshalb zu vermuten, dass sie ein starkes Interesse daran haben, ihren Kommissaren die Leitung derjenigen Portfolios zu sichern, die maßgeblichen Einfluss auf die

---

80 Eine *majoritäre nationale Konzentration* zeigt sich für folgende Generaldirektionen: Industrie (Deutschland), Entwicklung (Spanien), Telekommunikation (Deutschland), Finanzkontrolle (Deutschland), Handel (Großbritannien), Haushalt (Deutschland).

81 Keinerlei nationale Konzentration ist für die folgenden Generaldirektionen zu konstatieren: Personal/ Verwaltung, Fischerei, Bildung/Jugend, Unternehmen, Verbraucherschutz, Erweiterung, Justiz/Inneres. Darüber hinaus lässt sich die nationale Konzentration in der Besetzung von zwei Generaldirektionen (Transport, Ökonomie/Finanzielle Angelegenheiten) nicht eindeutig einem der Konzentrationsmaße zuordnen, da sie von zwei Mitgliedstaaten jeweils zwei Mal gehalten wurden.

Her- und Sicherstellung des freien EU-Marktes haben (vgl. Kapitel 2.3. und 3.3., S. 63).

Hypothese 8: Die Generaldirektionen Besteuerung/Zollunion, Binnenmarkt, Wettbewerb und Haushalt weisen eine majoritäre Konzentration rechtsliberaler und konservativer Kommissare auf.

Hypothese 8 findet nur eine teilweise empirische Bestätigung. So wurde zwischen 1985 und 2004 die GD Besteuerung/Zollunion in der Mehrzahl der Fälle majoritär von konservativen Kommissaren besetzt und die GD Haushalt weist immerhin eine pluralitäre Konzentration christdemokratischer Kommissare auf.[82] Die parteiliche Besetzung der GD Binnenmarkt bestätigt den in Hypothese 8 postulierten Zusammenhang ebenfalls. Dies ist jedoch nicht durch die weiter oben definierten Konzentrationsmaße zu erfassen, da die GD Binnenmarkt jeweils zwei Mal von konservativen und liberalen Kommissaren gehalten wurde und die restlichen beiden Amtszeiten von parteilosen Kommissaren.[83] Damit ist für keine einzelne Parteifamilie eine relative Mehrheit bei der Besetzung der GD Binnenmarkt zu verzeichnen. Allerdings entspricht die relative Mehrheit der konservativen und rechts- oder wirtschaftsliberalen[84] Parteien dem in Hypothese 8 formulierten Zusammenhang. Die empirischen Ergebnisse für die GD Wettbewerb hingegen widersprechen der Hypothese, da sie (pluralitär konzentriert) von sozialdemokratischen Kommissaren geführt wurde.

Linksliberale und sozialdemokratische Parteien hingegen verfolgen das Ziel, den liberalisierten EU-Binnenmarkt durch EU-Regulierungen in der Sozial- und Umweltpolitik sowie den materiellen Ausgleich zwischen strukturell unterschiedlich entwickelten Regionen politisch abzufedern. Die einschlägigen Generaldirektionen sollten deshalb eine Konzentration sozialdemokratischer und linksliberaler Kommissare aufweisen (vgl. Kapitel 3.3., S. 63).

---

82 Eine *pluralitäre parteiliche Konzentration* liegt bei der Besetzung folgender Generaldirektionen vor: Auswärtige Beziehungen (CD), Ökonomie/Finanzielle Angelegenheiten (Soz), Industrie (Lib), Wettbewerb (Soz), Beschäftigung/Soziales (Soz), Information/Kommunikation/Kultur/Audio (CD), Wissenschaft/Forschung (Soz), Fischerei (CD), Energie (Kon), Haushalt (CD), Finanzkontrolle (CD).

83 Die Konzentrationen in der Besetzung von drei Portfolios (Binnenmarkt, Verbraucherschutz, Handel) lassen sich nach Parteikriterien nicht eindeutig einem der Konzentrationsmaße zuordnen. Das Binnenmarkt-Portfolio wurde jeweils zwei Mal von konservativen, liberalen und parteilosen Kommissaren gehalten. Das Verbraucherschutz-Portfolio wurde jeweils zwei Mal von konservativen, sozialdemokratischen und liberalen Parteien gehalten. Und das Handels-Portfolio wurde jeweils zwei Mal von konservativen und sozialdemokratischen und je einmal von einem christdemokratischen und liberalen Kommissar gehalten.

84 Bei den liberalen Kommissaren handelt es sich um den Niederländer Frits Bolkestein (VVD) und den deutschen Kommissar Martin Bangemann (FDP). Die beiden konservativen Kommissare sind der Ire Charlie McCreevy (FF) und der Brite Lord Cockfield (Conservatives).

Hypothese 9: Die Generaldirektionen Umwelt, Verbraucherschutz, Regionalpolitik, Beschäftigung/Soziales und Entwicklung weisen eine majoritäre Konzentration sozialdemokratischer und linksliberaler Kommissare auf.

Tabelle 2:   Nationale und parteiliche Konzentrationen in der Besetzung der Generaldirektionen der Europäischen Kommission

Pluralitäre Konzentration	
National	*Parteilich*
GD Auswärtige Beziehungen (Niederlande)	GD Auswärtige Beziehungen (CD)
GD Wettbewerb (Belgien)	GD Info/Kom/Kultur (CD)
GD Beschäftigung/Soziales (Irland)	GD Fischerei (CD)
GD Landwirtschaft (Österreich)	GD Haushalt (CD)
GD Info/Kultur/Kom.(Lux.)	GD Finanzkontrolle (CD)
GD Umwelt (Griechenland)	GD Energie (Kon)
GD Wissenschaft/Forschung (Italien)	GD Ökonomie/Finanz. Angelegenheiten (Soz)
GD Binnenmark (Italien)	GD Wettbewerb (Soz)
GD Regionalpolitik (Großbritannien)	GD Beschäftigung/Soziales (Soz)
GD Energie (Spanien)	GD Wissenschaft/Forschung (Soz)
GD Steuern/Zollunion (Frankreich)	GD Industrie (Lib)
Majoritäre Konzentration	
National	*Parteilich*
GD Industrie (Deutschland)	GD Landwirtschaft (CD)
GD Telekommunikation (Deutschland)	GD Telekommunikation (CD)
GD Haushalt (Deutschland)	GD Erweiterung (CD)
GD Finanzkontrolle (Deutschland)	GD Transport (Kon)
GD Entwicklung (Spanien)	GD Besteuerung/Zollunion (Kon)
GD Handel (Großbritannien)	GD Entwicklung (Soz)
	GD Personal/Verwaltung (Soz)
	GD Umwelt (Soz)
	GD Regionalpolitik (Soz)
	GD Bildung/Jugend (Soz)
	GD Unternehmen (Soz)

Quelle: Eigene Daten

Die empirischen Ergebnisse bestätigen den in Hypothese 9 postulierten Zusammenhang nahezu ausnahmslos. Die Generaldirektionen Umwelt, Regionalpolitik und Entwicklung wurden zwischen 1985 und 2004 mehrheitlich von sozialdemokratischen Kommissaren besetzt und zeigen eine majoritäre[85] Konzentration. Die GD Beschäftigung/Soziales wurde ebenfalls in der Mehrzahl der untersuchten Kommissionen von sozialdemokratischen Kommissaren geleitet, weist jedoch lediglich eine pluralitäre parteiliche Konzentration auf. Schließlich gilt für die GD Verbraucherschutz ähnliches wie für die GD Binnenmarkt. Sie wurde jeweils zwei Mal von konservativen und sozialdemokratischen Kommissaren sowie einmal von der liberalen italienischen Kommissarin Emma Bonino (Partido Radicale) geführt und untersteht aktuell dem Zyprioten Markos Kyprianou von den zentristischen Demokratischen Partei (DIKO). Diese Konstellation wird von keinem der Konzentrationsmaße erfasst. Da die übrigen Parteien die ideologisch konservativ-rechtsliberale Ausrichtung nicht klar widerspiegeln, wird die Besetzung der GD Verbraucherschutz nicht als Bestätigung von Hypothese 9 gewertet.

Da die ländliche Bevölkerung und Bauern traditionell zur Klientel konservativer und christdemokratischer Parteien gehören und die EU in diesem Bereich über umfangreiche Kompetenzen verfügt, ist schließlich zu erwarten, dass die GD Landwirtschaft eine Konzentration christdemokratischer Kommissare aufweist (vgl. ebenso Kapitel 3.3., S. 64).

Hypothese 10: Die GD Landwirtschaft weist eine majoritäre Konzentration christdemokratischer und konservativer Kommissare auf.

Auch für den in Hypothese 10 formulierten Zusammenhang deckt sich das empirische Ergebnis mit den theoretischen Erwartungen. Die GD Landwirtschaft wurde im Untersuchungszeitraum vier Mal von christdemokratischen, einmal von einem konservativen und aktuell von der liberal-konservativen niederländischen Kommissarin Mariann Fischer Boel (VVD) besetzt. Tabelle 2 fasst die Ergebnisse zur relativen nationalen und parteilichen Konzentration bei der Besetzung der Generaldirektionen der Europäischen Kommission grafisch zusammen.

In der Diskussion zur Konzentration der Besetzung einzelner Generaldirektionen wurde bereits angesprochen, dass es mehrfach zur Wiederbesetzung eines Portfolios durch denselben, von der jeweiligen Regierung wieder ernannten Kommissar kommt. Die nochmalige Besetzung desselben Portfolios durch einen wiederernannten Kommissar kann zugunsten der technokratisch-funktionalistischen Expertisenperspektive auf die Europäischen Kommissare interpretiert werden (vgl. Kapitel 3.3., S. 55-56): Während einer ersten Amtszeit erarbeiten sich die Kommissare Fachwissen in dem jeweiligen Politikbereich. Das während einer ersten Amtszeit gewonnene materielle Fachwissen sowie das für die politischen Führung der Generaldirektion gewonnene organisatorische Wissen und die hierin angeeignete Routine könnten die in dasselbe Portfolio wiederernannten Kommissare in ihrer zweiten

---

85 *Majoritäre parteiliche Konzentration* kennzeichnet folgende Generaldirektionen: Landwirtschaft (CD), Transport (Kon), Entwicklung (Soz), Personal/Verwaltung (Soz), Umwelt (Soz), Telekommunikation (CD), Regionalpolitik (Soz), Besteuerung/Zollunion (Kon), Bildung/Jugend (Soz), Unternehmen (Soz), Erweiterung (CD).

Amtszeit nutzen, um möglichst problemadäquate Politiken in ihrem politischen Verantwortungsbereich zu erarbeiten. Aus der Expertenperspektive stellen die für einen wiederernannten Kommissars mit der Übernahme eines anderen politischen Zuständigkeitsbereiches verbundenen Kosten der inhaltlichen und organisatorischen Einarbeitung Kosten dar, die mit der Wiederernennung in dieselbe Generaldirektion zu vermeiden sind. Rationale Akteure, deren Ziel in der bestmöglichen Nutzung von Expertise besteht, würden solche Kosten vermeiden und dem Kommissar in seiner zweiten Amtszeit die Verantwortung für dasselbe Portfolio übertragen.[86] Aus der Expertenperspektive ist deshalb zu erwarten, dass Kommissare im Falle ihrer Wiederernennung ihr in der vorangegangenen Amtszeit verantwortetes Portfolio behalten, um die auf Expertise basierende Funktionalität der Europäischen Kommission zu erhalten.

Empirisch allerdings lässt sich die Expertenperspektive auf die Portfolioverteilung nur eingeschränkt zeigen. Die Kommissare der sechs zwischen 1985 und 2004 ernannten Kommissionen wurden insgesamt 38 Mal für eine weitere Amtszeiten ernannt.[87] Im Zuge dieser 38 Wiederernennungen erhielten 13 Kommissare das Portfolio, das sie bereits während ihrer vorangegangenen Amtszeit politisch verantworteten. Im Falle zweier Kommissare erfolgte die Wiederernennung in dasselbe Portfolio für eine dritte Amtszeit. Damit wurden 15 Mal Kommissare bei ihrer Wiederernennung in dasselbe Portfolio ernannt. Die Kontinuitätsquote bei der Besetzung von Kommissionsportfolios für den Zeitraum 1985 bis 2004, das heißt die Wiederernennung eines Kommissars in dasselbe Portfolio, beträgt somit 15/38 oder 39,47 Prozent. Auch auf diesem Wege findet die Expertisenperspektive auf die Europäischen Kommissare deshalb keine überzeugende empirische Bestätigung.

5.4. Zusammenfassung und Fazit

Die empirischen Ergebnisse des Kapitels 5 zeigen, dass die mitgliedstaatlichen Regierungen ihre Kommissare gezielt auswählen. Knapp mehr als zwei Drittel aller seit 1958 ernannten Kommissare wurden als *parteiinklusiv* identifiziert und teilen somit die grundlegenden Politik-Präferenzen ihrer Regierung (Tabelle 1, S. 105). Kleine Mitgliedstaaten, die lediglich einen Kommissar nominieren dürfen, wählen mit hoher Wahrscheinlichkeit einen Vertreter aus, der Mitglied einer Partei ist, die zum Zeitpunkt der Nominierung in der Regierung vertreten ist. Bei den großen Mitgliedstaaten, die bis zur Ernennung der Barroso-Kommission zwei Kommissare nominie-

---

86 Die Tatsache, dass der Kommissar noch einmal, wenn auch in eine andere Generaldirektion, ernannt wird zeigt, dass die jeweilige Regierung ihn nicht für generell unfähig hält. Andernfalls hätte sie ihn nicht in ein anderes Portfolio wiederernannt sondern durch einen aus ihrer Sicht fähigen Kandidaten ersetzt.

87 28 Kommissare wurden für eine zweite Amtszeit, neun für eine dritte und einer für eine vierte Amtszeit wieder ernannt.

ren durften, zeigen sich unterschiedliche Muster: Britische und italienische Regierungen nominieren immer einen Regierungs- und einen Oppositionsvertreter. Französische Regierungen neigen ebenfalls dazu, einen Vertreter einer Partei aufzustellen, die nicht in der Regierung vertreten ist. Deutsche und italienische Regierungen hingegen nominieren nur selten Vertreter der Opposition. Für alle Mitgliedstaaten hingegen gilt, dass sie mindestens einen Kommissar auswählen, der ähnliche Policy-Präferenzen hat wie sie selbst.

Außerdem wählen die mitgliedstaatlichen Regierungen in erster Linie solche Personen aus, die sich in zuvor ausgeübten politischen Ämtern eine hohe *politische Sichtbarkeit* erworben haben. Den auswählenden Regierungen erlaubt dies, die Zuverlässigkeit ihres Kandidaten bei der Ausübung politischer Ämter einzuschätzen. Deshalb wurde diese Auswahlstrategie in diesem Kapitel dahingehend interpretiert, dass die mitgliedstaatlichen Regierungen durch eine solche Auswahlstrategie das Risiko reduzieren wollen, einen Kandidaten auszuwählen, der sich bei der bei Formulierung der Kommissionspolitik als unzuverlässig erweist und als Folge in den Entscheidungsprozessen der Europäischen Kommission nicht die Interessen seiner Regierung vertritt. Neben der empirischen Identifizierung einer hohen politischen Sichtbarkeit der Kommissare zeigen die Daten außerdem, dass die Zahl derjenigen Kommissare, die vor Ihrer Ernennung kein politisches Amt ausübten, und somit politisch unsichtbar geblieben sind, vor allem seit Mitte der 80er Jahre sehr gering ist (vgl. Grafik 6, S. 115). Unter zusätzlicher Berücksichtigung der Tatsache, dass die Zahl der parteilosen Kommissare für denselben Zeitraum ebenfalls sehr gering ist (vgl. Grafik 4, S. 110), komme ich deshalb zu der Schlussfolgerung, dass eine technokratische Perspektive auf die Europäische Kommission, wie sie von einer erheblichen Zahl von Autoren theoretisch propagiert wird, nicht haltbar ist.

Mit Blick auf die Besetzung verschiedener Generaldirektionen mit Kommissaren aus verschiedenen Mitgliedstaaten und mit Zugehörigkeit zu unterschiedlichen Parteifamilien lassen sich ebenfalls empirische Muster identifizieren, die dafür sprechen, dass Regierungen bestimmter Länder und Regierungsparteien bestimmter ideologischer Grundausrichtung bis zu einem gewissen Grad in der Lage sind, sich diejenigen Portfolios zu sichern, die für sie besonders attraktiv sind. So stützen meine Daten zur empirischen Verteilung der Kommissionsportfolios den bereits von diversen Autoren in anderen Kontexten formulierten theoretischen Zusammenhang, dass Parteien des linken ideologischen Spektrums mit der EU-Politik das Ziel verfolgen, die durch den Binnenmarkt erzeugten negativen Externalitäten zu begrenzen, indem Kommissare sozialdemokratischer Parteien überproportional häufig die Generaldirektionen Umwelt, Verbraucherschutz, Regionalpolitik und Entwicklung besetzen. Abgeschwächt wird der Zusammenhang zwischen Parteizughörigkeit eines Kommissars und dem Portfolio, für das dieser zuständig ist dadurch, dass Parteiangehörige konservativer und christdemokratischer Parteien nur teilweise diejenigen Generaldirektionen überproportional häufig besetzen, die primär für die Herstellung und Aufrechterhaltung des EU-Binnenmarktes zuständig sind. Mit Blick auf die nationalen Besetzungsmuster lässt sich abschließend festhalten, dass auch hierfür die empirische Evidenz gemischt ist. Zwar zeigt sich, dass Kommissare aus Mitglied-staaten, die Nettobeitragszahler zum EU-Haushalt sind, überproportional häufig die politische Verantwortung für die ausgabenrelevanten Generaldirektionen besitzen. Allerdings ist dieser Zusammenhang schwächer ausgeprägt als erwartet. Eine Aus-nahme bildet die GD Haushalt, die auffallend häufig von einem deutschen Kommis-sar und damit einem Angehörigen des über lange Jahre größten EU-Nettobeitrags-zahlerlandes geführt wird.

In diesem Kapitel wurde empirisch gezeigt, dass es einen systematischen Zu-sammenhang zwischen den Präferenzen der mitgliedstaatlichen Regierungen und den von ihnen ernannten Kommissaren gibt. Die Regierungen versuchen über die Ernennung von Kommissaren mit ähnlichen Präferenzen, den Inhalt der Entschei-dungen der Europäischen Kommission zu beeinflussen. Dieser Zusammenhang ver-stärkt sich mit der Zunahme der Kompetenzen der Europäischen Union, in die vor-mals nationale Politik der Mitgliedstaaten zu intervenieren. Der systematische Ver-such mitgliedstaatlicher Regierungen die Entscheidungen der Kommission zu beein-flussen zeigt sich zu einem gewissen Grade ebenfalls bei der Besetzung der Gene-raldirektionen. So weisen bestimmte Generaldirektionen eine Konzentration an Kommissaren bestimmter Länder und vor allem bestimmter Parteien auf, die aus i-deologischen Gründen ein verstärktes Interesse an der privilegierten Beeinflussung der politischen Inhalte in diesem Bereich haben.

6. Exekutive Politik in der Europäischen Kommission

Im folgenden Kapitel werden die Entscheidungsprozesse in der Europäischen Kommission untersucht. Zunächst erfolgt in Kapitel 6.1. eine Untersuchung der institutionellen Rahmenbedingungen des Entscheidens in der Europäischen Kommission. Im Vordergrund stehen dabei die in der Geschäftsordnung der Europäischen Kommission und dem *Manual of Operating Procedures* (CMOP) der Europäischen Kommission festgelegten institutionellen Entscheidungsregeln. Diese weisen dem federführenden Kommissar, dem Kommissionspräsidenten und den anderen Kommissaren institutionelle Macht zu. Darüber hinaus werden die institutionellen Regeln analysiert, die die Informations- und Konsultationspflichten der Europäischen Kommissare bei der Formulierung ihrer Gesetzesvorschläge festlegen. Diese wiederum lassen nicht erwarten, dass Informationsasymmetrien zwischen den Kommissaren einen maßgeblichen Einfluss auf die Ergebnisse der Entscheidungsprozesse der Europäischen Kommissare haben. In Kapitel 6.2. erfolgt eine deskriptive Darstellung und Diskussion der von den Kommissaren in ihren wöchentlichen Kollegiumssitzungen behandelten Tagesordnungspunkte. Dadurch wird ein Bild der Inhalte vermittelt, die die Kommissare in ihren wöchentlichen Kollegiumssitzungen behandeln. Die deskriptive Untersuchung des Umgangs der Kommissare mit Gesetzesvorlagen dient zugleich der methodischen Vorbereitung des Kapitels 6.3.. Darin schließlich wird anhand eines multivariaten logistischen Regressionsmodells der kausale Einfluss der in 3.4 diskutierten institutionellen und politik-inhaltlichen Faktoren auf den prozeduralen Charakter des Entscheidens in der Europäischen Kommission, das heißt die Anwendung des Kollegiumsszenarios, anhand aller von den Kommissaren der Prodi-Kommission verabschiedeten und bis zum 12. Mai 2006 von den mitgliedstaatlichen Regierungen im Rat angenommen Gesetzesvorlagen untersucht. Ein kurzes Fazit schließt das Kapitel (6.4.).

6.1. Institutionelle Entscheidungsregeln in der Europäischen Kommission

Wie bereits in Kapitel 3.4. diskutiert wurde, schreiben sowohl die neoinstitutionalistische Theorie als auch die Prinzipal-Agenten Literatur formalen institutionellen Regeln eine bedeutende Rolle zu. Für die Analyse der internen Entscheidungsprozesse der Kommission in diesem Kapitel sind formale institutionelle Regeln deshalb von zentraler Bedeutung, da sie einzelnen Kommissaren formale Mitsprache- und Entscheidungsrechte zuweisen (Tsebelis 2002). Darüber hinaus haben die formal-institutionelle Struktur interner Entscheidungsverfahren und die darin unter Umständen festgelegten Berichterstattungspflichten einen erheblichen Einfluss darauf, wie aufwendig es für die Kommissare ist, sich über die politischen Entwicklungen in der Kommission zu informieren und gegebenenfalls zu intervenieren (Lupia und MCCubbins 1998; McCubbins *et al.* 1987). In diesem Unterkapitel werden deshalb die formal-institutionellen Instrumente und Regeln dargestellt, die die Entscheidungsprozesse in der Kommission maßgeblich prägen.

Gesetzesvorlagen werden von Beamten der jeweils fachlich zuständigen Generaldirektion oder des zuständigen Dienstes vorbereitet und mit dem Generalsekretär, dem ranghöchsten Beamten der Generaldirektion, sowie mit dem Kabinett des zuständigen Kommissars inhaltlich abgestimmt. Der für die federführende Generaldirektion politisch verantwortliche Kommissar bringt die Vorlage dann in den Entscheidungsprozess der Kommission ein. Der Prozess der Formulierung von Entscheidungsvorlagen ist stark formal institutionalisiert: Alle sich in der Vorbereitung befindlichen offiziellen Dokumente der Europäischen Kommission müssen in einer elektronischen Datenbank, dem sogenannten *Greffe2000*, registriert werden (CMOP 2004: 19, 23).[88] Mit Hilfe dieser Registrierung überprüfen die Mitarbeiter des Generalsekretariats, ob der Vorschlag alle formalen Kriterien erfüllt, so dass er zur Entscheidung freigegeben werden kann. Gleichzeitig können sich die Mitarbeiter der Generaldirektionen und Dienste sowie die Kommissare und ihre Kabinette unter Rückgriff auf *Greffe2000* einen vollständigen Überblick über die sich in der Vorbereitung befindlichen Gesetzesvorlagen der Kommission verschaffen. Neben der Institutionalisierung der Registrierung dieser Vorlagen spielt das *CIS-Net* der Europäischen Kommission eine zentrale Rolle in der internen Vorbereitungsphase von Kommissionsentscheidungen. In CIS-Net ist es möglich, den Text der jeweils aktuellen Version eines Entscheidungsvorschlages einzusehen (CMOP 2004: 30-31). Damit haben die Mitarbeiter der Generaldirektionen und die Kommissare die Möglichkeit, den Prozess der inhaltlichen Entwicklung von Gesetzesvorschlägen anderer Generaldirektionen und Kommissare zu verfolgen. Darüber hinaus erlaubt CIS-Net den nicht für die Ausarbeitung eines Vorschlags zuständigen Kommissionsmitarbeitern, den jeweiligen Inhalt einer Vorlage zu verschiedenen Zeitpunkten der Formulierung zu kommentieren (CMOP 2004: 34). Dies kann einerseits aus eigener Initiative des jeweiligen Mitarbeiters oder Kommissars geschehen. Andererseits ist die für die Vorbereitung eines Gesetzesvorschlags federführend zuständige Generaldirektion aufgefordert über CIS-Net „the opinion of all the directorates-general and services with a legitimate interest in the substance of the proposal" (CMOP 2004: 30) einzuholen.

Neben diesen institutionellen Vorkehrungen haben die Aktivitäten von Interessengruppen eine zentrale Bedeutung für Entscheidungsprozesse in der Europäischen Kommission. In Fällen, in denen die Interessen ihrer jeweiligen Klientel betroffen sind, versuchen diese Gruppen Entscheidungen im Interesse ihrer Mitglieder zu beeinflussen (Pappi und Henning 1999; Eising 2004; Bouwen 2004; Beyers 2004; Beyers und Kerremans 2004; Wonka, 2003). In diesem Zusammenhang machen die

---

88 Ursprünglich wurde das Registrierungssystem der Europäischen Kommission als „Greffe" bezeichnet. Aktuell lautet die offizielle Bezeichnung „Greffe2000" (Nugent 2001: 251).

Interessengruppen ihre Positionen hinreichend deutlich, so dass diese Informationen von den politischen Akteuren genutzt werden können, um sich über aktuelle politische Entwicklungen zu informieren, unter Umständen eine eigene Position zu bilden und zu versuchen, die Entscheidung gemäß der eigenen Präferenzen zu beeinflussen (McCubbins und Schwartz 1984; vgl. auch, Kapitel 3.2., S. 52-53). Die umfangreichen Lobbyingaktivitäten nationaler und europäischer Interessengruppen in EU-Entscheidungsprozessen unterstützen die Erwartung, dass den Kommissaren umfangreiche Informationen zu den inhaltlichen Positionen sowohl nationaler als auch europäischer Interessengruppen zur Verfügung stehen. In kontroversen Entscheidungsverfahren institutionalisiert die Kommission den Feueralarm vorübergehend: Im Rahmen technischer Arbeitsgruppen (Larsson 2003) oder von Stakeholder-Konferenzen (Wonka 2003) lädt sie Interessengruppen zur Kommentierung der Gesetzesvorschläge einzelner Generaldirektionen und Kommissare ein. Auf den Effekt der Informationsgewinnung der Kommissare durch die Lobbyingaktivitäten von Interessengruppen wird in den Fallstudienanalysen im 7. Kapitel näher eingegangen.

Der hohe Grad formaler Institutionalisierung der Entscheidungsfindung in der Kommission beschränkt sich jedoch nicht, wie weiter oben besprochen, auf die Registrierung aller sich in der Vorbereitung befindlichen Vorlagen in *Greffe2000* sowie die elektronische Konsultation zum Inhalt dieser Vorschläge, die die federführende Generaldirektion durch das CIS-Net mit den anderen Generaldirektionen vornimmt. Die starke formale Institutionalisierung gilt auch und vor allem für die Verabschiedung von Vorlagen in der Europäischen Kommission. Alle Gesetzesvorlagen und Entscheidungen, die die Europäische Kommission verlassen, werden im Rahmen eines von vier unterschiedlichen Entscheidungsverfahren verabschiedet (Art. 4 GO Kommission). Der Grund für dieses Vorgehen liegt nicht zuletzt darin, dass dieses Vorgehen die formale Einhaltung des Kollegialitätsprinzips, auf das die Kommissare bei ihrem Handeln verpflichtet sind (Art. 1 GO Kommission), sicherstellt. Bei den vier verschiedenen Entscheidungsverfahren handelt es sich um das Verfahren der „Ermächtigung" (Art. 13 GO Kommission) und der „Delegation" (Art. 14 GO Kommission), sowie um das „schriftliche" (Art. 12 GO Kommission) und das „mündliche" Verfahren (Art. 219 EGV, Art. 8 GO Kommission).

Entscheidungsverfahren in der Kommission

Die Verfahren der „Ermächtigung" (Art. 13 GO Kommission) und der „Delegation" (Art. 14 GO Kommission) werden angewendet, um „Maßnahmen der Geschäftsführung und der Verwaltung zu treffen". De jure sollten Gesetzesvorlagen nicht im Rahmen dieses Verfahrens verabschiedet werden.[89] Im Verfahren der Ermächtigung autorisiert das Kollegium der Kommissare einen oder mehrere Kommissare, Entscheidungen in ihrem jeweiligen politischen Zuständigkeitsbereich eigenständig zu

---

89 Dies entspricht auch der tatsächlichen Handhabung dieses Verfahrens, wie in Kapitel 6.2 gezeigt wird.

treffen. Die von den jeweiligen Kommissaren getroffenen Entscheidungen bedürfen keiner anschließenden Zustimmung durch das Kollegium. Die Delegation einer Entscheidung an einen Kommissar erfolgt auf der Grundlage eines Beschlusses der Kommissare, in dem die inhaltlichen Grenzen und Beschränkungen der jeweiligen Entscheidung festgelegt werden (Art. 13 GO Kommission). Das Delegationsverfahren wurde im Jahr 2002 eingeführt. Hier übertragen die Kommissare die Ausarbeitung und Verabschiedung einer Entscheidung nicht an einzelne Kommissare, sondern an die bürokratisch Verantwortlichen in den Generaldirektionen. Auch in diesem Verfahren erfolgt die Übertragung der Entscheidungskompetenz auf der Grundlage der zuvor von den Kommissaren definierten Bedingungen und Grenzen (Art. 14 EGV). Das Ermächtigungsverfahren und das Delegationsverfahren dienen vor allem dazu, die Kommissare und ihre Kabinette von bürokratischen Routineentscheidungen außerhalb ihres jeweiligen Zuständigkeitsbereiches zu entlasten (CMOP 2004).[90]

Im „schriftlichen Verfahren" werden die Entscheidungsvorlagen ebenfalls nicht im Kollegium der Kommissare behandelt (Art. 12 GO Kommission). Vielmehr schickt der/die federführende(n) Kommissar einen fertig ausformulierten Vorschlag an alle Kommissare. Erfolgt innerhalb einer vorher festgelegten Frist kein Einspruch seitens eines Kommissars, gilt der Vorschlag als angenommen (Art. 12 GO Kommission). Die Anwendung dieses Verfahrens setzt jedoch voraus, dass alle beteiligten Generaldirektionen und der Juristische Dienst der Europäischen Kommission seiner Anwendung zustimmen. Falls es im Laufe der Vorbereitung zu inhaltlichen Auseinandersetzungen zwischen den Kommissaren kommt, kann jeder Kommissar beim Kommissionspräsidenten beantragen, dass die Entscheidung im Kollegium der Kommissare behandelt wird. Auf diese Weise kann eine Entscheidung, die ursprünglich im schriftlichen Verfahren angenommen werden sollte, nachträglich ins Kollegium der Kommissare gezogen werden, um sie im Kollegium der Kommissare zu behandeln und zu verabschieden (Art. 12 GO Kommission).

Gemäß EGV ist das „mündliche Verfahren" das Standardentscheidungsverfahren in der Kommission (Art. 219 EGV). Im mündlichen Verfahren stimmen die Kommissare in ihrer Kollegiumssitzung über die Annahme einer Vorlage ab, sobald dies von einem der Kommissare oder dem Kommissionspräsidenten verlangt wird (Art. 8 GO Kommission). Ob eine Gesetzesvorlage im Rahmen des schriftlichen oder mündlichen Verfahrens behandelt wird, entscheidet sich erst zu einem relativ späten Zeitpunkt des Entscheidungsprozesses in der Europäischen Kommission. Der Grund hierfür ist, dass die offizielle Registrierung von Vorlagen in der Regel erst erfolgt,

---

90 Inzwischen stellt das Delegationsverfahren das am häufigsten angewendete Verfahren zur Verabschiedung von Entscheidungen in der Kommission dar. Dies teilte mir der für die Registrierung aller Entscheidungsverfahren zuständige Mitarbeiter des Generalsekretariats der Europäischen Kommission in einer E-Mail mit. Die Daten zur relativen Anwendungshäufigkeit der unterschiedlichen Verfahren in den Jahren 1999-2004 finden sich in Tabelle 3 auf Seite 141 in diesem Kapitel.

nachdem bereits Vorarbeiten in den Generaldirektionen geleistet wurden.[91] Das mündliche Verfahren wird bei Entscheidungen angewendet, bei denen die Kommissare unterschiedliche inhaltliche Positionen vertreten, die zu Konflikten in der Phase der Vorschlagsformulierung führen, welche im Laufe des Verfahrens nicht ausgeräumt werden können: „Where differences of opinion remain at the end of interservice consultation, the only way to obtain Commission approval of the document is by oral procedure" (CMOP 2004: 10).

Tabelle 3 gibt einen Überblick über die Häufigkeit der Anwendung der unterschiedlichen internen Entscheidungsverfahren der Europäischen Kommission. Bei den über den gesamten Zeitraum der Prodi-Kommission aggregierten Zahlen in der letzten Spalte ist zu berücksichtigen, dass das Delegationsverfahren erst Ende des Jahres 2002 eingeführt wurde. Die Angaben zur relativen Anwendungshäufigkeit des Ermächtigungs- und des Delegationsverfahrens (Tabelle 3) machen deutlich, dass die Kommissare umfangreich von ihrer institutionellen Möglichkeit zur Arbeitsteilung bei der internen Entscheidungsformulierung Gebrauch machen. Während die beiden Verfahren, in denen die Kommissare beziehungsweise die Beamten der Generaldirektionen (administrative) Entscheidungen eigenständig formulieren und treffen, in der Kommission am häufigsten angewendet werden, stellt die kollektive Behandlung eines Gegenstandes im Rahmen des mündlichen Verfahrens eine relative Seltenheit dar. Lediglich knapp vier Prozent ihrer Entscheidungen behandeln die Europäischen Kommissare im Kollegium der Kommissare.

---

91 Diese Information erhielt ich in mündlichen Interviews sowohl von einem Mitarbeiter des Generalsekretariats der Kommission – Direktion A „Kanzlei und Organisation des Entscheidungsprozesses der Kommission", Referat 2 "Schriftliche Verfahren, Ermächtigungen und Übertragung von Befugnissen" – als auch von einem ehemaligen Mitglied des persönlichen Kabinetts des niederländischen Kommissars Frits Bolkestein (siehe Anhang 3).

Tabelle 3: Anwendungshäufigkeit unterschiedlicher Entscheidungsverfahren in der Kommission

	1999	2000	2001	2002	2003	2004[92]	Total
Mündliches Verfahren	347	572	426	221	155	218	*1939* *3,4%*
Schriftliches Verfahren	2736	3042	3009	2622	2614	2822	*16845* *29,5%*
Ermächtigungs-verfahren	7170	6300	5893	3357	2338	2780	*27838* *48,8%*
Delegations-verfahren	0	0	8	2946	3619	3881	*10454* *18,3%*
Total	*10253*	*9914*	*9328*	*9146*	*8726*	*9701*	*57076*
	18,0%	*17,4%*	*16,3%*	*16,0%*	*15,3%*	*17,0%*	*100%*

Quelle: „Base de Greffe" und „Greffe2000"[93]

Bevor die Vorlagen, die im Rahmen des mündlichen Verfahrens verabschiedet wurden, zur Abstimmung in die wöchentlichen Kollegiumssitzungen der Kommissare gelangen, werden sie in der gemeinsamen Sitzung der Kabinettchefs aller Kommissare sondiert.[94] Mit ihren Kabinettmitarbeitern verfügen die Kommissare somit über personelle Ressourcen, die sie zur aktiven Informationsgewinnung über die Arbeiten in der Kommission einsetzen können und die ihnen erlauben, neben der Reak-

---

92 Um die Vergleichbarkeit der Angaben zur relativen Anwendungshäufigkeit der verschiedenen Verfahren sicherzustellen, beziehen sich alle Angaben auf die gesamten jeweiligen Jahre, auch wenn die Amtszeit der Prodi-Kommission erst im September 1999 begann und Mitte November 2004 endete.

93 Diese Informationen wurden mir am 26. März 2004, 28. September 2004 und im Dezember 2007 auf Anfrage von einem Mitarbeiter der „Direktion A – Kanzlei und Organisation des Entscheidungsprozesses des Europäischen Kommission" des Generalsekretariats der Europäischen Kommission per Email zur Verfügung gestellt. Die Abteilung „Elektronische Datenübermittlung" der Direktion A des Generalsekretariats ist für die elektronische Weiterleitung und Dokumentierung interner Entscheidungsvorlagen zuständig.

94 Die Kabinette der Kommissare bestehen aus sechs persönlichen Mitarbeitern, über deren Einstellung und Entlassung jeder Kommissar eigenständig entscheidet (Donelley und Ritchie 1997; Nugent 2001: 119-133). Jeder Kabinettmitarbeiter hat die Aufgabe mit seiner Arbeit die Arbeiten einzelner Generaldirektionen und Kommissare zu „spiegeln", um dem Kommissar einen möglichst kompletten Überblick über die Arbeiten in der Kommission zu ermöglichen (Ross 1995: 54-58; Schmidt 1998: 51). Darüber hinaus sind die Kabinettmitarbeiter dafür zuständig, die Erarbeitung von Gesetzesvorschlägen innerhalb der Generaldirektion ihres Kommissars auf Referats- und Abteilungsebene zu betreuen.

tion auf die Signale der Interessengruppen auch aktiv die Arbeit der anderen Kommissare und ihrer Generaldirektionen zu nutzen. Die zentrale Rolle der Kabinette wird in den Aussagen eines ehemaligen Kabinettmitglieds der dänischen Umweltkommissarin Ritt Bjerregaard[95] deutlich, die dieser in einem Interview machte, das im Zusammenhang des soziologischen DFG-Forschungsprojekts im Schwerpunktprogramm "Regieren in der Europäischen Union" (SPP 1023) unter der Projektleitung von M. Rainer Lepsius durchgeführt wurde:

"So we have these formal negotiation sessions where normally before the Commission adopts a piece of legislation, we will have what we call 'special chefs', a meeting between members of cabinet responsible for that particular sector or issue. And that's a negotiation session where we present the file to the colleagues and they will have a discussion about it. They would have had the papers at least some days before, and the services, especially if they had been involved, would know about it. And the lobbyists from the outside would also know about it if they had done their work properly. So, at these 'special chefs' meetings, you would have one person who presents the file and other people who for some reason or another have a word to say. Often, it can also be simply of out of the personal intellectual analyses of what is in there that makes you at least ask some questions, and often you will find out that someone else has been thinking about that before, so you can go back and tell your commissioner that this seems to be okay. Or you have some real problems and you have had information about them from the services and the newspapers. Yeah, anyway, some people will of course also have very clear instructions from their commissioner, but often it will work like that: if you are a good member of cabinet, you will know exactly or nearly exactly where your commissioner stands. That's the whole idea of a good cabinet: you talk a lot, have a lot of meetings and discuss, so you know what the commissioner's strategy is and you then take positions in relation to that. And then of course, you go back to the commissioner after the meeting and say, of it was you who presented the proposal, 'I have to make these and these compromises to get it agreed at that level'. So in these 'special chefs' negotiations, you would normally at least arrive at solving most outstanding points, at reducing maybe ten points to three points".

Vorlagen, zu denen es seitens der Kabinettchefs keine Einwände gibt, werden als A-Punkte in die Tagesordnung der Kollegiumssitzung aufgenommen und von den Kommissaren ohne vorherige Diskussion verabschiedet. Vorlagen für die die Kabinettschefs keine Einigung erzielen konnten, werden in der Tagesordnung als B-Punkte aufgeführt. Im Rahmen der Sitzungen der Kabinettchefs, die die Sitzungen der Kommissare vorbereiten, kommt es jedoch durchaus vor, dass Vorlagen wieder zurückgeschickt werden, um sie inhaltlich überarbeiten zu lassen. Das bereits oben zitierte Mitglied des Kabinetts von Ritt Bjerregaard führte hierzu aus, dass:

---

95 Die dänische Kommissarin Bjerregaard war von Januar 1995 bis März 1999 Umweltkommissarin der (Santer-) Kommission. Das Interview wurde am 17. März 2000 durchgeführt.

„the whole process is intended to give sufficient warning signals. If it can't pass, then it stops. Reasonably often, a 'special chef' will simply conclude, 'This is not ready for adoption, please go home and do some more work and come back once you have made that more acceptable for adoption'. So, you would say the members of the cabinet would pass that in the formal part where the most formal part is the 'special chef' of cabinets in the cabinet negotiation and the informal part is the sort of 'corridor' negotiations which I think are essential for efficiency in decision-making. One great advantage of the system, besides of course being a compromise engine, is as everyone participates in at least some of these 'special chef' meetings, they have the opportunity to get very good information about what is pro and contra, because all the views will more or less come up at that stage even if they don't have anything to say or have any opinion, because not each of the twenty cabinets can have an opinion about a proposal."

Aus den bisher zitierten Passagen des Interviews wird bereits deutlich, dass die Kabinettsmitarbeiter sehr eng mit den Kommissaren zusammenarbeiten und deren Positionen in den Sitzungen vertreten. Auch zeigt sich in diesen Passagen, dass diese Sitzungen ein wichtige Rolle dabei spielen, möglichst viele strittige Punkte bereits im Vorfeld der Kollegiumssitzungen der Kommissare auszuräumen, damit sich diese im letzten Abschnitt des Entscheidungsverfahrens auf die wenigen, zentralen politischen Streitpunkte konzentrieren können. Dass die Kommissare trotz der umfangreichen Verhandlungen der Kabinettchefs am Ende des Verfahrens selbst das „politische Heft in der Hand halten", wird aus dem letzten Auszug des Interviews mit dem ehemaligen Kabinettmitglied der dänischen Kommissarin Bjerregard deutlich:

> "So, just by participating there, you actually have the possibility to tell your commissioner rather in details what it is about, so that he or she can then have the possibility of presenting the case and say, 'No, I don't agree, I want to raise this point myself in the Commission – even if the members of the cabinet thought everything was fine.'"[96]

Dies macht deutlich, dass die Vorlage erst angenommen wird, nachdem sie von den Kommissaren diskutiert und gegebenenfalls geändert wurde. Schließlich kann es auch im Kollegium der Kommissare dazu kommen, dass Entscheidungen, die auf der Tagesordnung zur Diskussion und Verabschiedung vorgesehen waren, nicht abschließend diskutiert und entschieden wurden.[97] Über die Annahme dieser Vorlagen wird, gegebenenfalls nach Überarbeitung des Vorschlages durch den zuständigen Kommissar, auf einer späteren Kollegiumssitzung entschieden – oder die Kommissare lehnen die Annahme einer Vorlage im Kollegium der Kommissare ab. Dass die Kommissare die Sitzungen des Kollegiums der Kommissare nutzen, um sich im internen Entscheidungsprozess Gehör zu verschaffen, belegt folgendes Zitat des ehemaligen britischen Kommissars Lord Cockfield:

---

96 Interview im Rahmen des soziologischen DFG-Forschungsprojekts im Schwerpunktprogramm "Regieren in der Europäischen Union" (SPP 1023) unter der Projektleitung von M. Rainer Lepsius, durchgeführt am 17. März 2000.

97 Email-Austausch vom 29.10.2004 mit dem Leiter der Abteilung „Sitzungen der Kommission, mündliche Verfahren, Verteilung der Dokumente" der Direktion A („Kanzlei und Organisation des Entscheidungsprozesses der Kommission") des Generalsekretariats der Kommission.

„There is not doubt that formal meetings of the Commission are unduly protracted, often extending from nine o'clock in the morning to late at night or even the following morning. There is a tendency for every Commissioner to want to have his say on every subject on the agenda and many of them speak at excessive length" (Cockfield 1994: 107).

Die Organisation der wöchentlichen Kollegiumssitzungen

Bei der Organisation der wöchentlichen Kollegiumssitzungen, in denen die mündlich zu verhandelnden Punkte verabschiedet werden, kommt dem Kommissionspräsidenten eine herausgehobene Stellung zu (Art. 6 GO Kommission). Dieser stellt die Tagesordnung der Kollegiumssitzungen zusammen (Art. 6 I GO Kommission). Die Kommissare haben allerdings das Recht, dem Kommissionspräsidenten Tagesordnungspunkte vorzuschlagen (Art. 6 III GO Kommission). Ob dieser wiederum das Recht hat, die Aufnahme von Tagesordnungspunkten einzelner Kommissare dauerhaft zu verweigern, geht aus der GO nicht eindeutig hervor (Art. 6 GO Kommission). Da die Geschäftsordnung dem Kommissionspräsidenten dieses Recht zumindest nicht explizit einräumt, und weil für solche Ablehnungen keine inhaltlichen Kriterien definiert sind, wird im Folgenden davon ausgegangen, dass der Kommissionspräsident nicht über formale „Gate Keeping"-Macht bei der Bestimmung der „Abstimmungsagenda" (Döring 2005; Sieberer 2006: 54) der Europäischen Kommission verfügt. Aus politischen Erwägungen erscheint die Gate-Keeping Macht des Kommissionspräsidenten zudem unplausibel, da nicht davon auszugehen ist, dass Kommissionspräsidenten über die dafür notwendige politische Stärke gegenüber den einzelnen Kommissaren verfügen (vgl. Kapitel 5.1.).[98] Allerdings kann der Kommissionspräsident seine Rechte bei der Zusammenstellung der Tagesordnung der Kollegiumssitzung zur Verzögerung der Behandlung bestimmter Entscheidungen einsetzen. Seinen Einfluss auf die „Zeitplanagenda" (Döring 2005; Sieberer 2006: 54) kann der Kommissionspräsident aus taktischen oder pragmatischen Gründen nutzen. So könnte er durch seinen Einfluss auf die Tagesordnung eine Entscheidung auf eine zukünftige Kollegiumssitzungen verschieben, weil er sich hierdurch eine Verbesserung des politischen Klimas und damit eine positivere Aufnahme des Vorschlags seitens kritischer Kommissare oder kritischer Akteure in den anderen Gesetzgebungsinstitutionen erhofft.

Während der Kollegiumssitzung haben die Kommissare nicht das Recht, Änderungsvorschläge am Vorschlag des federführenden Kommissars zur Abstimmung zu stellen (Art. 8 II GO Kommission). Die Agendasetzungsmacht des federführenden Kommissars, die für beide Kollegiums- und das Ressortszenario angenommen wurde (vgl. Kapitel 3.4.), lässt sich mit Blick auf die Kommissare somit bestätigen. Eingeschränkt wird die Agendasetzungsmacht des federführenden Kommissars jedoch dadurch, dass der Kommissionspräsident während der Kollegiumssitzung das Recht

---

98 Dies deckt sich mit der Einschätzung der für diese Arbeit interviewten Mitarbeiter des Generalsekretariats der Europäischen Kommission.

besitzt, in der Kollegiumssitzung Änderungsvorschläge zur Vorlage des federführenden Kommissars einzubringen. Macht der Kommissionspräsident von diesem Recht Gebrauch, dann müssen die Kommissare über die vom Kommissionspräsidenten eingebrachten Änderungsvorschläge ebenfalls abstimmen (Art. 8 II GO Kommission). Für die Annahme eines Vorschlags ist in der Abstimmung im Kollegium der Kommissare schließlich die Zustimmung der absoluten Mehrheit der Mitglieder der Kommission erforderlich (Art. 8 III GO Kommission).

Neben der herausgehobenen Stellung des Kommissionspräsidenten bei der Organisation der wöchentlichen Kollegiumssitzungen sieht der EGV seit 1997 vor, dass der Kommissionspräsident die politische Führung über die Kommission ausübt (Art. 217 I EGV, Nizza Version). Der Vertrag von Nizza konkretisierte dies, indem er vorschreibt, dass die Kommissare „die ihnen vom Präsidenten übertragenen Aufgaben unter dessen Leitung ausüben" (Art. 217 II EGV). Im Extremfall könnte dies bedeuten, dass der Kommissionspräsident den Kommissaren die Inhalte der Vorlagen vorschreibt, die diese in ihren Generaldirektionen formulieren lassen. Es scheint jedoch unklar, auf welcher Grundlage diese politische Leitung des Kommissionspräsidenten erfolgen könnte. Der Kommissionspräsident hat sich nicht mit einem eigenen Programm zur Wahl gestellt und wurde nicht als einer von mehreren Konkurrenten um das Amt auf der Grundlage seines Programms gewählt. Ein solches offen kompetitives politisches Verfahren würde dem Kommissionspräsidenten unter Umständen die notwendige Programmatik und die politische Stärke verleihen, um die politische Führung über die einzelnen Kommissare auszuüben. Darüber hinaus darf der Kommissionspräsident die Kommissare nicht selbst auswählen. Zudem ist es äußerst fraglich, ob der Kommissionspräsident in der Lage ist, Kommissare aus derzeit 27 Mitgliedstaaten mit unterschiedlicher Parteizugehörigkeit und verschiedenen Interessenlagen zu führen. Zumal deren politische Zukunft nicht von ihm, sondern von den jeweiligen mitgliedstaatlichen Regierungen und deren Parteiorganisationen abhängt (vgl. Kapitel 5). Darüber hinaus ist der Kommissionspräsident allein nicht in der Lage, den Rücktritt eines einzelnen Kommissars zu erzwingen. Hierfür bedarf es der „Billigung durch das Kollegium" (Art. 217 IV EGV).

Die in den letzten beiden Absätzen vorgestellten institutionellen Bestimmungen verleihen dem Präsidialszenario Plausibilität, da sie zumindest seit 1997 dem Kommissionspräsidenten eine privilegierte Position verleihen. Gegen die Plausibilität dieses Szenarios und die damit verbundene Annahme des überproportionalen Einflusses des Kommissionspräsidenten spricht jedoch, dass dem jeweiligen Kommissionspräsidenten neben einer Programmatik die politische Autorität und politische Sanktionsmittel fehlen, um seine potenzielle institutionelle Stärke zur effektiven politischen Führung der Europäischen Kommissare bei deren alltäglicher Amtsführung zu nutzen.

Für das Ressortszenario wiederum spricht die Tatsache, dass jedem Kommissar ein bürokratischer Apparat mit Fachbeamten zur Verfügung steht, dessen Expertise der jeweilige Kommissar nutzen kann, um eigene Vorschläge erarbeiten zu lassen. Aus institutioneller Sicht ist dabei entscheidend, dass der federführende Kommissar in den Sitzungen des Kollegiums der Kommissare über weitgehende Agendaset-zungsmacht in seinem Politikbereich verfügt. Eingeschränkt wird diese Agendaset-zungsmacht dadurch, dass der Kommissionspräsident zu Vorschlägen in allen Poli-tikbereichen Änderungsvorschläge machen und diese in die Sitzung der Kommissare einbringen kann. Ob die anderen Kommissare in der Lage sind, auf Gesetzesvorla-gen federführender Kommissare Einfluss zu nehmen, hängt entscheidend davon ab, ob sie über ausreichend Informationen und institutionelle Mittel für eine effektive Intervention verfügen.

Der hohe Grad der Institutionalisierung sowohl der Notifizierung der sich in Vor-bereitung befindlichen Vorlagen als auch die Konsultationen zu diesen stellen für die Kommissare wichtige institutionelle Ressourcen dar, um sich über den Inhalt einzelner Vorlagen zu informieren. Für die effektive Einflussnahme auf die Vor-schläge federführender Kommissare ist jedoch die Art der formalen Institutionalisie-rung der Verabschiedung eines Vorschlags von zentraler Bedeutung. Hier verfügen die nicht an der Federführung beteiligten Kommissare über die Möglichkeit, die Be-handlung des Vorschlags im Kollegium zu beantragen und hier, in einem weiteren Schritt, gegebenenfalls eine formale Abstimmung zu beantragen. Diese frühe Erar-beitungsphase des Entscheidungsprozesses in der Kommission lässt sich auf den ers-ten Blick sinnvoll mit dem analytischen Konzept der „negativen Koordination" er-fassen (Scharpf 2000: 192-195).

Ein definierendes Kriterium der negativen Koordination bei Scharpf ist aller-dings, „daß der Inhaber einer geschützten Interessenposition in der Lage ist, Hand-lungen, die seinen Interessen zuwiderlaufen würden, mit Hilfe eines Vetos zu ver-hindern" (2000: 193). Dies trifft, zumindest gemäß der formal-institutionellen Re-geln, in der Kommission nicht zu: Zwar hat jeder Kommissar das Recht, die Be-handlung eines Gegenstandes im Kollegium zu verlangen. Im Kollegium selbst ver-fügen die Kommissare jedoch formal nicht über ein individuelles Veto-Recht. Das Veto eines einzelnen Kommissars ist damit nicht ausreichend, um die Annahme der Gesetzesvorlage des federführenden Kommissars zu blockieren, und auf diese Weise von ihm Änderungen am dem ursprünglichen Vorschlag zu erzwingen. Lediglich ein Kommissar dessen Generaldirektion formal beigeordnet ist, kann durch sein Veto die Verabschiedung einer Gesetzesvorlage verhindern. Aus diesem Grund wird im Folgenden nicht von negativer Koordination, sondern vom Handeln der federfüh-renden Kommissare im „Schatten der Abstimmung" gesprochen. Hierdurch kommt zum Ausdruck, dass die federführenden Kommissare bei der Formulierung ihres Vorschlags berücksichtigen müssen, dass der Vorschlag bei Präferenzdivergenzen von anderen Kommissaren zur Behandlung im Kollegium ins Kollegium „hochge-zogen" werden kann. Die hier vorgenommene formal-institutionelle Analyse stützt deshalb nicht die von zahlreichen Autoren getroffene Annahme (Cram 1997; König 2004; Woll 2006), dass das Ressortszenario die Machtverteilung in kommissionsin-ternen Entscheidungsprozessen generell am besten abbildet.

Nachdem nicht davon auszugehen ist, dass das Ressortszenario das Zustande-kommen von Gesetzesvorlagen in der Kommission adäquat abbildet, stellt sich die

Frage, wie die Kommissare im Kollegium entscheiden. Gemäß Artikel 219 EGV treffen die Kommissare ihre Entscheidungen mit absoluter Mehrheit. Den notwendigen intra-institutionellen Rahmen hierfür stellt das mündliche Verfahren. Die formale Geltung der absolut mehrheitlichen Entscheidungsregel spricht für die Plausibilität des kompetitiven Kollegiumsszenarios. Allerdings könnte die Geltung des „Kollegialitätsprinzips" (Art. 1 GO Kommission) sowie die Notwendigkeit unter den Kommissaren für ein hohes Maß an politischem Rückhalt für Entscheidungen der Kommission zu sorgen, diese dazu veranlassen, einstimmig zu entscheiden. Diese Überlegungen, die sich nicht auf die Geltung formal-institutioneller Regeln stützen, würden wiederum für die Plausibilität des konsensuellen Kollegiumsszenarios sprechen. Gegen die generelle gegenseitige Kontrolle im Rahmen eines der beiden Kollegiumsszenarios spricht, dass nicht davon auszugehen ist, dass die Kommissare ein Interesse daran haben, alle Vorlagen anderer Kommissare im Kollegium der Kommissare zu behandeln. Angesichts des Umfangs an Vorlagen und Entscheidungen, die die Kommissare wöchentlich zu bearbeiten haben, ist vielmehr davon auszugehen, dass sie ihre Ressourcen auf diejenigen Vorhaben konzentrieren, die ihnen politisch wichtig erscheinen.

Fazit der Analyse des institutionellen Rahmens des Entscheidens in der Europäischen Kommission ist, dass die Kommissare über institutionelle Mittel verfügen, um auf die jeweiligen Vorlagen und Entscheidungen anderer Kommissare Einfluss zu nehmen. Die obige Darlegung der institutionellen Regeln der Entscheidungsfindung in der Kommission lässt auf institutioneller Ebene nicht den Schluss zu, dass in der Kommission primär gemäß des Ressortszenarios, des Präsidialszenarios oder gemäß des Bürokratieszenarios entschieden wird (vgl. Kapitel 3.4., S. 67-70). Von formal institutionalisierten, stabilen Einflussasymmetrien zwischen den Kommissaren oder den Kommissaren und dem Kommissionspräsidenten, wie sie in den jeweiligen Entscheidungsszenarien konzipiert sind, ist auf der Grundlage der institutionellen Analyse deshalb nicht auszugehen.

Gleichzeitig wurde aus der vorangegangenen Argumentation deutlich, dass die Kommissare über begrenzte Ressourcen verfügen. Sie sind deshalb gezwungen, ihre Kontrolle selektiv anzuwenden. Diese Art der Anwendung wurde für die intra-institutionellen Entscheidungsprozesse in der Europäischen Kommission in Form der vier unterschiedlichen Entscheidungsverfahren formal institutionalisiert. Im nächsten Unterkapitel wird empirisch gezeigt, dass die Kommissare umfangreich von den institutionellen Möglichkeiten der Arbeitsteilung Gebrauch machen und in Form des schriftlichen Verfahrens und der Verfahren der Ermächtigung oder der Delegation, Aufgaben an ihre Kollegen delegieren. Eine rein an der Häufigkeit der Anwendung eines bestimmten Verfahrens orientierte Analyse würde zu dem Schluss kommen, dass das Ressortszenario das Zustandekommen von Entscheidungen der Europäischen Kommission am besten abbildet (Egeberg 2006).

Eine solche Schlussfolgerung ist jedoch deshalb unbefriedigend, weil ihr die Annahme zugrunde liegt, dass die Kommissare ein inhärentes Interesse daran haben, an (allen) Entscheidungen der Europäischen Kommission mitzuwirken. Diese Annahme wird in dieser Arbeit nicht geteilt. Für die Analyse der Entscheidungsfindung in der Kommission und der sich daraus ergebenden Möglichkeit der Kommissare im Interesse ihrer jeweiligen Regierung auf die Vorlagen anderer Kommissare Einfluss zu nehmen, ist es deshalb vor allem relevant, das Entscheidungsverhalten der Kommissare in Entscheidungen der Europäischen Kommission zu untersuchen, bei denen theoretische Gründe dafür sprechen, dass sie innerhalb der Europäischen Kommission zu Konflikten führen. Bevor dies in Kapitel 6.3. geschieht, werden in Kapitel 6.2. zunächst die Tagesordnungspunkte der Prodi-Kommission dargestellt, um Auskunft darüber zu geben, welche Gegenstände die Kommissare in ihren wöchentlichen Kollegiumssitzungen behandeln. Die Darstellung beschränkt sich auf den Zeitraum zwischen Oktober 1999 und November 2004. Darüber hinaus wird die relative Häufigkeit der Anwendung der unterschiedlichen internen Entscheidungsverfahren dargestellt.

6.2. Administrative Routine oder politische Kontrolle? Inhalte der Kollegiums-sitzungen der Prodi-Kommission

Für die empirische Darstellung dieses Unterkapitels wurden die Tagesordnungen aller Kollegiumssitzungen der Prodi-Kommission, die zwischen dem 16. September 1999 und dem 19. Oktober 2004 stattfanden, nach einem einheitlichen Schema kodiert (siehe Kapitel 10, Anhang 2, S. 231). Systematische Informationen darüber, welche Gegenstände die Kommissare in ihren wöchentlichen Kollegiumssitzungen behandeln, liegen in der bestehenden Literatur bislang nicht vor. Das bezieht sich sowohl auf die Art der behandelten Gegenstände – angefangen von der Annahme von Protokollen vorheriger Sitzungen über unverbindliche Berichte und Stellungnahmen bis hin zu Gesetzesvorlagen – als auch auf ihre spezifischen Politikinhalte. Letztere spielen in dieser Arbeit eine zentrale Rolle: Sie beeinflussen die Motive der mitgliedstaatlichen Regierungen bei der Auswahl ihrer Kommissare sowie deren Anreize zur gegenseitigen Kontrolle in internen Entscheidungsprozessen der Europäischen Kommission. Sowohl das den mitgliedstaatlichen Regierungen unterstellte „offensive" und „defensive" Selektionsmotiv, das die Auswahl von Kommissaren mit bestimmten politischen Eigenschaften zur Folge hat (vgl. Kapitel 3.3., S. 56-57 und Kapitel 5.2.) als auch der „strukturelle Anpassungsspielraum" in unterschiedlichen Politikfeldern (vgl. Kapitel 3.4., S. 77-79) weisen den Politikinhalten eine zentrale Rolle zu. Aufgrund dieser Tatsache wird in diesem Unterkapitel ein deskriptiver Überblick über die Inhalte der von den Kommissaren der Prodi-Kommission in ihren wöchentlichen Kollegiumssitzungen behandelten Gegenständen gegeben.

Die Darstellung soll außerdem Aufschluss darüber geben, welche Gegenstände routinemäßig, das heißt praktisch ausnahmslos, im Kollegium der Kommissare behandelt werden und bei welchen sich die Kommissare explizit von Fall zu Fall für dessen Behandlung im Kollegium entscheiden. Bei ersteren ist die in dieser Arbeit vorgenommene empirische Operationalisierung und Überprüfung des theoretischen

Arguments zur Kontrolle des federführenden Kommissars durch die anderen Kommissare in internen Entscheidungen (Kapitel 6.3.) zumindest fragwürdig. Bei den Gegenständen, dagegen, die ausnahmslos im mündlichen Verfahren entschieden werden, läge einem solchen Vorgehen die Annahme zugrunde, dass die Kommissare hier ein generelles Interesse daran haben, das Handeln des federführenden Kommissars zu kontrollieren. Eine alternative Ursache für die ausnahmslose Behandlung bestimmter Gegenstände im Kollegium könnte die Einhaltung einer formalen oder informellen Norm zur Behandlung eines bestimmten Themas im Kollegium sein. Neben der explorativ deskriptiven Darstellung, dienen die Informationen dieses Unterkapitels damit der Begründung der Operationalisierungen der Analyse im nächsten Unterkapitel, das die gegenseitige Kontrolle der Kommissare in internen Entscheidungsprozessen zu Gesetzesvorlagen durch ein quantitatives Modell untersucht.

Bei einer erheblichen Anzahl der von den Kommissaren in ihren Kollegiumssitzungen behandelten Gegenstände handelt es sich um administrative Pflicht- und Routineaufgaben. Diese umfassen die Verabschiedung des Sitzungsprotokolls der jeweils letzten Kollegiumssitzung sowie die Verabschiedung der Agenda der aktuellen Sitzung. Auf diese Weise können die Kommissare sicherstellen, dass die Beschlüsse sowie Anmerkungen und Festlegungen für zukünftige Entscheidungen, die in der vorangegangenen Sitzung getroffen und vereinbart wurden, korrekt festgehalten wurden. Zu den Routineaufgaben gehören auch die Behandlung kommissionsinterner administrativer Angelegenheiten sowie die Befassung mit Entscheidungen, die finanzielle Zuwendungen beinhalten und somit den EG-Haushalt betreffen. Ein weiterer Routinegegenstand der wöchentlichen Kollegiumssitzungen sind die Protokolle der Sitzungen der Kabinettchefs, anhand derer die Kommissare einen vollständigen Überblick über die Beschlüsse ihrer Kabinettchefs erhalten. Darüber hinaus erhalten die Kommissare in fast jeder Kollegiumssitzung Dokumente, die diejenigen Mitgliedstaaten identifizieren, die das EG-Recht unzureichend umsetzen oder gegen EG-Recht verstoßen. Diese Dokumente können auch eventuell einzuleitende Maßnahmen gegenüber diesen Mitgliedstaaten beinhalten. Ein weiterer Routinegegenstand einer jeden Kollegiumssitzung sind die Protokolle über die im schriftlichen und im Delegationsverfahren abgeschlossenen Verfahren. Die Kommissare erhalten hierüber einen Überblick über alle Entscheidungen, die von der Kommission getroffen wurden.[99] Schließlich erhalten die Kommissare in jeder Sitzung schriftliche Informationen und teilweise mündliche Berichte des inhaltlich einschlägigen Kommissars über entsprechende Arbeiten des Europäischen Parlaments und des Rats sowie der Arbeitsgruppen des administrativen Unterbaus des Rats, dem Ausschuss der Ständigen Vertreter (COREPER).

---

99 Dies bedeutet jedoch gleichzeitig, dass von der jeweiligen Zahl der Tagesordnungspunkte nicht auf die Zahl der insgesamt von den Kommissaren in einem bestimmten Bereich verabschiedeten Dokumente, Vorlagen oder Entscheidungen geschlossen werden kann.

Tabelle 4: Tagesordnungspunkte der Prodi-Kommission 1999-2004 (229 Tagesordnungen)

Gegenstand	Gesamt	A-Punkte
Administratives	688	541
Protokolle Kabinettchefs	858	244
Überwachung Rechtsbefolgung Mitgliedstaaten	483	318
Policies	1600	790
Protokolle Entscheidungen	882	809
Kommunikationen	121	61
Arbeiten des EP	363	258
Arbeiten COREPER und Europäischer Rat	657	249
Außenpolitik	229	42
Andere	264	87
Gesamt	*6145*	*3399*

Quelle: Eigene Daten, zusammengestellt aus den offiziellen Tagesordnungen der Europäischen Kommission (http://ec.europa.eu/transparency/regdoc/ recherche.cfm?CL=de)

Knapp 60 Prozent der Tagesordnungspunkte der in diesem Abschnitt zu diskutierenden administrativen Angelegenheiten oder Budgetfragen der Kommission werden von den Kommissaren selbst, das heißt im Kollegium der Kommissare, behandelt. Die restlichen 40 Prozent der administrativen Angelegenheiten werden bereits von den Kabinettschefs in ihren wöchentlichen Sitzungen verabschiedet und anschließend von den Kommissaren nicht mehr inhaltlich diskutiert, sondern nur noch formal angenommen. Die Sitzungen der Kabinettchefs gehen denen der Kommissare voraus und dienen dazu, Beschlüsse für diejenigen Gegenstände zu treffen, für die es keiner weiteren Diskussionen zwischen den Kommissaren bedarf. Dies ist der Fall bei Gegenständen, für die die Annahme im Kollegium der Kommissare formal vorgesehen ist, die jedoch selten kontrovers sind. Beispiele hierfür sind die Protokolle vorangegangener oder die Agenden aktueller Kommissionssitzungen. In der Sitzung der Kabinettchefs werden aber auch Politikinhalte, d.h. Policies, behandelt, die nicht routinemäßig oder zur Einhaltung formaler Vorgaben im Rahmen des mündlichen Verfahrens verabschiedet werden müssen. So können die Kommissare beispielsweise für eine bestimmte Gesetzesvorlage, die im Rahmen des mündlichen Verfahrens verabschiedet wird, bereits im Vorfeld einen Kompromiss vereinbaren, der dann von den Kabinettchefs formuliert und vorläufig beschlossen wird. Diese Vorlagen gelangen dann als sogenannte A-Punkte auf die Tagesordnung der Kommissare und werden von den Kommissaren in der Regel ohne Aussprache angenommen. Die Kommissare haben allerdings die Möglichkeit, die Aussprache zu einem A-Punkt zu fordern und damit Veränderungen an einer zuvor von den Kabinettchefs getroffenen Vereinbarung vorzunehmen.

Neben den Routinetagesordnungspunkten werden auf jeder Kollegiumssitzung auch Gegenstände besprochen, die nicht als administrative Routinegegenstände bewertet werden können. Zu diesen nicht-routinemäßig behandelten Tagesordnungspunkten sind politische Entscheidungen der Kommissare zu zählen. Dabei muss es sich nicht um Gesetzesvorlagen handeln. Zu den politischen Entscheidungen sind ebenfalls schriftliche und mündliche Mitteilungen sowie Grünbücher oder Weißbücher zu geplanten Initiativen der Kommission zu rechnen. Grün- und Weißbücher dienen den Kommissaren dazu, Reaktionen von betroffenen Interessengruppen, Regierungen und Europaparlamentariern zu wichtigen Vorhaben einzuholen. Darüber hinaus werden auf diese Weise die Kommissare von den Vorhaben anderer Kommissare und den Arbeiten in anderen Generaldirektionen unterrichtet und unter Umständen um Stellungnahmen gebeten. So legten beispielsweise die schwedische Umweltkommissarin Margot Wallström und der französische Kommissar für Regionalpolitik, Michel Barnier, auf der Kollegiumssitzung am 16. September 2003 ein Dokument vor, in dem sie Reaktionen der Europäischen Gemeinschaft auf Umweltkatastrophen darlegten. Ziel dieses Papiers war es explizit, eine offene Diskussion unter den Kommissaren über die darin skizzierten Vorhaben anzuregen.[100] Kommissare berichten zudem regelmäßig mündlich von ihren Auslandsreisen in Nicht-EU-Staaten oder von Verhandlungen in anderen internationalen Organisationen, wie beispielsweise der Welthandelsorganisation. Darüber hinaus berichtet der Wettbewerbskommissar regelmäßig von Vertragsverletzungsfällen seitens der Mitgliedstaaten, mit denen er sich aktuell auseinandersetzt und zu denen unter Umständen ein Vertragsverletzungsverfahren eingeleitet wird.

Von besonderer Relevanz für das theoretische Interesse dieser Arbeit ist die Frage, in welchem Umfang Gesetzesvorlagen im Kollegium der Kommissare behandelt werden. Im Zeitraum von September 1999 bis Oktober 2004 wurden von den Kommissaren der Prodi-Kommission insgesamt 1324 Gesetzesvorlagen in den EG-Gesetzgebungsprozess eingebracht (Tabelle 4, vorangegangene Seite). Davon wurden 230 Gesetzesvorlagen (beziehungsweise 17,4 Prozent) im Rahmen des mündlichen Verfahrens entschieden. Anders als beispielsweise bei den administrativen Angelegenheiten, treffen die Kommissare bei der internen Verabschiedung von Gesetzesvorlagen somit aktiv die Entscheidung, ob ein bestimmter Vorschlag von ihren Kabinettchefs und gegebenenfalls im Kollegium der Kommissare behandelt werden sollen, oder nicht. Von den 230 Gesetzesvorlagen, die die Prodi-Kommission im mündlichen Verfahren verabschiedet hat, konnte für 122 (53,0 Prozent) zwischen den Kabinettchefs eine Einigung erzielt werden, so dass sie im Kollegium der Kommissare nicht mehr weiter behandelt wurden. Die restlichen 108 der 230 Vorlagen (47,0 Prozent) wurden als B-Punkte im Kollegium der Kommissare behandelt.

---

100 Agenda for the 1626th meeting of the Commission, OJ(2003)1626/3.

Besonders aktiv bei der Einbringung von Gesetzesvorlagen in diesem Zeitraum war die Generaldirektion Handel, unter der Führung des französischen Kommissars Pascal Lamy – er legte 290 Vorschläge vor. Dabei ist jedoch zu beachten, dass es sich bei vielen von diesen um Vorschläge für die Implementation von Entscheidungen handelt, die nicht auf der Grundlage des im EGV niedergelegten Primärrechts, sondern auf der Grundlage bestehenden Sekundärrechts getroffen werden. 191 der 289 Vorschläge der GD Handel basieren auf einer sekundärrechtlichen Rechtsgrundlage. Diese, häufig im Rahmen eines der vier sogenannten Komitologie-Verfahrens getroffenen Entscheidungen (Hix 2005: 52-58)[101], haben ebenso Gesetzescharakter. Aufgrund der sekundärrechtlichen Rechtsgrundlage besitzen die Kommissare in diesen Entscheidungen jedoch geringe Spielräume bei der Festlegung des Inhalts ihrer Entscheidungen (Franchino 2000, 2002). In der Hauptsache handelt es sich bei den Komitologie-Entscheidungen im Bereich der Handelspolitik um Import- oder Strafzölle gegenüber Anbietern von Waren aus Nicht-EU-Ländern, die die Europäische Kommission beschließt oder, je nach Verfahren (vgl. Fußnote 101), deren Festlegung sie den Mitgliedstaaten vorschlägt.

Überdurchschnittlich aktiv waren außerdem die Generaldirektionen Landwirtschaft und Fischerei unter Leitung des österreichischen Kommissars Franz Fischler mit 140 beziehungsweise 122 Gesetzesvorlagen. Schließlich brachte die spanische Kommissarin Loyola de Palacio im Bereich Energie und Transport mit 107 Vorlagen, und der niederländische Kommissar Frits Bolkestein im Bereich Steuern und Zollunion mit 105, überdurchschnittlich viele Gesetzesvorlagen auf den Weg. Weit weniger aktiv zeigt sich beispielsweise die GD Umwelt unter der politischen Leitung der schwedischen Kommissarin Wallström. Oder die GD Binnenmarkt, ebenfalls wie die GD Steuern und Zollunion, unter politischer Führung des niederländischen Kommissars Bolkestein.

101 Bei den vier Komitologie-Verfahren handelt es sich um das Beratungsverfahren, das Verwaltungsverfahren, das Regelungsverfahren und das Verfahren bei Schutzmaßnahmen (1999/468/EG). Die vier Verfahren unterscheiden sich bezüglich der Anhörungsrechte und Zustimmungspflichten der aus Vertretern aller Mitgliedstaaten besetzten Komitologie-Ausschüsse. Im Beratungsverfahren besitzt der Komitologie-Ausschuss lediglich ein für die Kommission nicht bindendes Anhörungsrecht (1999/468/EG, Art. 3). Im Verwaltungsverfahren gibt er ebenfalls eine Stellungnahme ab. Weicht der Vorschlag der Kommission von dem des Ausschusses ab, kann der Rat mit qualifizierter Mehrheit eine anderslautende Entscheidung treffen (1999/468/EG, Art. 4). Im Regelungsverfahren schließlich müssen die mitgliedstaatlichen Vertreter im Komitologie-Ausschuss mit einfacher Mehrheit angenommen werden, um in Kraft zu treten (1999/468/EG, Art. 5). Beim Verfahren bei Schutzmaßnahmen trifft die Kommission eine Entscheidung; die Regierungen im Rat können jedoch mit qualifizierter Mehrheit einen anders lautenden Beschluss fassen (1999/468/EG, Art. 6). Welches der vier Komitologie-Verfahren zur Anwendung kommt, ist in der sekundärrechtlichen Grundlage, auf der die jeweilige Vorlage der Kommission basiert, festgelegt.

Tabelle 5: Gesetzesvorlagen der Prodi-Kommission 1999-2004

Generaldirektion	Gesetzesvorschläge	Mündlich	B-Punkte
Beschäftigung/Soziales	24	11	4
Bildung/Kultur	1	0	0
Binnenmarkt	44	20	1
Energie/Transport	107	45	28
Fischerei	122	7	3
Gesundheit/Verbraucherschutz	70	13	6
Informationsgesellschaft	10	8	0
Justiz/Inneres	46	11	7
Landwirtschaft	143	28	11
Regionalpolitik	10	1	1
Steuern/Zollunion	105	6	2
Umwelt	45	9	6
Unternehmen	68	9	8
Wettbewerb	5	2	1
Wirtschaft/Finanzen + Eurostat	35 (9+26)	5	0
Generalsekretariat	9	2	2
Personal/Verwaltung	24	1	1
Haushalt	30	23	5
Handel	290	9	5
Erweiterung	8	5	3
Auswärtige Beziehungen	90	14	7
Entwicklung	10	1	0
Juristischer Dienst	28	0	0
Gesamt	1324	230	101

Quelle: Prelex

Die Angaben in Tabelle 5 zeigen, dass es zwischen den verschiedenen Generaldirektionen erhebliche Unterschiede bezüglich der Aktivität bei der Erarbeitung von Entscheidungsvorlagen gibt. Bei der Beurteilung des unterschiedlichen Grades der Aktivität ist davon auszugehen, dass diese nicht allein von der politischen Führung durch den jeweiligen Kommissar abhängt. Wie die Diskussion der Aktivitäten der GD Handel zeigt, hängt die Gesetzgebungsaktivität der Generaldirektionen auch von der bestehenden EG-Regulierungsstruktur des jeweiligen Politikbereiches ab: In Politikbereichen mit einer relativ hohen Regulierungsdichte ist die Wahrscheinlichkeit hoch, dass Gesetzesvorlagen die Umsetzung bereits beschlossener Maßnahmen regeln. Solche Gesetzesvorlagen sind nicht das Resultat politischer Initiativen eines Kommissars, sondern die Folge einer zu einem früheren Zeitpunkt eingegangenen politischen Verpflichtung, die sich aus der bestehenden Gesetzeslage ergibt. Dies macht deutlich, dass die Aktivität einer Generaldirektion bei der Initiierung von Entscheidungen nicht allein vom politischen Ehrgeiz und der Aktivität des aktuell amtierenden Kommissars abhängt. Anders wäre auch schwer zu erklären, warum die beiden Generaldirektionen Steuern und Zollunion sowie Binnenmarkt, die in der Prodi-Kommission beide vom niederländischen Kommissar Frits Bolkestein geführt wurden, relativ starke Abweichungen in ihrem Aktivitätsgrad aufweisen.[102]

Darüber hinaus liegt die Entscheidung darüber, ob sie einen Gesetzesvorschlag initiieren, nicht ausschließlich in der Hand des für die jeweilige Generaldirektion zuständigen Kommissars, des Kommissionspräsidenten oder in der Hand des Kollegiums der Kommissare. Bereits im vorangegangenen Unterkapitel wurde ausgeführt, dass die Kommissare keine Gate-Keeping Macht in dem von ihnen verantworteten Politikbereich besitzen, da sie vom Europäischen Parlament oder von den mitgliedstaatlichen Regierungen im Rat aufgefordert werden können, einen Gesetzesvorschlag einzubringen. Von diesem Recht, die Kommission aufzufordern tätig zu werden, machen die anderen Institutionen umfangreich Gebrauch. In einem für den Europäischen Rat von Stockholm vorbereiteten Bericht zur „Verbesserung und Vereinfachung der Rahmenbedingungen für die Rechtsetzung" (Kommission der Europäischen Gemeinschaften 2001b) bezifferte die Prodi-Kommission die Zahl derjenigen Gesetzesvorlagen, die auf Entschließungen des Europäischen Parlaments, des Rates oder auf Druck privater Akteure zustande kommen, auf 20 bis 25 Prozent. Weitere 30 Prozent gingen auf internationale Verpflichtungen zurück, die die Europäische Gemeinschaft eingegangen ist (Kommission der Europäischen Gemeinschaften 2001b: 7). Mit Blick auf das Gesetzgebungsverfahren ist jedoch festzuhalten, dass der federführende Kommissar über den Zeitpunkt, zu dem er einen Gesetzesvorschlag in den Entscheidungsprozess der Kommission einbringt, entscheidet. Ebenso liegt es in der Hand der Europäischen Kommissare den Inhalt einer Gesetzesvorlage festzulegen.

Die Ausführungen dieses Unterkapitels zeigen, dass die Kommissare der Prodi-Kommission zwischen September 1999 und Oktober 2004 231 Gesetzesvorschläge im Rahmen des mündlichen Verfahrens verabschiedeten.[103] Die Anwendung des mündlichen Verfahrens wird in dieser Arbeit als empirische Operationalisierung für das Kollegiumsszenario verwendet. Theoretisch wiederum wird das Kollegiumsszenario in dieser Arbeit als Kontrolle des federführenden Kommissars durch die übrigen Kommissare konzeptionalisiert (Kapitel 3.4.). Wie in Kapitel 5 gezeigt wurde, entsenden die nationalen Regierungen in erster Linie solche Personen als Kommis-

---

102 Dass Bolkestein seine Arbeit auf die Steuer- und Zollpolitik konzentriert und dem Binnenmarkt geringere politische Priorität eingeräumt hat, ist unplausibel. Mit der Übernahme- und der Dienstleistungsrichtlinie hat Bolkestein zwei Gesetzesvorhaben im Bereich Binnenmarkt besondere politische Aufmerksamkeit geschenkt (siehe Fallstudien in Kapitel 7).

103 Diese Angaben beziehen sich auf die Informationen aus der Online-Datenbank der Europäischen Union zum „Werdegang der interinstitutionellen Verfahren" (Prelex, http://ec.europa.eu/prelex/apcnet.cfm?CL=de, Zugriff am 10. Oktober 2006) und den Tagesordnungen der Kommission (vgl. Beschreibungen der Datenquellen in Kapitel 4).

sare in die Kommission, die über ähnliche Politikpräferenzen verfügen. Aus diesen Überlegungen wurden in Kapitel 3.4. Erwartungen über die inhaltliche Qualität derjenigen Gesetzesvorschläge formuliert, bei deren Verabschiedung die Kommissare den federführenden Kommissar kontrollieren, indem sie die Entscheidung zum Gegenstand ihrer wöchentlichen Kollegiumssitzung machen. Im Mittelpunkt steht dabei die Überlegung, dass die mitgliedstaatlichen Regierungen über ihre Kommissare versuchen, die politischen und materiellen Anpassungskosten durch europäische Gesetze möglichst gering zu halten beziehungsweise die eigenen, nationalen Regulierungen EG-weit zu exportieren (vgl. Kapitel 3.4.). Neben den inhaltlichen (Policy-) Variablen wird in der quantitativen Analyse des nächsten Unterkapitels der Einfluss institutioneller Variablen auf die Anwendung des Kollegiumsszenarios bei der Verabschiedung von Gesetzesvorlagen untersucht.

6.3. Kontrolle im Kollegium der Kommissare - ein quantitatives Modell

Kontrolle zwischen den Kommissaren in internen Entscheidungsprozessen wird in der quantitativen Analyse dieses Unterkapitels durch die Anwendung des „mündlichen Entscheidungsverfahren" zur Annahme einer Gesetzesvorlage in der Kommission operationalisiert.[104] Im Idealfall lägen für die Analyse von Entscheidungsprozessen in der Europäischen Kommission reliable Informationen darüber vor, welche Positionen die Kommissare in ihren Auseinandersetzungen im Kollegium der Kommissare einnehmen und vertreten, welche Positionen von den mitgliedstaatlichen Regierungen eingenommen werden und wie die Kommissare abstimmen, wenn es bei der Annahme einer Entscheidung im mündlichen Entscheidungsverfahren zu einer formalen Abstimmung kommt. Solche Informationen sind jedoch nicht verfügbar. Die Protokolle der Kommissionssitzungen sind nicht öffentlich zugänglich. Protokolle über das Abstimmungsverhalten einzelner Kommissare in Entscheidungen in denen es zur formalen Abstimmung kam, sind ebenfalls öffentlich nicht zugänglich.[105] Die Datenlage für Entscheidungsprozesse in der Europäischen Kommission unterscheidet sich damit erheblich von der des Rates oder des Europäischen Parlaments, für die die offenbarten Präferenzen der jeweiligen Akteure in Form ihres Stimmverhaltens in namentlichen Abstimmungen relativ problemlos beobachtbar sind.

---

104 Auf die realistische Möglichkeit der Kommissare, im Rahmen des mündlichen Verfahrens auf den Inhalt einer Vorlage eines anderen Kommissars Einfluss zu nehmen, weist beispielsweise Susanne Schmidt in ihrem Buch auf der Grundlage umfangreicher qualitativer Fallstudien hin (Schmidt 1998: 81-82, 84-85). Dies spricht für die Plausibilität der Operationalisierung der in diesem Unterkapitel verwendeten abhängigen Variable.

105 Artikel 9 der Geschäftsordnung der Europäischen Kommission bestimmt, dass die Sitzungen der Kommission nicht öffentlich und die Beratungen vertraulich sind. Laut Aussage eines Mitarbeiters des Kabinetts von Kommissar Frits Bolkestein, sind die Protokolle der Kollegiumssitzungen häufig auch nicht für die Mitglieder des Kabinetts eines Kommissars zugänglich.

Die Erhebung solcher Daten durch qualitative Interviews in der Kommission gestaltet sich darüber hinaus als praktisch unmöglich. Das Kollegialitätsprinzip verpflichtet die Kommissare darauf, Entscheidungen öffentlich zu verteidigen, die sie in der Kommission zuvor politisch bekämpft haben. An diesen Grundsatz halten sich in der Regel auch die Mitarbeiter der Kommissare und des Generalsekretariats der Europäischen Kommission.[106] Es ist deshalb auch auf diesem Wege nahezu unmöglich, systematische Informationen über die inhaltlichen Positionen und das Verhalten der Kommissare in den Entscheidungsprozessen der Europäischen Kommission zu gewinnen. Ein weiterer Grund hierfür ist, dass es im Kollegium der Kommissare äußerst selten zu formalen Abstimmungen kommt. Dies setzt der empirischen Beobachtung des Entscheidungsprozesses auf individueller (Kommissars-) Ebene eine weitere Grenze. Nach übereinstimmender Aussage eines Mitarbeiters aus dem persönlichen Kabinett von Frits Bolkestein und des für die Koordinierung und Organisation der wöchentlichen Kollegiumssitzungen zuständigen Mitarbeiters im Generalsekretariat der Europäischen Kommission, kam es während der Amtszeit der Prodi-Kommission lediglich in ungefähr zehn Fällen zu formalen Abstimmungen.[107] Aus forschungspraktischer Perspektive ist diese Information interessant, da sie zeigt, dass eine systematische, quantitativ vergleichende Analyse des Entscheidungsverhaltens der Europäischen Kommissare, analog zur Analyse namentlicher Abstimmungen im Europäischen Parlament oder im Rat, in Entscheidungsprozessen der Europäischen Kommission nicht durchführbar ist.

Der empirische Befund, dass es im Kollegium der Kommissare äußerst selten zu formalen Abstimmungen kommt, kann auf dreierlei Weisen interpretiert werden: Zum einen, dass es bei einem Großteil der Gesetzesvorschläge keine divergierenden Präferenzen zwischen den Kommissaren gibt. Zweitens, dass der Vorschlag des federführenden Kommissars die Positionen aller anderen Kommissare beinhaltet, so dass keiner von ihnen die Notwendigkeit sieht, eine formale Abstimmung zu beantragen. Und schließlich drittens, dass der federführende Kommissar die Positionen einer Minderheit der Kommissare nicht berücksichtigt, keiner der „Minderheitskommissare" jedoch eine formale Abstimmung beantragt, da diese absehen können, dass sie in einer solchen Abstimmung unterliegen würden. Das Risiko, dass die abhängige Variable der Analyse in diesem Unterkapitel die Konflikthaftigkeit von Entscheidungen in der Kommission überschätzt sollte somit gering sein.

Vor dem Hintergrund dieser Ausführungen kann die in der folgenden Analyse untersuchte Anwendung des mündlichen Entscheidungsverfahrens zur Verabschiedung

---

106 Das Problem der Datengewinnung wird in der schriftlichen Begründung eines ehemaligen Kommissionsmitarbeiters deutlich, der den Fragebogen im Anschluss an ein persönliches Interview nicht ausfüllte: „Dieser [Fragebogen], gleich wohl er rein wissenschaftlichen Zwecken dient, beinhaltet dennoch sowohl für mich als auch für ehemalige Kolleginnen/Kollegen aus den Kabinetten gewisse Loyalitätsprobleme. [...] Ich bitte daher sehr um Ihr Verständnis, dass ich den Fragebogen nicht ausfüllen kann" (Email vom 16. August 2005).
107 Egeberg berichtet in seiner Studie eine ähnliche Zahl: Laut seinen Informationen kam es in der Prodi-Kommission jährlich zu sechs bis 10 Abstimmungen (Egeberg 2006: 8).

von Gesetzesvorlagen in der Europäischen Kommission nicht genutzt werden, um Aussagen über den effektiven Einfluss eines oder mehrerer Kommissare auf die Vorlage des federführenden Kommissars zu machen. Ziel der quantitativen Analyse dieses Unterkapitels ist es vielmehr, empirisch zu überprüfen, wann, das heißt bei Entscheidungen welcher Art, die Europäischen Kommissare dazu neigen, den federführenden Kommissar zu kontrollieren. Für eine solche Aussage ist die folgende Analyse geeignet, da die Anwendung des mündlichen Verfahrens für Fälle vorgesehen ist, in denen es trotz eventuell zuvor auf informeller Basis abgelaufener Vermittlungsprozesse zu keiner inhaltlichen Einigung kam[108] und der anhaltende Konflikt dazu führte, dass einer oder mehrere Kommissare die Behandlung der Vorlage im Kollegium verlangten, um dort vom federführenden Kommissar Konzessionen für ihre Zustimmung zu seinem Vorschlag zu verlangen.

Die Erwartung an das Kontrollverhalten der Europäischen Kommissare wurde in Kapitel 3.3. in Form der offensiven und defensiven Delegationsziele der mitgliedstaatlichen Regierungen bei der Auswahl und Entsendung ihrer Kommissare theoretisch auf der Akteursebene hergeleitet (S. 56-57). In Kapitel 3.4. wurden die beiden Selektionsmotive der mitgliedstaatlichen Regierungen theoretisch aufgegriffen und auf der strukturellen Ebene, das heißt auf der Ebene der Politikfelder, verortet. Diese Verortung erlaubt es, systematische Aussagen mittlerer theoretischer Reichweite über das Kontrollverhalten der Kommissare zu machen, die in einem weiteren Schritt empirisch überprüfbar sind. Triviale Aussagen – „die Kommissare kontrollieren sich, wenn sie divergierende Interessen haben" – werden hierdurch vermieden. Die Argumentation eröffnet gleichzeitig die Möglichkeit, an die theoretische Diskussion der Triebfedern der politischen Dynamik von EU-Entscheidungsprozessen und der zunehmenden regulativen Integration der Europäischen Union und ihrer Mitgliedstaaten anzuknüpfen. Allerdings vermeidet das hier gewählte Vorgehen, in die dichotome und für die Erklärung von Alltagsentscheidungen zu pauschale (Scharpf 1999: 65-66; Tsebelis und Garrett 2001) theoretische Konzeptionalisierung der beiden antagonistischen EU-Großtheorien, den (liberalen) Intergouvernementalismus und den Neo-Funktionalismus, zurückzufallen.

Mit dem defensiven Delegationsziel verfolgen die mitgliedstaatlichen Regierungen das Ziel, dass die von ihnen ausgewählten und in die Europäische Kommission entsandten Kommissare das Zustandekommen solcher Gesetzesvorschläge verhindern, die der mitgliedstaatlichen Regierung hohe materielle und/oder politische Kosten verursachen. Mit dem offensiven Delegationsziel wiederum versuchen die mitgliedstaatlichen Regierungen die in ihrem Mitgliedstaat gültigen Regulierungen durch europäisches Recht EU-weit allgemeinverbindlich zu machen. Auf diese Weise können sich die Regierungen die politische Unterstützung von Wählern und In-

---

108 „Oral procedure must be used if it has not been possible to resolve differences of opinion on the part of consulted departments despite all the lead department's efforts at mediation and co-ordination, possibly assisted by the SG [Generalsekretariat der Kommission]" (CMOP 2004: 14; vgl. auch Kapitel 6.1 S. 137).

teressengruppen sichern, die von einem solchen Export nationaler Regulierungen profitieren würden (vgl. Kapitel 3.3., S. 56-57). Die Kommissare wiederum haben einen Anreiz, die Interessen ihrer jeweiligen Regierungen in der Kommission zu vertreten, da diese über ihren weiteren Verbleib in der Kommission und gegebenenfalls über ihre zukünftige Karriere in der jeweiligen nationalen Arena entscheiden. Dass sich die in Kapitel 3.3. theoretisch hergeleitete Delegationsstrategie der mitgliedstaatlichen Regierungen in den Entscheidungsprozessen in der Kommission widerspiegelt, macht das Zitat aus George Ross' Buch über die internen Prozesse und das inter-institutionelle Agieren der Europäischen Kommission unter dem Kommissionspräsidenten Jacques Delors deutlich:

> „The Commissioner in charge of Competition Law, Sir Leon Brittan[109], was a convinced neo-liberal with a strong staff of ideologically motivated and talented assistants who were attempting to push Commission competition policy competence as far and fast as they could. Other Commissioners and their staffs, including the Delors team, had to try to protect their 'national interests' (represent the positions of the member state of their origin) against Brittan's efforts. Jobs and political positions were at stake in such matters" (Ross 1995: 58).

Aus den Delegationszielen der mitgliedstaatlichen Regierungen bei der Auswahl ihrer Kommissare lässt sich folgende, für die (Kontroll-) Dynamik der Entscheidungsprozesse in der Kommission zentrale, Hypothese ableiten (ausführlicher, Kapitel 3.4., S. 77-79):

Hypothese 11: Entscheidungen in Politikfeldern in denen der (EG) Policy Status Quo niedrig ist, weisen eine höhere Wahrscheinlichkeit auf, im Rahmen des Kollegiumsszenarios entschieden zu werden, als Entscheidungen in Politikfeldern mit einem relativ hohen (EG) Policy Status Quo.

Als Politikfelder mit niedrigem Policy Status Quo und damit mit potentiell hohen Anpassungskosten werden in der folgenden Analyse diejenigen Politikfelder behandelt und operationalisiert, die nicht zum Kern des bisherigen europäischen Einigungsprojekt gehören. Im Einzelnen sind dies die Politikfelder Beschäftigung und Soziales, Gesundheit und Verbraucherschutz, Informationsgesellschaft, Justiz und Inneres, Energie und Transport sowie Umwelt. Vorlagen aus diesen Bereichen werden in der quantitativen empirischen Analyse dieses Unterkapitels zu der Dummy-Variablen *pfzusatz* zusammengefasst und in die logistische Regressionsgleichung eingefügt. Als politisch-regulativer Kern des europäischen Integrationsprojekt werden die Politikfelder Binnenmarkt, Fischerei, Landwirtschaft, Unternehmen, Wettbewerb und Handel betrachtet (vgl. Schulz und König 2000: 659; vgl. auch Kapitel 2.1.). Die Kernpolitikfelder wurden für die Analyse zur Variable *pfkern* zusammengefasst. In der im Folgenden dargestellten und diskutierten Regressionsanalyse bildet das Politikfeld Steuern und Zollunion die Referenzkategorie, zu denen die anderen Politikfelder in Bezug gesetzt werden. Die Zollunion wurde innerhalb der Euro-

---

109 Sir Leon Britten wurde 1989 von der britischen Ministerpräsidentin Margaret Thatcher erstmals zum Kommissar ernannt.

päischen Gemeinschaft bereits in den 60er Jahren realisiert (vgl. Kapitel 2.1.) und kann somit als "Kern der Kernpolitikfelder" interpretiert werden.[110] Die Spezifikation einer Referenzkategorie erlaubt eine bessere substanzielle und theoretische Interpretation der Ergebnisse, da so die inhaltliche Vergleichskategorie, zu der die anderen Politikfeldvariablen in Bezug gesetzt werden, klar bestimmt ist. Die ausführliche theoretische Diskussion, die dieser empirischen Operationalisierung zugrunde liegt, findet sich in den Kapiteln 3.3. und 3.4.. Dies gilt auch für die weiteren, im Folgenden noch einmal kurz dargestellten Hypothesen.

Neben dem materiellen Regelungsgehalt einer Vorlage, bildet die Rechtsgrundlage, auf der der federführende Kommissar einen Gesetzesvorschlag erarbeitet, einen weiteren Anreiz zur Kontrolle. Räumt die Rechtsgrundlage dem federführenden Kommissar einen relativ hohen Gestaltungsspielraum ein, dann haben die anderen Kommissare einen stärkeren Anreiz, den Inhalt der von dem jeweiligen Kommissar vorgelegten Entscheidungsvorlage zu kontrollieren. Bei Rechtsgrundlagen, die dem Kommissar lediglich einen geringen Gestaltungsspielraum gewähren, sollte dieser Anreiz geringer sein. Dieser Zusammenhang kommt in Hypothese 12 zum Ausdruck (vgl. Kapitel 3.4., S. 79-80):

> *Hypothese 12: Entscheidungen, deren rechtliche Basis dem federführenden Kommissar einen relativ hohen Gestaltungsspielraum einräumt, haben eine höhere Wahrscheinlichkeit im Kollegiumsszenario entschieden zu werden als Entscheidungen, die eine geringe Gestaltungsfreiheit lassen.*

Operationalisiert wird die Gestaltungsfreiheit durch die Dummy-Variable *Primärrecht*. Die Variable erfasst die einer Gesetzesvorlage zugrunde liegende primär- beziehungsweise sekundärrechtliche Rechtsgrundlage. Eine sekundärrechtliche Rechtsgrundlage schränkt den Gestaltungsspielraum des federführenden Kommissars wesentlich stärker ein als eine primärrechtliche Basis.

In Form der Beiordnung von Generaldirektionen, das heißt der geteilten Federführung, steht den Kommissaren ein prozedurales Instrument zur Verfügung, das die Gestaltungsfreiheit des federführenden Kommissars einschränkt und divergierende Interessen beteiligter Kommissare bereits während der Formulierungsphase eines Gesetzesvorschlages zwingend erforderlich macht. Der Grund hierfür ist, dass alle Kommissare, die sich die Federführung bei der Formulierung eines Vorschlages teilen, dem Vorschlagstext zustimmen müssen. Häufig wird argumentiert, dass Konflikte zwischen den Kommissaren in erster Linie auf unterschiedliche Interessen oder Sichtweisen ihrer Generaldirektionen beziehungsweise materiellen Kompetenzbereiche zurückzuführen sind. Trifft diese Einschätzung zu, so ist zu erwarten, dass

---

110 Politikfelder, deren theoretische Zuordnung ambivalent ist, werden in der Variable „pfandere" zusammengefasst. Im Einzelnen sind dies folgende Politikfelder: Bildung/Kultur, Regionalpolitik, Wirtschaft/Finanzen, Generalsekretariat, Personal/Verwaltung, Haushalt, Erweiterung, Auswärtige Bez., Entwicklung.

die Beiordnung ein effektives institutionelles Instrument ist, um diese Konflikte bereits vor der internen Entscheidungsphase zu beseitigen. Aus dieser Überlegung leiten sich folgende, empirisch beobachtbare Zusammenhänge ab (vgl. Kapitel 3.4., S. 81):

Hypothese 13a: Entscheidungen, bei deren Vorbereitung sich mehrere Kommissare die Federführung teilen, haben eine geringere Wahrscheinlichkeit, kollektiv im Kollegiumsszenario entschieden zu werden als Entscheidungen, die ausschließlich von einer Generaldirektion vorbereitet wurden.

Hypothese 13b: Entscheidungen, bei deren Vorbereitung mehrere Generaldirektionen assoziiert waren, haben eine geringere Wahrscheinlichkeit, kollektiv im Kollegiumsszenario entschieden zu werden als Entscheidungen, die ausschließlich von einer Generaldirektion vorbereitet wurden.

Dieses Argument kann als Alternativerklärung zu der in dieser Arbeit entwickelten theoretischen Erklärung angesehen werden. Gemäß dieser Alternativerklärung sind Auseinandersetzungen im Kollegium der Kommissare auf überlappende Zuständigkeiten verschiedener Kommissare, und nicht auf die divergierenden Interessen zwischen den mitgliedstaatlichen Prinzipalen der Kommissare, zurückzuführen. Kommissare und die Beamten ihrer Generaldirektionen bilden nach dieser Vorstellung gemeinsam mit Experten, Fachpolitikern und Interessengruppen eine „policy community", die dann versucht ihre Ideen oder Interessen gegenüber anderen „policy communities" durchzusetzen (Cram 1997: 157-158). Die Aufnahme dieser Hypothese und die Berücksichtigung der entsprechenden Variablen in der quantitativen Analyse sollen empirisch für den postulierten Effekt kontrollieren und die Stichhaltigkeit dieser Alternativerklärung für die Auseinandersetzungen in der Kommission überprüfen. Zu diesem Zweck werden die Dummy-Variable *Geteilte Federführung* und die kontinuierliche *Variable Assoziierungen* in die Regressionsanalyse einbezogen.

Schließlich wird in der Analyse noch eine Variable berücksichtigt, mit der divergierende Interessen zwischen den mitgliedstaatlichen Regierungen unabhängig vom jeweiligen Politikfeld und direkt für jede einzelne Entscheidung erfasst werden. Zum einen soll hierdurch die Erklärungskraft eines direkten, von den Politikfeldern unabhängigen Konfliktmaßes für die gegenseitige Kontrolle der Kommissare im Rahmen des Kollegiumsszenarios getestet werden. Zum anderen wird durch die Berücksichtigung eines direkten Konfliktmaßes in einem Gesamtmodell überprüft, wie stabil die Erklärungskraft der Politikfelder bei Berücksichtigung dieses direkten Konfliktmaßes bleibt. Operationalisiert wird der von der Variable *Konflikthaftigkeit* erfasste Konflikt zwischen den mitgliedstaatlichen Regierungen durch die Anzahl der Tage, die zwischen der Eröffnung eines Gesetzgebungsverfahrens durch das Einbringen eines Gesetzesvorschlages durch die Europäischen Kommissare und die

Annahme des Gesetzesvorschlages durch den Rat vergeht. Je länger die Annahme eines Vorschlags dauert, desto größer der Konflikt zwischen den mitgliedstaatlichen Regierungen.[111]

Da es sich bei der abhängigen Variablen „mündliche Entscheidung" um eine dichotome Variable handelt, wird zur quantitativen Analyse der Daten eine binäre logistische Regression verwendet (Menard 2002, Long, 1997).[112] Aus der Analyse ausgeschlossen wurden diejenigen Fälle, die bis zum 12. Mai 2006 noch nicht abgeschlossen waren. Auf diese Weise werden die Berechnungen für alle drei Modelle mit denselben Fällen durchgeführt. Die Verwendung des identischen Datenmaterials für die Berechnung aller drei Modelle stellt die Vergleichbarkeit der Ergebnisse der unterschiedlich spezifizierten Modelle sicher. Allerdings reduziert sich hierdurch die Fallzahl von 1324 Richtlinien und Verordnungen, die insgesamt von den Kommissaren der Prodi-Kommission auf den Weg gebracht wurden, auf 1173 Fälle, die bis zum 12. Mai 2006 abgeschlossen waren. Hierbei ist hervorzuheben, dass nicht alle der 151 Fälle deshalb von der Analyse ausgeschlossen werden mussten, weil sie noch nicht abgeschlossen waren. 39 der 151 wurden von der Kommission zurückgezogen und weitere 20 wurden schon seit mehr als zwei Jahren nicht mehr bearbeitet. Diese 59 Fälle sind also keine fehlenden Werte im engeren Sinne, da nicht zu erwarten ist, dass sie jemals abgeschlossen werden. Anstatt sie als fehlende Werte zu behandeln, könnte man sie auch von der Grundgesamtheit ausschließen. Da der Ausschluss der Fälle, die noch nicht abgeschlossen wurden, keine gezielte Auswahl auf der abhängigen Variable darstellt, sind systematische Verzerrungen der Ergebnisse der Analyse nicht zu erwarten (King *et al.* 1994: 141).

111 Um zu vermeiden, dass dieses Konfliktmaß durch den empirisch nachgewiesenen zeitlichen Verzögerungseffekt durch die Beteiligung des Europäischen Parlaments verzerrt wird (Schulz und König 2000), kontrolliere ich in der Analyse für die Beteiligung des EP. Außerdem kontrolliere ich für das Abstimmungsquorum im Rat, da hier ebenfalls davon auszugehen ist, dass die Verabschiedung von Vorlagen, die einstimmig angenommen werden müssen, länger dauert als die Verabschiedung von Entscheidungen, die mit qualifizierter Mehrheit angenommen werden (Schulz und König 2000).

112 Für die Analyse käme ebenso eine Probit-Analyse in Frage. Die Werte von Logit und Probit Analysen unterscheiden sich lediglich dadurch, dass die Probit-Werte ein wenig höher sind. Liao weist allerdings darauf hin, dass für die Analyse binärer abhängiger Variablen, die eine starke Ungleichverteilung der beiden Werte aufweisen, Logit-Modelle geeigneter sind (Liao 1994: 25). Die folgenden Berechnungen werden mit einem Logit-Modell durchgeführt, da die abhängige Variable stark ungleich verteilt ist: Nur 14,75 % (173/1173) der untersuchten Gesetzesvorlagen wurden im mündlichen Verfahren entschieden.

Tabelle 6: Variablen und Kodierung des quantitativen Kontrollmodells

Variable	Operationalisierung	Häufigkeit
Abhängige Variable		
Entscheidungsverfahren	1 = mündliches Verfahren	173 (14,7 Prozent)
	0 = Rest	1000 (85,3 Prozent)
Unabhängige Variablen		
Pfandere	1 = Bildung/Kultur, Regionalpolitik, Wirtschaft/ Finanzen, Generalsekretariat, Personal/ Verwaltung, Haushalt, Erweiterung, Auswärtige Beziehungen, Entwicklung	210 (17,9 Prozent)
	0 = Rest	1000 (85,3 Prozent)
Pfkern	1 = Binnenmarkt, Fischerei, Landwirtschaft, Unternehmen, Handel, Wettbewerb	633 (54,0 Prozent)
		540 (46,0 Prozent)
	0 = Rest	
Pfzusatz	1 = Beschäftigung/Soziales, Gesundheit/ Verbraucherschutz, Infogesellschaft, Justiz/ Inneres, Umwelt, Energie/Transport	239 (20,4 Prozent)
		934 (79,6 Prozent)
	0 = Rest	
Geteilte Federführung	1 = Zwei federführende Generaldirektionen	18 (1,5 Prozent)
	2 = Drei federführende Generaldirektionen	9 (0,8 Prozent)
		1146 (97,7 Prozent)
	0 = Nein	
Assoziierungen	1...n	
Primärrecht (Rechtsgrundlage)	1 = Ja	861 (73,4 Prozent)
	0 = Nein	312 (26,6 Prozent)
Konflikthaftigkeit (Annahmezeit in Tagen)	1...n	
EP-Beteiligung	1 = Ja	301 (25,7 Prozent)
	0 = Nein	872 (74,3 Prozent)
Verabschiedungsquorum Rat	1 = einstimmig	132 (11,3 Prozent)
	0 = (qualifizierte) Mehrheit	1041 (88,7 Prozent)

Tabelle 7: Quantitatives Modell der Kontrolle im Kollegium der Kommissare

	Politikfeld-Modell	Konfliktmodell	Gesamtmodell
Konstante	-6,58	-5,26	-6,77
Politikfelder *(Referenzkategorie = Steuern/Zollunion)*			
Pfandere+	+++++1,68***		1,66***
Pfkern++	1,39***		1,47***
Pfzusatz+++	2,08***		1,8***
Entscheidungsspielraum			
Primärrecht	3,38***	2,85***	2,93***
Institutionalisierte Koordination und Kontrolle in der Formulierungsphase			
Geteilte Federführung	-.29	-.06	-.10
Assoziierte Generaldirektionen	.09***	.07***	.08***
Ausmaß des Konflikts zwischen den mitgliedstaatlichen Regierungen			
Konflikthaftigkeit++++		.002***	.002***
EP-Beteiligung		.14	-.08
Verabschiedungsquorum Rat		.89***	.93***
N	1173	1173	1173
Pseudo-R² *(McFadden)*	.17	.19	.21
Adj. Count r²	5,8% [86,1%]	7,5% [86,36%]	4,6% [85,9 %]
Log-Likelihood	-409,36	-397,5	-388,9
P>chi²	.000	.000	.000

+ = Bildung/Kultur, Regionalpolitik, Wirtschaft/Finanzen, Generalsekretariat, Personal/Verwaltung, Haushalt, Erweiterung, Auswärtige Beziehungen, Entwicklung

++ = Binnenmarkt, Fischerei, Landwirtschaft, Unternehmen, Handel, Wettbewerb

+++ = Beschäftigung/Soziales, Gesundheit/Verbraucherschutz, Informationsgesellschaft, Justiz/Inneres, Umwelt, Energie/Transport

++++ = Zeit (in Tagen), die von der Vorlage durch die Kommission bis zur Annahme durch den Rat/ggf. EP verging

+++++ = Koeffizienten der logistischen Regression

*** = Signifikant auf dem 0,01 Niveau (die Signifikanzniveaus wurden auf der Grundlage robuster Standardfehler berechnet)

** = Signifikant auf dem 0,05 Niveau

* = Signifikant auf dem 0,1 Niveau

Der Vergleich der Ergebnisse zweier Analysen, die die Konflikt-Variable nicht berücksichtigen (vgl. Politikfeld-Modell, Tabelle 7) und deshalb einmal mit allen

Fällen (N = 1324) und einmal ohne die noch nicht abgeschlossenen Fälle (N = 1173) durchgeführt wurde, zeigt, dass die relative Erklärungskraft der Politikfeldvariablen, die die theoretisch zentralen unabhängigen Variablen der folgenden Regressionsanalyse darstellen, gleich bleibt. Das Ergebnis dieses Vergleichs spricht somit ebenso wie die gängige Einschätzung der Literatur zu Research Designs dagegen, dass der Ausschluss derjenigen Fälle, die bis zum Stichtag noch nicht abgeschlossen waren, zu einer systematischen Verzerrung der Ergebnisse der Regressionsanalyse führt.

Bei der Interpretation der empirischen Ergebnisse der Regressionsanalyse ist noch einmal zu betonen, dass die Politikfeld-Variablen als Indikator für die Höhe potentieller politischer, ökonomischer und administrativer (Anpassungs-) Kosten zu interpretieren sind. Damit sei nicht gesagt, dass nicht auch Entscheidungen aus dem von mir theoretisch definierten und empirisch derart (Tabelle 6, S. 159) operationalisierten Kernbereich der europäischen Integration den mitgliedstaatlichen Regierungen erhebliche Kosten verursachen können. Auch Entscheidungen aus dem Kernbereich der Integration können folglich dazu führen, dass die Kommissare versuchen, die Vorlage des federführenden Kommissars zu beeinflussen. Vielmehr steht dahinter die Erwägung, dass Entscheidungen außerhalb des Kernbereichs der europäischen Integration *tendenziell* ein größeres Potential an Anpassungskosten in sich tragen und ihre Behandlung innerhalb der Kommission eine stärkere Konflikthaftigkeit aufweisen sollte. Die Ergebnisse der Regressionsanalyse bestätigen den in Hypothese 11 postulierten Zusammenhang, wonach die Wahrscheinlichkeit, dass die Kommissare die Vorlage des federführenden Kommissars kontrollieren, bei Entscheidungen höher ist, die den mitgliedstaatlichen Regierungen potentiell höhere (Anpassungs-) Kosten verursachen (vgl. Kapitel 3.4., S. 77-79).[113]

Relativ zu Entscheidungen im Bereich Steuern und Zollunion, verabschieden die Kommissare Gesetzesvorschläge in Politikfeldern, die nicht zum Kernbereich der europäischen Integration gehören (*Pfzusatz*) häufiger im Rahmen des mündlichen Verfahrens als Gesetzesvorschläge aus dem Kernbereich der europäischen Integration (*Pfkern*). Dies zeigen die unterschiedlichen Werte der Regressionskoeffizienten der Variablen *Pfzusatz* und *Pfkern*. Das Ergebnis zeigt sich sowohl in der Spezifikation des Politikfeldmodells als auch im Gesamtmodell, in dem für die relative Konflikthaftigkeit einer Entscheidung in Form der Verabschiedungszeit kontrolliert wird. Im Politikfeld-Modell liegt der Wert des Regressionskoeffizienten für die Variable Pfzusatz bei 2,08 und der für Pfkern bei 1,39. Im Gesamtmodell sind die jeweiligen Werte 1,8 und 1,47. Die Verringerung der Differenz zwischen den Werten der beiden Variablen im Gesamtmodell könnte durch den positiven Zusammenhang zwischen der Variable *Pfzusatz* und der Konflikt-Variable zu erklären sein: Während

---

113 Für alle Modelle wurde eine Kollinearitätsdiagnostik für die unabhängigen Variablen durchgeführt (Menard 2002: 75-77). Die Toleranzwerte für alle Koeffizienten betrug mindestens 0,25. Probleme aufgrund hoher Kollinearität zwischen den unabhängigen Variablen können für die empirischen Ergebnisse der Regressionsanalysen somit ausgeschlossen werden (Menard 2002: 76).

der Median-Wert der Verabschiedungszeit für Gesetzesvorlagen in den Kernpolitikfeldern 65 Tage beträgt, beträgt dieser Wert für die Verabschiedungszeit von Gesetzesvorlagen in den Zusatzpolitikfeldern 512 Tage.[114] Für die empirische Bewertung der Hypothese 11 bleibt jedoch festzuhalten, dass Entscheidungen aus dem Kernbereich der europäischen Integration auch im Gesamt-Modell eine geringere Wahrscheinlichkeit haben, in der Kommission durch das mündliche Verfahren verabschiedet zu werden als Gesetzesvorlagen, die den zusätzlichen Politikfeldern zuzurechnen sind.

Die (Kontroll-)Variable, mit der der Entscheidungsspielraum empirisch erfasst wird, den ein federführender Kommissar bei der Formulierung seiner Vorlage hat, beeinflusst die Wahrscheinlichkeit der Verabschiedung eines Vorschlags im Kollegium der Kommissare erheblich. Der Effekt der Variable *Primärrecht* ist in allen drei Modellspezifizierungen signifikant und relativ zu den Politikfeldvariablen und den anderen institutionellen Variablen groß (vgl. Tabelle 7, S. 160). Wie in Hypothese 12 theoretisch erwartet, haben Vorlagen, die auf primärrechtlicher Grundlage erarbeitet werden, eine höhere Wahrscheinlichkeit, im Rahmen des mündlichen Verfahrens verabschiedet zu werden, als Vorlagen mit sekundärrechtlicher Rechtsbasis. Für die Kommissare stellt die Wahl der Rechtsgrundlage damit ein strategisch bedeutendes Element in der internen Entscheidungsfindung dar.[115] In Bereichen, in denen die Rechtsgrundlage nicht, wie beispielsweise bei der Implementation von bestehendem Sekundärrecht, von Beginn an festgelegt ist, hat der federführende Kommissar einen Anreiz eine Rechtsgrundlage zu wählen, die ihm einen möglichst großen Gestaltungsspielraum einräumt. So dient zum Beispiel in der Umweltpolitik, aber auch in zahlreichen anderen Politikfeldern, häufig Artikel 95 EGV als Rechtsgrundlage (vgl. Fallstudie zu REACH, Kapitel 7.3.). Dieser Artikel regelt zusammen mit Artikel 94 EGV die Harmonisierung mitgliedstaatlicher Rechts- und Verwaltungsvorschriften, „die sich unmittelbar auf die Errichtung oder das Funktionieren des Gemeinsamen Marktes auswirken" (Art. 94 EGV). Gleichzeitig müssen die Kommissare bei der Wahl der Rechtsgrundlage jedoch in ihre Überlegungen einbeziehen, dass die Wahl einer breiten Rechtsgrundlage anderen Kommissaren eher die Möglichkeit bietet, eine geteilte Federführung für sich zu reklamieren. Scheint die Rechtsgrundlage zu weit, besteht für den federführenden Kommissar außerdem die Gefahr, dass der Juristische Dienst der Europäischen Kommission Einspruch gegen

---

114 Der Median-Wert für die Verabschiedungszeit für alle 1173 Fälle beträgt 129 Tage, für Gesetzesvorlagen aus den "anderen" Politikfeldern beträgt die Median-Verabschiedungszeit 114 Tage. Aufgrund der starken Häufung der Verabschiedungszeitwerte am unteren Ende der Skala wird hier der Median- und nicht der Mittelwert berichtet.

115 Die Wahl der Rechtsgrundlage bildet den Gegenstand von Joseph Jupilles Buch zur prozeduralen Politik in der EU. Seine theoretischen Überlegungen und seine theoretische Untersuchung bezieht sich jedoch auf die inter-institutionellen Auseinandersetzungen zwischen der Europäischen Kommission, dem Europäischen Parlament und dem Rat in der EG-Gesetzgebung (Jupille 2004).

die gewählte Rechtsgrundlage einlegt und somit das weitere Verfahren zumindest vorübergehend blockiert (CMOP 2004: 20, 25).

Hingegen erweist sich die institutionalisierte Koordination und Kontrolle in der Formulierungsphase in Form geteilter Federführung in keinem der Modelle als statistisch signifikanter Effekt. Der Regressionskoeffizient der Variable Geteilte Federführung ist zwar negativ, jedoch verglichen mit den Politikfeldvariablen und der Variable *Primärrecht* sehr klein und darüber hinaus statistisch nicht signifikant (Tabelle 7, S. 160). Die Alternativhypothese zu der in dieser Arbeit formulierten und vertretenen Hypothese, dass nämlich die Auseinandersetzungen in der Kommission in erster Linie das Ergebnis überlappender Zuständigkeiten und sich daraus ergebender Ressortkonflikte sind, findet in dieser Untersuchung somit keine empirische Bestätigung (vgl. Hypothese 13a, S. 157). Wäre diese Interpretation interner Auseinandersetzungen in der Kommission zutreffend, müsste die geteilte Federführung zur Folge haben, dass Konflikte zwischen den Kommissaren bereits während der Formulierungsphase eines Vorschlags ausgeräumt werden, da ein Vorschlag erst in die interne Verabschiedungsphase geht, nachdem die federführenden Kommissare dem jeweiligen Vorschlag zugestimmt haben. Die gegenseitige Kontrolle in der Verabschiedungsphase im Rahmen des Kollegiumsszenarios wäre dann nicht mehr notwendig. Wären die Auseinandersetzungen zwischen den Kommissaren in den Entscheidungsprozessen der Europäischen Kommission durch ressortspezifische Interessen motiviert, dann wäre zu erwarten, dass die Variable *Geteilte Federführung*, wie in den oben berichteten Ergebnissen der Berechnungen, zwar ebenfalls ein negatives Vorzeichen hat, gleichzeitig jedoch statistisch signifikant wäre.

Die Nicht-Signifikanz dieses Ergebnisses könnte durch die geringe Anzahl an Gesetzesvorlagen mit geteilter Federführung verursacht sein. Wie in Tabelle 6 (S. 159) berichtet wurden nur 27 Gesetzesvorlagen (2,3 Prozent der in dieser Arbeit untersuchten) unter geteilter Federführung formuliert. Ein maßgeblicher Grund für diese geringe Anzahl könnte darin liegen, dass die Teilung der Federführung die Formulierung und Verabschiedung einer Entscheidungsvorlage durch die Europäischen Kommissare erheblich verzögern kann, da jeder an der Federführung beteiligte Kommissar dem Vorlagentext zustimmen muss. Wie die Fallstudie zur Neuregulierung der europäischen Chemikalienpolitik in Kapitel 7.3. zeigt, bedeutet dies eine Institutionalisierung von Konflikten innerhalb der Europäischen Kommission, wenn die an der Federführung beteiligten Kommissare stark divergierende Präferenzen haben. Bei stark divergierenden Präferenzen zwischen den beteiligten Kommissaren führt die Teilung der Federführung somit zu Effizienzverlusten in Form von eventuell erheblichen Zeitverzögerungen in Entscheidungsprozessen zwischen den Europäischen Kommissaren. Mit Blick auf EU-Entscheidungsprozesse ist damit eine erhebliche Einschränkung der Handlungsfähigkeit der Europäischen Kommission verbunden. Diese Konsequenz interner Entscheidungsprozesse der Europäischen Kommission bleibt in der existierenden Literatur zu EU-Entscheidungsprozessen und zur europäischen Integration bislang praktisch vollkommen unberücksichtigt (vgl. Kapitel 2.2; Thomson *et al.* 2004: 256).

Die Ressort-Perspektive auf die Auseinandersetzungen in der Europäischen Kommission lässt erwarten, dass, ebenso wie bei den im letzten Abschnitt besprochenen geteilten Federführungen, auch für diejenigen Fälle, in denen eine oder mehrere Generaldirektionen bei der Formulierung einer Vorlage assoziiert wurden, die Assoziierungen einen negativen Einfluss auf die Wahrscheinlichkeit der Verabschiedung der jeweiligen Vorlage im Rahmen des Kollegiumsszenarios haben (Hypothese 13b). Empirisch zeigt sich jedoch im Gegenteil, dass Assoziierungen die Wahrscheinlichkeit der Verabschiedung einer Vorlage im Rahmen des mündlichen Verfahrens erhöhen. Der Wert der Variable *Assoziierte Generaldirektionen* ist zwar klein, jedoch statistisch signifikant (Tabelle 7, S. 160). Auch dieses Ergebnis deutet darauf hin, dass es sich bei den Auseinandersetzungen in der Europäischen Kommission nicht primär um ressortspezifische Konflikte handelt. Andernfalls wäre zu erwarten gewesen, dass die Beiordnung bereits während der Formulierung der Vorlage dafür sorgt, dass alle relevanten Ressortinteressen berücksichtigt sind und die (der Alternativhypothese zufolge rein nach der Realisierung ihrer Ressortinteressen handelnden) Kommissare keinen Grund dafür haben, die Annahme der Entscheidung ins Kollegium der Kommissare zu verlagern. Zwar wird bei Assoziierungen davon ausgegangen, dass sich der federführende Kommissar der Zustimmung assoziierter Kommissare versichert hat (CMOP 2004: 28). Gleichzeitig zeigt diese Regel jedoch, dass assoziierte Kommissare den inhaltlichen Abschluss einer Vorlage und ihr Einbringen in den internen Entscheidungsprozess nicht durch ihr Veto verhindern können. Hierin besteht der maßgebliche Unterschied zwischen Assoziierungen und geteilten Federführungen. Als Folge dieser unterschiedlichen institutionellen Qualität kann das Ergebnis gleichzeitig dahingehend interpretiert werden, dass die Beiordnung kein wirksames institutionelles Mittel zur prozeduralen Beilegung von Konflikten zwischen Europäischen Kommissaren in Entscheidungsprozessen der Europäischen Kommission ist.

Schließlich erweist sich die Konflikthaftigkeit sowohl im reinen Konfliktmodell, bei dem die Politikfelder unberücksichtigt bleiben, als auch im Gesamtmodell als signifikanter Einfluss auf die Anwendung des mündlichen Verfahrens: Je größer der Konflikt zwischen den mitgliedstaatlichen Regierungen, desto höher die Wahrscheinlichkeit, dass die Kommissare den Vorschlag im Rahmen ihrer wöchentlichen Kollegiumssitzung behandeln. Dieses Ergebnis bestätigt eine systematische Verbindung zwischen den konfligierenden Interessen mitgliedstaatlicher Regierungen und der prozeduralen Qualität der Auseinandersetzungen zwischen den Europäischen Kommissaren. Diese systematische Verbindung wird hier als empirischer Hinweis auf eine "mitgliedstaatliche" Handlungsorientierung der Europäischen Kommissare in den untersuchten Entscheidungsprozessen bei der Formulierung und Annahme von Gesetzesvorlagen interpretiert. Der relativ geringe Wert des Koeffizienten dieser Variable ist nicht zuletzt durch deren Messniveau und Kodierung zu erklären. Die meisten Variablen in den Modellen sind nominalskalierte Dummy-Variablen. Bei der Konflikthaftigkeit handelt es sich hingegen um eine ratio-skalierte, kontinuierliche Variable, so dass die Größe des Effekts nicht zuletzt auf die unterschiedliche Kodierung der Variablen im Vergleich zu den anderen Variablen zurückzuführen ist. Das Design der quantitativen Analyse dieses Kapitels ist x-zentriert (Ganghof 2005; Sieberer 2007). Entscheidend für die Interpretation der Ergebnisse sind deshalb die Signifikanz und die Größe der Koeffizienten der theoretisch im Vordergrund des Interesses dieser Arbeit stehenden Politikfeldvariablen *Pfkern* und *Pfzusatz*. Die Werte zur relativen Güte der jeweiligen Modelle sind zwar von untergeordnetem Interesse. Nichtsdestotrotz soll an dieser Stelle ein kurzer Modellvergleich erfolgen, um die Erklärungskraft des Politikfeld-Modells relativ zum Konfliktmodell, das die Politikfelder nicht mit einbezieht, zu bewerten. Der Vergleich der R^2 Werte zeigt, dass das Politikfeldmodell und das reine Konfliktmodell einen ähnlichen Anteil der Varianz auf der abhängigen Variablen erklären. Das Gesamtmodell schneidet bezüglich des R^2 Wertes ein wenig besser ab, was jedoch nicht zuletzt daran liegt, dass in dieses Modell mehr Variablen eingefügt wurden als in die anderen beiden Modelle. Die Werte des Adjusted Count r^2 geben schließlich Auskunft darüber, welchen Beitrag die unabhängigen Variablen des jeweiligen Modells zur richtigen Klassifizierung der Fälle leisten, verglichen mit einer Schätzung, die lediglich auf der Randverteilung der abhängigen Variablen basiert (Long 1997: 108). Auch hier schneiden das Politikfeld-Modell und das Konfliktmodell ähnlich ab, wobei das Konfliktmodell mit 7,5 Prozent den höchsten Adjusted Count r^2 Wert aller Modelle erzielt. Das Gesamtmodell dagegen erzielt einen Wert von 4,6 Prozent.

6.4. Zusammenfassung und Fazit

Die Ergebnisse des sechsten Kapitels zeigen, dass sich der jeweils federführende Kommissar bei der Formulierung seines Vorschlages zwar in einer privilegierten Position befindet, den anderen Kommissaren bei der Verabschiedung von Gesetzesvorlagen institutionelle Mittel zur Verfügung stehen, den federführenden Kommissar bei der Formulierung der Vorlage zu kontrollieren: Falls die Kommissare mit der Vorlage des federführenden Kommissars nicht zufrieden sind, können sie stets die Behandlung seiner Vorlage im Kollegium der Kommissare verlangen. Der federführende Kommissar agiert somit stets im „Schatten einer Abstimmung" (vgl. Kapitel 6.1.). Je nachdem, welche Präferenzen der federführende und die anderen Kommissare bezüglich eines Vorschlages haben, ist der federführende Kommissar bei der Formulierung seines Vorschlages mehr oder weniger eingeschränkt. Angesichts dieses Ergebnisses lässt sich bereits sagen, dass das Portfolio-Szenario (vgl. Kapitel 3.4.) über eine geringe empirische Plausibilität verfügt – nicht zuletzt, weil die Europäischen Kommissare von ihrem Recht Gebrauch machen und Gesetzesvorlagen im Kollegium der Kommissare behandeln.

Bei der Frage wann, das heißt bei welchen Vorlagen, die Kommissare den federführenden Kommissar in Form der Anwendung des mündlichen Verfahrens kontrollieren, leisten sowohl die Politikfelder – als Indikator für potentielle Anpassungskosten mitgliedstaatlicher Regierungen durch EG-Gesetze – als auch die direkte Konflikthaftigkeit einer Entscheidung einen signifikanten Beitrag zur Erklärung. Die zentrale theoretische Hypothese (vgl. Kapitel 3.4.) die in diesem empirischen Kapitel quantitativ getestet wurde, kann somit bestätigt werden: Bei Vorlagen für Gesetze aus Politikbereichen, die nicht zum Kernbereich der europäischen Integration gehören und den mitgliedstaatlichen Regierungen aufgrund des dadurch bestehenden europapolitischen Gestaltungsspielraumes potenziell hohe ökonomische und politische Kosten verursachen, besteht eine höhere Wahrscheinlichkeit, dass sich die Kommissare gegenseitig zu kontrollieren versuchen als bei Vorlagen aus dem Kernbereich der europäischen Integration, die aufgrund geringerer Gestaltungsspielräume ein niedrigeres Kostenpotenzial besitzen. Darüber hinaus besteht ein positiver Zusammenhang zwischen der Konflikthaftigkeit einer Entscheidung im Rat und der prozeduralen Charakteristik des Entscheidens in der Europäischen Kommission.

Das für die Forschung zur Dynamik und Qualität von EU-Entscheidungsprozessen theoretisch interessantere Konstrukt wird von den Politikfeld-Variablen erfasst. Die Variablen *pfkern* und *pfzusatz* besitzen einen höheren Abstraktionsgrad als das direkte Konfliktmaß und verfügen gleichzeitig über eine substanzielle Bedeutung, die inhaltlich sowohl an die EU-Policy-Literatur und die Literatur zur EG-Gesetzgebung als auch an die Literatur zur Dynamik der europäischer Integrationsprozesse anknüpft (vgl. Kapitel 2). Damit haben sich diese Konzepte als sinnvolle analytische Instrumente zur theoretischen Konzeptionalisierung der gegenseitigen Kontrolle der Kommissare in internen Entscheidungsprozessen der Europäischen Kommission erwiesen. Darüber hinaus verfügen die Politikfeldvariablen über signifikante Erklärungskraft sowohl im Politikfeldmodell als auch im Gesamtmodell. Trotz eventueller Probleme mit der vorliegenden Operationalisierung und Messung des von den Politikfeld-Variablen zu erfassenden Konstrukts der "potenziellen Anpassungskosten" mitgliedstaatlicher Regierungen, wurde diesen Variablen bei der Darstellung der Ergebnisse dieser Arbeit deshalb Priorität eingeräumt (De Bièvre 2007; Miller 2007).

Bezieht man die Ergebnisse des fünften Kapitels, in dem gezeigt wurde, dass die mitgliedstaatlichen Regierungen politisch Vertraute in die Kommission berufen, in die Interpretation der Ergebnisse dieses Kapitels ein, so ergibt sich als Zwischenfazit für das Handeln der Europäischen Kommissare in der EG-Gesetzgebung, dass diese keinesfalls stets geschlossen und mit einem gemeinsamen Interesse agiert. Bei der Ausübung ihres Agendasetzungsrechts in den europäischen Gesetzgebungsverfahren ist die Kommission deshalb keinesfalls so uneingeschränkt strategisch handlungsfähig, wie von zahlreichen neo-institutionalistischen und neo-funktionalistischen Arbeiten implizit oder expliziert proklamiert wird. Allerdings konnte in diesem Kapitel konnten mit den in diesem Kapitel analysierten Daten noch keine weiteren Erkenntnisse darüber gewonnen werden, wie die Kommissare im Kollegium der Kommissare agieren – und welches der Kollegiumsszenarien folglich die Verabschiedung von Gesetzesvorlagen in der Kommission besser erfasst. Im nächsten Kapitel werden zu diesem Zweck drei Fallstudien durchgeführt, die, in Ergänzung zu Kapitel 6.3., die

Qualität der Auseinandersetzungen zwischen den Kommissaren genauer beleuchten. Dabei steht die Frage Vordergrund, ob die Kommissare in diesen Auseinandersetzungen die Interessen ihrer jeweiligen Regierung verfolgen (vgl. Kapitel 3.3.) und wie erfolgreich sie sind, den Inhalt einer Vorlage im Interesse ihrer jeweiligen Regierung zu beeinflussen (vgl. Kapitel 3.4.).

7. Drei Fallstudien zur exekutiven Politik in der Europäschen Kommission

Mit den aus den Fallstudien gewonnenen Erkenntnissen, wird denselben theoretischen Fragen nachgegangen wie in den vorangegangenen Kapiteln 5 und 6. Hinsichtlich der analytischen Konzepte, mit denen die Fallstudienuntersuchungen geleistet werden, lehnt sich dieser qualitative Teil der Arbeit ebenfalls direkt an die quantitative Analyse an. Die empirischen Analysen dieses Kapitels sollen auf zwei für die vorliegende Arbeit zentrale Fragekomplexe Antworten liefern: Erstens werden die prozeduralen Entscheidungsmodi in der Kommission genauer untersucht, um weitere Informationen darüber zu erlangen, auf welche Art und Weise die Europäischen Kommissare Entscheidungen in der Kommission treffen. Im Vordergrund steht dabei das Erkenntnisinteresse nach der Qualität von Entscheidungsprozessen im Kollegium der Kommissare, das heißt nach dem relativen Einfluss des federführenden und der restlichen Kommissare auf das Entscheidungsergebnis in der Kommission. Diese Fragen knüpfen direkt an die theoretischen Ausführungen des Kapitels 3.4. und die darin formulierten Entscheidungsszenarien sowie die empirischen Untersuchungen des Kapitels 5 an. Zweitens geht es in den Fallstudien darum, behaviorale Charakteristiken des Entscheidens in der Kommission zu untersuchen, um herauszufinden, welche inhaltliche Qualität die Auseinandersetzungen der Europäischen Kommissare in Entscheidungsprozessen der Europäischen Kommission kennzeichnet. Agieren die Kommissare als Agenten ihrer nationalen Regierung oder treten sie primär im sektoralen Interesse ihrer Generaldirektionen auf? Dieses Erkenntnisinteresse leitet sich vor allem aus den theoretischen Überlegungen des Kapitels 3.3. ab.

Der analytische Mehrwert der Fallstudien gegenüber den vorangegangenen quantitativen Analysen ergibt sich aus der Möglichkeit, die durch die quantitative Analyse bestätigten Korrelationen im Rahmen von Fallstudien, die zusätzliche Informationen über den Entscheidungsprozess berücksichtigen (George und Bennett 2005: 205-232), intensiver auf ihre kausale Plausibilität hin zu überprüfen.[116] Mit Blick auf die theoretischen Ausführungen des dritten Kapitels, werden in den qualitativen Fallstudien empirische Aspekte beleuchtet und analysiert, die in der quantitativen Analyse aufgrund der Datensituation unberücksichtigt bleiben mussten.[117] In den Begriffen Liebermans handelt es sich deshalb primär um „Modell testende" Fallstu-

---

116 Letztlich werden auch in Fallstudien lediglich Korrelationen beobachtet (Gerring 2004: 342-343). Allerdings erlauben Fallstudienanalysen eine detailliertere Rekonstruktion der Ereignisse, die schließlich (kausal) für das letztlich erzielte Ergebnis verantwortlich gemacht werden.

117 Auf diese Weise kann die Validität der Operatonalisierung und Messung der theoretischen Konstrukte des Kapitels 6 vorgenommen werden.

dien (Lieberman 2005: 437, 442-443). Allerdings werden auch Faktoren in den Blick genommen, die zwar aufgrund fehlender quantitativer Daten in den vorangegangenen empirischen Kapiteln unberücksichtigt bleiben mussten, die jedoch, wie beispielsweise die Lobbyingaktivitäten von Interessengruppen, im Rahmen des theoretischen Analyserahmens dieser Arbeit von Interesse sind (vgl. Kapitel 3.4., S. 71-72). Auf diese Weise können theoretische Faktoren identifiziert werden, die die Erklärungskraft der in dieser Arbeit vorgeschlagenen theoretischen Erklärungen einschränken oder verstärken, um diese dann in zukünftigen Arbeiten weiter zu berücksichtigen.[118] Schließlich kann durch die Fallstudien die Validität der theoretischen Konstrukte und Zusammenhänge des quantitativen Kapitels überprüft werden. Entsprechend dem primären Ziel dieses Kapitels, der Überprüfung des in Kapitel 3 vorgestellten theoretischen Modells, erfolgt die Auswahl der Fälle auf der Grundlage der Erkenntnisse der quantitativen Analyse.

Alle drei Fälle wurden von den Kommissaren der Prodi-Kommission verabschiedet. Der Untersuchungszeitraum der qualitativen Untersuchung deckt sich somit mit dem Untersuchungszeitraum der quantitativen Untersuchung in Kapitel 5. Alle Fälle wurden von den Kommissaren zudem vor dem 1. Mai 2004, das heißt vor der Osterweiterung der EU von 15 auf heute 27 Mitgliedstaaten verabschiedet. Die Europäische Kommission bestand zu diesem Zeitpunkt deshalb ausschließlich aus den Kommissaren der "alten" Mitgliedstaaten. Weiterhin wurden für die folgenden drei Fallstudien nur solche Fälle ausgesucht, bei denen es im Laufe des Gesetzgebungsverfahrens zu erheblichen und öffentlich wahrgenommenen Konflikten zwischen den Regierungen der Mitgliedstaaten und der Europäischen Kommission kam. Die Konflikte lassen aus meiner theoretischen Perspektive erwarten, dass es auch zwischen den Kommissaren im Laufe des Entscheidungsprozesses in der Europäischen Kommission zu Konflikten aufgrund unterschiedlicher nationaler Interessen kommt.

Die Auswahl der Fälle für die Fallstudien erfolgt somit primär auf der unabhängigen Variablen, mit der das Maß an Konflikt zwischen den mitgliedstaatlichen Regierungen gemessen wird. Das Risiko einer Verzerrung der kausalen Ableitungen aus den empirischen Beobachtungen, die durch die gezielte Auswahl der Fälle bedingt sind, ist durch diese Auswahlstrategie reduziert (King *et al.* 1994: 139-149). Allerdings erfolgte die Auswahl der Fälle nicht ausschließlich auf dieser unabhängigen Variablen. Mit der gezielten Auswahl eines Falles, bei dem es trotz erheblicher Konflikte zwischen den mitgliedstaatlichen Regierungen zu keinen Auseinandersetzungen in der Kommission kam, sollen die Grenzen des theoretischen Mechanismus identifiziert werden (Mahoney und Goertz 2004). Da es nicht das Ziel der Fallstudie ist, allgemeine Schlussfolgerungen über das Universum aller Fälle zu machen, ist ein solches Vorgehen unproblematisch. Darüber hinaus ergibt sich die Notwendig-

---

118 Lieberman bezeichnet eine solche Strategie als „Modell bildende" Fallstudien (Lieberman 2005: 437, 443). Da die Fallstudien in dieser Arbeit auf der Grundlage einer klar ausformulierten Theorie erfolgen, stellen sie, wie oben bereits ausgeführt, primär Modell testende Fallstudien dar.

keit eines solchen Vorgehens aus forschungspragmatischen Gründen: Eine Zufallsauswahl würde ein solch gezieltes Überprüfen der Grenzen des Arguments nicht notwendigerweise erlauben.

Grafik 7:   Dimensionen der Fallauswahl und Verortung der Fallstudien

		Konflikt zwischen Regierungen	
		Ja	Nein
Konflikt zwischen Kommissaren	Ja	**I** *Übernahmerichtlinie* *REACH*	**III**
	Nein	**II** *Dienstleistungsrichtlinie*	**---**

Die Übernahmerichtlinie und die Dienstleistungsrichtlinie sind in den Ausprägungen der theoretisch relevanten unabhängigen Variablen praktisch identisch, unterscheiden sich jedoch hinsichtlich der Qualität des Konflikts (beziehungsweise Nicht-Konflikts) innerhalb der Europäischen Kommission. Aufgrund der Tatsache, dass, bei Konstanthaltung der unabhängigen Variablen, im Fall der Übernahmerichtlinie die theoretisch erwarteten Auseinandersetzungen und Einflussversuche zu beobachten waren, im Fall der Dienstleistungsrichtlinie diese jedoch ausblieben, eignen sich diese beiden Fälle besonders für eine vergleichende Analyse, die die Plausibilität und die Grenzen der theoretischen Argumente des dritten Kapitels analysieren (Mahoney und Goertz 2004). Mit REACH wird außerdem noch ein Gesetzesvorschlag aus dem Politikfeld Umwelt analysiert, der in der Kommission unter geteilter Federführung formuliert wurde. Letzteres erlaubt eine genauere Analyse des Agendasetzens bei Kommissionsentscheidungen unter diesen Voraussetzungen, die sich in der quantitativen Analyse als nicht-signifikant bei der Reduzierung der gegenseitigen Kontrolle der Kommissare erwiesen hat.

7.1. Die EG-Übernahmerichtlinie

Der „Vorschlag für eine Richtlinie des Europäischen Parlaments und des Rates betreffend Übernahmeangebote" (Kommission der Europäischen Gemeinschaften 2002b) wurde am 2. Oktober 2002 von den Kommissaren verabschiedet. Er legte Regeln fest, die Unternehmensvorstände, Aufsichtsräte und Aktionäre von Unternehmen einhalten müssen, wenn sie die Übernahme anderer Unternehmen planen oder Ziel solcher Übernahmen sind. Die „Richtlinie 2004/25/EG des Europäischen Parlaments und des Rates betreffend Übernahmeangebote" wurde schließlich am 21. April 2004 vom Europäischen Parlament und dem Rat unterzeichnet. Im Folgenden wird empirisch dargestellt, welche Auseinandersetzungen sowohl innerhalb der Europäischen Kommission als auch zwischen der Europäischen Kommission und dem Europäischen Parlament und vor allem zwischen der Europäischen Kommission und den mitgliedstaatlichen Regierungen im Rat stattfanden. Ziel dieser Darstellung ist es, Aussagen darüber zu treffen, welche Plausibilität die in Kapitel 3 vorgestellte theoretische Perspektive auf die Europäische Kommission angesichts der empirischen Evidenz besitzt. Dies gilt sowohl für die prozeduralen Charakteristika des Entscheidens in der Kommission (Kapitel 3.4.) als auch für die behavioralen Charakteristika des Verhaltens einzelner Kommissare in den Entscheidungsprozessen der Europäischen Kommission (vgl. Kapitel 3.3.).

Die Vorgeschichte der Übernahmerichtlinie beginnt am 7. Februar 1996. An diesem Tag verabschiedeten die Europäischen Kommissare der Santer-Kommission den vom italienischen Binnenmarkt-Kommissar Mario Monti federführend formulierten „Vorschlag für eine dreizehnte Richtlinie des Europäischen Parlaments und des Rates auf dem Gebiet des Gesellschaftsrechts über Übernahmeangebote" (Kommission der Europäischen Gemeinschaften 1995). Mehr als fünf Jahre später, am 4. Juli 2001, stimmten in der dritten Lesung des Mitentscheidungsverfahrens zu diesem Gesetz 273 Europaabgeordnete für und 273 Europaabgeordnete gegen den Richtlinientext. Der im Vermittlungsausschuss zwischen Rat und EP verhandelte Text zu dieser Richtlinie ist damit beim ersten Anlauf der Formulierung eines einheitlichen EU-Übernahmerechts im EP gescheitert. Ein wichtiger Grund für das Scheitern der Richtlinie ist, dass die Gegner der Richtlinie, vor allem aufgrund des intensiven Lobbyings der deutschen Regierung unter Gerhard Schröder (SPD) (Hix et al., 2007: 202) ihre Abgeordneten stark mobilisieren konnten. Neben den Konflikten zwischen einzelnen Regierungen im Rat und der Europäischen Kommission zeigt sich die Qualität der Konflikte um das Übernahmerecht in den namentlichen Abstimmungen über die Übernahmerichtlinie im EP.[119] Das Abstimmungsverhalten der Europaabgeordneten war stark durch die Nationalität des jeweiligen Europapar-

---

119 Nicht alle Abstimmungen im EP zur Übernahmerichtlinie wurden namentlich durchgeführt.

171

lamentariers beeinflusst (Hix et al., 2007: 207).[120] Darüber hinaus stimmten vor allem Abgeordnete, deren Partei sich zu diesem Zeitpunkt in ihrem Mitgliedstaat in der Regierung befand und folglich an der Formulierung des Vermittlungsausschusstextes beteiligt war, für den Richtlinientext (Ringe 2005: 742).

Aufgrund der Vorgeschichte des im Oktober 2002 von der Europäischen Kommission vorgelegten Übernahmerichtlinienvorschlages, besaßen die beteiligten politischen Akteure umfangreiches Wissen sowohl über die regulative Situation in den einzelnen Mitgliedstaaten und die Positionen der einzelnen mitgliedstaatlichen Regierungen[121] als auch über die Position des federführenden Kommissars Bolkestein und der Politischen Gruppen und vor allem nationalen Delegationen im EP. Die Regierungen waren somit politisch und informationell gerüstet, um gegebenenfalls ihre jeweiligen Kommissare aufzufordern, im Interesse ihrer jeweiligen Regierung Einfluss auf die in der Kommission zu erarbeitende Vorlage zu nehmen. Damit stellt sich die Frage, ob es im Laufe des Formulierungs- und Annahmeprozesses des Richtlinienvorschlags zu Auseinandersetzungen in der Kommission kam. Darüber hinaus ist von Interesse, welche Qualität diese Auseinandersetzungen hatten: Handeln die Kommissare im Interesse ihrer jeweiligen mitgliedstaatlichen Regierungen oder vertreten sie die sektoralen Interessen der jeweils von ihnen politisch verantworteten Generaldirektionen?

Bereits im Vorfeld der Annahme der vom niederländischen Binnenmarktkommissar Frits Bolkestein federführend erarbeiteten Übernahmerichtlinie durch die Europäischen Kommissare am 2. Oktober 2002, kam es zu erheblichen Auseinandersetzungen vor allem zwischen der deutschen Regierung unter Gerhard Schröder (SPD) und der Europäischen Kommission. Die deutsche Regierung sah deutsche Unternehmen durch den von Bolkestein vorgesehenen Richtlinientext benachteiligt, da deutsche Unternehmen teilweise auf ihre Abwehrmittel verzichten mussten, während die Abwehrmöglichkeiten süd- und nordeuropäischer Mitgliedstaaten von der Vorlage der Kommissare unangetastet blieben (Callaghan und Höpner 2005: 310-

---

120 In der ersten Lesung des EP im Juni 1997 stimmten 277 Abgeordnete für und 44 gegen die Richtlinie. Es gab 38 Enthaltungen. In der dritten Lesung hingegen (2001), stimmten, wie erwähnt, 273 Abgeordnete für und die gleiche Zahl dagegen, während sich 22 Abgeordnete enthielten. Die Differenz in der Summe der Abgeordneten, die abstimmten, erklärt sich durch unterschiedlich hohe Beteiligung der Europaabgeordneten an den beiden Abstimmungen. Offensichtlich war die Mobilisierung bei der dritten Lesung wesentlich höher als bei der ersten Lesung. So stimmten beispielsweise in der ersten Lesung 65 deutsche Abgeordnete dem Richtlinientext zu, während sich kein deutscher Abgeordneter enthielt oder gegen den Richtlinientext der ersten Lesung stimmte. Dem Text des Vermittlungsausschusses dagegen stimmte lediglich ein deutscher Abgeordneter zu, während er von 95 Abgeordneten abgelehnt wurde, wobei es auch in der dritten Lesung zu keiner Enthaltung eines deutschen Abgeordneten kam (Ringe 2005: 735).

121 Dies gilt natürlich nur, wenn sich die Positionen der mitgliedstaatlichen Regierungen gegenüber den Verhandlungen zum Vorgängerentwurf nicht veränderten. Die Tatsache, dass sich an der regulativen Situation in den Mitgliedstaaten in dieser Zeit nichts änderte, spricht dafür, dass auch die Positionen der einzelnen Regierungen stabil blieben.

311). Diese Bedenken wurden auch vom Bundesverband der deutschen Industrie (BDI) geteilt (FAZ 2002a: 13). Direkt im Vorfeld der Entscheidung über die Annahme der Vorlage in der Europäischen Kommission haben die beiden deutschen Kommissare, Michaele Schreyer (Grüne) und Günter Verheugen (SPD), versucht, den Vorschlag des federführenden niederländischen Kommissars Frits Bolkestein (VVD) zu verändern (FAZ 2002b: 13). Da von Einwänden der niederländischen Regierung gegen den Vorschlag Bolkesteins nicht berichtet wird, kann davon ausgegangen werden, dass Bolkestein zumindest nicht entgegen der Interessen "seiner" Regierung handelte.

Die Konstellation zwischen den Kommissaren entspricht somit der zwischen den mitgliedstaatlichen Regierungen im Rat zum Zeitpunkt der Annahme des Richtlinienentwurfes in der Europäischen Kommission. Für eine entscheidende Abschwächung dieses Entwurfs konnten die beiden Kommissare jedoch keine Mehrheiten unter den Kommissaren der Prodi-Kommission organisieren. Folglich kam es im Fall der Übernahmerichtlinie in der Kommission zu keiner Abstimmung über den Entwurf des federführenden Kommissars Bolkestein. Vor der Annahme des Übernahmerichtlinienvorschlags fand im Kollegium der Kommissare jedoch eine ausführliche Diskussion des Vorschlags statt (Kommission der Europäischen Gemeinschaften 2002c). In der Kollegiumssitzung selbst wurden drei Ergänzungen beschlossen (Kommission der Europäischen Gemeinschaften 2002c: 20), die die inhaltliche Qualität des Vorschlags jedoch nicht entscheidend veränderten.

Die mitgliedstaatlichen Regierungen haben die Vorlage der Kommission seit ihrer Veröffentlichung aufmerksam begleitet und kritisch kommentiert (Rat der Europäischen Union 2003a; Rat der Europäischen Union 2003b). Dabei stellte der Rat in einer frühen Stellungnahme fest, dass es

„[b]islang [...] noch zu keinem der Artikel, die derzeit geprüft werden, eine förmliche Einigung [gibt]. Es wurden allerdings beträchtliche Fortschritte erzielt, da zu einer Reihe von Fragen ein inhaltlicher Konsens gefunden werden konnte" (Rat der Europäischen Union 2003b).

Ein besonderes Augenmerk richtete der Rat von Beginn an auf das Verhältnis zwischen den Artikeln 9 und 11 der Vorlage, die die „Pflichten des Leitungs- bzw. Verwaltungsorgans der Zielgesellschaft" beziehungsweise die „Dritten gegenüber unwirksame Beschränkung der Übertragung von Wertpapieren oder der Stimmrechte" behandelten. Diese Artikel stellten den Kern der Richtlinie dar, da in ihnen geregelt wurde, welche Art von Maßnahmen Unternehmen in den unterschiedlichen EU-Mitgliedstaaten zur Abwehr feindlicher Übernahmen durch die geplante Richtlinie zukünftig verboten werden sollten. Laut Stellungnahme der mitgliedstaatlichen Regierungen im Rat betrifft

„[d]ie wichtigste noch offene Frage auf der Suche nach einem Gesamtkompromiss [...] die Herstellung eines angemessenen Gleichgewichts zwischen Artikel 9 einerseits, mit dem gewährleistet werden soll, dass es den Aktionären obliegt, über Abwehrmaßnahmen zu entscheiden, wenn ein Übernahmeangebot bekannt gemacht worden ist, und dem Artikel 11 andererseits, der die Neutralisierung von Maßnahmen – sowohl während als nach einem erfolgreichen Übernahmeangebot – vorsieht, die als präventive Abwehrmaßnahme (Beschränkung der Übertragung von Wertpapieren oder Stimmrechtsbeschränkungen) betrachtet werden können" (Rat der Europäischen Union 2003a).

Der „Ausschuss für Recht und Binnenmarkt" des EP hat im Dezember 2003 in der ersten Lesung unter der Federführung des deutschen CDU Abgeordneten Klaus Lehne, der in diesem Verfahren Rapporteur war, mit seinen Änderungsvorschlägen vor allem zu Artikel 11, Absatz 3 und 4 der Vorlage der Kommission (A5-0469/2003) dafür gesorgt, dass die geplante Richtlinie in diesem Stadium des Gesetzgebungsprozesses erhebliche Konflikte zwischen den beteiligten Institutionen verursachte. Die Änderungsvorschläge des „Ausschuss für Recht und Binnenmarkt" zielten darauf, das ursprünglich angestrebte „level playing field" für Unternehmensübernahmen tatsächlich innerhalb der gesamten Europäischen Union herzustellen. Dies sollte erreicht werden, indem alle in den unterschiedlichen Mitgliedstaaten jeweils geltenden Abwehrmöglichkeiten abgeschafft werden sollten. Konkret hätte dies vor allem bedeutet, dass die Mehrfachstimmrechte süd- und nordeuropäischer Mitgliedstaaten künftig mit dem EU-Recht nicht vereinbar und somit unwirksam gewesen wären. Die durch das EP eingebrachten Änderungsvorschläge zu dem ursprünglichen Kommissionsvorschlag führten dazu, dass die Regierungen der süd- und nordeuropäischen Mitgliedstaaten öffentlich Opposition gegen den derart geänderten Vorschlag einnahmen (FT London 2003c: 1). Damit änderte sich die Konfliktkonstellation gegenüber der Situation nach der Einbringung der Kommissionsvorlage erheblich: Die Isolation der deutschen Regierung in ihrer Opposition gegen den Richtlinienvorschlag zur Übernahmerichtlinie war beendet.

In der Folge übernahmen die mitgliedstaatlichen Regierungen im Rat zwar zahlreiche Änderungsvorschläge des EP. Allerdings fügten sie im zentralen Artikel 11 des Richtlinientextes zur Übernahmerichtlinie weitere Absätze ein, die die Änderungen des EP am Kommissionsvorschlag praktisch wirkungslos werden ließen. So behielten die mitgliedstaatlichen Regierungen zwar den für die Regierungen der süd- und nordeuropäischen Mitgliedstaaten entscheidenden Satz in Absatz 3 bei, demnach „Wertpapiere mit Mehrfachstimmrecht [...] zu lediglich einer Stimme in der Hauptversammlung [berechtigen], die gemäß Artikel 9 über etwaige Abwehrmaßnahme beschließt". Allerdings fügten die Regierungen in ihren „gemeinsamen Standpunkt" einen weiteren, siebten Absatz zu Artikel 11 der Kommissionsvorlage und den Änderungsanträgen des EP hinzu:

„Dieser Artikel gilt nicht für den Fall, dass ein Mitgliedstaat Wertpapiere an der Zielgesellschaft hält, die ihm mit dem Vertrag zu vereinbarende Sonderrechte einräumen; er gilt außerdem nicht, für mit dem Vertrag zu vereinbarende Sonderrechte, die nach nationalem Recht gewährt werden und nicht für Genossenschaften" (Richtlinie 2004/25/EG).

Damit waren nicht nur die vom EP eingefügten Verschärfungen bezüglich der Mehrfachstimmrechte hinfällig. Bolkestein hatte diese zuvor ausgespart, um sich die Zustimmung der nord- und südeuropäischen Mitgliedstaaten im Rat zu sichern und setzte sich mit seiner Formulierung des Vorlagentextes über die Vorschläge der zur Erarbeitung von inhaltlichen Vorschlägen eingesetzten Expertengruppe um den niederländischen Juristen Japp Winter („Winter Bericht") hinweg. Mit Artikel 11, Absatz 7, war die gesamte Wirksamkeit der Richtlinie in Frage gestellt, da in diesem Absatz explizit nationale Ausnahmen zugelassen wurden und somit kein „level playing field" mit einheitlichen Regeln zu Unternehmensübernahmen innerhalb der EU geschaffen wurde.

Der derart ergänzte Richtlinientext wurde am 27. November 2003 einstimmig, bei Enthaltung Spaniens, von den mitgliedstaatlichen Regierungen im Rat angenommen (Rat der Europäischen Union 2003e). Im Abstimmungsverhalten der Europaabgeordneten über die Annahme der Richtlinie zeigt sich bei der namentlichen Abstimmung, die im Europäischen Parlament schließlich zur abschließenden Annahme der Übernahmerichtlinie führte, dass die nationale, oder mitgliedstaatliche Dimension eine geringere Rolle spielt als bei den namentlichen Abstimmungen über die zuvor im EP gescheiterte Übernahmerichtlinie (Hix *et al.*, 2007: 207). Ein Grund hierfür ist, dass es insgesamt während der Verabschiedung der Richtlinie im Rat und im EP zu weniger Konflikten kam als bei der Verabschiedung der Vorgängerrichtlinie. Allerdings haben sich die deutsche und die skandinavischen Regierungen (FT London 2003a: 6; FT London 2003c: 1) im Verlauf des Entscheidungsprozesses auch gegen diese Richtlinie ausgesprochen.

Der für die Übernahmerichtlinie federführende Kommissar Bolkestein erklärte nach der Annahme des finalen Richtlinientextes durch den Rat und vor der Annahme durch das EP, dass er dem Richtlinientext nicht zustimmen könne (Rat der Europäischen Union 2003e) und kritisierte den Richtlinientext als ungeeignet, um das Übernahmerecht innerhalb der EU zu liberalisieren und damit Unternehmensübernahmen innerhalb der EU transparenter und einfacher zu machen (FAZ 2003d: 12). Er unternahm daraufhin den Versuch, die Richtlinie zurückzuziehen, um das Zustandekommen des Gesetzes in der vom Rat geänderten Form zu verhindern.[122] In der Kollegiumssitzung, in der über das Zurückziehen der Richtlinie entschieden wurde, konnte Bolkestein jedoch nicht die Mehrheit der Kommissare hinter sich bringen und unterlag im Kollegium der Kommissare in der hierzu durchgeführten

---

122 Es ist strittig, bis zu welcher Phase im Gesetzgebungsprozess die Europäische Kommission Vorlagen zurückziehen kann. Da es hierzu noch keine Rechtsprechung des EuGH gibt, herrscht hierüber nicht zuletzt in der Kommission Ungewissheit, die alle beteiligten Institutionen jedoch zu ihren Gunsten zu nutzen versuchen (Interview mit einer Mitarbeiterin des Referats „Koordinierung des Mitentscheidungsverfahrens" der Direktion D – „Beziehungen zum Rat" – des Generalsekretariats am 1. Oktober 2005). Wäre es der Kommission gestattet, auch am Ende eines Gesetzgebungsverfahrens einen Vorschlag zurückzuziehen, dann würde das ihre Macht in der EG-Gesetzgebung erheblich stärken.

Abstimmung (FAZ 2004a: 11; FT London 2003d: 20). Die Abstimmungsniederlage Bolkesteins zeigt, dass sich die (Konflikt-) Konstellation zwischen den Europäischen Kommissaren innerhalb der knapp zwei Jahre zwischen der Annahme des Vorschlags durch die Europäischen Kommissare und der Annahme des gemeinsamen Standpunktes der mitgliedstaatlichen Regierungen im Rat erheblich verändert hat: Die beiden deutschen Kommissare Schreyer und Verheugen waren bei der Annahme des ursprünglichen Kommissionsvorschlages im Oktober 2002 mit ihrer Opposition gegen die Vorlage für eine Übernahmerichtlinie Bolkesteins in der Kommission isoliert. Deshalb konnten sie, wie oben ausgeführt, keine Mehrheit für eine Abstimmung zur Änderung der Richtlinie gewinnen. Am Ende des Verfahrens und nach zahlreichen Änderungen durch das Europäische Parlament und die Regierungen allerdings war Bolkestein mit seiner Position, die hierdurch erheblich entschärfte Übernahmerichtlinie zurückzuziehen, in der Minderheit.

Eine Erklärung für das Verhalten der Kommissare im internen Entscheidungsprozess um die Übernahmerichtlinie ist, dass die jeweiligen Kommissare die sektoralen Interessen ihrer jeweiligen Generaldirektionen vertraten.[123] Diese Alternativerklärung ist jedoch deshalb unplausibel, da Michaele Schreyer in der Prodi-Kommission die politische Verantwortung für die GD Haushalt trug. Günter Verheugen war in der Prodi-Kommission zuständig für die GD Erweiterung. Die Übernahmerichtlinie betraf jedoch weder den Haushalt der EU, noch Fragen der EU-Erweiterung. Es ist deshalb unplausibel davon auszugehen, dass die beiden deutschen Kommissare mit ihrem Vorgehen bei der Verabschiedung des Richtlinienvorschlages in der Kommission die sektoralen Interessen ihrer jeweiligen Generaldirektionen vertraten.

Auch in wichtigen Gesetzgebungsverfahren ist „nationales" Handeln von Europäischen Kommissaren zu beobachten (vgl. Kapitel 3.3.). Dies kann anhand des Verhaltens der deutschen Kommissare Schreyer und Verheugen im Zusammenhang mit der Übernahmerichtlinie sowie der Abstimmungsniederlage Bolkesteins gezeigt werden. Wie im Folgenden erläutert wird, ist Letzteres darauf zurückzuführen, dass diejenigen Kommissare Bolkestein ihre Zustimmung für das Zurückziehen der Richtlinie verweigerten, deren Regierungen diesen zuvor im Rat entscheidend schwächten. Meine Interpretation der Intervention der deutschen Kommissare Verheugen und Schreyer im Vorfeld der Annahme der Vorlage in der Kommission und der Abstimmungsniederlage Bolkesteins am Ende des gesamten Gesetzgebungsverfahrens ist, dass diejenigen Kommissare Bolkestein ihre Zustimmung für das Zurückziehen der Richtlinie verweigerten, deren Regierungen die Richtlinie zuvor im Rat entscheidend schwächten. Diese Regierungen hatten ein starkes Interesse daran, dass die entschärfte Übernahmerichtlinie, die den Unternehmen in ihren jeweiligen Ländern weiterhin ihre jeweiligen Abwehrmöglichkeiten bei feindlichen Übernahmen bewahrt, in dieser Form in Kraft tritt. Dies trifft insbesondere für die skandina-

---

123 Neben rein inhaltlichen Gründen, wird dies auch dadurch deutlich, dass es bei der Ausarbeitung der Richtlinie weder eine geteilte Federführung verschiedener Kommissare noch Beiordnungen anderer Kommissare gab.

vischen, französischen und deutschen Kommissare zu, was wiederum auf ein „mitgliedstaatliches" Konfliktmuster, beziehungsweise Verhalten der Kommissare hindeutet, das schon zu Beginn des Entscheidungsprozesses in der Kommission seitens der beiden deutschen Kommissare Schreyer und Verheugen zu beobachten war.

Gleichzeitig wird durch die Analyse des Entscheidungsprozesses zur Übernahmerichtlinie deutlich, welche Schranken der Durchsetzung der Positionen einzelner Kommissare auferlegt sind: Da in Fällen von Konflikten mit (absoluter) Mehrheit abgestimmt wird, müssen die Kommissare, um sich erfolgreich mit ihren Positionen in der Kommission durchsetzen zu können, im Kollegium der Kommissare Mehrheiten organisieren. Einzelne Kommissare, wie der oben aufgeführte Versuch Schreyers und Verheugens zur Abschwächung der Richtlinienvorlage zeigt, verfügen über keine individuelle Vetomacht. Prozedural bedeutet dies, dass das in Kapitel 3.4. vorgestellte „konsensuelle Kollegiumsszenario" im vorliegenden Fall keine Erklärungskraft für die Machtverteilung innerhalb der Kommission besitzt. Der Fall verdeutlicht außerdem, dass das Ressortszenario die Machtverhältnisse in der Kommission nur unzureichend abbildet. Träfe dieses Szenario zu, hätte der für die Übernahmerichtlinie federführend zuständige niederländische Kommissar Frits Bolkestein die Richtlinie nach ihrer Abschwächung im Rat zurückgezogen. Dass allerdings der federführende Kommissar mit seiner Position in einer internen Abstimmung scheitert, sieht das Ressortszenario nicht vor (vgl. Kapitel 3.4., S. 68). Gleichzeitig zeigt sich in der Fallstudie weder eine herausgehobene Stellung des Kommissionspräsidenten noch die Abwesenheit der Handlungen europäischer Kommissare, die auf eine Dominanz bürokratischer Eliten in diesem Entscheidungsprozess hinweisen würde.

Die empirisch plausible theoretische Erfassung der Machtverteilung zwischen Kommissionspräsident, dem federführenden Kommissar und den anderen Kommissaren liefert vielmehr das „kompetitive Kollegiumsszenario". Dieses Szenario bildet die Machtverteilung zwischen den Kommissaren bei Entscheidungen in der Kommission im Fall der Übernahmerichtlinie am besten ab: Der federführende Kommissar ist in seiner Handlungsfähigkeit eingeschränkt, da er seinen Vorschlag im Konfliktfall im Kollegium zur Abstimmung stellen muss und dadurch gezwungen ist, eine absolute Mehrheit der Kommissare hinter sich zu bringen. Gemäß der räumlichen Theorie ist davon auszugehen, dass der jeweils federführende Kommissar dies tut, indem er die Positionen der für die jeweilige Abstimmung entscheidenden Kommissarskollegen (vgl. Grafik 2, Kapitel 3.4., S. 74) bereits in seinem Vorschlag berücksichtigt, um sich deren Zustimmung zu sichern. Ein solches Vorgehen wählte Bolkestein bereits bei der Ausarbeitung des Richtlinienvorschlags, der von den Kommissaren im Oktober 2002 angenommen wurde. In dem Expertenbericht („Winter-Bericht"), auf den sich der Gesetzesvorschlag explizit stützte (Kommission der Europäischen Gemeinschaften 2002b: 3-4), wurde ein Verbot von Doppel- und Mehrfachstimmrechten vorgeschlagen, wie sie in Frankreich und den skandinavischen Ländern angewendet werden. Außerdem wurde vorgeschlagen, so genannte „goldene Aktien" zu verbieten, die vor allem in den südeuropäischen Mitgliedstaaten staatlicherseits zur Abwehr feindlicher Übernahmen heimischer Unternehmen genutzt werden. Bolkestein verzichtete auf die Aufnahme dieser Verbote in seinen Übernahme-Richtlinienentwurf und sicherte sich hierdurch die Zustimmung der Kommissare dieser Länder. Gleichzeitig stellte er damit sicher, dass der Widerstand der beiden deutschen Kommissare gegen die Richtlinie wirkungslos blieb. Die informelle Konsensregel für Abstimmungen in der Kommission tritt im Falle von inhaltlichen Konflikten um Gesetzesinhalte somit außer Kraft und wird durch das Mehrheitsvotum der Kommissare ersetzt. Dies zeigt sich in der Analyse der Übernahmerichtlinie wiederum daran, dass Bolkestein mit seiner Position, den Gesetzesvorschlag am Ende des Verfahrens zurückziehen zu wollen, am (Mehrheits-) Votum im Kollegium der Kommissare gescheitert ist.

Als Fazit lässt sich für diese Fallstudie mit Blick auf die behaviorale Dimension festhalten, dass es in unterschiedlichen Phasen kommissionsinterner Entscheidungsprozesse nationale Einflussversuche durch die Kommissare der Prodi-Kommission gab. Die „mitgliedstaatliche" Konfliktlinie hat das Ergebnis beziehungsweise das Handeln der Kommission (als kollektiver Akteur) in zweierlei Hinsicht beeinflusst: Erstens hat der für die Formulierung des Ausgangsvorschlags federführend zuständige niederländische Kommissar Bolkestein die in einigen Mitgliedstaaten geltenden Sonderrechte im Gesellschaftsrecht nicht angetastet. Damit wich er von den Empfehlungen der für die Formulierung der Vorlage eingesetzten Expertengruppe ab. Dieses Vorgehen Bolkesteins war theoretisch zu erwarten, da sich der federführende Kommissar auf diese Weise die Zustimmung der Mehrheit der Kommissare im Kollegium konnte. Zweitens hat eine Mehrheit der Kommissare dem Antrag des federführenden Kommissars am Ende des Gesetzgebungsverfahrens ihre Zustimmung verweigert, den vom Rat entscheidend abgeschwächten Richtlinientext zurückzuziehen.

Die Auseinandersetzungen im Gesetzgebungsverfahren zur Übernahmerichtlinie drehten sich primär darum, wie umfangreich die in unterschiedlichen Mitgliedstaaten jeweils geltenden rechtlichen Beschränkungen von Unternehmensübernahmen europarechtlich verboten werden sollen. Wie oben gezeigt, weitete sich der Konflikt erheblich aus, nachdem die in den skandinavischen und südeuropäischen Mitgliedstaaten geltenden Regeln angetastet werden sollten. Erst nachdem die Richtlinie praktisch allen mitgliedstaatlichen Regierungen ihre Bestandsgarantie sicherte, wurde sie im Rat einstimmig angenommen.

7.2. Die EG-Dienstleistungsrichtlinie

Die sogenannte Dienstleistungsrichtlinie (Kommission der Europäischen Gemeinschaften 2004a) wurde federführend vom niederländischen Binnenmarktkommissar Frits Bolkestein verfasst und am 13. Januar 2004 von den Europäischen Kommissaren angenommen. Die Tatsache, dass die Dienstleistungsrichtlinie ebenso wie die Übernahmerichtlinie dem Politikfeld Binnenmarkt zuzurechnen ist und folglich federführend vom niederländischen Binnenmarktkommissar Frits Bolkestein verfasst wurde, erlaubt dafür zu kontrollieren, dass Unterschiede im Entscheidungsprozess in der Kommission nicht auf persönliche oder politikfeldspezifische Charakteristiken der Entscheidungen zurückzuführen sind. Der Annahme durch die Kommissare ging im Kollegium der Kommissare eine Diskussion derjenigen Gebiete voraus, die die Vorlage Bolkesteins vom Geltungsbereich der Richtlinie ausschloss – Glückspiel, Post, Elektrizitäts- und Gaszulieferung und Finanzdienstleistungen (Kommission der Europäischen Gemeinschaften 2004b: 13-14). Änderungen des von Bolkestein vorgelegten Textes wurden in dieser Sitzung nicht vorgenommen (Kommission der Europäischen Gemeinschaften 2004b: 13-14). Ziel der Gesetzesvorlage ist es, die Dienstleistungsfreiheit innerhalb der Europäischen Union zu stärken. Dies soll erreicht werden, indem solche administrativen und arbeitsrechtlichen Regelungen der Mitgliedstaaten beseitigt werden, die die Freiheit von Dienstleistern bei der Erbringung ihrer Dienstleistungen über mitgliedstaatliche Grenzen hinweg potentiell einschränkt (Kommission der Europäischen Gemeinschaften 2004a: 3). Nach der Veröffentlichung des Vorschlags zur Dienstleistungsrichtlinie kam es vor allem zwischen einzelnen mitgliedstaatlichen Regierungen und der Europäischen Kommission zu erheblichen politischen Auseinandersetzungen über den genauen Inhalt der Richtlinie. Vor allem die deutsche und die französische Regierung sprachen sich einige Monate nach der Vorlage des Richtlinienvorschlages durch die Kommission vehement gegen einzelne Teile der Richtlinie aus (FT London 2005: 1).[124]

Aus der in Kapitel 3 vorgestellten theoretischen und analytischen Perspektive stellt sich deshalb die Frage, ob, und wenn ja mit welchem Erfolg, vor allem deutsche und französische Kommissare versuchten, im internen Entscheidungsprozess der Kommission auf den Inhalt des Richtlinienvorschlages Einfluss zu nehmen (vgl. „kompetitives Kollegiumsszenario", Kapitel 3.4.). Alternativ zu diesem Szenario könnte sich im Fall der Dienstleistungsrichtlinie zeigen, dass die (deutschen und französischen) Kommissare der Prodi-Kommission die Positionen ihrer jeweiligen Regierung ignorieren und von ihren Regierungen unabhängige Interessen, beispielsweise die sektoralen Interessen ihrer Generaldirektionen, in der Kommission verfolgen. Schließlich könnte die Dienstleistungsrichtlinie ein Beispiel für den uneingeschränkten Einfluss des federführenden niederländischen Binnenmarkt-Kommissars Bolkestein sein, der sich mit seinem Vorschlagstext in der Kommission durchsetzt, da die anderen Kommissare keine Möglichkeit haben, auf diesen Einfluss zu nehmen (vgl. „Ressortszenario", Kapitel 3.4., S. 68).

Was sich im Fall der Dienstleistungsrichtlinie jedoch zeigt ist, dass die mitgliedstaatlichen Regierungen erst Gegenpositionen bildeten und öffentlich vertraten,

---

124 Bislang wurde die Dienstleistungsrichtlinie noch nicht von Rat und EP verabschiedet, sondern befindet sich, nachdem sich der Rat am 29.05.2006 auf einen gemeinsamen Standpunkt geeinigt hat, in der zweiten Lesung des Mitentscheidungsverfahrens (Prelex: http://ec.europa.eu/ prelex/detail_dossier_real.cfm?CL=de&DosId=188810, Zugriff am 12.10. 2006).

nachdem der Gesetzesvorschlag von der Europäischen Kommission vorgelegt wurde. Zu dem Zeitpunkt, als es ihren Kommissaren im internen Entscheidungsprozess der Europäischen Kommission möglich gewesen wäre zu versuchen, im Interesse ihrer jeweiligen Regierung in die Formulierung zu intervenieren, haben die mitgliedstaatlichen Regierungen noch keine Gegenpositionen zum Vorschlag Bolkesteins bezogen.[125] Der federführende Kommissar bevorzugte eine liberale Variante der Binnenmarktrichtlinie. Diese Position deckt sich mit der der niederländischen Regierung, die im Laufe der konflikthaften Auseinandersetzungen ebenfalls eine liberale Variante der Dienstleistungsrichtlinie präferierte (FAZ 2006e: 13; EUObserver 2006). Aufgrund der fehlenden Opposition seitens mitgliedstaatlicher Regierungen im Vorfeld der Annahme der Vorlage in der Kommission, lassen sich im internen Entscheidungsprozess der Europäischen Kommission zwischen den Europäischen Kommissaren auch keine mitgliedstaatlichen Auseinandersetzungen beobachten.

Als Grund für den fehlenden politischen Widerstand der an der Gesetzgebung zur Herstellung eines integrierten Dienstleistungsmarktes beteiligen politischen Akteure im Vorfeld der Verabschiedung der Vorlage durch die Europäische Kommission kommt in Frage, dass die mitgliedstaatlichen Regierungen, Europaabgeordnete und Interessengruppen nichts von dem Vorhaben der Europäischen Kommission wussten. Trifft dies zu, so könnte der federführende Kommissar Bolkestein versucht haben, seinen Informationsvorsprung zu nutzen, um mit der Dienstleistungsrichtlinie die (eventuell supranationalen) Interessen seiner Generaldirektion und der Kommission (oder die Interessen der niederländischen Regierung) zu realisieren. Dies entspräche der Vorstellung einer supranationalistischen Prinzipal-Agenten Perspektive auf die Europäischen Kommissare und das Handeln der Europäischen Kommission, nach der die Kommission mit ihrem gesetzgeberischen Handeln versucht ihr (angebliches) Interesse nach „mehr Integration" zu realisieren (Pollack 2003: 36; vgl. Kapitel 2.2. und 2.3.). Allerdings sprechen die umfangreichen Konsultationen, sowie der ursprüngliche politische Impuls für die Liberalisierung des EU-Binnenmarktes gegen eine solche Interpretation.

---

125 Nach ihrem Beitritt sprachen sich auch die osteuropäischen Mitgliedstaaten für eine liberale Variante der Dienstleistungsrichtlinie aus (FAZ 2006e: 13; „Neuer Streit über EU-Richtlinie für Dienstleistungen", FAZ 2006d: 1). Nach der Ernennung der Barroso-Kommission im November 2004 wechselte die Federführung für die GD Binnenmarkt zum irischen Kommissar Charlie McCreevy (FF). Dieser sprach sich in der Folge für eine Abschwächung des von Bolkestein vorgelegten Richtlinienentwurfs aus (FAZ 2006c: 12). Im Fokus der Analyse dieses Kapitels stehen die Konflikte im Vorfeld der Annahme des Vorschlags zur Dienstleistungsrichtlinie. Die durch den Wechsel der Federführung für die Dienstleistungsrichtlinie in der Kommission erfolgte Positionsänderung hingegen ist vor allem mit Blick auf das Ergebnis des bislang noch nicht abgeschlossenen Entscheidungsverfahrens interessant.

Bereits im Jahr 2000 veröffentlichte die Europäische Kommission eine „Mitteilung"[126] in der „[e]ine Strategie für den Dienstleistungssektor" diskutiert wird (Kommission der Europäischen Gemeinschaften 2000). Dieser Bericht wurde, gleich der Vorlage für die Dienstleistungsrichtlinie, federführend vom Binnenmarktkommissar Bolkestein verfasst. Zahlreiche Generaldirektionen waren der federführenden Generaldirektion für die Erstellung der Mitteilung beigeordnet und mussten somit im Laufe des Verfassens (unverbindlich) von dieser konsultiert werden. Aufgrund der Beiordnung zahlreicher Generaldirektionen und ihrer Kommissare ist davon auszugehen, dass die Pläne der GD Binnenmarkt und ihres Kommissars Bolkestein hinsichtlich der weiteren Integration des EU-Dienstleistungsmarktes innerhalb der Europäischen Kommission allgemein bekannt waren. In der Mitteilung selbst wird zunächst darauf hingewiesen, dass der „Europäische Rat die Kommission aufgefordert [hat], eine globale Binnenmarktstrategie zur Beseitigung der Schranken im Dienstleistungsverkehr vorzuschlagen" (Kommission der Europäischen Gemeinschaften 2000: 2). Die Aufforderung durch die mitgliedstaatlichen Regierungen erfolgte auf dem Gipfel von Lissabon im März 2000. Die Liberalisierung des Binnenmarktes sollte ein zentraler Bestandteil der „Lissabon-Strategie" werden, durch die die EU innerhalb von 10 Jahren zum wettbewerbsfähigsten und dynamischsten Wirtschaftsraum der Welt gemacht werden sollte. Als Ziel der Binnenmarktstrategie definierte der Bericht den Abbau nationaler Schranken, die vor allem kleine und mittelständische Unternehmen an grenzüberschreitenden Wirtschaftsaktivitäten hinderten, um so die wirtschaftliche Dynamik des Dienstleistungssektors regulatorisch zu begünstigen.

In der Mitteilung wurde bereits ein „Bericht" angekündigt, der im Jahr 2002 mit dem Titel „Der Stand des Binnenmarktes für Dienstleistungen" (Kommission der Europäischen Gemeinschaften 2002a) veröffentlicht wurde. Darin werden detailliert sowohl die Art der Schranken, die einen integrierten Dienstleistungsmarkt verhindern, als auch die unterschiedlichen Schritte in der unternehmerischen Wertschöpfungskette, an denen diese Schranken wirken, dargelegt und deren negativen ökonomischen Effekte, speziell für kleine und mittlere Unternehmen dargestellt. Konkrete Maßnahmen zur europapolitischen Umsetzung dieser Schranken werden in dem Bericht nicht ausgeführt. Allerdings sieht der Bericht

„so wie sie [Kommission; AW] es in der Binnenmarktstrategie für den Dienstleistungssektor angekündigt hat, in Stufe 2 Legislativmaßnahmen vor, deren Reichweite und Inhalt noch weiter analysiert werden müssen" (Kommission der Europäischen Gemeinschaften 2002a: 77).

---

126 Die Europäischen Kommissare nutzen „Mitteilungen" und „Berichte", um im Vorfeld einer Entscheidung die anderen an der Gesetzgebung beteiligten Institutionen über ihr Vorhaben zu informieren. Grünbücher und Weißbücher der Europäischen Kommission haben dieselbe Informationsaufgabe, richten sich jedoch neben den Regierungen auch explizit an nicht-staatliche Akteure, um von diesen Stellungnahmen zu geplanten Gesetzesinitiativen zu erhalten. Während in Grünbüchern generelle Ideen zu politischen Initiativen vorgestellt werden, präsentieren Weißbücher bereits konkrete inhaltliche Details des geplanten Gesetzes.

Konkretisiert wurden die Maßnahmen von der Europäischen Kommission schließlich im Mai 2003 durch eine weitere Mitteilung an den Rat und das Europäische Parlament, den Wirtschafts- und Sozialausschuss und den Ausschuss der Regionen. Unter dem Titel „Binnenmarktstrategie. Vorrangige Aufgaben 2003 – 2006" wurde die Richtlinie über den Dienstleistungsmarkt schließlich für Ende des Jahres 2003 angekündigt (Kommission der Europäischen Gemeinschaften 2003a: 11). Die Dienstleistungsrichtlinie wird darin als Teil einer umfassenderen Strategie zum weiteren Abbau mitgliedstaatlicher Beschränkungen des Binnenmarkts im Allgemeinen und als ein Element zur „Integration der Dienstleistungsmärkte" im Speziellen vorgestellt. Konkret soll die Richtlinie „einen klaren und ausgewogenen Rechtsrahmen schaffen, der die Bedingungen für die Niederlassung und die grenzübergreifende Erbringung von Dienstleistungen vereinfachen soll" (Kommission der Europäischen Gemeinschaften 2003a: 11).

Die Ausführungen der beiden letzten Absätze zeigen, dass auch die Dienstleistungsrichtlinie eine beträchtliche Vorgeschichte hat. Diese beginnt mit den Beschlüssen und Aufforderungen der mitgliedstaatlichen Regierungen beim Europäischen Rat in Lissabon. Unter der Überschrift „Wirtschaftsreformen für einen vollendeten und einwandfrei funktionierenden Binnenmarkt" fordert der Europäische Rat von Lissabon in seinen „Schlussfolgerungen des Vorsitzes" „die Kommission, den Rat und die Mitgliedstaaten dazu auf, daß sie jeweils im Rahmen ihrer Befugnisse bis Ende des Jahres 2000 eine Strategie für die Beseitigung der Hemmnisse im Dienstleistungsbereich festlegen" (DOC/00/8; http://europa.eu.int/ISPO/docs/services/docs/2000/jan-march/doc_00_8_en.html, Zugriff am 13. Oktober 2006). Die Vorgeschichte setzt sich in den beiden Mitteilungen der Kommission aus den Jahren 2000 und 2003 und dem Bericht zur Liberalisierung des Dienstleistungsmarktes aus dem Jahr 2002 fort. Unter Rückgriff auf diese Dokumente hatten sowohl die mitgliedstaatlichen Regierungen als auch die anderen an der EG-Gesetzgebung beteiligten öffentlichen oder daran interessierte private Akteure die Möglichkeit, die Vorbereitungen und geplanten Maßnahmen zur Liberalisierung des Dienstleistungsmarktes in der EU zu verfolgen. Die jeweiligen Konsultationsdokumente der Europäischen Kommission wurden von den mitgliedstaatlichen Regierungen im Rat beraten und anschließend mit einer Stellungnahme kommentiert. Dadurch wird deutlich, dass die Kommission in der Vorbereitung der Dienstleistungsrichtlinie bezüglich ihrer generellen Absichten keine Informationsvorteile gegenüber den mitgliedstaatlichen Regierungen, den Europaabgeordneten und anderen interessierten Akteuren besaß.

In der Stellungnahme des Rats zum Bericht über den „Stand des Binnenmarktes für Dienstleistungen" (Kommission der Europäischen Gemeinschaften 2002a)

> „[b]egrüsst [der Rat; AW] den Bericht über den Stand des Binnenmarktes für Dienstleistungen, durch den die erste Stufe der Binnenmarktstrategie für den Dienstleistungssektor abgeschlossen wird und der eine hervorragende Grundlage für die zweite Stufe der Strategie bildet. [...]" (Rat der Europäischen Union 2002).

Inhaltliche Kritik an der in dem Bericht von der Kommission dargelegten Stossrichtung zur Herstellung eines integrierten Binnenmarktes für Dienstleistungen üben die mitgliedstaatlichen Regierungen nicht. Vielmehr zeigt sich der Rat mit dem anvisierten Kurs einverstanden, indem er die inhaltlichen Hauptpunkte des Berichts der Kommission in seiner Stellungnahme aufgreift und

„[b]egrüsst, dass der Bericht der Kommission eine umfassende Auflistung der rechtlichen Schranken enthält, mit denen sich ein Erbringer von Dienstleistungen in den verschiedenen Phasen seiner Tätigkeit konfrontiert sieht; dazu gehören ein der Niederlassung abträglicher Verwaltungsaufwand auf nationaler, regionaler und lokaler Ebene, Hindernisse für die grenzüberschreitende Entsendung von Arbeitnehmern, Beschränkungen beim Einsatz von kommerzieller Kommunikation und Marketingstrategien, Genehmigungs- oder Eintragungsverfahren bei grenzüberschreitenden Dienstleistungen, die Notwendigkeit einer nochmaligen Erfüllung von Auflagen, die in dem Mitgliedstaat der Niederlassung bereits erfüllt wurden, und zahlreiche weitere Hemmnisse und Einschränken" (Rat der Europäischen Union 2002).

Über die positive Kommentierung der generellen Stossrichtung des Berichts hinausgehend, fordert der Rat in seiner Stellungnahme die Kommission auf, eine genauere Analyse sowie Statistiken vorzulegen, die die ökonomischen Folgen eines integrierten Binnenmarktes für Dienstleistungen genauer beurteilen helfen. Darüber hinaus unterstützt der Rat die Rechtsetzungspläne der Kommission indem er „einen Aufruf" an

„die Kommission [richtet], in Fällen, in denen Hemmnisse nicht durch Maßnahmen ohne rechtsetzenden Charakter oder durch die Anwendung des Grundsatzes der gegenseitigen Anerkennung beseitigt werden können, gegebenenfalls eine Harmonisierung der entsprechenden Rechtsvorschriften möglichst durch einen einzigen Rechtsakt vorzuschlagen" (Rat der Europäischen Union 2002).

Die Stellungnahme des Rates deutet somit auf keine Konflikte zwischen der Position der Kommission bezüglich der weiteren Integration des Binnenmarktes für Dienstleistungen und den im Rat vertretenen Regierungen. Dasselbe gilt für die Stellungnahme des Rates zur Mitteilung der Europäischen Kommission über die „Binnenmarktstrategie. Vorrangige Aufgaben 2003 – 2006" (Kommission der Europäischen Gemeinschaften 2003a). Ohne auf einzelne Teile der Binnenmarktstrategie-Mitteilung der Kommission einzugehen „erkennt [der Rat; AW] die Bedeutung der Binnenmarktstrategie als Kernbestand einer integrierten Strategie für Wettbewerbsfähigkeit an und billigt ihre allgemeine Ausrichtung" (Rat der Europäischen Union 2003c). Darüber hinaus

„teilt [der Rat; AW] die Auffassung, dass die Verabschiedung und Umsetzung der noch ausstehenden Binnenmarktmaßnahmen, die für die Verbesserung der Wettbewerbsfähigkeit Europas von entscheidender Bedeutung sind, beschleunigt werden muss; fordert die Kommission auf, weitere Vorschläge zur Umsetzung der Strategie zu unterbreiten, die die vordringlichsten Aktionsbereiche einschließen und von adäquaten Folgenabschätzungen begleitet werden, deren Schwerpunkt eindeutig auf der Wettbewerbsfähigkeit liegt" (Rat der Europäischen Union 2003c).

Auch die Analyse von Artikeln der FAZ und der britischen Ausgabe der FT bestätigt den durch die Analyse der Stellungnahmen gewonnenen Eindruck, dass es im Vorfeld der Annahme der Gesetzesvorlage für die Dienstleistungsrichtlinie keine Konflikte zwischen EP, Rat und Kommission bezüglich der von der Kommission in ihren Konsultationspapieren skizzierten Inhalte der Dienstleistungsrichtlinie gab. In keiner der beiden Zeitungen wird, anders als beispielsweise bei der Übernahmericht-linie (Kapitel 7.1.) oder bei REACH (Kapitel 7.3.) von Konflikten berichtet. Die im Rat vertretenen mitgliedstaatlichen Regierungen verzichteten in ihren Stellungnah-men ebenfalls darauf, weitergehende inhaltliche Signale an die Kommission zu sen-den, die dem federführenden Kommissar Bolkestein eventuell als Richtschnur beim Verfassen der Vorlage hätten dienen können. Anders als in konflikthaften Fällen, wie beispielsweise bei der Übernahmerichtlinie (Kapitel 7.1.), finden sich in beiden Zeitungen keine Artikel, die von politischer Opposition einzelner Regierungen im Vorfeld der Verabschiedung des Richtlinienvorschlags in der Kommission berich-ten. Erst circa drei Monate *nach* der Veröffentlichung des Richtlinienentwurfs äu-ßert das deutsche Wirtschaftsministerium Vorbehalte gegen den Richtlinienentwurf in seiner von den Europäischen Kommissaren am 13. Januar 2004 verabschiedeten Form (FAZ 2004c: 19).

Die Einschätzung, dass es im Vorfeld der Annahme der Gesetzesvorlage zur Dienstleistungsrichtlinie durch die Europäischen Kommissare keinen politischen Widerspruch von Seiten der mitgliedstaatlichen Regierungen und zwischen den Kommissaren gab, wird auch von Mitarbeitern der Europäischen Kommission ge-teilt. Sowohl der Referatsleiter (Head of Unit) desjenigen Referats (Unit) im Gene-ralsekretariat der Europäischen Kommission[127], das für die Organisation der wö-chentlichen Sitzungen der Europäischen Kommissare verantwortlich ist, als auch ein ehemaliges Mitglied des persönlichen Kabinetts[128] von Frits Bolkestein, dem bei der Ausarbeitung der Dienstleistungsrichtlinienvorschlages federführenden niederländi-schen Kommissar, nahmen diese Einschätzung vor.

Für das Aufkommen und die Dynamisierung der politischen Auseinandersetzun-gen und Konflikte um die Dienstleistungsrichtlinie spielten Interessengruppen eine zentrale Rolle. Ende März 2004 hat der DGB-Gewerkschaftsrat bereits seine Beden-ken gegen die Dienstleistungsrichtlinie geäußert – allerdings in sehr gemäßigter Form (vgl. FAZ 2004b: 4). Im Laufe des Verfahrens verschärfte sich der Protest der Gewerkschaften. In Deutschland traf der Protest verschiedener Interessengruppen, vor allem auch der Gewerkschaften, nicht zuletzt deshalb auf politisches Gehör, da sich die sozialdemokratische Partei (SPD) des amtierenden Bundeskanzlers im Wahlkampf befand, der wesentlich durch die Polarisierung in ordnungspolitischer Fragen geprägt war. Die Proteste der Interessengruppen in den unterschiedlichen Mitgliedstaaten mündeten schließlich in einem Protest europäischer Gewerkschafts-verbände vor dem Gebäude des EP in Straßburg, an dem am 14. Februar 2006, zwei Tage bevor die Europaabgeordneten im Plenum über ihre Änderungsanträge ab-stimmten, circa 30000 Menschen teilnahmen (FAZ 2006b: 2; FAZ 2006a: 1).

Ebenso im Frühjahr 2004 sprach sich die Bauindustrie über den Präsidenten des Zentralverbandes des deutschen Baugewerbes dezidiert gegen die Richtlinie aus:

---

127 Email vom 24. März 2005.
128 Persönliches Interview in Brüssel am 23. Mai 2005.

„Wenn die Dienstleistungsrichtlinie Wirklichkeit wird, dann gehen in der deutschen Bauwirtschaft endgültig die Lichter aus" (FAZ 2004c: 19). Zu diesem Zeitpunkt nahm der Deutsche Industrie- und Handelskammertag (DIHK) noch eine positive Position gegenüber dem Richtlinienvorschlag ein, von dem sich der Verband vor allem eine Ausweitung der Geschäftsmöglichkeiten kleiner und mittelständischer Betriebe versprach, die durch die derzeitigen bürokratischen Anforderungen zur Erbringung außerhalb ihrer Herkunftsmitgliedstaaten überfordert seien. Damit gibt der DIHK eine wesentliche Begründung des Inhalts des Richtlinienentwurfs wieder, der sich auch im Richtlinienentwurf selbst wieder findet. Der DIHK bleibt auch im weiteren Verlauf des Verfahrens bei dieser Position (FAZ 2005a: 11). Der Zentralverband des deutschen Handwerks (ZDH) hingegen warnt davor, dass „nach dem Herkunftslandprinzip in der derzeitigen Ausgestaltung [...] deutsche Standards unterlaufen" werden (ebd.). Dieselbe skeptische Position, allerdings mit Blick auf den Verbraucherschutz, bezieht der Bundesverband der Verbraucherzentralen und Verbraucherverbände e.V. (BVZV). Er fordert, dass die in den jeweiligen Mitgliedstaaten geltenden Verbraucherschutzregeln auch nach Inkrafttreten der Dienstleistungsrichtlinie bestehen bleiben müssten (ebd.). Ähnlich sieht dies der Hauptgeschäftsführer des Bundesverbandes der Freien Berufe, der warnt,

> „daß bewährte berufsaufsichtliche und qualitätssichernde und damit auch verbraucherschützende Instrumentarien [durch die Dienstleistungsrichtlinie; AW] in ihrer Wirksamkeit ausgehöhlt werden können" (ebd.).

Auf Wirtschaftsseite stellte sich lediglich der Hauptverband des deutschen Einzelhandels (HDE) eindeutig hinter den Richtlinienentwurf in der Fassung der Europäischen Kommission, indem er die positive Wirkung der Richtlinie für den Zugang des Einzelhandels zum gesamten europäischen Markt hervorhob (ebd.).

Die Reaktionen deutscher Interessengruppen auf den Kommissionsvorschlag zur Dienstleistungsrichtlinie machen deutlich, dass diese erst reagiert haben, nachdem die Vorlage durch die Europäische Kommission vorgelegt wurde. Es gibt keinerlei Hinweise darauf, dass deutsche Interessengruppen negativ auf die umfangreichen Konsultationen reagierten, die die Europäische Kommission im Vorfeld der Veröffentlichung ihres Richtlinienvorschlages durchführte. Dasselbe gilt für Interessengruppen aus Frankreich, die im weiteren Verfahren neben den deutschen Interessengruppen zu den Hauptgegnern der Richtlinie zählten, und für Interessengruppen in anderen Mitgliedstaaten oder europäische Interessengruppen in Brüssel. Daraus kann man schließen, dass es auch in anderen Mitgliedstaaten keine Aktivitäten von Interessengruppen gegeben hat, mit denen diese versucht hätten, mitgliedstaatliche Regierungen zur Einflussnahme auf den Inhalt des Vorschlages zu bewegen. Aufgrund der Tatsache, dass Interessengruppen im Falle der Dienstleistungsrichtlinie keinen „Feueralarm" gegenüber ihren mitgliedstaatlichen Regierungen tätigten, und dass dieser auch in Brüssel ausblieb, sahen die mitgliedstaatlichen Regierungen im Vorfeld der Annahme des Richtlinienvorschlages keine Notwendigkeit auf den Richtlinieninhalt Einfluss zu nehmen.

Die Analyse zeigt, dass es hinsichtlich der Dienstleistungsrichtlinie keine Anzeichen für divergierende Präferenzen zwischen den Europäischen Kommissaren und den mitgliedstaatlichen Regierungen gab – weder im Rahmen der Konsultationen im Vorfeld, noch zum Zeitpunkt Vorlagenannahme durch die Kommissare für eine Dienstleistungsrichtlinie. Die politischen Auseinandersetzungen zwischen einzelnen mitgliedstaatlichen Regierungen und der Kommission über den Inhalt der Richtlinie, vor allem das so genannte Herkunftslandprinzip, begannen erst circa drei Monate nach Vorlage des Vorschlags durch die Europäische Kommission. Zum Zeitpunkt der internen Ausarbeitung der Gesetzesvorlage in der Europäischen Kommission bezogen die mitgliedstaatlichen Regierungen, trotz der umfangreichen Konsultation seitens der Europäischen Kommission in Form zweier Mitteilungen sowie eines Berichts, keine eindeutigen, inhaltlichen Positionen. Aufgrund der fehlenden inhaltlichen Opposition der mitgliedstaatlichen Regierungen in Detailfragen und der positiven Kommentierung der grundsätzlichen Ausrichtung der Pläne der Kommission, ist die Interpretation plausibel, dass die mitgliedstaatlichen Regierungen nicht die Notwendigkeit sahen, ihre jeweiligen Kommissare mit einem bestimmten (informellen) inhaltlichen Mandat für den internen Entscheidungsprozess in der Europäischen Kommission auszustatten.

Darüber hinaus gab es keine divergierende Positionen ihrer jeweiligen Regierungen, an denen sich die Kommissare hätten orientieren können, um im Laufe des Entscheidungsprozesses in der Europäischen Kommission in deren Interesse Einfluss auf den Inhalt der Dienstleistungsrichtlinie nehmen zu können. Da es zum Zeitpunkt der Vorbereitung und der Verabschiedung der Vorlage in der Kommission keine inhaltlichen Konflikte zwischen den mitgliedstaatlichen Regierungen und der Europäischen Kommission oder dem Europäischen Parlament gab, konnte es auch zwischen den Europäischen Kommissaren keine Präferenzdivergenzen geben, die zu "nationalem" Verhalten der Europäischen Kommissare und zu mitgliedstaatlichen Konflikten bei der Verabschiedung der Dienstleistungsrichtlinie in der Kommission geführt hätten. Darüber hinaus gibt es auch keine Berichte darüber, dass es innerhalb der Europäischen Kommission „sektorale" Konflikte gab, in denen unterschiedliche Generaldirektionen verschiedene inhaltliche Schwerpunkte im Gesetzesentwurf zur Dienstleistungsrichtlinie setzen wollten.

Der federführende Kommissar verfügt aufgrund der Abwesenheit von Konflikten über weitgehende inhaltliche Gestaltungsfreiheit. Man könnte davon ausgehen, dass er hierbei potenzielle Konfliktpunkte antizipiert und in die Formulierungsvorlage integriert, allerdings scheint dies im Fall der Dienstleistungsrichtlinie, anders als bei der Übernahmerichtlinie (Kapitel 7.1.), gerade aufgrund der Konfliktlosigkeit im Vorfeld keine Rolle gespielt zu haben. Dass der federführende Kommissar in Fällen, in denen keine inhaltlichen Divergenzen zwischen einzelnen Kommissaren vorliegen, über eine weitgehende inhaltliche Gestaltungsfreiheit bei der Formulierung seines Vorschlages verfügt, steht im Einklang mit den theoretischen Ausführungen des Kapitels 3.4. und den darin formulierten Entscheidungsszenarien. Dort wurde die theoretische Erwartung begründet, dass die Europäischen Kommissare kein inhärentes Interesse daran haben, Entscheidungen anderer Kommissare zu beeinflussen. Vielmehr beschränkt sich das Interesse darauf, bei denjenigen Entscheidungen zu intervenieren, an denen der jeweilige Kommissar ein Interesse hat und in denen seine Präferenzen von denen des federführenden Kommissars abweichen. Die Fallstudie zur Dienstleistungsrichtlinie bestätigt somit nicht die generelle Gültigkeit des Ressortszenarios in dem Sinne, als dass der federführende Kommissar den Inhalt einer Entscheidung auch und gerade gegen den Willen seiner Kommissarskollegen durchsetzt. Vielmehr zeigt der in diesem Unterkapitel untersuchte Fall, dass das Ressortszenario *in Fällen ohne Konflikt* zwischen den Kommissaren als das „Standardentscheidungsverfahren" in der Europäischen Kommission angesehen werden kann.

Die Analyse dieses Unterkapitels zeigt, dass im Falle der Dienstleistungsrichtlinie nicht etwa unterschiedliche Präferenzen zwischen den Europäischen Kommissaren und den mitgliedstaatlichen Regierungen zu politischen Auseinandersetzungen nach der Veröffentlichung der Vorlage durch die Europäische Kommission führten. Der verzögerte politische Widerstand der Regierungen ist vielmehr auf die relativ späte Positionsformierung in den Mitgliedstaaten zurückzuführen. Deshalb handelt es sich in diesem Fall nicht um eine klassische Kontrollproblematik zwischen Prinzipalen und Agenten aufgrund divergierender Präferenzen (vgl. Kapitel 3.2.). Stattdessen könnte man das in diesem Fall Beobachtete als „strukturelles Kontrollproblem" bezeichnen. Dieses resultiert daraus, dass die Europäische Kommission am Anfang des europäischen Politikzyklus agiert und gleichzeitig die Komplexität der politischen Mehrebenenarena der EU erhebliche Anforderung an die darin agierenden Akteuren stellt, wenn es darum geht, den strategischen Überblick über politische Entwicklungen auf der EU-Ebene zu behalten. Bemerkenswert ist, dass der Konflikt verzögert eintrat, obwohl die Kommission in einem Zeitraum von drei Jahren vor der Veröffentlichung ihrer Vorlage, wie weiter oben berichtet, zwei Mitteilungen (Kommission der Europäischen Gemeinschaften 2000; Kommission der Europäischen Gemeinschaften 2003a) sowie einen Bericht (Kommission der Europäischen Gemeinschaften 2002a) zum Inhalt der geplanten Dienstleistungsrichtlinie vorgelegt hatte. Alle Berichte wurden vom Rat ausführlich kommentiert, wobei ihnen ausnahmslos zugestimmt wurde. Wie der Fall der Übernahmerichtlinie zeigt (Kapitel 7.1.), ist dies keinesfalls selbstverständlich und kann deshalb tatsächlich als Zustimmung der Regierungen gewertet werden. Dies legt den Schluss nahe, dass die Reaktionen von organisierten Interessen eine zentrale Rolle nicht nur bei der Positionsformulierung in den Mitgliedstaaten, sondern auch bei der Kontrolle der Europäischen Kommissare spielt.

7.3. Die EG-Chemikalienrichtlinie REACH

Gegenstand dieser letzten Fallstudie ist der „Vorschlag für eine Verordnung des Europäischen Parlaments und des Rates zur Registrierung, Bewertung, Zulassung und

Beschränkung chemischer Stoffe (REACH), zur Schaffung einer Europäischen A-
gentur für chemische Stoffe sowie zur Änderung der Richtlinie 1999/45/EG und der
Verordnung (EG) über persistente organische Schadstoffe" (Kommission der Europäischen Gemeinschaften 2003b).[129] Ziel von REACH ist es, die europäischen Regulierungen chemischer Stoffe zum einen zu vereinfachen, indem die Verordnung
insgesamt 40 bestehende europäische Gesetze[130] durch ein EG-Gesetz ersetzt
(Kommission der Europäischen Gemeinschaften 2001a: 5-6; Kommission der Europäischen Gemeinschaften 2003b). Zum anderen wird mit der Verordnung ein ver-
besserter Schutz der Umwelt und der Verbraucher angestrebt, indem die Kontrollanforderungen an chemische Stoffe vor deren Zulassung auf dem Markt erhöht und auf
Stoffe ausgeweitet werden soll, die bislang noch keinen Kontrollanforderungen unterliegen.[131] Zentrales Element der geplanten Regulierung ist das Vorsorgeprinzip
(Kommission der Europäischen Gemeinschaften 2001a: 5), demzufolge chemische
Stoffe, die zukünftig unter die Regulierung fallen, erst dann auf dem Markt zugelassen werden, nachdem deren Gefährdungspotenzial durch Tests bestimmt wurde. Die
Tests wiederum sollen nicht von staatlichen Behörden, sondern von den Unternehmen selbst durchgeführt werden. Diese tragen dafür gleichzeitig die Kosten. Die
einzuhaltenden Standards werden durch eine durch REACH neu zu gründende europäische Chemieagentur festgelegt. Geführt wird die Chemieagentur von fachlich
einschlägigen Repräsentanten aller Mitgliedstaaten. Die Übertragung dieser Aufgabe
an eine gemeinsame europäische Agentur soll sicherzustellen, dass mitgliedstaatliche Behörden den Unternehmen ihres jeweiligen Landes keine Vorteile sowohl bei
der Überwachung der Umsetzung als auch bei der Festlegung einzelner Standards
sichern und wurde von den mitgliedstaatlichen Regierungen von Beginn des Gesetzgebungsverfahrens an unterstützt (Rat der Europäischen Union 2003d). Politischen
Widerstand gegen die geplante Regulierung gab es vor allem von Seiten der Regie-

129 Im Weiteren wird diese Gesetzesvorlage mit „REACH" bezeichnet. REACH steht für *R*egist-
rierung, *E*valuierung und Zulassung („*A*uthorization") von *Ch*emikalien.
130 Vier dieser 40 EG-Gesetze werden als zentrale Bestandteile der europäischen Chemikaliengesetzgebung angesehen: Richtlinie 67/548/EWG des Rates über die Einstufung, Verpackung
und Kennzeichnung gefährlicher Stoffe in der geänderten Fassung [Abl. 196, 16.8.1967, S. 1];
Richtlinie 88/379/EWG über die Einstufung, Verpackung und Kennzeichnung gefährlicher
Zubereitungen [Abl. L 187, 16.7.1988, S. 14]; Verordnung (EWG) Nr. 793/93 des Rates zur
Bewertung und Kontrolle der Umweltrisiken chemischer Altstoffe [Abl. L 84, 5.4.1993, S.1];
Richtlinie 76/769/EWG über Beschränkungen des Inverkehrbringens und der Verwendung
gewisser gefährlicher Stoffe und Zubereitungen [Abl. L 262, 27.9.1976, S. 201].
131 Das bislang geltende EG-Recht zur Chemikalienregulierung unterscheidet „alte" und „neue"
Stoffe. Erstere wurden vor 1981 auf den Markt gebracht. Mit circa 100106 Stoffen bilden sie
99 Prozent der sich momentan in Verwendung befindlichen chemischen Stoffe (Kommission
der Europäischen Gemeinschaften 2001a: 6). Bis auf 140 alte Stoffe, die als äußerst risikoreich
eingeschätzt werden, liegen allerdings nur für die circa 2700 „neuen" Stoffe umfangreiche
Testergebnisse zu ihrer gesundheits- und umweltschädlichen Wirkung vor (ebd.: 6). REACH
hebt die Unterscheidung zwischen alten und neuen Stoffen auf, so dass die Regulierung für alle chemischen Stoffe ab einer noch zu definierenden jährlichen Produktionsmenge gilt.

rungen der Länder, in denen die Chemieindustrie eine bedeutende ökonomische Rolle spielt. Allen voran waren dies die Regierungen Deutschlands und Großbritanniens.

Auch bei dieser Fallstudie stellt sich somit die Frage, welchen Einfluss diese Konfliktkonstellation auf die Formulierung und Verabschiedung des Gesetzesvorschlags in der Kommission hatte (vgl. Kapitel 3.4.). Mit Blick auf die institutionellen Eigenschaften des internen Entscheidungsprozesses unterscheidet sich die REACH-Fallstudie von den beiden zuvor diskutierten Fallstudien dadurch, dass die Formulierung der Gesetzesvorlage unter der geteilten Federführung der schwedischen Umweltkommissarin Wallström (SAP) und dem finnischen Kommissar Liikanen (SDP) stattfand. Beide Kommissare mussten dem Inhalt des Vorschlags zustimmen, bevor dieser den anderen Kommissaren vorgelegt werden konnte (vgl. Kapitel 6.1.). In der Fallstudie wird deutlich, dass dieses institutionelle Charakteristikum der Formulierung der REACH-Gesetzesvorlage zur gegenseitigen Kontrolle beider Kommissare führte – und die Annahme in der Kommission sehr stark verzögerte. Die Fallstudie macht hierdurch nicht zuletzt deutlich, dass die Konzeptionalisierung der Europäischen Kommission als kollektiver Akteur notwendig ist, um die strategische Handlungsfähigkeit und die Kohäsion der Europäischen Kommission in EG-Gesetzgebungsverfahren nicht à priori zu hoch einzuschätzen.

Ebenso wie die in den beiden vorangegangenen Unterkapiteln untersuchten Richtlinien, besitzt auch die Gesetzesvorlage zu REACH eine politische Vorgeschichte. Im April 1998 forderten die Umweltminister der 15 Mitgliedstaaten auf ihrem informellen Umweltministerrat von Chester die Kommission auf, Überlegungen zur grundlegenden Neugestaltung des europäischen Chemikalienrechts zu erarbeiten (Kommission der Europäischen Gemeinschaften 2001a: 5). Die Europäische Kommission legte im November 1998 ein 134 Seiten umfassendes Arbeitsdokument vor, in dem die beiden federführenden Generaldirektionen III und XI[132] anhand vier zentraler EG-Chemikaliengesetze die Schwächen des bisherigen europäischen Chemikalienrechts skizzierten (Kommission der Europäischen Gemeinschaften 1998). In seiner Kommentierung dieses Arbeitsdokumentes „begrüsst [der (Umweltminister-) Rat; AW] die Annahme des Berichts der Kommission über die vier Rechtsakte zur gemeinschaftlichen Chemikalienpolitik, der eine Grundlage für die künftige Bewertung der Gemeinschaftspolitik in diesem Bereich bildet". Darüber hinaus „[u]nterstreicht [der (Umweltminister-) Rat; AW] die Notwendigkeit, an der Entwicklung eines integrierten und kohärenten Konzepts für die künftige Chemikalienpolitik der Gemeinschaft zu arbeiten – bei dem das Vorsorgeprinzip und der Grundsatz der Nachhaltigkeit in angemessener Weise zum Ausdruck kommen und die Verantwortung der beteiligten Parteien im einzelnen festgelegt ist –, damit ein hohes

---

132 Bis einschließlich der Santer Kommission wurden die Generaldirektionen nach Zahlen benannt. Die Generaldirektion III war zuständig für „Wirtschaft und Finanzen", während der Zuständigkeitsbereich der Generaldirektion XI die Gebiete „Umwelt, Nuklearsicherheit und Zivilschutz" umfasste (Nugent 2001: 136).

Schutzniveau für die menschliche Gesundheit und die Umwelt auf dem sich rasch entwickelnden Chemikalienmarkt sowie ein wirksames Funktionieren des Binnenmarktes gewährleistet werden" (Rat der Europäischen Union 1998).

Im Februar 1999 veranstaltete die Europäische Kommission ein „Brainstorming, an dem die interessierten Kreise und Vertreter der Mitgliedstaaten teilnahmen, um das künftige Konzept für die Chemikalienpolitik der Gemeinschaft zu erörtern" (Rat der Europäischen Union 1999). Das Brainstorming fand mit „mehr als 150 interessierten Parteien – Vertretern von Regulierungsbehörden, Wissenschaftlern, Vertretern der Industrie, von NRO für Umwelt- und Verbraucherschutz sowie der beitrittswilligen Länder" statt (Kommission der Europäischen Gemeinschaften 2001a: 6). Im Anschluss an diese Konsultationen verabschiedete der (Umweltminister-) Rat im Juni 1999 eine Reihe von Schlussfolgerungen zur zukünftigen Chemikalienstrategie der EU. In den Schlussfolgerungen wurden mit dem Vorsorgeprinzip, der Umkehrung der Beweislast von den Behörden zur Industrie und der Förderung der Substitution gefährlicher Stoffe, zentrale inhaltliche Anhaltspunkte für das Weissbuch und den darauf basierenden Gesetzesvorschlag skizziert (Rat der Europäischen Union 1999). Schließlich wurde die Kommission „ersucht", „spätestens bis zum Ende des Jahres 2000 das Grundsatzpapier über eine neue Chemikalienstrategie vorzulegen sowie dem Rat ab dem zweiten Halbjahr 1999 regelmäßig über die erzielten Fortschritte zu berichten" (Rat der Europäischen Union 1999).

Im Februar 2001 legte die Europäische Kommission das Weissbuch „Strategie für eine zukünftige Chemikalienpolitik" (Kommission der Europäischen Gemeinschaften 2001a) vor, für dessen Formulierung die schwedische Umweltkommissarin Margot Wallström (SAP) federführend zuständig war. Allerdings teilte sie sich die Federführung mit dem ebenfalls sozialdemokratischen, finnischen Kommissar Erkki Liikanen (SDP), der als Kommissar der Prodi-Kommission die GD Unternehmen leitete. Mit dieser Teilung der Federführung bei der Formulierung des Weissbuches führten die Europäischen Kommissare der Prodi-Kommission die institutionelle Arbeitsteilung fort, die bereits die vorangegangene Kommission in diesem Regulierungsbereich praktizierte.[133] Schließlich wurde auch für die Formulierung des REACH-Gesetzesvorschlags die geteilte Federführung beibehalten.

Inhaltlich legte die Europäische Kommission im Weissbuch zur Chemikalienstrategie gemäß des Mengenansatzes fest, dass alle Stoffe ab einer jährlichen Produktionsmenge von einer Tonne in einer zentralen Datenbank registriert werden müssen (Kommission der Europäischen Gemeinschaften 2001a: 18). Bei der Bewertungspflicht der Stoffe wurde zwischen Stoffen unterschieden, die in Mengen von über 100 Tonnen hergestellt werden und solchen, die in Mengen unter 100 Tonnen hergestellt werden. Während erstere generell von den Behörden auf der Grundlage aller durch die Unternehmen verfügbaren Daten bewertet werden sollten, galt dies bei

---

133 Weiter oben wurde bereits dargestellt, dass die Generaldirektionen III und XI für den 1998 vorgelegten Evaluierungsbericht zur bestehenden EG-Chemikaliengesetzgebung federführend verantwortlich waren.

letzteren nur für besonders gefährliche – bioakkumulierbare, kanzerogene oder erbgutverändernde – Stoffe (Kommission der Europäischen Gemeinschaften 2001a: 19). Die chemische Industrie und zahlreiche Mitgliedstaaten sprachen sich dafür aus, nur solche Stoffe vollständig testen zu müssen, die in höheren Mengen produziert werden. Sie scheinen sich mit ihren Forderungen durchgesetzt zu haben. Der aktuelle Vorschlagstext sieht vor, dass alle Stoffe ab einer jährlichen Produktionsmenge von einer Tonne ein vereinfachtes Registrierungsverfahren durchlaufen müssen, im Zuge dessen die Eigenschaften der Chemikalien durch sogenannte Sicherheitsblätter festgehalten werden. Bei Chemikalien ab einer Produktionsmenge von zehn Tonnen hingegen muss gemäß der aktuellen Version das komplette REACH-Verfahren angewendet werden (Kommission der Europäischen Gemeinschaften 2003b).

Ein weiterer zentraler Streitpunkt war der Umgang und der Zugriff Dritter auf die Informationen aus den Stofftests und, damit verbunden, die Kostenteilung für die Tests entlang der Wertschöpfungskette. Bezüglich des Zugriffs auf die Testinformationen wollen die Unternehmen ihre intellektuellen Eigentumsrechte an ihren eigens entwickelten Stoffen nicht verletzt sehen. Der Schutz intellektueller Eigentumsrechte stellt sicher, dass die Unternehmen mit dem Verkauf dieser Stoffe ökonomische Gewinne erzielen. Gleichzeitig wird mit der neuen EG-Chemikalienpolitik das Ziel verfolgt, die Transparenz bezüglich der Eigenschaften von Chemikalien zu erhöhen, um den Verbrauchern zu ermöglichen, selbst über die Nutzung der entsprechenden Chemikalien entscheiden zu können (Kommission der Europäischen Gemeinschaften 2001a: 7). Schließlich wurde diskutiert, inwieweit Unternehmen, die Stoffe im Verlauf der Wertschöpfungskette nutzen, an den Testkosten beteiligt werden sollen und können, um so zu einer gerechteren Kostenteilung der vor- und der nachgelagerten chemischen Industrie zu kommen (Rat der Europäischen Union 2004). Kleine und mittlere Unternehmen warnten, dass sie ökonomisch nicht in der Lage seien, sich umfangreich an den erwartungsgemäß hohen Testkosten zu beteiligen, ohne ihre ökonomische Überlebensfähigkeit zu riskieren (FAZ 2003b: 19).

Die Veröffentlichung des Weißbuchs war der Auslöser für eine in der EG-Gesetzgebung beispiellose Lobbyingkampagne privater Interessengruppen und öffentlicher Opposition vor allem der Regierungen Deutschlands, Frankreichs und Großbritanniens (Wonka 2003; Süddeutsche Zeitung 2003: 3). Die Europäische Kommission lenkte diese Proteste in institutionalisierte Bahnen, indem sie im April 2001 und im Mai 2002 „Stakeholder-Konferenzen" veranstaltete, auf denen sowohl Vertreter einschlägiger Ministerien der Mitgliedstaaten als auch europäische Umwelt- und Verbraucherschutzverbände, sowie Unternehmens- und Industrieverbände teilnahmen (Wonka 2003).

Politische Auseinandersetzungen folgten auf die Veröffentlichung des Weißbuches, in denen sich die europäischen Umwelt- und Verbraucherschutzverbände für eine Verschärfung der Richtlinie aussprachen (Wonka 2003). Dagegen brachte die Unternehmerseite die Warnung vor, dass die Kosten, die die Regulierung voraussichtlich verursachen würde, vor allem bei kleinen und mittelständischen Unternehmen zu massiven Arbeitsplatzverlusten führen würden und die Wettbewerbsfähigkeit der europäischen Chemieindustrie gegenüber der japanischen und US-amerikanischen verschlechtern würde. In diesem Zusammenhang drehte sich die politische Auseinandersetzung vor allem um die Frage, welche Stoffe von der Regulierung erfasst werden (Wonka 2003, FAZ 2003a: 23). Die Industrieposition wurde von den Regierungschefs der großen Chemie produzierenden Mitgliedstaaten Deutschland, Frankreich und Großbritannien geteilt (Economist U.S. Edition 2003b). Auch in der offiziellen Stellungnahme des Rats zum Weißbuch der Kommission betonten die mitgliedstaatlichen Regierungen die Wichtigkeit der Vermeidung negativer ökonomischer Konsequenzen der geplanten EU-Chemikalienregulierung, indem sie festhielten, dass es „von größter Bedeutung [ist], die Wettbewerbsfähigkeit der europäischen Industrie gegenüber der Konkurrenz außerhalb der Union sicherzustellen" (Rat der Europäischen Union 2001).

Neben der Veranstaltung der beiden Stakeholder-Konferenzen installierte die Europäische Kommission acht „technische Arbeitsgruppen", ebenfalls mit Vertretern europäischer Verbände, sowie der Europäischen Kommission und mitgliedstaatlicher Ministerien, die Einzelheiten der geplanten Chemikalien-Verordnung erarbeiten sollten (Kommission der Europäischen Gemeinschaften 2003b). Schließlich führte die Europäische Kommission wenige Wochen vor der Veröffentlichung ihres Vorschlages eine Internet-Konsultation durch, die allen interessierten öffentlichen und privaten Akteuren die Möglichkeit gab, Stellungnahmen zur geplanten EU-Chemikaliengesetzgebung abzugeben. Diese Möglichkeit wurde von über 6000 Akteuren genutzt (Wonka 2003). Nach über zweieinhalb Jahren Konsultation mit Interessengruppen und Vertretern mitgliedstaatlicher Regierungen sowie der internen Entscheidungsvorbereitung, legten die Europäischen Kommissare am 29. Oktober 2003 schließlich ihren Entwurf der REACH-Verordnung vor.

Die politische Vorgeschichte von REACH lässt es äußerst unwahrscheinlich erscheinen, dass während der Formulierungs- und Entscheidungsphase des REACH-Gesetzesvorschlags in der Kommission substanzielle Informationsasymmetrien zwischen der Europäischen Kommission und den mitgliedstaatlichen Regierungen sowie dem Europäischen Parlament und einschlägigen Interessengruppen bestanden. Dasselbe gilt innerhalb der Europäischen Kommission: Es ist unplausibel davon auszugehen, dass der federführende Kommissar oder die Beamten der federführenden Generaldirektionen einen Informationsvorsprung gegenüber den anderen Kommissaren und Generaldirektionen hatten. In Form des Weissbuches skizzierte die Europäische Kommission ihre Pläne detailliert. Die Stakeholder-Konferenzen boten den beteiligten und betroffenen Akteuren die Möglichkeit, ihre Positionen darzulegen. Die zahlreichen öffentlichen Erklärungen von Seiten sowohl einzelner Regierungen als auch von Interessengruppen belegen, dass diese sehr gut über die Entwicklungen zur Chemikaliengesetzgebung in der Europäischen Kommission informiert waren. Unabhängiges Handeln der Kommissare im internen Entscheidungsprozess aufgrund der häufig von der Prinzipal-Agenten Literatur postulierten Informationsasymmetrie zugunsten des Agenten (vgl. Kapitel 3.2.) ist deshalb nicht zu erwarten. Im Umkehrschluss bedeutet dies, dass es den mitgliedstaatlichen Regierungen prinzipiell offen stand, ihre jeweiligen Kommissare mit einem inhaltlichen Mandat für den internen Entscheidungsprozess auszustatten, damit diese entsprechend versuchen auf den Inhalt der Gesetzesvorlage Einfluss zu nehmen.

Für die Formulierung des REACH-Gesetzesvorschlages im Anschluss an die Veröffentlichung des Weissbuches waren wiederum der Unternehmenskommissar Liikanen und die Umweltkommissarin Wallström federführend zuständig. Der Annahme des Vorschlags im Kollegium der Kommissare gingen intensive Auseinandersetzungen zwischen den für die GD Umwelt und die GD Unternehmen zuständigen Europäischen Kommissaren voraus.[134] In dieser Auseinandersetzung setzte sich die schwedische Umweltkommissarin Margot Wallström für eine scharfe Regulierung im Sinne des Umwelt- und Verbraucherschutzes ein. Der finnische Unternehmenskommissar Erkki Liikanen vertrat hingegen die Position, dass die geplante Chemikalienregulierung der europäischen Chemieindustrie keine Wettbewerbsnachteile bringen dürfe (Economist U.S. Edition 2003a; Economist U.S. Edition 2003b; FAZ 2001b: 19; FAZ 2001a: 30). Die unterschiedliche Positionierung der Umweltkommissarin und des Unternehmenskommissars macht deutlich, dass die Parteibande zwischen den Kommissaren, trotz genereller programmatischer Nähe (Marks und Wilson 2000; vgl. auch Kapitel 2.3.), nicht so stark sind, dass Kommissare unterschiedlicher Mitgliedstaaten, die derselben Parteifamilie angehören, in der Kommission dieselben Positionen vertreten und geschlossen im internen Entscheidungsprozess agieren würden.[135]

Die politischen Auseinandersetzungen in der Kommission während des Entscheidungsprozesses um die REACH-Gesetzesvorlage zeigen, dass die Generaldirektionen wertvolle Ressourcen in den Entscheidungsprozessen der Europäischen Kommission darstellen. Dies gilt zum einen mit Blick auf die personellen bürokratischen Ressourcen, über die der jeweils federführende Kommissar in Person der Mitarbeiter

---

134 Beide Kommissare sind Mitglieder der sozialdemokratischen Partei ihres jeweiligen Herkunftslandes. Zumindest in diesem Fall gibt es deshalb keine Anzeichen dafür, dass Kommissare einer Partei ein einheitliches Ziel verfolgen, wie dies (teilweise) für nationale Delegationen einer Parteifamilie im Europäischen Parlament zu beobachten ist (Hix 2002; Hix *et al.* 2005).

135 Diese Beobachtung deckt sich mit den Aussagen eines Mitarbeiters des Referats „Sitzungen der Kommission, mündliche Verfahren, Verteilung der Dokumente" – der Direktion A – „Kanzlei und Organisation des Entscheidungsprozesses der Kommission" – des Generalsekretariats der Kommission am 28. September 2004. Dieser gab die Einschätzung ab, dass die Parteizugehörigkeit der Kommissare zwar einen Einfluss auf deren Verhalten in internen Entscheidungsprozessen habe. Allerdings organisierten und positionierten sich die Kommissare in den Entscheidungsprozessen nicht in erster Linie entlang ihrer Parteifamilienzugehörigkeit. Dies geht auch aus der Fallstudie dieses Unterkapitels hervor, die erhebliche Spannung zwischen dem finnischen Sozialdemokraten Liikanen und der schwedischen Sozialdemokratin Wallström zeigt. Laut der Aussage des stellvertretenden Generalsekretärs der Sozialdemokratischen Partei Europas (SPE) treffen sich die sozialdemokratischen Kommissare regelmäßig mit den sozialdemokratischen Europaabgeordneten. Diese Treffen dienten jedoch dem Gedankenaustausch. Die Festlegung auf eine gemeinsame Handlungslinie im Rahmen der SPE sei nicht möglich (Telefoninterview am 9. Mai 2005).

der jeweiligen Generaldirektion verfügt: Mit dem Zugriff auf die spezialisierten Mitarbeiter der unterschiedlichen Abteilungen einer Generaldirektion verfügt ein Kommissar über die Expertise, die notwendig ist, um Gesetzesvorschläge in seinem Politikfeld zu formulieren. Darüber hinaus sind die spezialisierten Mitarbeiter der Generaldirektion unerlässlich, damit ein Kommissar gegebenenfalls eine inhaltliche Prüfung von Vorschlägen anderer Generaldirektionen vornehmen lassen kann. Aus der Fallstudie zu REACH wird jedoch ein anderer, aus der theoretischen Perspektive dieser Arbeit (vgl. Kapitel 3.4.) besonders interessanter, Aspekt des Wertes der Generaldirektionen in der internen Entscheidungsfindung der Europäischen Kommission deutlich: Generaldirektionen stellen für einen Kommissar wertvolle institutionelle Ressourcen dar, wenn es darum geht, im internen Entscheidungsprozess der Europäischen Kommission Einfluss auf den Inhalt einer Gesetzesvorlage zu nehmen. Dies gilt, wie die Fallstudie dieses Unterkapitels im Vergleich zu den Fallstudien der anderen Unterkapitel zeigt, vor allem für die federführende Generaldirektion beziehungsweise für Generaldirektionen, die sich die Federführung teilen. Die Teilung der Federführung zwischen verschiedenen Generaldirektionen schränkt die inhaltliche Gestaltungsfreiheit der jeweils federführenden Kommissare erheblich ein, da mit der Teilung der Federführung das Veto-Recht der daran beteiligten Kommissare verbunden ist (Commission MOP: 10).[136]

Mit Blick auf die prozedurale Qualität der Auseinandersetzung in der Kommission führte die Teilung der Federführung zwischen den beiden Generaldirektionen Unternehmen und Umwelt dazu, dass sich die internen Auseinandersetzungen auf den Unternehmenskommissar Liikanen und die Umweltkommissarin Wallström konzentrierten. Die weiter oben diskutierte Positionierung der beiden federführenden Kommissare in den ebenfalls weiter oben analysierten Streitpunkten spiegelt im Wesentlichen das Spektrum der sowohl von den mitgliedstaatlichen Regierungen als auch seitens der Interessengruppen vorgebrachten industriepolitischen und umweltpolitischen Positionen wider. Damit deckten Wallström und Liikanen mit ihren Positionen de facto den außerhalb der Kommission bestehenden Konfliktraum zu REACH im internen Entscheidungsprozess der Europäischen Kommission ab. Diese Konfliktkonstellation ist ein wichtiger Grund dafür, dass sich die Auseinandersetzungen sehr stark auf die beiden federführenden Kommissare konzentrierten. Eine für das theoretische Interesse dieser Arbeit maßgebliche Konsequenz der geteilten Federführung und der jeweiligen Positionierung der Umweltkommissarin und des Unternehmenskommissars ist, dass die Auseinandersetzungen in der Kommission einen sehr stark "sektoralen" Charakter hatten. Es gibt keine Hinweise darauf, dass weitere Kommissare aktiv zu einer maßgeblichen Ausweitung der Konflikte um REACH in der Kommission beitrugen. Dafür bietet sich ein Grund an: Da der Konfliktraum von den beiden federführenden Kommissaren praktisch komplett ausge-

---

136 Das zwingende Erfordernis der Zustimmung aller an der Federführung beteiligten Kommissare wurde mir in einer persönlichen Email von einer Mitarbeiterin der Kommission am 25.07.2006 mitgeteilt.

füllt wurde, hatte keiner der anderen Kommissare einen Anreiz beziehungsweise die Möglichkeit, zusätzliche Streitthemen im internen Entscheidungsprozess aufzuwerfen. Durch die geteilte Federführung bei der Formulierung des REACH-Gesetzesvorschlags wurde diese Auseinandersetzung quasi institutionalisiert.

Diese Institutionalisierung des internen Konflikts erlaubte den restlichen Kommissaren sich, je nach inhaltlicher Position, hinter die Umweltkommissarin oder den Unternehmenskommissar zu stellen. Dies könnte ein entscheidender Grund dafür sein, dass sich im internen Entscheidungsprozess der Europäischen Kommission um die Annahme der REACH-Gesetzesvorlage, anders als im Fall der weiter oben diskutierten Übernahmerichtlinie, keine offen mitgliedstaatlichen Konfliktlinien beobachten lassen. Kommissare, deren Regierungen durch REACH hohe Umwelt- und Verbraucherschutzstandards im europäischen Chemikalienrecht etablieren wollten, konnten sich hinter die Umweltkommissarin Wallström stellen und sie in diesem Streben unterstützen. Dasselbe gilt für Kommissare, deren Regierungen in REACH in erster Linie eine Gefahr für die Wettbewerbsfähigkeit der europäischen Chemieindustrie sehen. Diese Regierungen fanden im internen Entscheidungsprozess der Europäischen Kommission im finnischen Unternehmenskommissar Liikanen ihren Fürsprecher und einen politisch Verbündeten. Bei der letztlichen Annahme der REACH-Gesetzesvorlage durch die Europäischen Kommissare kam es zu keiner finalen Abstimmung im Kollegium der Kommissare.[137] Eine solche – und sogar das Scheitern der Vorlage bei einer Abstimmung im Kollegium der Kommissare – wurde im Vorfeld von einigen Dienststellen der Kommission befürchtet, die ihre jeweiligen Einwendungen nicht angemessen berücksichtigt sahen (FAZ 2003b: 19).

Hinsichtlich des Inhalts der Gesetzesvorlage sorgte die mit der geteilten Federführung verbundene Institutionalisierung des Konfliktes um die REACH-Gesetzesvorlage für eine effektive Kontrolle zwischen den beiden Kommissaren. Keine der beiden Generaldirektionen konnte ihre Vorstellungen komplett durchsetzen. Allerdings wird der Ausgang der Auseinandersetzungen zwischen der Umweltkommissarin Wallström und dem Unternehmenskommissar Liikanen in Form des Textes der REACH-Gesetzesvorlage dahingehend bewertet, dass sich Liikanen mit seiner Industrieposition innerhalb der Kommission gegenüber der Umweltkommissarin durchgesetzt hat (FT London 2003b: 9). Die maßgeblichste Veränderung gegenüber dem Chemikalien-Weissbuch erfolgte im Zuge des internen Entscheidungsprozesses mit Blick auf das Registrierungsverfahren für circa 20000 Stoffe mit einer Jahreserzeugung zwischen einer und zehn Tonnen. Das Registrierungsverfahren für diese Stoffe wurde erheblich vereinfacht, womit das Ziel angestrebt wurde, die erwarteten Testkosten der Industrie zu reduzieren (FAZ 2003c: 11; Rat der Europäischen Union 2003d; vgl. auch Kommission der Europäischen Gemeinschaften 2003b). Darüber hinaus wurden Polymere von der Registrierung komplett herausgenommen und die Anforderungen an sogenannte Zwischenprodukte, also solche

---

137 Auskunft eines ehemaligen Mitglieds des persönlichen Kabinetts des niederländischen Kommissars Frits Bolkestein im persönlichen Interview am 23. Mai 2005.

chemische Stoffe, die im Laufe des Produktionsprozesses verwendet werden, mit denen Verbraucher und Umwelt jedoch nicht direkt in Berührung kommen, gegenüber dem Weissbuch erheblich reduziert (FAZ 2003b: 19).

Wie wichtig die jeweilige Federführung im Falle von REACH war, zeigt sich auch bei einer Betrachtung dieses Gesetzgebungsverfahrens über Zeit: Nach dem Wechsel von der Prodi- zur Barroso-Kommission im November 2004 ging die Verantwortung für die GD Unternehmen vom finnischen Kommissar Olli Rehn, der ab Juli 2004 Liikanen ersetzte, an den deutschen Kommissar Verheugen. Die Verantwortung für die GD Umwelt wechselte von der schwedischen Kommissarin Wallström (SAP) zum griechischen Kommissar Dimas (ND). Verheugen als Unternehmenskommissar und Dimas als Umweltkommissar übernahmen damit für das restliche Gesetzgebungsverfahren die federführende Betreuung von REACH.[138] In der Folge signalisierte Verheugen, dass er bereit ist, Veränderungen an dem REACH-Gesetzesentwurf vorzunehmen, damit die Industrie im Allgemeinen und die kleinen und mittelständischen Unternehmen im Besonderen nicht „unter dem Gewicht von REACH zusammenbrechen [eigene Übersetzung]" (FT London 2004: 18; vgl. auch FAZ 2005c: 11). Auch Dimas nahm nach seinem Amtsantritt eine Position ein, die der Industrie weitere Zugeständnisse in Aussicht stellte und die von der Linie seiner Vorgängerin im Amt des Umweltkommissars stark abwich (FAZ 2005b: 12). Sowohl die mitgliedstaatlichen Regierungen im Rat als auch die Europaparlamentarier mussten somit nicht mit Widerstand rechnen, wenn sie im Laufe der inter-institutionellen Entscheidungsphase die im ursprünglich von der Kommission festgelegten Anforderungen zur Registrierung, Bewertung und Zulassung von Chemikalien innerhalb der Europäischen Union weiter abschwächten.

Die Erkenntnisse aus der Fallstudie dieses Unterkapitels verdeutlichen die analytische Notwendigkeit, die Kommission als kollektiven und nicht als einheitlichen Akteur zu konzeptionalisieren. Andernfalls überschätzt man die Fähigkeit der Europäischen Kommission, geschlossen und mit einem von allen Kommissaren geteilten Ziel in der EG-Gesetzgebung aufzutreten. Dies gilt sowohl mit Blick auf die Gefahr der Überbetonung eines von allen Kommissaren geteilten Motivs für das Handeln in der EG-Gesetzgebung – Stichwort: Vertiefung der Integration, beziehungsweise Kompetenzzuwachs der EU (vgl. Kapitel 2.3.) – als auch mit Blick auf die relative

---

138 Zwar ist die Rolle der Kommission im Mitentscheidungsverfahren stark reduziert (Hörl et al. 2005; Tsebelis und Garrett 2000), allerdings zeigen empirische Arbeiten, dass sie weiterhin eine wichtige Rolle einnimmt (Burns 2004; König et al. 2007). Ihr Einfluss ist nicht zuletzt auf das Recht der Kommission zurückzuführen auch im Laufe des Verfahrens ihren Vorschlag noch zurückzuziehen (vgl. Fallstudie zur Übernahmerichtlinie, Kapitel 7.1.). Die Frage, bis zu welchem Zeitpunkt die Kommission ihren Vorschlag zurückziehen kann, ist bislang offen. Der Konsens in der Kommission ist, dass dies bis zur Verabschiedung eines Vermittlungstextes durch den Rat und das Europäische Parlament möglich ist (Einschätzung einer Mitarbeiterin des Referats „Koordinierung des Mitentscheidungsverfahrens" der Direktion D – „Beziehungen zum Rat" – des Generalsekretariats der Europäischen Kommission im persönlichen Interview am 1. Oktober 2005).

Machtverteilung zwischen den unterschiedlichen Akteuren und ihren institutionellen Ressourcen in der Kommission. In dieser Fallstudie wurde gezeigt, dass die Generaldirektionen für die Kommissare eine zentrale Ressource zur Beeinflussung des Inhalts von Gesetzesvorlagen sind. Gleichzeitig wurde deutlich, dass dem Kommissionspräsidenten und den Kommissaren in Form der geteilten Federführung institutionelle Möglichkeiten zur Verfügung stehen, um den Einfluss einer einzigen Generaldirektion und ihres Kommissars zu begrenzen.

Die geteilte Federführung erwies sich im Falle der Formulierung der Gesetzesvorlage für REACH als effektives institutionelles Mittel, um für einen inhaltlichen Ausgleich zwischen den divergierenden Interessen der mitgliedstaatlichen Regierungen und der betroffenen Interessengruppen zu sorgen. Welche Erkenntnisse können aus diesem Ergebnis schließlich mit Blick auf die Plausibilität der in Kapitel 3.4. formulierten Entscheidungsszenarien gezogen werden? Die Erkenntnisse aus der Fallstudie gleichen dem Ressortszenario insofern, als dass die Kommissare der federführenden Ressorts die zentrale Rolle bei der Formulierung der REACH-Gesetzesvorlage spielten. Durch die Teilung der Federführung, das heißt durch die entsprechende institutionelle Organisation des internen Entscheidungsprozesses, kann die Entscheidungsfreiheit eines einzelnen Kommissars bei der Festlegung der Politikinhalte in seinem Zuständigkeitsbereich wirksam eingeschränkt werden. Vorausgesetzt die federführenden Kommissare vertreten, wie im Falle von REACH, im internen Entscheidungsprozess unterschiedliche Positionen, die die divergierenden Interessen der unterschiedlichen mitgliedstaatlichen Regierungen und privater Interessengruppen abdecken. Gleichzeitig ist jedoch zu beachten, dass eine solche institutionelle Konstellation die Gefahr von Effizienzverlusten im internen Entscheidungsverfahren der Europäischen Kommission birgt: Aufgrund der gegenseitigen Blockademöglichkeit droht die Handlungsunfähigkeit der Kommission in der EG-Gesetzgebung beziehungsweise eine lange Verabschiedungszeit. Von der Aufforderung der mitgliedstaatlichen Regierungen im April 1998, eine Chemikalienregulierung vorzubereiten, bis zur Einbringung des Vorschlags durch die Kommissare der Prodi-Kommission vergingen mehr als 5 Jahre.

7.4. Zusammenfassung und Fazit

Auf Grundlage der Fallstudien lässt sich bezüglich der prozeduralen Dimension, das heißt der Agendasetzungsmacht des federführenden Kommissars und der Vetomacht der Kommissare, Folgendes festhalten: Der federführende Kommissar hat erheblichen Einfluss auf den Inhalt von Gesetzesvorlagen aus seinem Zuständigkeitsbereich. Institutionell ist diese darin begründet, dass nach der Formulierungsphase und im Zuge des letztlichen Entscheidungsprozesses lediglich er und der Kommissionspräsident Änderungen am zur Abstimmung stehenden Vorschlag vornehmen dürfen (Art. 8 GO Kommission; vgl. Kapitel 6.1.). Darüber hinaus bestimmt der federführende Kommissar den Zeitpunkt, zu dem er den anderen Kommissaren den jeweiligen Gesetzesvorschlag zur Annahme vorlegt. Im Falle geteilter Federführung ist die Zustimmung aller an der Federführung beteiligten Kommissare zum Inhalt der Gesetzesvorlage notwendig, bevor diese den anderen Kommissaren vorgelegt wird. Gleichzeitig geben die in den Fallstudien analysierten Auseinandersetzungen keinen Hinweis darauf, dass Kommissare, deren Generaldirektionen nicht an der Federführung beteiligt waren, einen direkten Einfluss auf den Inhalt einer Vorlage haben. Diese Einschätzungen sprechen zunächst dafür, dass das Ressortszenario die Entscheidungsprozesse in der Kommission gut abbildet. Allerdings muss diese Einschätzung vor dem Hintergrund der Fallstudien eingeschränkt werden.

Der federführende Kommissar ist bei der Festlegung des Inhalts einer Vorlage durch den "Schatten" einer Abstimmung im Kollegium der Kommissare eingeschränkt (vgl. Fallstudie zur Übernahmerichtlinie, Kapitel 7.1.).

Bei eventuellen Abstimmungen sind die Kommissare keine individuellen Vetospieler, weshalb der Einfluss einzelner Kommissare, die nicht an der Federführung beteiligt sind, beschränkt ist (vgl. Kapitel 6.1.). So waren der deutsche Kommissar Verheugen und die deutsche Kommissarin Schreyer nicht in der Lage, Veränderungen an der ursprünglich vom federführenden Kommissar Bolkestein vorgelegten Übernahmerichtlinie zu erwirken (Kapitel 7.1.). Aufgrund der Tatsache, dass einzelne Kommissare keinen entscheidenden Einfluss auf den Inhalt einer Gesetzesvorlage nehmen können, besitzt das konsensuelle Kollegiumsszenario (vgl. Kapitel 3.4.), zumindest für konflikthafte Entscheidungen, keine Plausibilität. Für die Plausibilität des Präsidialszenarios (vgl. Kapitel 3.4.) liefern die Fallstudien ebenfalls keine empirischen Hinweise. Aus keinem Bericht zu den drei Fällen geht hervor, dass der Kommissionspräsident bei der Herstellung einer einheitlichen Position in der Kommission eine prominente Rolle einnahm. Auch lassen sich keine Hinweise darauf finden, dass der federführende Kommissar bei der inhaltlichen Erarbeitung der jeweiligen Vorlagen in enger inhaltlicher Abstimmung mit dem Kommissionspräsident agierte, geschweige denn dieser dem federführenden Kommissar inhaltliche Vorgaben machte (vgl. Kapitel 6.1.).

Gleichzeitig lässt sich anhand der Fallstudien zeigen, dass das Bürokratieszenario (vgl. Kapitel 3.4.), demzufolge ausschließlich die jeweiligen Fachbeamten einer Generaldirektion den Inhalt einer Gesetzesvorlage bestimmen, besitzt für konflikthafte Entscheidungen in der Kommission ebenfalls eine geringe Plausibilität. Der Hauptgrund hierfür ist, dass Kommissare die Vorschläge aus ihrem Zuständigkeitsbereich in Fällen von Konflikt mit anderen Kommissaren oder Generaldirektionen aktiv im internen Entscheidungsprozess verteidigen müssen. Hierfür müssen sie sich die Positionen der Fachbeamten ihrer Generaldirektion oder eines zu Beratungszwecken geschaffenen „Expertengremiums" zu Eigen machen. Dies zeigt beispielsweise die REACH-Fallstudie (Kapitel 7.3.): Die federführenden Kommissare Wallström und Liikanen vertraten ihre jeweiligen Positionen aktiv, um ihre jeweiligen Positionen im Vorschlag wiederzufinden.

Das Argument, dass die Beamten der Generaldirektionen die politische Unterstützung ihres Kommissars brauchen, um eine erfolgreiche politische Initiative zu starten, findet durch die Aussage eines Beamten aus dem „Forward Studies Unit" der Kommission Bestätigung. Auf die Frage „ what do you think are the main factors driving the policy process [innerhalb der Kommission; AW] forward? Do you think it's really new concepts or ideas?" antwortet dieser:

> "No, as I said, there are lots of and lots of ideas. The ideas are all over the place. [...] So, no problem, we go and find an idea. [...] How are you going to do it [eine Vorlage realisieren; AW]? Well, that's a question of political opportunity [...] Does your commissioner want to do it? Does your commissioner have political feel, think she can do that? Very often, I am afraid they will choose things that they reckon they can get quick results on. Something which is going to be a 10-year battle like a tax proposal is less enticing for a commissioner who is going to be here for 5 years."[139]

Gleichzeitig zeigt die Fallstudie zur Übernahmerichtlinie (Kapitel 7.1.), dass Kommissare die ihnen von den Fachbeamten vorgeschlagenen Inhalte nicht unterschiedslos akzeptieren: Bolkestein übernahm nicht alle inhaltlichen Vorschläge des Expertenberichts („Winter-Bericht"), den er nach dem Scheitern seines ersten Richtlinientextes in der dritten Lesung im EP in Auftrag gegebenen hatte. In dem Vorschlag, den er den anderen Kommissaren bei seinem zweiten Anlauf zur Formulierung eines gesamteuropäischen Übernahmerechts zur Annahme vorlegte, klammerte er den entscheidenden Vorschlag der Expertengruppe aus. Dieser sah vor, dass jegliche staatliche Abwehrmaßnahmen von Unternehmensübernahmen untersagt werden. Auf diese Weise sicherte er sich die Zustimmung vor allem der skandinavischen Mitgliedstaaten und Frankreichs.

Mit Blick auf die behaviorale Dimension – das heißt dem sektoralen, parteipolitischen oder nationalen Verhalten der Kommissare – lässt sich auf der Grundlage der in diesem Kapitel durchgeführten Fallstudien festhalten, dass die Kommissare die Interessen ihrer Regierung in den internen Entscheidungsprozess der Europäischen Kommission einbringen. Solches Verhalten lässt sich beispielsweise bei den deutschen Kommissaren Verheugen und Schreyer im Fall der Übernahmerichtlinie beobachten (vgl. Kapitel 7.1.). Dieses Beispiel zeigt gleichzeitig, dass die Interventionsversuche seitens einzelner Kommissare nicht grundsätzlich sektoraler Art: Weder das Verhalten des Erweiterungskommissars Verheugen, noch das der Haushaltskommissarin Schreyer kann durch die sektoralen Interessen der von ihnen jeweils geleiteten Generaldirektionen erklärt werden. Vielmehr ging es beiden Kommissaren darum, negative Konsequenzen eines zukünftigen Übernahmegesetzes für Unternehmen ihres eigenen Landes abzuwehren. Das Verhalten der Kommissare spiegelt somit das „defensive Delegationsziel" der Regierungen bei der Auswahl ihrer Regierungen wider. Das Handeln im Sinne des „defensiven Delegationsziels" zeigt sich auch in Bolkesteins Versuch, die Übernahmerichtlinie nach ihrer "Verwässerung" durch die Regierungen im Rat zurückzuziehen. Bolkestein sah die Richtlinie

---

139 Interview im Zusammenhang des DFG-Forschungsprojekts im Schwerpunktprogramm "Regieren in der Europäischen Union" (SPP 1023) unter der Projektleitung von M. Rainer Lepsius. Das Interview wurde am 27. Januar 2000 durchgeführt.

nach den Änderungen durch die Regierungen ihrer Wirksamkeit beraubt. Für sein Vorhaben, die Richtlinie zurückzuziehen, konnte er jedoch nicht die Mehrheit der Kommissare gewinnen, weil ihm unter anderem die Kommissare der süd- und nordeuropäischen Mitgliedstaaten die Zustimmung hierfür verweigerten (vgl. Kapitel 7.1.).

Einschätzungen darüber, wie häufig Kommissare dementsprechend agieren, ob Kommissare bestimmter Länder stärker dazu neigen als die anderer und ob es hier zu Veränderungen über Zeit kommt, lassen sich aus den Fallstudien nicht ableiten. Die Fallstudien geben keinen Hinweis darauf, dass es bei der Positionierung der Kommissare in den Entscheidungsprozessen der Kommission stabile (Partei- und Mitgliedstaaten-) Koalitionen gibt. Vielmehr organisieren sich die Mehrheiten in der Kommission zu dem jeweiligen Gegenstand. Für den federführenden Kommissar bedeutet dies umgekehrt, dass er nicht mit einer dauerhaften Unterstützung durch Kommissare bestimmter Länder oder Parteiangehörigkeit rechnen kann.

Dass nationales Verhalten seitens der Kommissare kein Einzelfall ist, belegt eine aktuelle Studie von Robert Thomson. In einer quantitativen Analyse von 70 Gesetzgebungsverfahren untersucht dieser Faktoren, die einen Einfluss auf die Positionierung der Kommission in diesen Verfahren haben. Eines seiner zentralen Ergebnisse ist, dass

> „this finding implies that Commissioners' country affiliations are an important guide to their behavior. This contrasts with the view of Commissioners as being insulated from national pressures. However, it is consistent with research which finds that Commissioners' „country role" informs their actions, more so than their party or ideological affiliations (Egeberg 2006)" (Thomson 2008: 188)

Die Fallstudie zu REACH (vgl. Kapitel 7.3.) zeigt, dass Konflikte innerhalb der Kommission von den Auseinandersetzungen zwischen den federführenden Kommissaren dominiert sein können. Die beiden federführenden Kommissare Wallström und Liikanen deckten in ihren Auseinandersetzungen im Zuge der Formulierung der Vorlage die Streitpunkte, die im Rat und im Europäischen Parlament aufgebracht wurden, komplett ab. Für die übrigen Kommissare bestand somit keine Notwendigkeit zur (öffentlich wahrnehmbaren) Intervention, weshalb die Auseinandersetzungen einen sehr stark sektoralen Charakter trugen. Eine solche Konfliktkonstellation im Entscheidungsprozess der Europäischen Kommission ist jedoch nur möglich, wenn sich mehrere Kommissare die Federführung teilen und dadurch ein Vetorecht eines oder mehrerer Kommissare institutionalisiert wird.

Als Fazit lässt sich festhalten, dass die in Kapitel 3.4. formulierten theoretischen Szenarien der Entscheidungsfindung in der Europäischen Kommission ein nützliches analytisches Instrumentarium darstellen, um Erkenntnisse über den prozeduralen Charakter der Entscheidungsprozesse in der Kommission und die inhaltliche Qualität der von den Europäischen Kommissaren vorgelegten Gesetzesentwürfe zu gewinnen. In keiner der drei Fallstudien dieses Kapitels lassen sich Anzeichen dafür finden, dass – zumindest im Fall Romano Prodis – der Kommissionspräsident in den internen Entscheidungsprozessen der Europäischen Kommission über besonderen

Einfluss verfügt. Dasselbe gilt für die Fachbeamten der Generaldirektionen. Zwar sind sie aufgrund ihres Fachwissens von zentraler Bedeutung bei der Formulierung der Gesetzesvorschläge. Allerdings bedeutet dies nicht gleichzeitig, dass die Kommissare den Vorschlägen der Fachbeamten insofern ausgeliefert sind, als dass diese deren Vorschläge – aufgrund von Unwissenheit, Informationsnachteilen oder weil die Kommissare vollständig assimiliert wurden (zu letzterem, vgl. Andeweg 2000) – unverändert, unter Umständen entgegen ihrer eigenen Präferenzen, zu übernehmen gezwungen sind.

Mit Hilfe dieser Erkenntnisse wurden die in Kapitel 3.4. diskutierten theoretischen Aussagen zu den entscheidungsrelevanten Kommissions-Akteuren in der bestehenden Literatur entweder widerlegt oder qualifiziert. Die vorliegende Arbeit hat diese Erkenntnisse für die Europäische Kommission erstmals systematisch theoretisch diskutiert und anschließend empirisch überprüft. Das nächste Kapitel bildet das Schlusskapitel dieser Arbeit. Darin werden die hier entwickelten theoretischen Aussagen und die zur Überprüfung derselben gewonnenen empirischen Ergebnisse zusammengefasst. Im nächsten Kapitel werden die Ergebnisse dieser Arbeit zusammengefasst. Mit Blick auf den aktuellen Stand der EU-Forschung (vgl. Kapitel 2), werden Forschungsfragen skizziert, zu deren Beantwortung die Erkenntnisse der vorliegenden Arbeit einen Beitrag leisten.

8. Schlussbetrachtung und Ausblick

In der Einleitung wurde festgestellt, dass die Europäische Kommission zwar über eine herausgehobene und einflussreiche Rolle in der EU-Politik verfügt. Gleichzeitig wurde festgehalten, dass die europäische Politik zunehmend in direkter Weise das Leben der Bürger in den EU-Mitgliedstaaten mitgestaltet. Unser empirisches Wissen darüber und unser theoretisches Verständnis davon, wie die Kommission ihre herausgehobene Rolle bei der Mitgestaltung der politischen Rahmenbedingungen in den Mitgliedstaaten ausübt, sind jedoch eingeschränkt. Ziel dieser Arbeit war es, einen politikwissenschaftlichen Beitrag zur Verbesserung des Verständnisses davon zu leisten, wie die Europäische Kommission ihre zentrale Rolle in EG-Gesetzgebungsprozessen ausübt. Hierzu wurde die Europäische Kommission entlang zweier analytischer Dimensionen untersucht: Es wurde argumentiert, dass die mitgliedstaatlichen Regierungen entlang der *vertikalen Dimension* ihr institutionelles Recht zur Ernennung von Kommissaren mit dem Ziel nutzen, Kommissare zu ernennen, die ihre Interessen in Entscheidungsprozesse der Europäischen Kommission einbringen. Entlang der *horizontalen Dimension* wurden unter Rückgriff auf die analytischen Instrumente der Vetospieler-Theorie theoretische Entscheidungsszenarien entwickelt, die unterschiedliche Aussagen zur relativen Verteilung des Einflusses in internen Entscheidungsprozessen der Kommission machen. Zur Überprüfung der theoretisch hergeleiteten Hypothesen wurde empirisch untersucht, welche einschlägigen Eigenschaften die zwischen 1958 und 2007 ernannten Europäischen Kommissare aufweisen. Die Kontrollprozesse zwischen den Kommissaren wurden quantitativ anhand aller zwischen September 1999 und Oktober 2004 von den Kommissaren der Prodi-Kommission verabschiedeten Gesetzesvorlagen untersucht. Weitere empirische Untersuchungen zur Erklärungskraft der unterschiedlichen Entscheidungsszenarien wurden in drei Fallstudien durchgeführt.

Im Folgenden werden die zentralen empirischen Ergebnisse dieser Arbeit zusammengefasst und eine Bewertung des in dieser Arbeit entwickelten theoretischen Rahmens vorgenommen. In einem weiteren Schritt werden auf der Grundlage der erarbeiteten Ergebnisse Implikationen für die Europaforschung diskutiert und mögliche, sich an die Arbeit anschließende, Forschungsfragen skizziert.

Zusammenfassung der Ergebnisse der vorliegenden Arbeit

Bei der Auswahl und Ernennung der Kommissare verfolgen die Regierungen der EU-Mitgliedstaaten ein defensives und offensives Selektionsziel (siehe Kapitel 3.3.). Ersteres besagt, dass Regierungen versuchen, Entscheidungen der Kommission zu beeinflussen, um politische und materielle Kosten, die als Folge von EG-Gesetzen entstehen, in ihrer nationalen Arena zu verhindern. Das offensive Selektionsziel hingegen postuliert, dass Regierungen versuchen, ihr jeweiliges nationales Regulierungsregime über EG-Gesetze europaweit verbindlich zu machen. Damit lassen sich die eigenen Anpassungserfordernisse weitestgehend reduzieren und ökonomische Vorteile für die jeweils eigenen, politisch und elektoral bedeutenden, Bezugsgruppen („constituencies") sichern. Aus diesen Überlegungen ergibt sich die Erwartung, dass Regierungen Kommissare mit ähnlichen Präferenzen ernennen, die sich zuvor bereits in politischen Ämtern bewährt haben.

Die empirischen Ergebnisse bestätigen diese Erwartung. Etwas mehr als zwei Drittel aller seit 1958 ernannten Kommissare konnten als *parteiinklusiv* klassifiziert werden. Diese Kommissare sind Mitglied einer Partei, die in der jeweiligen mitgliedstaatlichen Regierung vertreten ist. Die parteiinklusiven Kommissare teilen somit die grundlegenden Politik-Präferenzen ihrer Regierung (Kapitel 5.2.). Kleine Mitgliedstaaten, die lediglich einen Kommissar nominieren dürfen, wählen mit hoher Wahrscheinlichkeit einen Vertreter aus, der Mitglied einer Partei ist, die zum Zeitpunkt der Nominierung in der Regierung vertreten ist. Bei den großen Mitgliedstaaten, die bis zur Ernennung der Barroso-Kommission zwei Kommissare nominieren durften, zeigen sich unterschiedliche Muster: Britische und spanische Regierungen nominierten immer einen Regierungs- und einen Oppositionsvertreter. Französische Regierungen neigten ebenfalls dazu, einen Vertreter einer Partei aufzustellen, die nicht in der Regierung vertreten ist. Deutsche und italienische Regierungen hingegen nominierten nur selten Vertreter der Opposition. Für alle Mitgliedstaaten hingegen galt, dass sie mindestens einen Kommissar nominierten, der ähnliche Policy-Präferenzen hatte wie sie selbst.

Diese Arbeit konnte zeigen, dass sich Veränderungen im Ernennungsverhalten der Regierungen auf die durch die EEA erfolgten Veränderungen zurückführen lassen. Die EEA weitete die Kompetenzen der EG aus, ersetzte in den für den Binnenmarkt einschlägigen Politikbereichen das Einstimmigkeitserfordernis durch (qualifizierte) Mehrheitsentscheidungen und beendete den Luxemburger Kompromiss, der jeder mitgliedstaatlichen Regierung erlaubte, durch ihr Veto das Zustandekommen einer Entscheidung zu verhindern, die „sehr wichtige Interessen" ihres Landes berührten. Die mit der EEA verbundenen Veränderungen stellten für die mitgliedstaatlichen Regierungen starke Anreize dar, zuverlässige politische Verbündete in die Kommission zu ernennen, wodurch sich die aufgrund dieser Vertragsänderungen zu erwartenden politischen und materiellen Kosten eindämmen ließen. Dieses Argument konnte die vorliegende Arbeit dadurch empirisch bestätigen, dass mit der Verabschiedung der EEA Mitte der 1980er Jahre die Ernennung parteiloser Kommissare stark abgenommen hat und seither auf niedrigem Niveau stagniert.

Weiterhin wurde in Kapitel 5.2. untersucht, ob sich die Kommissare in zuvor ausgeübten politischen Ämtern *politische Sichtbarkeit* erworben haben. Die Art und Weise der Ausübung dieser Ämter erlaubt den auswählenden Regierungen, die politische Zuverlässigkeit ihres Kandidaten einzuschätzen. Unter Rückgriff auf diese Informationen können Regierungen das Risiko reduzieren, einen nicht-loyalen Kandidaten auszuwählen, der in den Entscheidungsprozessen der Europäischen Kommission nicht die Interessen seiner Regierung vertritt. Kapitel 5.2. zeigt, dass die Kommissare über eine hohe politische Sichtbarkeit aus zuvor ausgeübten politischen Ämtern verfügen. Gleichzeitig zeigt die Untersuchung, dass die Zahl der Kommissare, die vor Ihrer Ernennung kein politisches Amt ausübten und somit vor ihrer Ernennung politisch unsichtbar waren, vor allem seit Mitte der 1980er Jahre sehr gering ist.

Neben der Auswahl zuverlässiger Kommissare ist für die Mitgliedstaaten die Besetzung der Generaldirektionen und der Dienste der Europäischen Kommission von besonderem Interesse. Deren Zuständigkeiten sind sektoral organisiert und sie stellen für den sie politisch leitenden Kommissar eine unverzichtbare und wertvolle personelle und institutionelle Ressource zur Entwicklung politischer Initiativen im jeweiligen Politikfeld dar. Über die Besetzung der Generaldirektionen und Dienste mit ihrem Kommissar können Regierungen deshalb versuchen, privilegierten Einfluss auf die Politikentwicklung der Europäischen Kommission in diesem Bereich zu nehmen. Die empirischen Analysen nationaler und parteilicher Besetzungsmuster der Generaldirektionen in Kapitel 5.3. zeigen, dass Regierungen bestimmter Länder und unterschiedlicher parteiideologischer Ausrichtung zu einem gewissen Grad in der Lage sind, sich diejenigen Portfolios zu sichern, die für sie besonders attraktiv sind. Die überproportional häufige Besetzung der Generaldirektionen Umwelt, Verbraucherschutz, Regionalpolitik und Entwicklung durch sozialdemokratische Kommissare bestätigt den bereits in anderen Kontexten vermuteten Zusammenhang, dass linke Parteien in der EU-Politik das Ziel verfolgen, die negativen Externalitäten des Binnenmarktes zu begrenzen. Konservative und christdemokratische Kommissare sind nur teilweise in denjenigen Generaldirektionen überproportional häufig vertreten, die primär für die Herstellung und Aufrechterhaltung des EU-Binnenmarktes zuständig sind. Dasselbe gilt für nationale Besetzungskonzentrationen. Zwar tragen Kommissare aus Mitgliedstaaten, die Nettobeitragszahler zum EU-Haushalt sind, überproportional häufig die politische Verantwortung für die ausgabenrelevanten Generaldirektionen. Der Zusammenhang ist jedoch schwächer als erwartet. Eine Ausnahme bildet die GD Haushalt, die auffallend häufig von einem deutschen Kommissar geführt wird.

Die Ergebnisse zur Nominierung und Ernennung Europäischer Kommissare lassen sich folgendermaßen zusammenfassen: Regierungen versuchen, mit zunehmendem Gewicht der EU-Politik verstärkt die Entscheidungen der Kommission in ihrem Interesse zu beeinflussen. Dies geschieht durch die Nominierung von Kommissaren mit ähnlichen Präferenzen, die sich bereits vorher in der politischen Arena bewährt haben. Dieser Zusammenhang verstärkt sich mit der durch die Verabschiedung der EEA 1986 einsetzenden Veränderung der politischen Qualität der EG.

In der Europäischen Kommission haben die so ernannten Kommissare die Möglichkeit, Entscheidungsprozesse zu beeinflussen. Die quantitative Analyse in Kapitel 6 zeigt zunächst, welche Faktoren einen Einfluss darauf haben, dass Kommissare sich gegenseitig kontrollieren, indem sie eine Entscheidung zur kollektiven Verabschiedung im Kollegium der Kommissare behandeln. Die Fallstudien illustrieren dann Aspekte der Rückbindung des Kommissarshandelns an nationale Interessen, die in der quantitativen Analyse unberücksichtigt bleiben mussten. Die Analysen erfolgen auf der analytischen Grundlage von fünf Szenarien zum Entscheiden in der Europäischen Kommission (Kapitel 3.4.). Diese machen jeweils unterschiedliche theoretische Aussagen darüber, welche(r) Akteur(e) über wie viel Einfluss in den Entscheidungsprozessen der Kommission verfügt/verfügen. Die empirische Erklärungskraft dieser Szenarien wird anhand des tatsächlichen Kontrollverhaltens der Kommissare der Prodi-Kommission bei der Verabschiedung aller zwischen September 1999 und Oktober 2004 angenommenen Gesetzesvorlagen getestet.

Die institutionelle Analyse des sechsten Kapitels zeigt, dass die formal-institutionellen Entscheidungsregeln der Europäischen Kommission den federführenden Kommissar mit erheblichem formalem Einflusspotenzial ausstatten. Der Vorschlag des federführenden Kommissars kann vor Abstimmungen im Kollegium der Kommissare nur von ihm selbst oder vom Kommissionspräsidenten ergänzt werden. Dies spricht zunächst für die Geltung des Ressortszenarios, demnach der federführende Kommissar allein über den Inhalt der Gesetzesvorlagen der Kommission in seinem Zuständigkeitsbereich entscheidet, unter Umständen mit einem privilegierten Einfluss des Kommissionspräsidenten. Gleichzeitig benötigt ein Kommissar für die Verabschiedung einer Vorlage die Zustimmung der absoluten Mehrheit der anderen Kommissare. Dieser „Schatten der Abstimmung" schränkt die inhaltliche Gestaltungsfreiheit des federführenden Kommissars in Fällen unterschiedlicher Präferenzen der Kommissare ein. Das Ressortszenario bildet die legislativen Entscheidungsprozesse in der Kommission deshalb unzureichend ab. Dieses empirische Ergebnis widerlegt zahlreiche (implizite oder explizite) Konzeptionalisierungen der Europäischen Kommission in der EU Policy- und Interessengruppenforschung.

Die empirische Analyse der Entscheidungen der Prodi-Kommissare zeigt, dass die Kommissare von ihren institutionellen Kontrollmitteln Gebrauch machen. Im Gegensatz zu administrativen Routineangelegenheiten, die die Kommissare in jeder Kollegiumssitzung behandeln, werden Gesetzesvorlagen nicht routinemäßig im Kollegium der Kommissare behandelt. Bei der Erklärung, welche Gesetzesvorlagen im Kollegium der Kommissare der Kontrolle anderer Kommissare ausgesetzt werden, spielen die für die mitgliedstaatlichen Regierungen potenziell aus einer Entscheidung resultierenden Anpassungskosten eine signifikante Erklärungskraft: Die Kommissare zeigen bei der Verabschiedung von Gesetzesvorlagen aus Politikbereichen, die nicht zum Kernbereich der europäischen Integration zählen, eine stärkere Neigung sich gegenseitig zu kontrollieren als bei Vorlagen aus dem Kernbereich der europäischen Integration. Dieser (strukturelle) Zusammenhang bleibt auch bestehen, wenn man für die Konflikthaftigkeit einer einzelnen Entscheidung kontrolliert.

Die in drei Fallstudien vorgenommenen empirischen Analysen des siebten Kapitels liefern weitere empirische Belege für die empirische Erklärungskraft der fünf Entscheidungsszenarien der Europäischen Kommission. Die Ergebnisse der Fallstudien unterstreichen den Einfluss des federführenden Kommissars auf den Inhalt von Gesetzesvorlagen seines Zuständigkeitsbereichs nicht zuletzt aufgrund der weiter oben diskutierten institutionellen Agendasetzungsmacht des federführenden Kommissars. Zudem bestimmt der federführende Kommissar den Zeitpunkt, zu dem er den anderen Kommissaren den jeweiligen Gesetzesvorschlag zur Annahme vorlegt. Hierdurch ist er in der Lage, ein günstiges öffentliches und politisches Klima abzuwarten, um die Annahmewahrscheinlichkeit für seine Vorlage zu erhöhen. Die Fallstudie zu REACH zeigt, dass die geteilte Federführung im Falle divergierender Präferenzen der beteiligten Kommissare für einen wirksamen Interessenausgleich innerhalb der Kommission sorgt. Gleichzeitig bestätigen die Fallstudien den weiter oben diskutierten indirekten Einfluss derjenigen Kommissare, die nicht direkt in Form (geteilter) Federführung an der Formulierung eines Vorschlags beteiligt sind, durch den „Schatten der Abstimmung". Dieser „Schatten der Abstimmung", der vor allem in der Fallstudie zur Übernahmerichtlinie herausgearbeitet wurde, sorgt dafür, dass das „Ressortszenario" die Formulierung von Gesetzesvorschlägen in der Kommission unzureichend abbildet. Weiterhin zeigt die Fallstudie zu den internen Auseinandersetzungen bei der Formulierung der Übernahmerichtlinie, dass einzelne Kommissare die Verabschiedung einer Vorlage nicht verhindern können. Dies wiederum spricht gegen die Erklärungskraft eines „konsensuellen Kollegiumsszenarios".

Für die empirische Gültigkeit des „Bürokratieszenario", demnach nicht die Kommissare sondern allein die Fachbeamten der jeweiligen Generaldirektion aufgrund ihrer überlegenen Expertise den Inhalt der Gesetzesvorlagen in ihrem Zuständigkeitsbereich bestimmen, liefern die Fallstudien keine empirischen Belege. Die empirische Erklärungskraft der durch das „Bürokratieszenario" vorhergesagten internen Entscheidungsdynamik sowie die daraus zu erwartende Qualität der Gesetzesvorlagen der Europäischen Kommission, ist auf der Grundlage der in dieser Arbeit durchgeführten empirischen Analysen deshalb als gering einzuschätzen. Diese Schlussfolgerung gilt zumindest so lange die Kommissare eine inhaltliche Positionierung zu einer bestimmten Vorlage vornehmen. Haben sie keine Position, scheint es plausibel, dass die Beamten einer Generaldirektion den Inhalt einer Vorlage festlegen. Da sie sich mit einer solchen Vorlage jedoch nicht über den politischen Willen ihres Kommissars hinwegsetzen, können derartige Fälle kaum als bürokratische Herrschaft beschrieben werden. Eine ebenso geringe Plausibilität besitzt das „Präsidialszenario", nach welchem allein der Kommissionspräsident die Politik der Kommission und den Inhalt ihrer Entscheidungen bestimmt. In keiner der im Rahmen der Fallstudien analysierten Quellen finden sich Hinweise darauf, dass Kommissionspräsident Prodi entscheidenden Einfluss auf den Inhalt der jeweiligen Gesetzesvorlagen nahm.

Die Fallstudie zur Übernahmerichtlinie zeigt, dass Kommissare die Interessen ihrer Regierung in den internen Entscheidungsprozess der Europäischen Kommission einbringen. Das Agieren der deutschen Kommissare Verheugen und Schreyer im Vorfeld der Annahme der Vorlage hatte zum Ziel, negative Konsequenzen eines zukünftigen Übernahmegesetzes für Unternehmen ihres Landes abzuwehren. Dasselbe gilt für das Verhalten einer Mehrheit der Kommissare bei Bolkesteins Versuch, die

Richtlinie nach ihrer "Verwässerung" im Rat zurückzuziehen. Das Verhalten der Kommissare entspricht somit dem von den mitgliedstaatlichen Regierungen mit ihrer gezielten Auswahl der Kommissare verfolgten „defensiven Delegationsziel". Einschätzungen darüber, wie häufig Kommissare dementsprechend agieren, ob Kommissare bestimmter Länder stärker dazu neigen als die anderer und ob es hier zu Veränderungen über Zeit kommt, lassen sich allerdings aus den in dieser Arbeit vorgenommenen empirischen Analysen nicht ableiten. Weiterhin geben die Fallstudien keinen Hinweis darauf, dass es bei der Positionierung der Kommissare in den Entscheidungsprozessen der Kommission stabile (Partei- und Mitgliedstaaten-) Koalitionen gibt. Vielmehr organisieren sich die Mehrheiten in der Kommission zu dem jeweiligen Gegenstand. Für den federführenden Kommissar bedeutet dies umgekehrt, dass er nicht mit einer dauerhaften Unterstützung durch Kommissare bestimmter Länder oder Parteiangehörigkeit rechnen kann.

Eine sehr interessante empirische Erkenntnis der Fallstudie zur Dienstleistungsrichtlinie ist der späte Zeitpunkt, zu dem die mitgliedstaatlichen Regierungen ihre ablehnenden Positionen bildeten und schließlich begannen, die Dienstleistungsrichtlinie politisch zu bekämpfen. Die Fallstudie zeigt, dass die politische Initiative zur Dienstleistungsrichtlinie von den mitgliedstaatlichen Regierungen auf dem Europäischen Rat von Lissabon ausging. Im Zuge der Vorbereitung der Dienstleistungsrichtlinie führte die Kommission umfangreiche Konsultationen durch, die von den Regierungen im Rat stets positiv bewertet wurden. Die Kommissare hatten somit im internen Entscheidungsprozess zur Annahme der Gesetzesvorlage keinen Grund, im Interesse ihrer Regierung zu intervenieren. Erst nachdem die Vorlage von der Kommission in den Gesetzgebungsprozess eingebracht wurde, begannen Interessengruppen und Regierungen ihre Bewertung der potenziellen Auswirkungen der Dienstleistungsrichtlinie zu ändern und formierten sich zum Widerstand (Kapitel 7.2.). Es wäre demnach falsch, das Verhalten der Kommissare bei der Annahme der Gesetzesvorlage als Versuch zu werten, sich über die Interessen der Regierungen hinwegzusetzen.

Die Gründe für die späte Positionsbildung seitens der Regierungen und Interessengruppen konnten im Rahmen dieser Arbeit nur grob herausgearbeitet werden. Als ein Grund für diese bietet sich an, dass die Europäische Kommission am Anfang des EU-Politikformulierungszyklus agiert und Informationen zu diesem Zeitpunkt noch nicht umfangreich zur Verfügung stehen. Gleichzeitig zeichnen sich EG-Gesetzgebungsprozesse durch eine erhebliche Komplexität aus, da sie auf der europäischen und in derzeit 27 nationalen Arenen stattfinden. Die Auseinandersetzungen zu einer Gesetzesvorlage finden deshalb, zumindest teilweise, parallel zueinander statt. Zur inhaltlichen Bewertung der Konsequenzen einer Gesetzesvorlage müssen zudem die europäischen und die rechtlichen Bestimmungen des jeweiligen Landes herangezogen werden. Eine politische Auseinandersetzung, in deren Verlauf die politischen Streitpunkte identifiziert werden, wird hierdurch erschwert. Die politökonomischen Konsequenzen der Dienstleistungsrichtlinie wurden nicht zuletzt deshalb so spät erkannt, weil die Reichweite und die sich daraus ergebenden Folgen des „Herkunftslandsprinzips" zunächst unterschätzt worden waren. Diese dem politischen System der EU aufgrund seiner institutionellen Architektur inhärente Problematik könnte als „strukturelle Kontrollproblematik" beschrieben werden.

Abschließend ist zu den Analysen der Entscheidungsprozesse in der Kommission festzuhalten, dass sich die formulierten Entscheidungsszenarien (Kapitel 3.4.) als nützliches analytisches Instrumentarium bewährt haben. Zentrales Ergebnis der Analysen ist, dass sich der federführende Kommissar bei der Festlegung des Inhalts von Vorschlägen in seinem Bereich zwar in einer privilegierten Position befindet. Seine inhaltliche Gestaltungsfreiheit ist jedoch durch den „Schatten der Abstimmung" eingeschränkt. Wie weitgehend der federführende Kommissar seine Präferenzen durch seinen Vorschlag realisieren kann, hängt deshalb letztlich von den Präferenzen der anderen Kommissare ab. Mit Blick auf die offensiven und defensiven Selektionsmotive der Regierungen folgt daraus, dass der federführende Kommissar in seinem Bereich zwar „offensiv" agieren kann, um einen Vorschlag zu formulieren, der den Interessen seiner Regierung entspricht. Bei der Verabschiedung wird er gegebenenfalls jedoch inhaltliche Zugeständnisse machen müssen, um die Zustimmung der anderen Kommissare zu erhalten. In Form der Drohung ihre Zustimmung zu einem Vorschlag zu verweigern, verfügen die nicht an der Federführung beteiligten Kommissare primär über die Möglichkeit, „defensiv" zu agieren, um auf diese Weise die Kosten von EG-Gesetzen für ihre Regierungen zu reduzieren. Für „offensives" Agieren fehlt ihnen die Möglichkeit, aktiv auf die Formulierung des Inhalts einer Vorlage Einfluss zu nehmen.

Implikationen für die existierende Literatur und Ausblick auf zukünftige Forschung

Aus den Ergebnissen der vorliegenden Arbeit ergeben sich mehrere Ergänzungen oder Revisionen der existierenden Literatur: Die Analyse der Ernennung Europäischer Kommissare weckt starke Zweifel an der in der EG-Gesetzgebungsliteratur dominanten Konzeptionalisierung der Europäischen Kommission als pro-integrationistischem Präferenzaußenseiter (vgl. Kapitel 2.3.). Da die Regierungen ihre institutionellen Rechte bei der Besetzung der Europäischen Kommission zur Ernennung politisch Vertrauter nutzen, ist die Europäische Kommission keinesfalls als von den Regierungen unabhängiger Akteur zu betrachten. Dies gilt vor allem seit der mit der Verabschiedung der EEA einsetzenden schrittweisen Veränderung der politischen Qualität der EG. Diese führte dazu, dass die Ernennung parteiloser Kommissare auf ein anhaltend niedriges Niveau sank. Damit besitzt insbesondere die in Teilen der Literatur prominente Konzeptualisierung Europäischer Kommissare als unabhängige Technokraten, zumindest für die letzten beiden Jahrzehnte, geringe empirische Plausibilität. Aus der engen politischen Verbindung zwischen den Regierungen und ihren Kommissaren sollte gleichzeitig jedoch nicht geschlossen werden, dass die Kommission als Akteur vollständig von den Mitgliedstaaten kontrolliert ist, stets im Interesse aller Mitgliedstaaten agiert und niemals die Interessen einer mitgliedstaatlichen Regierungen verletzt. Eine solche intergouvernementalistische Lesart der Europäischen Kommission wäre irreführend, da sie die Folgen der Dynamik von Entscheidungsprozessen in der Europäischen Kommission unberücksichtigt lässt. Es ist deshalb angebracht, die Europäische Kommission als kollektiven Akteur zu konzeptualisieren; trotz wiederholter Einwände gegen die unitarische Konzeptionalisierung der Europäischen Kommission (Cram 1994) blieb diese Forderung in der Literatur bislang weitgehend unberücksichtigt (vgl. ebenso Hartlapp 2008).

In der vorliegenden Arbeit haben sich die theoretischen Konzepte der vergleichenden Politikwissenschaft als sinnvolle Instrumente zur theoretischen Konzeptionalisierung und Analyse der Europäischen Kommission bewährt. Die regelmäßig hervorgebrachte Forderung (Hix 1994; 2005), vergleichende Theorien zur Analyse der politischen Prozesse in der EU zu verwenden, wird deshalb an dieser Stelle aufgegriffen. Nachdem die Kommission auf diese Weise aus den Höhen des technokratischen und supranationalen Exzeptionalismus in die Niederungen der normalen Politik des weitgehend integrierten europäischen Mehrebenensystems zurückgeholt wurde, stellt sich erneut die Frage, welchen Beitrag diese Institution zur Dynamik von EU-Entscheidungsprozessen leistet. Die Fallstudien zeigten bereits, dass die Kommission keineswegs stets als politischer Entrepreneur auftritt, der durch das stetige Vorschlagen neuer Gesetze versucht, seine Kompetenzen und seinen Einflussbereich auszuweiten. Sowohl in der Gesetzgebung zur neuen EU-Chemikalienpolitik (REACH) als auch im Falle der Dienstleistungsrichtlinie wurde die Kommission erst tätig, nachdem sie von den Regierungen hierzu aufgefordert wurde. In diesem Zusammenhang wäre es interessant, die innerstaatlichen Prozesse zu untersuchen, im Rahmen derer die Regierungen ihr Vorgehen in der EG-Gesetzgebung in ihrer jeweiligen nationalen Arena organisieren. Erkenntnisse über die Positionsbildung in den Mitgliedstaaten (Schneider und Baltz 2004) könnten beispielsweise Aufschluss darüber geben, warum, wie im Falle der Dienstleistungsrichtlinie, politischer Widerstand gegen eine Maßnahme der Europäischen Kommission sehr spät einsetzt. Solches Wissen könnte unter Umständen Aufschluss über Gründe für das oben diskutierte „strukturelle Kontrollproblematik" geben. Darüber hinaus wären solche Untersuchungen in der Lage, Erkenntnisse darüber zu gewinnen, unter welchen Bedingungen Mitgliedstaaten in der Lage sind, ihre eigenen Regulierungsregime über die EG-Gesetzgebung europaweit zu exportieren.

Eine Erweiterung der bislang vorliegenden theoretischen und empirischen Arbeiten zu den Mechanismen und der Dynamik der EG-Gesetzgebung, die auf der Grundlage der Ergebnisse dieser Arbeit sinnvoll und attraktiv erscheint, besteht in der expliziten und komplementären Berücksichtigung sowohl intra- als auch interinstitutioneller Prozesse des Entscheidens in und zwischen den Institutionen der EU. Die komplementäre Berücksichtigung intra- und inter-institutioneller Entscheidungsmechanismen sollte neue Möglichkeiten eröffnen, systematische Aussagen über die teilweise konfligierenden Interessen der politischen Akteure in den unterschiedlichen EG-Gesetzgebungsinstitutionen sowie die zwischen den Akteuren unterschiedlicher Institutionen bestehenden politischen Verbindungen und Koalitionen herzuleiten, die dann in einem weiteren Schritt empirisch überprüft werden können. Eine solche Analyseperspektive scheint ein vielversprechender Weg, um zu einem besseren Verständnis von Entscheidungsdynamiken und der substanziellen Qualität von Entscheidungen in der EU zu gelangen (vgl. Hörl *et al.* 2005).

Bei der Suche nach politischen Faktoren, die einen systematischem Einfluss auf die intra- und interinstitutionelle Dynamik in EG-Gesetzgebungsprozessen hat, kommt Parteien eine relativ hohe theoretische à priori Plausibilität zu. Zahlreiche empirische Arbeiten zeigen, dass nationale Parteien die Europäische Integration und spezifische EU-Politikinhalte systematisch in ihr ideologisches Profil integrieren (Hix 1999a; Hooghe *et al.* 2002; Marks und Wilson 2000; Pennings 2006, Manow et al. 2008). Liesbet Hooghe und ihre Ko-Autoren zeigen, dass die Positionierungen von Parteien unterschiedlicher Mitgliedstaaten aber derselben Parteifamilie in EU-Fragen kohäsiver sind, als die Positionierung von Parteien desselben Landes aber aus unterschiedlichen Parteifamilien (2002). Hieraus könnte man die Erwartung ableiten, dass sich in der EG-Gesetzgebung über Institutionen hinweg stabile transnationale Parteikoalitionen bilden, um gemeinsame Interessen in der EG-Gesetzgebung durchzusetzen (Hörl *et al.* 2005: 596-598; Lindberg *et al.* im Erscheinen). Für die Kommission finden sich in der hier vorgelegten Arbeit allerdings keine empirischen Hinweise darauf, dass transnationale Parteikoalitionen zwischen den Kommissaren selbst, sowie diesen und den Abgeordneten, die Dynamik der EG-Gesetzgebung maßgeblich beeinflussen. Auf der Basis der hier vorgestellten Ergebnisse scheint die EG-Gesetzgebung stärker durch Koalitionen von Akteuren aus Ländern mit ähnlichen Regulierungsregimen und ähnlichen polit-ökonomischen Interessen geprägt zu sein. Demnach scheinen die elektoral wichtigen Bezugsgruppen („constituencies") nationaler Parteien einen maßgeblichen Einfluss darauf zu haben), wie sich deren Vertreter in EG-Gesetzgebungsprozessen verhalten (vgl. Hörl et al. 2005: 597; Callaghan und Höpner 2005; Callaghan 2007). Weitere Arbeiten, die theoretische Überlegungen dazu anstellen, welche Faktoren und Bedingungen die Positionen und das Handeln nationaler Akteure in EU-Entscheidungsprozessen beeinflussen, sind notwendig, um in darauf aufbauenden empirischen Untersuchungen nicht nur zu einem besseren Verständnis des politischen Wettbewerbs in EU-Entscheidungsprozessen zu gelangen; sondern auch, um unsere Erkenntnisse über die Qualität der Ergebnisse von EG-Gesetzgebungsverfahren und die Qualität der Repräsentation gesellschaftlicher Interessen in legislativen Entscheidungsprozessen im EU-Mehrebenensystem (Wonka und Warntjen 2004) zu konsolidieren und zu erweitern. Angesichts des zunehmenden Gewichts der EU-Politik für das Lebens- und Arbeitsbedingungen in den EU-Mitgliedstaaten ist es auch normativ geboten, die Qualität der Interessenrepräsentation in der EU stärker in den Blick zu nehmen. Diese Arbeit stellt einen kleinen theoretischen und empirischen Beitrag zu einem spezifischen Aspekt des großen und sehr spannenden Forschungsgebietes der EG-Gesetzgebung dar. Angesichts der Dynamik, die diesen Forschungsbereich in den letzten Jahren gekennzeichnet hat, können wir uns auf weitere, sehr spannende Diskussionen in der Zukunft freuen!

9. Bibliographie

9.1. Wissenschaftliche Literatur

Aldrich, John H. (1995). *Why Parties? The Origin and Transformation of Political Parties in America*. Chicago: The University of Chicago Press.

Alter, Karen (1998). Who Are the "Masters of the Treaty"?: European Governments and the European Court of Justice. In: *International Organization,* 52(1), S. 121-147.

Andeweg, Rudy B. (2000). Ministers as double agents? The delegation process between cabinet and ministers. In: *European Journal of Political Research,* 37, S. 377-395.

Armstrong, Kenneth A. und Bulmer, Simon J. (1998). *The governance of the Single European Market*. Manchester: Manchester University Press.

Aspinwall, Mark D. und Schneider, Gerald (2000). Same menu, separate tables: The institutionalist turn in political science and the study of European integration. In: *European Journal of Political Research,* 38(1), S. 1-36.

Auel, Katrin und Benz, Arthur (2005). The Politics of Adaptation: The Europeanisation of National Parliamentary Systems. In: *Journal of Legislative Studies,* 11(3/4), S. 372-393.

Baron, David und Ferejohn, John (1989). Bargaining in Legislatures. In: *American Political Science Review,* 83(4), S. 1181-1206.

Bendor, Jonathan; Glazer, Amihai und Hammond, Thomas (2001). Theories of Delegation. In: *Annual Review of Political Science,* 4, S. 235-269.

Bergman, Torbjörn (1997). National parliaments and EU Affairs Committees: notes on empirical variation and competing explanations. In: *Journal of European Public Policy,* 4(3), S. 373-387.

Bergman, Torbjörn; Müller, Wolfgang C.; Strøm, Kaare und Blomgren, Magnus (2003). Democratic Delegation and Accountability: Cross-national Patterns. In: Strøm, Kaare; Müller, Wolfgang C. und Bergman, Torbjörn (Eds.) *Delegation and Accountability Parliamentary Democracy*. Oxford: Oxford University Press, S. 109-220.

Beyers, Jan (2002). Gaining and seeking access: the European adaptation of domestic interest associations. In: *European Journal of Political Research,* 41, S. 585-612.

Beyers, Jan (2004). Voice and Access. Political Practices of European Interest Associations. In: *European Union Politics,* 5(2), S. 211-240.

Beyers, Jan und Dierickx, Guido (1998). The Working Groups of the Council of the European Union: Supranational or Intergovernmental Negotiations? In: *Journal of Common Market Studies,* 36(3), S. 289-317.

Beyers, Jan und Kerremans, Bart (2004). Bureaucrats, Politicians, And Societal Interests. How is European Policy Making Politicized? In: *Comparative Political Studies,* 37(10), S. 1119-1149.

Blondel, Jean und Müller-Rommel, Ferdinand (Eds.) (1993). *Governing Together. The Extent and Limits of Joint Decision-Making in Western European Cabinets*. Houndmills: St. Martin's Press.

Börzel, Tanja (2005). Mind the gap! European integration between level and scope. In: *Journal of European Public Policy,* 12(2), S. 217-236.

Bouwen, Pieter (2004). Exchanging access goods for access: A comparative study of business lobbying in the European Union institutions. In: *European Journal of Political Research*, 43, S. 337-369.

Brehm, John und Gates, Scott (1997). *Working, Shirking, and Sabotage. Bureaucratic Response to a Democratic Public*. Ann Arbor: The University of Michigan Press.

Broscheid, Andreas und Gschwend, Thomas (2003). Augäpfel, Murmeltiere und Bayes: Zur Auswertung stochastischer Daten aus Vollerhebungen. *MPIfG Working Paper 03/7*, Max-Planck-Institut für Gesellschaftsforschung, Köln.

Brunn, Gerhard (2002). *Die Europäische Einigung von 1945 bis heute*. Ditzingen: Reclam.

Budge, Ian und Keman, Hans (1990). *Parties and Democracy. Coalition Formation and Government Functioning in Twenty States*. Oxford: Oxford University Press.

Burns, Charlotte (2004). Codecision and the European Commission: a study of declining influence? In: *Journal Of European Public Policy*, 11(1), S. 1-18.

Callaghan, Helen (2007). Insiders, Outsiders and the Politics of Corporate Governance. How Ownership Shape Party Positions in Britain, Germany and France. *MPIfG Discussion Paper 07/9*, Max-Planck-Institut für Gesellschaftsforschung, Köln.

Callaghan, Helen und Höpner, Martin (2005). European Integration and the Clash of Capitalisms: Political Cleavages over Takeover Liberalization. In: *Comparative European Politics*, 3(3), 307-332.

Carrubba, Clifford; Gabel, Matthew; Murrah, Lacey; Clough, Ryan; Montgomery, Elizabeth und Schambach, Rebecca (2006). Off the Record: Unrecorded Legislative Votes, Selection Bias and Roll-Call Vote Analysis. In: *British Journal of Political Science*, 36(4), S. 691-704.

Carrubba, Clifford J. (1997). Net Financial Transfers in the European Union: Who Gets What and Why? In: *Journal of Politics*, 59(2), S. 469-496.

Cockfield, Lord (1994). *The European Union. Creating the Single Market*. London: Wiley Chancery Law.

Corbett, Richard; Jacobs, Francis und Shackelton, Michael (2000). *The European Parliament*. London: JohnHarper.

Cram, Laura (1994). The European Commission as a Multi-Organization: Social Policy and IT Policy in the EU. In: *Journal of European Public Policy*, 1(2), S. 195-217.

Cram, Laura (1997). *Policy-making in the EU*. London: Routledge.

Crombez, Christophe (1997). Policy Making and Commission Appointment in the European Union. In: *Außenwirtschaft*, 52(I/II), S. 63-82.

Crombez, Christophe (2000). Policy Making and Commission Appointment in the European Union. In: Moser, Peter; Schneider, Gerald und Kirchgässner, Gebhard (Eds.) *Decision rules in the European Union: a rational choice perspective*. Houndmills: MacMillan Press Ltd, S. 48-71.

Crombez, Christophe; Groseclose, Tim und Krehbiel, Keith (2006). Gatekeeping. In: *The Journal of Politics*, 68(2), S. 322-334.

De Bièvre, Dirk (2007). Falsification in Theory-Guided Empirical Social Research: How to Change a Tire while Riding Your Bicylce. In: Gschwend, Thomas und Schimmelfenning, Frank (Eds.) *Research Design in Political Science: How to Practice what they Preach?* Basingstoke: Palgrave, S 203-215.

Donelley, Martin und Ritchie, Ella (1997). The College of Commissioners and their Cabinets. In: Edwards, Geoffrey und Spence, David (Eds.) *The European Commission*. London: Cartermill Publishing, S. 33-67.

Döring, Herbert (2005). Worauf gründet sich die Agenda-Setzer-Macht der Regierung? Theoretische und vergleichende Perspektiven auf den deutschen Fall. In: Ganghof, Steffen und Manow, Philip (Hrsg.) *Mechanismen der Politik. Strategische Interaktion im deutschen Regierungssystem.* Frankfurt: Campus Verlag,

Döring, Holger (2007). The Composition of the College of Commissioners: Patterns of Delegation. In: *European Union Politics*, 8(2), S. 209-230.

Druckman, James N. und Warwick, Paul V. (2005). The missing piece: Measuring portfolio salience in Western European parliamentary democracies. In: *European Journal of Political Research*, 44, S. 17-42.

Duchêne, Fracois (1994). Jean Monnet. The First Statesman of Interdependence. New York: W. W. Norton & Company.

Dunleavy, Patrick (1991). *Democracy, Bureaucracy and Public Choice. Economic Explanations in Political Science.* New York: Harvester Wheatsheaf.

Dunleavy, Patrick und Rhodes, R.A.W. (1990). Core Executive Studies in Britain. In: *Public Administration*, 68, S. 3-28.

Egeberg, Morten (2006). Executive politics as usual: role behaviour and conflict dimensions in the College of European Commissioners. In: *Journal Of European Public Policy*, 13(1), S. 1-15.

Eilfort, Michael (2000). Die Parteien der Mitte/UDF. In: Ruß, Sabine; Schild, Joachim; Schmidt, Jochen und Stephan, Ina (Hrsg.) *Parteien in Frankreich. Kontinuität und Wandel in der V. Republik.* Opladen: Leske + Budrich, S. 173-195.

Eising, Rainer (2004). Multilevel Governance and Business Interests in the European Union. In: *Governance: An International Journal of Policy and Administration,* 17(2), S. 211-245.

Elgström, Ole; Bjurulf, Bo; Johansson, Jonas und Sannerstedt, Anders (2001). Coalitions in European Union Negotiations. In: *Scandinavian Political Studies,* 24(2), S. 111-128.

Faas, Thorsten (2003). To defect or not to defect? National, insitutional and party group pressures on MEPs, and their consequences for party group cohesion in the European Parliament. In: *European Journal of Political Research,* 42, S. 841-866.

Franchino, Fabio (2000). Control of the Commission's Executive Functions. In: *European Union Politics,* 1(1), S. 155-81.

Franchino, Fabio (2002). Efficiency or credibility? Testing the two logics of delegation to the European Commission. In: *Journal of European Public Policy,* 9(5), S. 677-694.

Gabel, Matthew und Carrubba, Cliffford (2004). The European Parliament and Transnational Political Representation: Party Groups and Political Conflict. In: *Europäische Politik,* (03).

Gabel, Matthew und Hix, Simon (2002). The European Parliament and executive politics in the EU: voting behaviour and the Commission President investiture procedure. In: Hosli, Madeleine O.; Van Deemen, Adrian M.A. und Widgrén, Mika (Eds.) *Institutional Challenges in the European Union.* London: Routledge, S. 22-47.

Galloway, David (2001). *The Treaty of Nice and Beyond. Realities and Illusions of Power in the EU.* Sheffield: Sheffield Academic Press.

Ganghof, Steffen (2005). Kausale Perspektiven in der Vergleichenden Politikwissenschaft - x-zentrierte und y-zentrierte Forschungsdesigns. In: Minkenberg, Michael und Kropp, Sabine (Hrsg.) *Vergleichen in der Politikwissenschaft.* Wiesbaden: VS Verlag für Sozialwissenschaften, S. 76-93.

George, Alexander L und Bennett, Andrew (2005). *Case Studies and Theory Development in the Social Sciences.* Cambridge, Massachusetts: MIT Press.

Gerring, John (2004). What is a Case Study and What is it Good for? In: *American Political Science Review,* 98(2), S. 341-354.

Gillingham, John (2003). *European Integration 1950-2003. Superstate or Market Economy?* Cambridge: Cambridge University Press.

Golub, Jonathan (1999). In the Shadow of the Vote? Decision Making in the European Community. In: *International Organization,* 53, S. 733-764.

Grande, Edgar (1996). The state and interest groups in a framework of multi-level decision-making: the case of the European Union. In: *Journal of European Public Policy*, 3(3), S. 318-338.

Haas, Ernst B. (1968). *The Uniting of Europe.* Stanford: Stanford University Press.

Hagemann, Sara (2006). Decision-making in the European Union's Council of Ministers. Unveröffentlichte Phd Thesis, Department of Government, London School of Economics and Political Science, London.

Hall, Peter A. und Taylor, Rosemary C. R. (1996). Political Science and the Three New Institutionalisms. In: *Political Studies,* XLIV, S. 936 - 957.

Hartlapp, Miriam (2008). Intra-Kommissionsdynamik im Policy-Making: EU-Politiken angesichts des demographischen Wandels. In: Tömmel, Ingeborg (Hrsg.) *Die Europäische Union. Governance und Policy-Making,* PVS – Politische Vierteljahresschrift Sonderheft 40/2008. Wiesbaden: VS Verlag für Sozialwissenschaften, S. 139-160.

Héritier, Adrienne; Knill, Christoph und Mingers, Susanne (1996). Ringing the Changes in Europe. Regulatory Competition and the Redefinition of the State. Britain, France, Germany. Berlin: De Gruyter.

Hinich, Melvin C. und Munger, Michael C (1997). *Analytical Politics.* Cambridge: Cambridge University Press.

Hix (1994). The Study of the European Community: The Challenge to Comparative Politics. In: *West European Politics*, 17(1), S. 1-30.

Hix, Simon (1999a). Dimensions and Alignments in European Union Politics: Cognitive Restraints and Partisan Responses. In: *European Journal of Political Research,* 35(2), S. 69-106.

Hix, Simon (1999b). *The Political System of the European Union.* Houndsmill: MacMillan.

Hix, Simon (2002). Parliamentary Behavior with Two Principals: Preferences, Parties and Voting in the European Parliament. In: *American Journal of Political Science,* 46(3), S. 688-698.

Hix, Simon (2004). Electoral Institutions and Legislative Behavior. Explaining Voting Defection in the European Parliament. In: *World Politics,* 56, S. 194-223.

Hix, Simon (2005). *The Political System of the European Union.* Houndmills: MacMillan.

Hix, Simon; Kreppel, Amie und Noury, Abdul (2003). The Party System in the European Parliament: Collusive or Competitive? In: *Journal of Common Market Studies,* 41(2), S. 309-331.

Hix, Simon und Lord, Christopher (1997). *Political Parties in the European Union.* Houndmills: Macmillan.

Hix, Simon; Noury, Abdul und Roland, Gerard (2005). Power to the Parties: Cohesion and Competition in the European Parliament 1979-2001. In: *British Journal of Political Science,* 35(2), S. 209-234.

Hix, Simon; Noury, Abdul und Roland, Gerard (2007). *Democratic Politics in the European Parliament.* Cambridge: Cambridge University Press.

Hix, Simon; Raunio, Tapio und Scully, Roger (2003). Fifty Years on: Research on the European Parliament. In: *Journal of Common Market Studies,* 41(2), S. 191-202.

Hoffmann, Stanley (1966). Obstinate or obsolete? The fate of the nation-state and the case of Western Europe. In: *Daedalus*, 95, S. 862-914.

Holzhacker, Ronald (2002). National Parliamentary Scrutiny over EU Issues. Comparing the Goals and Methods of Governing and Opposition Parties. In: *European Union Politics*, 3(4), S. 459-479.

Holzinger, Katharina und Knill, Christoph (2005). Causes and conditions of cross-national policy convergence. In: *Journal of European Public Policy*, 12(5), S. 775-796.

Hooghe, Liesbet (1999a). Images of Europe: Orientations to European Integration among Senior Officials of the Commission. In: *British Journal of Political Science*, 29, S. 345-367.

Hooghe, Liesbet (1999b). Supranational Activists or Intergovernmental Agents? Explaining the Orientations of Senior Commission Officials Toward European Integration. In: *Comparative Political Studies*, 32(4), S. 435-463.

Hooghe, Liesbet (2005). Several Roads Lead to International Norms, but Few Via International Socialization: A Case Study of the European Commission. In: *International Organization*, 59, S. 861-898.

Hooghe, Liesbet; Marks, Gary und Wilson, Carole J (2002). Does Left/Right Structure Party Positions on European Integration. In: *Comparative Political Studies*, 35(8), S. 965-989.

Hörl, Björn; Warntjen, Andreas und Wonka, Arndt (2005). Built on Quicksand? A Decade of Procedural Spatial Models on EU Legislative Decision-Making. In: *Journal Of European Public Policy*, 12(3), S. 592-606.

Huber, John und Shipan, Charles (2002). *Deliberate Discretion - The Institutional Foundations of Bureaucratic Autonomy*. Cambridge: Cambridge University Press.

Hug, Simon (2003). Endogenous Preferences and Delegation in the European Union. In: *Comparative Political Studies*, 36(1/2), S. 41-74.

Jun, Hae-Won und Hix, Simon (2004) Blunt Instruments: The European Parliament's Investiture and Censure of the EU Commission. Paper, präsentiert auf der Konferenz: Principal-Agent and the Study of the European Union, Birkbeck College, University of London, London.

Jupille, Joseph (2004). *Procedural Politics: issues, influence and institutional choice in the European Union*. Cambridge: Cambridge University Press.

Kaeding, Michael und Selck, Thorsten (2005). Mapping Out the Political Europe: Coalition Patterns in EU Decision-Making. In: *International Political Science Review*, 26(3), S. 271-290.

Kiewiet, Roderick D. und McCubbins, Mathew D. (1991). *The Logic of Delegation. Congressional Parties and the Appropriations Process*. Chicago: The University of Chicago Press.

King, Gary; Keohane, Robert O. und Verba, Sidney (1994). *Designing Social Inquiry*. Princeton: Princeton University Press.

Kohler-Koch, Beate (1996). Catching up with change: the transformation of governance in the European Union. In: *Journal of European Public Policy*, 3(3), S. 359-80.

König, Thomas (1996). The constitutional development of European Integration. In: *Journal of Theoretical Politics*, 8, S. 553-559.

König, Thomas (2004) Controlling the Guardian? A Principal-Agent Analysis of Commissioners and Member States in the Process of European Legislation, unveröffentlichtes Manuskript.

König, Thomas; Lindberg, Björn; Lechner, Sandra und Pohlmeier, Winfried (2007). Bicameral Conflict Resolution in the European Union. An Empirical Analysis of Conciliation Committee Bargains. In: *British Journal of Political Science*, 37(2), S. 281-312.

Koole, Ruud und Katz, Richard S (2000). Political Data in 1999. In: *European Journal of Political Research*, 38(3/4), S. 303-359.

Koole, Ruud und Katz, Richard S. (2001). Political Data Yearbook 2001. In: *European Journal of Political Research*, 40(3/4), S. 232-457.

Krause, Kim Carolin (2005). Lobbying in der Gemeinsamen Europäischen Agrarpolitik einer erweiterten EU-25: Theorie und empirische Messung. Unveröffentlichte Doktorarbeit, Universität Kiel, Kiel.

Kreppel, Amie (2002). *The European Parliament and Supranational Party System - A study in Institutional Development*. Cambridge: Cambridge University Press.

Larsson, Torbjörn (2003). Precooking in the European Union - The World of Expert Groups. Stockholm: ESO, Fritzes Offentliga Publikationer.

Laver, Michael und Shepsle, Kenneth (1996). *Making and Breaking Governments*. Cambridge: Cambridge University Press.

Laver, Michael und Shepsle, Kenneth A. (Eds.) (1994). *Cabinet Ministers and Parliamentary Government*. Cambridge: Cambridge University Press.

Liao, Tim Futing (1994). *Interpreting probability models: logit, probit and other generalized linear models*. Thousand Oaks: Sage.

Lieberman, Evan S. (2005). Nested Analysis as a Mixed-Method Strategy for Comparative Research. In: *American Political Science Review*, 99(3), S. 435-452.

Lindberg, Björn (2008). Fit for European Democracy? Party Discipline in the European Parliament. Unveröffentlichte Phd Thesis, Department of Government, Uppsala University, Uppsala.

Lindberg, Björn; Rasmussen, Anne und Warntjen, Andreas (im Erscheinen). Party politics as usual? The role of political parties in the EU legislative decision-making process. In: *Journal of European Public Policy*, 15(8).

Long, Scott J (1997). *Regression Models for Categorical and Limited Dependent Variables*. Thousand Oaks: SAGE Publications.

Lupia, Arthur (2003). Delegation and its Perils. In: Strøm, Kaare; Müller, Wolfgang C. und Bergman, Torbjörn (Eds.) *Delegation and Accountability in Parliamentary Democracies*. Oxford: Oxford University Press, S. 33-54.

Lupia, Arthur und McCubbins, Mathew D. (1998). *The Democratic Dilemma. Can Citizens Learn What They Need To Know?* Cambridge: Cambridge University Press.

Lupia, Arthur und McCubbins, Mathew D. (2000). Representation or abdication? How citizens use institutions to help delegation succeed. In: *European Journal of Political Research*, 37, S. 291-307.

Mahoney, James und Goertz, Gary (2004). The Possibility Principle: Choosing Negative Cases in Comparative Research. In: *American Political Science Review*, 98(4), S. 653-669.

Manow, Philip; Schäfer, Armin und Zorn, Hendrik (2008). Europe's party-political centre of gravity, 1957-2003. In: *Journal of European Public Policy*, 15(1), 20-39.

Majone, Giandomenico (Ed.) (1996). *Regulating Europe*. London: Routledge.

Majone, Giandomenico (2001). Two Logics of Delegation. Agency and Fiduciary Relations in EU Governance. In: *European Union Politics*, 2(1), S. 103-122.

March, James G. und Olsen, Johan P. (1984). The New Institutionalism: Organizational Factors in Political Life. In: *American Political Science Review*, 78, S. 734 - 749.

Marks, Gary (2004). Conclusion: European integration and political conflict. In: Marks, Gary und Steenbergen, Marco R (Eds.) *European Integration and Political Conflict.* Cambridge: Cambridge University Press, S. 235-259.

Marks, Gary und Wilson, Carole (2000). The Past in the Present: A Cleavage Theory of Party Response to European Integration. In: *British Journal of Political Science,* 30(3), S. 433-59.

Marks, Gary; Hooghe, Liesbet und Blank, Kermit (1996). European Integration from the 1980s: State-Centric v. Multi-level Governance. In: *Journal of Common Market Studies,* 34(3), S. 341-378.

Marks, Gary und Steenbergen, Marco R. (2002). Understanding Political Contestation in the European Union. In: *Comparative Political Studies,* 35(8), S. 879-892.

Marks, Gary und Steenbergen, Marco R. (Eds.) (2004). *European Integration and Political Conflict.* Cambridge: Cambridge University Press.

Mattila, Mikko (2002) Fiscal Redistribution in the European Union and the Enlargement, im Internet veröffentlichtes Mansuskript: http://www.valt.helsinki.fi/staff/mmattila/ euredist/redist.pdf (heruntergeladen am 23. Juni 2006).

Mattila, Mikko (2004). Contested decisions: Empirical analysis of voting in the European Union Council of Ministers. In: *European Journal of Political Research,* 43, S. 29-50.

Mattila, Mikko und Lane, Jan-Erik (2001). Why Unanimity in the Council? A Roll Call Analysis of Council Voting. In: *European Union Politics,* 2(1), S. 31-52.

Maurer, Andreas (2002). *Parlamentarische Demokratie in der Europäischen Union.* Baden-Baden: Nomos.

McCubbins, Mathew D.; Noll, Roger G. und Weingast, Barry R. (1987). Administrative Procedures as Instruments of Political Control. In: *Journal of Law, Economics, and Organization,* 3(2), S. 243-277.

McCubbins, Mathew D. und Schwartz, Thomas (1984). Congressional Oversight Overlooked: Police Patrols versus Fire Alarms. In: *American Journal of Political Science,* 28(1), S. 165-179.

McElroy, Gail (2006). Committee Representation in the European Parliament. In: *European Union Politics*, 7(1), S. 5-29.

McKelvey, Richard (1976). Intransitivities in Multidimensional Voting Systems and some Implications for Agenda Control. In: *Journal of Economic Theory,* 12, S. 472-82.

Menard, Scott (2002). *Applied Logistic Regression Analysis.* Thousand Oaks: SAGE Publications.

Miller, Bernhard (2007). Making Measures Capture Concepts: Tools for Securing Correspondence between Theoretical Ideas and Observations. In: Gschwend, Thomas und Schimmelfenning, Frank (Eds.) *How to practice what they preach: Research Design in Political Science Research.* Houndmills: Palgrave, S. 83-102.

Miller, Gary J. (2005). The Political Evolution of Principal-Agent Models. In: *Annual Review of Political Science,* 8, S. 203-225.

Moe, Terry (1990). The Politics of Structural Choice: Toward a Theory of Public Bureaucracy. In: Williamson, Oliver E (Eds.) *Organization Theory. From Chester Barnard to the Present and Beyond.* Oxford: Oxford University Press, S. 116-153.

Monnet, Jean (1988). *Erinnerungen eines Europäers.* London: Collins.

Moravcsik, Andrew (1998). *The Choice for Europe: Social Purpose and State Power from Messina to Maastricht.* Ithaca: Cornell University Press.

Moser, Peter (1996). The European Parliament as a Conditional Agenda-Setter: What are the Conditions? A Critique of Tsebelis (1994). In: *American Political Science Review,* 90(4), S. 834-838.

Müller, Wolfgang C. und Strøm, Kaare (1999a). Conclusions: Party Behavior and Representative Democracy. In: Müller, Wolfgang C. und Strøm, Kaare (Eds.) *Policy, Office, or Votes? How Political Parties in Western Europe Make Hard Decisions.* Cambridge: Cambridge University Press,

Müller, Wolfgang C. und Strøm, Kaare (1999b). *Policy, Office or Vote? How political parties in Western Europe make hard decisions.* Cambridge: Cambridge University Press.

Müller, Wolfgang C. und Strøm, Kaare (Eds.) (2003). *Coalition Governments in Western Europe.* Oxford: Oxford University Press.

Müller, Wolfgang C. (2000). Political Parties in parliamentary democracies: Making delegation and accountability work. In: *European Journal of Political Research,* 37, S. 309-333.

Nickel, Dietmar (2005). Das Europäische Parlament als rekrutierendes Organ - unter besonderer Berücksichtigung der Einsetzung der Kommission. In: Maurer, Andreas und Nickel, Dietmar (Hrsg.) *Das Europäische Parlament. Supranationalität, Repräsentation und Legitimation.* Baden-Baden: Nomos, S. 65-92.

Niskanen, William A (1971). *Bureaucracy and Representative Government.* Chicage: Aldine Atherton Inc.

Nugent, Neill (2001). *The European Commission.* Houndmills: Palgrave.

Nugent, Neill (2003). *The Government and Politics of the European Union.* Houndmills: Macmillan Press Ltd.

Olson, Mancur (1965). *The Logic of Collective Action.* Cambridge: Harvard University Press.

Pappi, Franz Urban und Henning, Christian H. C. A. (1999). The organization of influence on the EC's common agricultural policy: A network approach. In: *European Journal of Political Research,* 36, S. 257-281.

Petite, Michel (2000). The IGC and the European Commission. In: Best, Edward; Gray, Mark und Stubb, Alexander (Ed.) *Rethinking the European Union. IGC 2000 and Beyond.* Maastricht: European Institute of Public Adminstration,

Pennings, Paul (2006). An Empirical Analysis of the Europeanization of National Party Manifestos, 1960-2003. In: *European Union Politics,* 7(2), S. 257-270.

Pollack, Mark A. (1997). Delegation, Agency, and Agenda Setting in the European Community. In: *International Organization,* 51(1), S. 99-134.

Pollack, Mark A. (2003). *The Engines of Integration. Delegation, Agency and Agenda Setting in the EU.* Oxford: Oxford University Press.

Rasmussen, Anne (2003). The Role of the European Commission in Co-Decision - A strategic facilitator operating in a situation of structural disadvantage. In: *European Integration online Papers,* 7(10).

Ringe, Nils (2005). Policy Preference Formation in Legislative Politics: Structures, Actors, and Focal Points. In: *American Journal of Political Science,* 49(4), S. 731-745.

Rittberger, Berthold (2001). Which Institutions for Post-War Europe? Explaining the Institutional Design of Europe's First Community. In: *Journal Of European Public Policy,* 8(5), S. 673-708.

Rittberger, Berthold (2005). *Building Europe's parliament : democratic representation beyond the nation-state.* Oxford: Oxford University Press.

Rittberger, Berthold (2006). "No integration with representation!" European integration, parliamentary democracy, and two forgotten Communities. In: *Journal Of European Public Policy,* 13(8).

Romer, Thomas und Rosenthal, Howard (1978). Political Resource Allocation, Controlled Agendas, and the Status Quo. In: *Public Choice,* 33, S. 27-44.

Ross, George (1995). *Jacques Delors and European Integration.* Oxford: Polity Press.

Sartori, Giovanni (2005). *Parties and Party Systems.* Essex: ECPR Press.

Scharpf, Fritz (2000). *Interaktionsformen: akteurzentrierter Institutionalismus in der Politikforschung.* Opladen: Leske & Budrich.

Scharpf, Fritz W (1999). *Regieren in Europa. Effektiv und demokratisch?* Frankfurt: Campus Verlag.

Schmedes, Hans-Jörg (2008). *Wirtschafts- und Verbraucherschutzverbände im Mehrebenensystem. Lobbyingaktivitäten britischer, deutscher und europäischer Verbände.* Wiesbaden: VS Verlag für Sozialwissenschaften.

Schmidt, Susanne K. (1998). *Liberalisierung in Europa. Die Rolle der Europäischen Kommission.* Frankfurt: Campus Verlag.

Schmidt, Susanne K. (2000). Only an Agenda Setter? The European Commission's Power over the Council of Ministers. In: *European Union Politics,* 1(1), S. 37-61.

Schmidt, Susanne K. (2001). A constrained Commission: informal practices of agenda-setting in the Council. In: Schneider, Gerald und Aspinwall, Mark (Eds.) *The rules of integration. Institutionalist approaches to the study of Europe.* Manchester: Manchester University Press, S. 125-151.

Schneider, Gerald und Baltz, Konstantin (2004). Specialization pays off. Interest Group Influence on EU Pre-negotiations in four Member States. In: Warntjen, Andreas und Wonka, Arndt (Eds.) *Governance in Europe. The role of interest groups.* Baden-Baden: Nomos, S. 130-147.

Schulz, Heiner und König, Thomas (2000). Institutional Reform and Decision-Making Efficiency in the European Union. In: *American Journal of Political Science,* 44(4), S. 653-666.

Shepsle, Kenneth (1979). Institutional Arrangements and Equilibrium in Multidimensional Voting Models. In: *American Journal of Political Science,* 23(1), S. 27-59.

Sieberer, Ulrich (2006). Agenda Setting in the German Bundestag: A Weak Government in a Consensus Democracy. In: *German Politics,* 15(1), S. 49-72.

Sieberer, Ulrich (2007). Selecting Independent Variables: Competing Recommendations for Factor-Centric and Outcome-Centric Research Designs. In: Gschwend, Thomas und Schimmelfenning, Frank (Eds.) *Research Design in Political Science: How to Practive what they Preach?* Basingstoke: Palgrave, 163-182.

Sophokles (2000). *Antigone.* Stuttgart: Reclam.

Stone Sweet, Alec und Sandholtz, Wayne (1997). European Integration and Supranational Governance. In: *Journal of European Public Policy,* 4(3), S. 297-317.

Strøm, Kaare (2000). Delegation and accountability in parliamentary democracies. In: *European Journal of Political Research,* 37, S. 261-289.

Strøm, Kaare und Müller, Wolfgang C. (1999). Political Parties and Hard Choices. In: Müller, Wolfgang C. und Strøm, Kaare (Eds.) *Policy, Office, or Votes? How Political Parties in Western Europe Make Hard Decisions.* Cambridge: Cambridge University Press, S. 1-35.

Strøm, Kaare; Müller, Wolfgang C. und Bergman, Torbjörn (2003a). Challenges to Parliamentary Democracy. In: Strøm, Kaare; Müller, Wolfgang C. und Bergman, Torbjörn (Eds.) *Delegation and Accountability in Parliamentary Democracies.* Oxford: Oxford University Press, S. 707-750.

Strøm, Kaare; Müller, Wolfgang C. und Bergman, Torbjörn (2003b). *Delegation and Accountability Parliamentary Democracy.* Oxford: Oxford University Press.

Tallberg, Jonas (2003). The agenda-shaping powers of the EU Council Presidency. In: *Journal of European Public Policy,* 10(1), S. 1-19.

Thiem, Janina (2006) Explaining Roll Call Vote Request in the European Parliament. *Working Paper Nr. 90*, Mannheimer Zentrum für Europäische Sozialforschung, Mannheim.

Thomson, Robert (2008). National Actors in International Organizations: the Case of the European Commission. In: *Comparative Political Studies*, 41(2), S. 169-192.

Thomson, Robert; Boerefijn, Jovanka und Stokman, Frans (2004). Actor alignments in European Union decision making. In: *European Journal of Political Research*, 43, S. 237-261.

Thomson, Robert; Stokman, Frans N.; Achen, Christopher H und König, Thomas (Eds.) (2006). *The European Union Decides. Testing Theories of European Decision-Making*. Cambridge: Cambridge University Press.

Trenz, Hans-Jörg (2005). *Europa in den Medien. Die europäische Integration im Spiegel nationaler Öffentlichkeit*. Frankfurt/Main: Campus.

Tsebelis, George (1994). The Power of the European Parliament as a Conditional Agenda-Setter. In: *American Political Science Review*, 88(1), S. 128-142.

Tsebelis, George (2002). *Veto Players. How Political Institutions work*. Princeton: Princeton University Press.

Tsebelis, George und Garrett, Geoffrey (2000). Legislative Politics in the European Union. In: *European Union Politics*, 1(1), S. 9-36.

Tsebelis, George und Garrett, Geoffrey (2001). The Institutional Foundations of Intergovernmentalism and Supranationalism in the European Union. In: *International Organization*, 55(2), S. 357-390.

Tsebelis, George; Jensen, Christian B; Kalandrakis, Anastassios und Kreppel, Amie (2001). Legislative Procedures in the European Union: An Empirical Analysis. In: *British Journal of Political Science*, 31, S. 573-599.

Tsebelis, George und Kreppel, Amie (1998). The history of conditional agenda-setting in European institutions. In: *European Journal of Political Research*, 33, S. 41-71.

Vaubel, Roland (2004). Federation with Majority Decisions: Economic Lessons from the History of the United States, Germany and the European Union. In: *Economic Affairs*, 24(December 2004), S. 53-59.

Vogel, David (1997). Trading up and governing across: transnational governance and environmental protection. In: *Journal of European Public Policy*, 4(4), S. 556-571.

Warntjen, Andreas (2007). Through the Needles Eye. The Council Presidency and Legislative Decision-Making in the European Union. Unveröffentlichte Phd Thesis, Department of Government, London School of Economics and Political Science, London.

Weber, Max (1972). *Wirtschaft und Gesellschaft. Grundriß der Verstehenden Soziologie*. Tübingen: Mohr Siebeck.

Weiler, Joseph (1981). The Community System: the Dual Character of Supranationalism. In: *Yearbook of European Law*, 1, S. 267-306.

Williamson, Oliver E. (1996). *Transaktionskostenökonomik*. Hamburg: Lit.

Woll, Cornelia (2006). The road to external representation: the European Commission's activism in international air transport. In: *Journal of European Public Policy*, 13(1), S. 52-69.

Wonka, Arndt (2003). Nationale Interessengruppen in der EU-Interessenvermittlung. Eine empirische Fallstudie zum Vergleich der europäischen Lobbyingstrategien deutscher und britischer Unternehmensverbände. Unveröffentlichte Magisterarbeit, Universität Konstanz, Konstanz.

Wonka, Arndt (2004). Delegation and Abdication? The Appointment of European Commissioners and Its Policy Implications. *Working Paper Nr. 84*, Mannheimer Zentrum für Europäische Sozialforschung, Mannheim.

Wonka, Arndt (2007a). Concept Specification in Social Science Research. In: Gschwend, Thomas und Schimmelfenning, Frank (Eds.) *Research Design in Political Science Research. How to Practice What They Preach.*. Houndmills: Palgrave, S. 51-61.

Wonka, Arndt (2007b). Technocratic and independent? The Appointment of European Commissioners and its Policy Implications. In: *Journal of European Public Policy,* 14(2).

Wonka, Arndt und Warntjen, Andreas (2004). The Making of Public Policies in the European Union: Linking Theories of Formal Decision-making and Informal Interest Intermediation. In: Warntjen, Andreas und Wonka, Arndt (Eds.) *Governance in Europe. The role of interest groups.* Baden-Baden: Nomos, S. 9-24.

Yataganas, Xenophon A (2001) The Jean Monnet Program, Harvard Law School, Cambridge, MA.

Zimmer, Christina; Schneider, Gerald und Dobbins, Michael (2005). The Contested Council: Conflict Dimensions of an Intergovernmental EU Institution. In: *Political Studies,* 53, S. 403-422.

9.2. Offizielle Dokumente

Kommission der Europäischen Gemeinschaften (1985). „Weißbuch der Kommission an den Europäischen Rat. Zur Vollendung des Binnenmarktes" (KOM(1985)310).

Kommission der Europäischen Gemeinschaften (1995). „Vorschlag für eine dreizehnte Richtlinie des Europäischen Parlaments und des Rates auf dem Gebiet des Gesellschaftsrechts über Übernahmeangebote" (KOM(1995)655).

Kommission der Europäischen Gemeinschaften (1998). „Arbeitsdokument der Kommission - Bericht über die Durchführung der Richtlinie 67/548/EWG zur Angleichung der Rechts- und Verwaltungsvorschriften für die Einstufung, Verpackung und Kennzeichnung gefährlicher Stoffe, Richtlinie 88/379/EWG zur Angleichung der Rechts- und Verwaltungsvorschriften für die Einstufung, Verpackung und Kennzeichnung gefährlicher Zubereitungen, Verordnung (EWG) 793/93 zur Bewertung und Kontrolle der Umweltrisiken chemischer Altstoffe und Richtlinie 76/769/EWG zur Angleichung der Rechts- und Verwaltungsvorschriften der Mitgliedstaaten für Beschränkungen des Inverkehrbringens und der Verwendung gewisser gefährlicher Stoffe und Zubereitungen" SEC(1998)1986.

Kommission der Europäischen Gemeinschaften (2000). „Mitteilung der Kommission an den Rat und an das Europäische Parlament. Eine Binnenmarktstrategie für den Dienstleistungssektor" (KOM(2000)888).

Kommission der Europäischen Gemeinschaften (2001a). „Weissbuch: Strategie für eine zukünftige Chemikalienpolitik" (KOM(2001)88).

Kommission der Europäischen Gemeinschaften (2001b). „Zwischenbericht der Kommission an den Europäischen Rat von Stockholm: Verbesserung und Vereinfachung der Rahmenbedingungen für die Rechtsetzung" (KOM(2001)130).

Kommission der Europäischen Gemeinschaften (2002a). „Bericht der Kommission an den Rat und das Europäische Parlament: Der Stand des Binnenmarktes für Dienstleistungen. Bericht im Rahmen der ersten Stufe der Binnenmarktstrategie für den Dienstleistungssektor" (KOM(2002)441).

Kommission der Europäischen Gemeinschaften (2002b). „Vorschlag für eine Richtlinie des Europäischen Parlaments und des Rates betreffend Übernahmeangebote" (KOM(2002)534).

Kommission der Europäischen Gemeinschaften (2002c). „Protokoll der Kommissionssitzung vom 2. Oktober 2002" PV(2002)1583 final.

Kommission der Europäischen Gemeinschaften (2003a). „Mitteilung der Kommission an den Rat, das Europäische Parlament, den Europäischen Wirtschafts- und Sozialausschuss und den Ausschuss der Regionen: Binnenmarktstrategie - Vorrangige Aufgaben 2003 2006" (KOM(2003)238).

Kommission der Europäischen Gemeinschaften (2003b). „Vorschlag für eine Verordnung des Europäischen Parlaments und des Rates zur Registrierung, Bewertung, Zulassung und Beschränkung chemischer Stoffe (Reach), zur Schaffung einer Europäischen Agentur für chemische Stoffe sowie zur Änderung der Richtlinie 1999/45/EG und der Verordnung (EG) über persistente organische Schadstoffe" (KOM(2003)644-1).

Kommission der Europäischen Gemeinschaften (2004a). „Vorschlag für eine Richtlinie des Europäischen Parlaments und des Rates über Dienstleistungen im Binnenmarkt" (KOM(2004)2).

Kommission der Europäischen Gemeinschaften (2004b). „Protokoll der Kommissionssitzung vom 21. Januar 2004" PV(2004)1641.

Rat der Europäischen Union (1998). Tagung des Rates – UMWELT – Brüssel, den 20.-21. Dezember 1998, PRES/98/453, 2153.

Rat der Europäischen Union (1999). Tagung des Rates – UMWELT – Luxemburg, den 24. und 25. Juni 1999, 9406/99 (Presse 203).

Rat der Europäischen Union (2001). 2347. Tagung des Rates – ENERGIE/INDUSTRIE – am 14. – 15. Mail 2001 in Brüssel, PRES/01/181.

Rat der Europäischen Union (2002). 2462. Tagung des Rates Wettbewerbsfähigkeit (Binnenmarkt, Industrie und Forschung) am 14. November 2002 in Brüssel, PRES/02/344.

Rat der Europäischen Union (2003a). 2490. Tagung des Rates – Wettbewerbsfähigkeit am 3. März 2003 in Brüssel, PRES/03/59.

Rat der Europäischen Union (2003b). 2510. Tagung des Rates – Wettbewerbsfähigkeit (Binnenmarkt, Industrie und Forschung) – Brüssel, den 19. Mai 2003, PRES/03/140.

Rat der Europäischen Union (2003c). 2525. Tagung des Rates – Wettbewerbsfähigkeit - - Binnenmarkt, Industrie und Forschung am 22. September 2003 in Brüssel, PRES/03/259.

Rat der Europäischen Union (2003d). 2539. Tagung des Rates – Wettbewerbsfähigkeit - - Binnenmarkt, Industrie und Forschung – am 10. November 2003 in Brüssel, PRES/03/316.

Rat der Europäischen Union (2003e). 2556. Sitzung des Rates – Umwelt – am 22. Dezember 2003 in Brüssel, PRES/03/376.

Rat der Europäischen Union (2004). 2624. Tagung des Rates Wettbewerbsfähigkeit (Binnenmarkt, Industrie und Forschung) Brüssel, den 25. und 26. November 2004, PRES/04/323.

9.3. Andere Quellen

Economist U.S. Edition (2003a). Overreach. 19. Juli 2003.

Economist U.S. Edition (2003b). Less toxic. 1. November 2003.

EUObserver (2006). EU services law hammered out despite last-minute row. 30.Mai 2005.

Financial Times London (2003a). Brussels fights to save takeovers directive. 16. Mai 2003, S. 6.

Financial Times London (2003b). Brussels chemicals plan fails to sway critics. 30. Oktober 2003, S. 9.

Financial Times London (2003c). EU reaches takeover code compromise. 28. November 2003, S. 1.

Financial Times London (2003d). Watered-down EU takeover directive is a missed opportunity for open markets. 20. Dezember 2003, S. 20.

Finanical Times London (2004). Chemicals controls: The new Commission could be the catalyst for compromise. 4. Oktober 2004, 18.

Financial Times London (2005). Backing for EU services plan. Brussels study rejects big states' fears. 8. Februar 2005, S. 1.

Frankfurter Allgemeine Zeitung (2001a). Wallström fordert ein neues System im Umgang mit Chemie. 13. Februar 2001, S. 30.

Frankfurter Allgemeine Zeitung (2001b). Jürgen Trittin wirbt für schärfere Überprüfung von Chemikalien. 19. März 2001, S. 19.

Frankfurter Allgemeine Zeitung (2002a). EU weicht Übernahmerichtlinie auf. 20. Juni 2002, S. 13.

Frankfurter Allgemeine Zeitung (2002b). Übernahmerecht entzweit Brüssel und Berlin. 30. September 2002, S. 13.

Frankfurter Allgemeine Zeitung (2003a). Unternehmen machen Front gegen EU-Chemiegesetz. Furcht vor zu aufwendigen Zulassungsverfahren. 23. September 2003., S. 23.

Frankfurter Allgemeine Zeitung (2003b). Chemieagentur erhält Beschwerdekammer. EU-Stoffpolitik greift Forderungen der Wirtschaft auf. 30. September 2003, S. 19.

Frankfurter Allgemeine Zeitung (2003c). EU zwingt Chemie zur Zentralüberwachung. 30. Oktober 2003, S. 11.

Frankfurter Allgemeine Zeitung (2003d). Übernahmerichtlinie endgültig gebilligt. 23. Dezember 2003, S. 12.

Frankfurter Allgemeine Zeitung (2004a). Rückzieher im Streit über VW-Gesetz. EU-Kommission verschiebt das Verfahren auf unbestimmte Zeit. 28. Januar 2004, S. 11.

Frankfurter Allgemeine Zeitung (2004b). DGB: Inhaltliche Annäherung fehlt. 31. März 2004, S. 4.

Frankfurter Allgemeine Zeitung (2004c). Bundesregierung bremst Öffnung der Dienstleistungsmärkte. Wirtschaftsministerium und Bauindustrie fürchten um das Entsendegesetz. 6. April 2004, S. 19.

Frankfurter Allgemeine Zeitung (2005a). Dienstleistungsrichtlinie spaltet die Wirtschaft. Verbände geben Bundeskanzler Schröder Korrekturwünsche nach Brüssel mit. 14. Februar 2005, S. 11.

Frankfurter Allgemeine Zeitung (2005b). Kommissar für Chemie-Zugeständnisse. Dimas: Votum des Europaparlaments zu Reach ausgeglichen. 19. November 2005, S. 12.

Frankfurter Allgemeine Zeitung (2005c). EU kommt Chemiebranche entgegen. Verordnung über Chemikalien wird abgeschwächt. 14. Dezember 2005, S. 11.

Frankfurter Allgemeine Zeitung (2006a). Die Sozialdemokratisierung der EU. 13. Februar 2006, S. 1.

Frankfurter Allgemeine Zeitung (2006b). Massenproteste gegen Dienstleistungsrichtlinie. 15. Februar 2006, S. 2.

Frankfurter Allgemeine Zeitung (2006c). Kommission will Gesundheitsmärkte öffnen. 22. Februar 2006, S. 1.

Frankfurter Allgemeine Zeitung (2006d). Neuer Streit über EU-Richtlinie für Dienstleistungen. 11. März 2006, S. 1.

Frankfurter Allgemeine Zeitung (2006e). EU-Wirtschaftsminister uneinig. Neue Mitglieder fordern eine liberalere Dienstleistungsrichtlinie. 24. April 2006, S. 13.

Süddeutsche Zeitung (2003). Angriff auf die grauen Zellen. Sie laden zum Essen, kommen zum Gespräch und mobilisieren Experten – um das neue Chemikalien-Recht tobt die härteste Schlaft aller Zeiten. 9. Dezember 2003, S. 3.

10. Anhang

10.1. Anhang 1: Kodierplan Datensatz Europäische Kommissare

Nr.	Variable	Ausprägung	Anmerkung
1	Kommissar	1. u. 2. Ziffer = Kommission (1-12) 3., 4. u. 5. Ziffer = laufende Nummerierung	
2	Land	1 = Deutschland 2 = UK 3 = Frankreich 4 = Italien 5 = Spanien 6 = Belgien 7 = Niederlande 8 = Luxemburg 9 = Portugal 10 = Österreich 11 = Schweden 12 = Dänemark 13 = Finnland 14 = Irland 15 = Griechenland *16 = Polen* *17 = Tschechien* *18 = Ungarn* *19 = Slowakei* *20 = Letland* *21 = Estland* *22 = Litauen* *23 = Slowenien* *24 = Zypern* *25 = Malta* -1 = Missing	
3	Funktion	1 = Präsident 2 = Vize-Präsident	

		3 = Kommissar	
4	Zugehörigkeit Partei(familie) Kommissar	1 = Konservativ 2 = Christdemokraten 3 = Sozialist 4 = Liberal 5 = Grüne 6 = Parteilos -1 = Missing	
5	MS-Regierung	1 = Koalition 2 = Alleinregierung -1 = Missing	
6	Politische Färbung Regierung (-skoalition)	1 = (Mitte-) Rechts 2 = (Mitte-) Links 3 = Große Koalition 4 = Allparteienregierung -1 = Missing	
7	Parteiliche Inklusivität Kommissar/Regierung	1 = Partei des Kommissars in Reg. vertreten 2 = Partei d. Kommissars nicht in Reg. vertr. 3 = Kommissar parteilos/nicht einschlägig -1 = Missing	
	Portfolio 1 (Federführung)	1 = Ausswärtige Beziehungen 2 = Ökon./Finanz. Angelegenheiten 3 = Industrie 4 = Wettbewerb 5 = Beschäftigung/Industriebez./Soziales 6 = Agrar 7 = Transport 8 = Entwicklung 9 = Personal/Verwaltung 10 = Info/Kommunik/Kultur/Audio 11 = Umwelt /Nuklearsicherheit/Zivilschutz 12 = Wissenschaft/Forschung-Entwickl.	

8	Portfolio 1 (Federführung)	13 = Tekom/Infomarkt/ Forschungsnutzung 14 = Fischerei 15 = Binnenmarkt 16 = Regionalpolitik/Kohäsion 17 = Energie 18 = Budget 19 = Finanzkontrolle 20 = Besteuerung/Zollunion 21 = Bildung/Ausbildung/Jugend 22 = Unternehmen/Absatzwirtschaft/Touris. 23 = Verbraucherschutz 24 = Jur. Dienst 25 = Amt für Öffentlichkeitsarbeit 26 = Generalsekretariat 27 = [Sozialfonds] 28 = [Entwicklngshilfe] 29 = [Amt für Versorgung] 30 = [Sicherheit] 31= [Handel] 32 = [Gem. Forschungszentrum] 33 = [Erweiterung] 34 = [Euratom] 35 = [Andere: Agencies, Währung, Instit. ...] 36 = [Justiz und Inneres] 37 = [Kredit/Investitionen] -1 = Missing	
9	Portfolio 2	s. Variable 8	
10	Portfolio 3	s. Variable 8	
11	Portfolio 4	s. Variable 8	
12	Portfolio 5	s. Variable 8	
		1 = Minister (Exekutive) 2 = Regierungschef 3 = Abgeordneter 4 = Partei 5 = Diplomat	

13	Letzter Job vor der jeweiligen Kommission	6 = Staatssekretär/Berater Kabinett 7 = Bürokratie (allgemein) 8 = Wirtschaft 9 = Wissenschaft 10 = Justiz 11 = Internationale Organisationen 12 = Euratom/ECSC 13 = Interessengruppe 14 = Kommissar 15 = Andere 16 = Gewerkschaft -1 = Missing	
14	Job vorher (Exekutive)	1 = Minister nationale Ebene 2 = Minister regionale Ebene 3 = nein -1 = Missing	Minister +
15	Dauer Job(s) Exekutive	[1…n] -1 = Missing	
16	Eigenschaft Job(s) Exekutive vorher (t0- 1)	1 = Innenminister 2 = Außenminister 3 = Finanzminister 4 = Verteidigungsminister 5 = Justizminister 6 = Wirtschaftsminister 7 = Landwirtschaftsminister 8 = Andere -1 = Missing	
17	Eigenschaft Job(s) Exekutive vorher (t0 −2)	[1-6], s. Variable 16 -1 = Missing	
18	Eigenschaft Job(s) Exekutive vorher (t0 −3)	[1-6], s. Variable 16 -1 = Missing	
19	Eigenschaft Job(s) Exekutive vorher (t0 −4)	[1-6], s. Variable 16 -1 = Missing	
20	Eigenschaft Job(s) Exekutive vorher (t0 −5)	[1-6], s. Variable 16 -1 = Missing	
21	Job vorher (Regierungschef)	1 = ja 3 = nein -1 = Missing	
22	Dauer Regierungschef	[1...n] -1 = Missing	

23	Job vorher (Legislative, national)	1 = Nationales Parlament 3 = nein -1 = Missing	Abgeordneter
24	Dauer Job Legislative national	[1…n] -1 = Missing	
25	Job vorher (Legislative, EU)	1 = Europäisches Parlament 3 = nein -1 = Missing	
26	Dauer Job Legislative EU	[1...n] -1 = Missing	
27	Job vorher (Partei)	1 = Parteivorsitzender (oder Vize) 2 = Generalsekretär 3 = nein -1 = Missing	
28	Dauer Job vorher Partei	[1...n] -1 = Missing	
29	Job vorher (Bürokratie)	1 = Nationale Bürokratie 2 = Europäische Bürokratie 3 = nein -1 = Missing	Diplomat, Staatssekretär, Berater Min.
30	Dauer Job vorher Bürokratie	[1...n] -1 = Missing	
31	Job vorher (Kommission)	1 = ja 3 = nein -1 = Missing	
32	Dauer Job vorher Kommission	[1...n] -1 = Missing	
33	Job vorher (Andere)	1 = Wirtschaft 2 = Wissenschaft 4 = Justiz 5 = Internationale Organisationen 6 = Euratom/ECSC 7 = Interessengruppe 8 = Gewerkschaft 3 = nein -1 = Missing	Manager
34	Job vorher: k. A.	1 = Non Missing -1 = Missing	

35	Job direkt im Anschluss an Kommission	1 = Minister (Exekutive) 2 = Regierungschef 3 = Abgeordneter 4 = Partei 5 = Diplomat 6 = Staatssekretär 7 = Bürokratie (allgemein) 8 = Wirtschaft 9 = Wissenschaft 10 = Justiz 11 = Internationale Organisationen 12 = Euratom/ECSC 13 = Interessengruppe 14 = Kommissar 15 = Andere -1 = Missing	
36	Job nachher (Exekutive)	1 = Minister nationale Ebene 2 = Minister regionale Ebene 3 = nein -1 = Missing	Minister +
37	Dauer	[1...n] -1 = Missing	
38	Eigenschaft Job(s) Exekutive nachher (t0 +1)	1 = Innenminister 2 = Außenminister 3 = Finanzminister 4 = Verteidigungsminister 5 = Justizminister 6 = Wirtschaftsminister 7 = Landwirtschaftsminister 8 = Andere -1 = Missing	
39	Eigenschaft Job(s) Exekutive nachher (t0 +2)	[1-6], s. Variable 38 -1 = Missing	
40	Eigenschaft Job(s) Exekutive nachher (t0 +3)	[1-6], s. Variable 38 -1 = Missing	
41	Eigenschaft Job(s) Exekutive nachher (t0 +4)	[1-6], s. Variable 38 -1 = Missing	
42	Eigenschaft Job(s) Exekutive nachher (t0 +5)	[1-6], s. Variable 38 -1 = Missing	

43	Job nachher Regierungs-chef	1 = ja 3 = nein -1 = Missing	
44	Dauer Job nachher Regie-rungschef	[1...n] -1 = Missing	
45	Job nachher (Legislative, national)	1 = Nationales Parlament 3 = nein -1 = Missing	Abgeordneter
46	Dauer Job nachher Legis-lative	[1...n] -1 = Missing	
47	Job nachher (Legislative, EU)	1 = EU Parlament 3 = nein -1 = Missing	
48	Dauer Job nachher (Legis-lative, EU)	[1...n] -1 = Missing	
49	Job nachher (Partei)	1 = Parteivorsitzender 2 = Generalsekretär 3 = nein -1 = Missing	
50	Dauer Job nachher (Partei)	[1...n] -1 = Missing	
51	Job nachher (Bürokratie)	1 = Nationale Behörde 2 = Europäische Behörde 3 = nein -1 = Missing	Diplomat, Staatssekretär, Berater Min.
52	Dauer Job nachher (Büro-kratie)	[1...n] -1 = Missing	
53	Job nachher (Kommissi-on)	1 = ja 3 = nein -1 = Missing	
54	Job nachher (Andere)	1 = Wirtschaft 2 = Wissenschaft 4= Justiz 5 = Internationale Organisatio-nen 6 = Euratom/ESCS 7 = Interessengrup-pe/Organisationen 8 = Gewerkschaft 3 = nein -1 = Missing	Manager

55	Kein Job nachher (Rente/Memoiren/Tod)	1 = ja 3 = nein -1 = Missing	
56	Job nachher: k.A.	1 = Non Missing -1 = Missing	
57	Amtszeit Kommission	1 = Erste Amtszeit 2 = Zweite Amtszeit 3 = Dritte Amtszeit 4 = Vierte Amtszeit 5 = Fünfte Amtszeit	
58	Anzahl Kommissare/ delegierende Regierung	[1...n] -1 = Missing	
59	Kandidatenstatus	1= Originalkandidat 2= Ersatz	
60	Alter des Kommissars beim Amtsantritt der Kommission	n = Alter -1 = Missing	

10.2.   Anhang 2: Kodierplan Datensatz Tagesordnungen „Kollegium der Kommissare"

Nr.	Variable	Ausprägung	Anmerkung
1	Sitzung	Laufende Tagesordnungsnummer	
2	Jahr	X – 2004	
3	Anzahl A- Punkte	1 – n	
4	Anzahl B-Punkte	1 – n	
5	Anzahl C-Punkte	1 – n	
6	Entscheidung 1	1 = Agenda 2(1) = Weekly „Chef de Cabinet"-Meeting 2(2) = «Special Chef de Cabinet"-Meeting 2(3) = "Information Chef de Cabinet" Meeting 3 = Approval of minutes 4 = Admin./budgetary matters 5(1) = Parliament: Part session 5(2) = Parliament: Action EP Op	

| 6 | Entscheidung 1 | 5(3) = EP Affairs Group
6(1) = COREPER: Part session
6(2) = COREPER: Opinion Action Council
6(3) = COREPER: Council Affairs Group
6(4) = Council Meeting
6(5) = Intergovernmental Conference
7(1) = Monitoring EU law: general
7(2) = Monitoring EU law: state aid
7(3) = Monitoring EU law: Infringement
8(1) = Written Procedure
8(2) = Empowerment Procedure
8(3) = Delegation of powers
9 = Green or White Paper
10 = Ext. Rel./Rel. with non EU members
11 = Communication
12 = (Policy) Proposal, Decision
13 = Report (schriftlich)/Commission opinion
14 = Staff Paper
15 = Andere
16 = Report (mündlich)
17 = Coordination of Commission policies
18 = Regulation (directly applicable)
19(1) = Notes from the Legal Service (COM)
19(2) = Notes from the Legal Service (Council) | |
| 7 | Formale Kennung E1 | 1 = OJ
2 = COM
3 = SEC
4 = C | |

7	Formale Kennung E1	5 = PV 6 = SI 7 = SP -1 = Missing	
8	Zuständigkeit/ Politikfeld	1 = Beschäftigung/Soziales 2 = Bildung/Kultur 3 = Binnenmarkt 4 = Energie 5 = Fischerei 6 = Forschung 7 = Gesund- heit/Verbraucherschutz 8 = Informationsgesellschaft 9 = Justiz/Inneres 10 = Landwirtschaft 11 = Regionalpolitik 12 = Steuern/Zollunion 13 = Umwelt 14 = Unternehmen 15 = Wettbewerb 16 = Wirtschaft/Finanzen 17 = Generalsekretariat (= Prä- sident) 18 = Personal/Veraltung 19 = Haushalt 20 = Andere 21 = N.a. 22 = Handel 23 = Erweiterung 24 = Auswärtige Beziehungen 25 = Entwicklung 26 = Transport	
	Zuständigkeit/ Politikfeld	1 = Beschäftigung/Soziales 2 = Bildung/Kultur 3 = Binnenmarkt 4 = Energie 5 = Fischerei 6 = Forschung 7 = Gesund- heit/Verbraucherschutz	

| 9 | Zuständigkeit/ Politikfeld | 8 = Informationsgesellschaft
9 = Justiz/Inneres
10 = Landwirtschaft
11 = Regionalpolitik
12 = Steuern/Zollunion
13 = Umwelt
14 = Unternehmen
15 = Wettbewerb
16 = Wirtschaft/Finanzen
17 = Generalsekretariat (= Präsident)
18 = Personal/Veraltung
19 = Haushalt
20 = Andere
21 = N.a.
22 = Handel
23 = Erweiterung
24 = Auswärtige Beziehungen
25 = Entwicklung
26 = Transport | |
| 10 | Zuständigkeit/ Politikfeld | 1 = Beschäftigung/Soziales
2 = Bildung/Kultur
3 = Binnenmarkt
4 = Energie
5 = Fischerei
6 = Forschung
7 = Gesundheit/Verbraucherschutz
8 = Informationsgesellschaft
9 = Justiz/Inneres
10 = Landwirtschaft
11 = Regionalpolitik
12 = Steuern/Zollunion
13 = Umwelt
14 = Unternehmen
15 = Wettbewerb
16 = Wirtschaft/Finanzen
17 = Generalsekretariat (= Präsident)
18 = Personal/Veraltung | |

10	Zuständigkeit/ Politikfeld	19 = Haushalt 20 = Andere 21 = N.a. 22 = Handel 23 = Erweiterung 24 = Auswärtige Beziehungen 25 = Entwicklung 26 = Transport	
11	Entscheidungsmodus	1 = A-Punkt 2 = B-Punkt	

10.3. Anhang 3: Liste der mündlichen Interviewpartner

Nr.	Institutionelle Zugehörigkeit	Datum und Ort
1	Mitarbeiter[140] *Direktion D*: Beziehungen zum Rat *Referat 1*: Beziehungen zum Rat I)	27. September 2004 Brüssel
2	Mitarbeiter *Direktion C*: Planung und Koordinierung der Politiken der Kommission; *Referat 1*: Strategische Planung und Koordinierung	28. September 2004 Brüssel
3	Referatsleiter *Direktion A*: Kanzlei und Organisation des Entscheidungsprozesses der Kommission; *Referat 1*: Sitzungen der Kommission, mündliche Verfahren, Verteilung der Dokumente	28. September 2004 Brüssel
4	Mitarbeiterin *Direktion B*: Beziehungen zur Zivilgesellschaft *Referat 2*: Transparenz und Verhaltensregeln	29. September 2004 Brüssel
5	Mitarbeiter *Direktion A*: Kanzlei und Organisation des Entscheidungsprozesses der Kommission; *Referat 2*: Schriftliche Verfahren, Ermächtigungen und Übertragung von Befugnissen	29. September 2004 Brüssel
6	Mitarbeiter *Direktion C*: Planung und Koordinierung der Politiken	30. September 2004

140 Da von den Interviewpartnern keine Autorisierung für die namentliche Veröffentlichung eingeholt wurde, werden diese hier anonymisiert anhand ihrer Funktion innerhalb der Kommission aufgeführt.

	der Kommission; *Referat 1*: Strategische Planung und Koordinierung	Brüssel
7	Referatsleiterin *Direktion D*: Beziehungen zum Rat *Referat 3*: Koordinierung des Mitentscheidungsverfahrens	31. September 2004 Brüssel
8	Stellvertretender Generalsekretär Sozialdemokratischen Partei Europas (SPE)	9. Mai 2005 Telefoninterview
9	Mitglied des persönlichen Kabinetts Niederländischer Kommissar Frits Bolkestein	23. Mai 2005 Brüssel